ESTRELLAS DEL DEPORTE VEGABAJEÑO

Libro Biográfico | 1926 - 2018

Elmer Gautier Rodríguez - Autor

Dedicatoria

Dedico este libro a las personas que en una forma u otra han dado a conocer a Vega Baja en el deporte, tanto a nivel nacional e internacional. Entre las personas que se podrían mencionar, están las las siguientes: atletas y sus familiares, dirigentes, entrenadores, oficiales, apoderados, maestros de Educación Física, líderes recreativos, propulsores del deporte, mis estudiantes-atletas y todos aquellos patrocinadores de las actividades deportivas efectuadas en y fuera de Vega Baja.

A todos ellos, les damos las gracias por la labor llevada a cabo. Agradezco la oportunidad que me brindaron para incluirlos en este escrito biográfico. ¡Dios les bendiga!

Introducción

A finales de 2012 una persona de Vega Baja, la cual no puedo recordar, me preguntó qué estaba haciendo después de haberme jubilado. Le indiqué que me entretenía en varios pasatiempos y que había intentado recopilar información deportiva a nivel de Puerto Rico con el objetivo de publicar un libro, en el cual tuve que abandonar los trabajos. Esta persona me sugirió el por qué no escribía sobre la historia del deporte en Vega Baja y sus atletas, ya que existía mucha información sin publicar.

En febrero de 2013 tomé la decisión de iniciar la recopilación biográfica de atletas de Vega Baja, en vez de escribir sobre atletas de Puerto Rico. Pensé que la persona que me había hecho la sugerencia tenía razón...

Se comenzó a enviar una carta explicativa con cuestionario, (modificada en varias ocasiones), a diferentes personas destacadas en el deporte en Vega Baja, se efectuó entrevistas personales, llamadas telefónicas e información en revistas, libros, periódicos, se usó la comunicación a través de correos electrónicos ("e-mails") y se hizo uso de las redes cibernéticas.

Mi experiencia como maestro de Educación Física, el haber pertene-cido a la Junta de Directores del Salón de la Fama de Vega Baja durante nueve años, el residir en Vega Baja desde el 1964 , conocer personal-mente muchos atletas y personas relacionadas al deporte, junto a la perseverancia personal, me ayudaron grandemente a acortar el tiem-po para producir esta obra.

Este trabajo ha sido estructurado, en primer lugar, en el que se colocó los deportes en orden alfabético se clasificó los atletas y su historial biográfico de acuerdo al deporte en que más sobresalieron. Otros han sido clasificados a base de los criterios del autor. Con ello no deseo subestimar las ejecutorias deportivas, sino más bien resal-tarlas en términos generales, pues se hace difícil con algunos atletas, que han sobresalido en diferentes deportes y dominan varias face-tas del deporte.

Se ha incluido una lista de siglas deportivas (en español e in-glés), y terminología básica de varios deportes, para facilitarle al lec-tor una mejor comprensión e interpretación del historial deportivo y estadísticas de los atletas.

Al final del libro se han incluido varias fotos históricas que rememoran acontecimientos deportivos de nuestros atletas a nivel nacional e internacional. ¡Vivencias de amigos, compañeros de equipos, de trabajo, y de algunos familiares, que vivirán por siempre en nuestros recuerdos!

Existen muchas personas que tienen los méritos para ser incluídos en este libro, pero lamentablemente no estuvieron accesibles o no contestaron el cuestionario y que podrían ser incluídos en una próxima edición, si así lo desean.

No puedo dejar de mencionar la colaboración de diferentes agencias, organizaciones y de muchas personas, incluyendo mi familia, que sin ellos, no se hubiera podido producir la publicación de este libro. A todos ellos muchas gracias. ¡Dios les bendiga!

Tabla de Contenido:

7

9

Promotores Deportivos

"Quat Rugby" (Rugbi)

Rola Acción ("Roller Derby")

Sóftbol

Tenis de Campo

Tenis de Mesa

Tiro con Arco

Volibol de sala

Figueroa Agosto, Leonardo Elviro

N. 6 de noviembre de 1951 en Vega Baja.
Peso: 130 lbs.   Estatura: 5' 7"
Lado dominante: ambidiestro

Leonardo es el segundo de cuatro hermanos procreados como fruto del matrimonio entre Elviro Figueroa Virella, natural de Río Piedras y Jacoba Agosto Méndez, natural de Almirante Norte de Vega Baja. Tiene a los siguientes hermanos: Ana Nancy, Víctor y María.

Sus estudios primarios los llevó a cabo en la escuela elemental del barrio Pugnado Afuera de Vega Baja. Aquí se destacó en pista y campo con participación en los tradicionales *Field Days*. Según narra Leonardo, desde niño padeció de fatiga crónica y gracias al estímulo de su profesor GermánTorres, logró superar esta condición y sobresalir en el deporte. Por su destacada labor atlética obtuvo el premio de Atleta Más Destacado en el nivel elemental. En el nivel secundario y en la misma escuela ganó los siguientes eventos competitivos: 1,500 m, 800 m, 400 m y los relevos 4 x 400 m y 4 x 100 m, siempre bajo la tutela del profesor Germán Torres. El nivel superior lo estudió en la escuela Lino Padrón Rivera de Vega Baja. Los profesores Abraham Ramírez y José Manuel Sanabria lo guiaron en su carrera deportiva y lo llevaron nuevamente a ganar los eventos de 1,500 m, 800 m, los relevos tradicionales y los 3,000 m. En competencia interescolar ganó el evento de tres millas con récord de 14:36. Por esta hazaña se le llamó el "Caballo de Hierro Eulípides".

Luego de graduarse de la escuela superior, decidió ingresar en el Colegio Regional de Arecibo, en el que continuó su destaque en pista y campo. En esta disciplina ganó la carrera a Campo Traviesa, 1,500 m y 3,000 m, en el 1971. Se transfirió para la Universidad de Puerto Rico, Río Piedras y compitió con el atleta colombiano Jorge Castelblanco, en los 1,500 m, 3,000 m, 5.000 m y 10,000 m; siendo el favorito no pudo ganar debido a lesionarse los músculos de la corba o "hamstrings", conformándose con haber ganado segundos y terceros lugares.

En el 1974 tomó la decisión de mudarse para Nueva York, y residió en la casa de su tío materno Serafín Agosto Meléndez, con el propósito fundamental de mejorar su entrenamiento en artes marciales. Luego de varios años exitosos regresó a Puerto Rico, donde continuó con su carrera deportiva y estableció un gimnasio en la ciudad de Arecibo, en el cual enseñó artes marciales y otras actividades durante muchos años. En su pueblo natal de Vega Baja residió durante 25 años antes de mudarse a Arecibo.

En el 1979 obtuvo el primer lugar en Campo Traviesa en Florida, Puerto Rico. Posteriormente en el 1985 logró el primer lugar en 5, 000 m y cuarto lugar en los 10,000 m y mejor anotador, competencia en la cual se le otorgó tres medallones en Nueva York. El máster Henry Cho, entrenador de Leonardo, lo mantenía al día en las actividades deportivas, al cursarle invitación con frecuencia. Luego de varios días regresaba a Puerto Rico. Leonardo se destacó en varias disciplinas:

Artes Marciales:
1976- Dos primeros lugares en Tae Kwon Do en New York City
1977- Cuatro primeros lugares en peleas de Tae Kwon Do, en N.Y.C.
1978- Primer lugar en "Kick Boxing", Nueva York
1985- Dos placas de campeón en "Kick Boxing", Nueva York
1986- 14 veces primer lugar en demostraciones en formas y peleas en Puerto Rico
1987- Primer lugar en "Kick Boxing", Nueva York-nivel profesional
1989- Primer lugar "Kick Boxing" en Texas-nivel profesional

Baile de Salón:
1971- Primer lugar en casino de Vega Baja
1974- Primer lugar en Manatí, Puerto Rico
1988- Primer lugar en Casino de Bayamón, Puerto Rico
1989- Primer lugar en "Paledium", Bronx, Nueva York
1994- Nominado Película en Manhattan, New York City- campeón (rechazó)
1995- Primer lugar en Grami-campeón en Centro Convenciones-S. J.
1996- Oferta Película de Baile de Salón, bailarín profesional, y oferta en Calle 50 de Broadway, Manhattan, Nueva York, para dar clases

Levantamiento de pesas:
1985- Adiestramiento en el Comité Olímpico para gimnasios, como entrenador de alzadas olímpicas.
Competidor en alzadas olímpicas, categoría liviana-primer lugar

Gimnasia Olímpica:
1975- Primer lugar en competencias en el Bronx, Nueva York

Talleres Recibidos
1. Entrenamientos deportivos:
   a. atletismo
   b. alzadas olímpicas
   c. karate
   d. tae kwon do
   e. "Kick boxing"
   f. horticultura
   g. boxeo
   h. volibol
   i. baloncesto
   j. medicina física y rehabilitación
2. Metafísica y meditación
3. Manejo de Computadora
4. Agricultura orgánica y plantas medicinales
5. Bailes de salón y folclóricos

Nota: Exaltado en el Salón de la Fama del Deporte de Vega Baja-2015.

Matos Maldonado, José Enrique "Coco"

N. el 26 de julio de 1937 en Barranquitas.
M. el 30 de julio de 2014 en Vega Baja.
Peso: 190 lbs.   Estatura: 5' 10"
Lado dominante: derecho

Es el único hijo del matrimonio del Sr. José Matos Rivera y la Sra. Ana María Maldonado, ambos de Barranquitas.

Su madre murió cuando él tenía cinco años. Don José volvió a casarse y tuvo cinco hijos. José Enrique estuvo viviendo hasta la adolescencia con tíos y tías paternos en el pueblo de Barranquitas, Aibonito y finalmente en Caparra Terrace. Estudió sus grados primarios en Barranquitas y el nivel intermedio en Caparra Terrace.

A los 19 años ingresó en el Ejército de Estados Unidos en el 1957 y se licenció en el 1959. Se desconoce si practicó algún deporte mientras fue soldado. Regresó a Puerto Rico en el 1959 y fue a residir en la casa de un tío paterno en las Parcelas Amadeo de Vega Baja. Es aquí donde conoce a su vecina Mirtelina Calderón Rey, natural de Vega Baja, con quien se casó en el 1960. Procrearon seis hijos: Javier Enrique, Rosa de Lourdes, Wanda Ivelisse, Jackeline (fallecida), Elizabeth y Anita. Varios de ellos practicaron también el yudo.

Al regresar del ejército, José trabajó en el Hotel Hyatt de Dorado (Dorado Beach). Mientras laboró de día, estudió de noche en la escuela superior Lino Padrón Rivera de Vega Baja, donde terminó el nivel superior y se graduó en el 1961. Durante el periodo de 30 años en que laboró en el Hotel Hyatt, continuó estudios en la Universidad Central de Bayamón y la Universidad de Puerto Rico, Río Piedras, siendo esta última en la cual terminó la maestría en matemáticas y también aprobó cursos de dibujo y pintura con el Prof. Manuel Soto Muñoz.

Según su esposa Mirtelina, José Enrique se entusiasmó en las artes marciales al tomar clases con el especialista japonés el Sr. Takahama, quien tenía el rango de décimo Dan en karate y entrenó atletas puertorriqueños que representaron a nuestra nación en competencias internacionales en yudo y karate. Trabajó con organizaciones nacionales, entre ellas, la Policía de Puerto Rico.

José Enrique estuvo suscrito a revistas deportivas especializadas en artes marciales que le ayudaron a ampliar sus conocimientos en este campo. Fue miembro de la Asociación Internacional de Karate y concluyó su carrera deportiva con cinta negra y un segundo Dan en karate, según consta en su tarjeta de membresía y que conserva su esposa. Se señala por uno de sus discípulos, el Sr. Henry Valentín, que José ostentaba el rango de Quinto Dan en yudo. La amistad con el Sr. Masayuki Takahama (su ídolo) y su esposa Kimmie duró varios años, según la correspondencia que conserva Mirtelina. Así creció su interés en las artes marciales, que luego enseñaría en la Universidad del Sagrado Corazón a estudiantes y personas adultas interesadas en el arte del yudo y el karate. Fue maestro en la Universidad Central, Centro Cultural de Alturas de Bayamón, la antigua YMCA en San Juan y en Buchanan. Transmitió sus conocimientos a muchos jóvenes que asistían al Centro Recreativo de las Parcelas Amadeo en Vega Baja, en el cual formó el grupo que se llamó *Vega Baja Judo Club*, durante los primeros años de la década del 70. Cabe señalar que José construyó gran parte del equipo usado para el entrenamiento de las artes marciales y entrenó en su residencia en sus horas libres. Consiguió que la base de Buchanan le donara 50 colchones, los cuales se forraron con tela donada por la fábrica de alfombras V' Soske de Vega Baja. Según Henry Valentín, el entrenamiento consistía mayormente en ejercicios de flexibilidad, carreras de aproximadamente cinco millas, al comienzo con tenis y luego descalzos; ejercicios dentro del agua en la playa de Vega Baja, entrenamiento con las manos introducidas en arena caliente, caídas en colchones y en la arena de la playa, lagartijas ("push ups"), ejercicios abdominales, saltos con cuicas y las diferentes técnicas de combates aprendidas por el Sr. Matos. Aunque el entrenamiento era muy fuerte, el Sr. Matos era considerado un excelente maestro. El grupo de los estudiantes miembros del "Vega Baja Judo Club" participaron en competencias en varios pueblos y lugares, entre ellos, Campamento de Buchanan, Ponce y la YMCA. Algunos de ellos tuvieron la gran experiencia de tomar lecciones con el Sr. Takahama, a quien consideraban muy diestro y sumamente fuerte a pesar de no ser una persona alta.

En su trabajo en el Hotel Hyatt, José hizo muchas amistades con personas de diferentes nacionalidades a quienes servía de guia turístico cuando visitaban Puerto Rico, labor que hizo sin cobrar por ello y en los días libres, según cuenta su esposa. Junto a su esposa tuvo la oportunidad de visitar otros países y establecer nuevas amistades.

Mirtelina narra que José era una persona emprendedora y lo que se proponía alcanzar tarde o temprano lo lograba. Así lo demuestran sus trabajos en dibujo, pintura y la talla de maderas. Fue su maestro el Sr. Vicente Valentín (fallecido en el 2015), maestro artesano conocido nacional e internacionalmente. Además de tocar la guitarra, construyó un cuatro. Entre sus pasatiempos favoritos están los siguientes: ver noticias y eventos deportivos en televisión (béisbol, baloncesto y artes marciales), asistir a lugares históricos en Puerto Rico y en el exterior y cultivar la lectura sobre diferentes temas, lo que lo convirtió en autodidacta. Compartía con muchos puertorriqueños la afición a la crianza de gallos de pelea.

Reconocimientos:
1. diciembre de 1989- Empleado del Mes en Hyatt Dorado Beach Hotel
2. 1990- Empleado del Año en Hyatt Dorado Beach Hotel
3. 1992- Empleado del Año, reconocido por Club Rotario de San Juan
4. 1994- La Iglesia Nuestra Señora del Rosario de Vega Baja, en agradecimiento por la elaboración de tallas en madera, hechas al Santísimo Sacramento

Hernández Tirado, Ángel "Toto"

N. el 7 de marzo de 1957 en el barrio Pugnado Afuera de Vega Baja.
Peso: 135 lbs.   Estatura: 5' 10"
Lado dominante: derecho

Ángel es el octavo de 12 hijos, fruto del matrimonio de José Hernández Robles, natural de Manatí, y Milagros Tirado Tirado, de Vega Baja

Tuvo inclinación hacia el deporte de pista y campo desde que estudiaba en la escuela elemental Manuel Martínez Dávila, donde compitió en el "varsity" de pista y campo y en los tradicionales *Field Days*. Participó en eventos de velocidad, salto largo y relevos. En el nivel superior, bajo la dirección del Prof. Jorge Adrover, compitió nuevamente en salto largo, eventos de velocidad y en la carrera de campo traviesa ("cross country"), como miembro del equipo "varsity". Continuó su participación en las competencias interescolares del Programa de Educación Física, donde obtuvo el segundo lugar con tiempo de 8:41.2 en el evento de 3,000 m en el 1975.

Desde el 1975 al 1977, estudió en el Colegio Universitario Tecnológico de Arecibo (CUTA) con beca de atleta. Aquí participó en las competencias de la Liga Atlética Intercolegios Regionales (LAICRE), bajo la dirección del Prof. Luis F. Laracuente. Compitió en los eventos de 5,000 m, 3,000 m, 3,000 m con obstáculos, 1,500 m y en la carrera a campo traviesa. Mientras tanto continuó su participación en las distintas carreras organizadas por los municipios, la Federación de Atletismo y el Comité de Fondismo, en los que llegó a ganar varios premios que lo estimularon a continuar corriendo. Como miembro del equipo de Puerto Rico, asistió al famoso Maratón de Nueva York. En este evento alcanzó la posición número 106 de 25,000 corredores inscritos, carrera en la cual logró el primer lugar de los puertorriqueños que compitieron. Este maratón lo corrió varias veces y cada vez mejoró sus marcas, según señala.

En el verano de 1977, se trasladó a Río Piedras, donde se matriculó en la Universidad de Puerto Rico (UPR). Aquí terminó un bachillerato en educación secundaria con concentración en Educación Física. En esta institución también participó en la Liga Atlética Interuniversitaria (LAI), donde alcanzó el primer lugar en diferentes eventos, entre ellos, la carrera a campo traviesa y los 3,000 m con y sin obstáculos.

Como atleta, representó a Puerto Rico en Estados Unidos, varios países de Centro América, Sur América y el Caribe. También ofreció charlas sobre atletismo en esos países.

En el año de 1981 se graduó de la Universidad de Puerto Rico y comenzó a trabajar con el Departamento de Recreación y Deportes en el puesto de Facilitador de Recreación I en San Juan. Sus funciones eran promover actividades deportivas y recreativas para niños y jóvenes en diferentes regiones de Puerto Rico. Además, trabajó en consorcios con el Centro Sol Isolina Ferré. En el 1993 decidió trasladarse al Departamento de Educación por recomendación de varios amigos maestros. Comenzó entonces a trabajar como maestro de Educación Física en la escuela Dr. Luis Pereira Leal, de la comunidad Buen Consejo, donde desarrolló el talento deportivo de niños y jóvenes. Adaptó algunas de las actividades del Departamento de Recreación y Deportes al currículo del Departamento de Educación, así como ofreció cursos de lucha olímpica y eficiencia física en horario extendido. Entre las actividades que promovió se encuentran las siguientes: la carrera del pavo, torneos de baloncesto y volibol, con la integración de padres, maestros, estudiantes y la comunidad en general. Además, organizó el Club de Ornato con padres y estudiantes, con el fin de mejorar la calidad del ambiente mediante la siembra de plantas y árboles. Diseñó campañas a favor del reciclaje en la escuela hasta lograr el primer lugar a nivel nacional en el concurso "Recicla con Colgate y Palmolive".

Al año siguiente se trasladó a la escuela San Agustín, dentro del mismo distrito escolar, donde continuó su labor con el mismo entusiasmo y dedicación a través de la participación en torneos de baloncesto, volibol y otros deportes, tanto a nivel distrital, seccional como regional.

A pesar de sus grandes ejecutorias en el deporte, él considera que sus máximos logros fueron implantar el proyecto "Escuelas integradas por medio del deporte en busca de una mejor calidad de vida", organizar una patrulla escolar formada por padres y estudiantes con el nombre de Asistentes del Programa de Educación Física, y conservar en buen estado las instalaciones deportivas de la escuela y la comunidad.

Reconocimientos:
1. Dedicatoria Maratón "Melao Melao" de las Fiestas Patronales de Vega Baja.
2. Compañía Consultores Organizacionales, Educativos y Tecnológicos, Inc.

Lebrón Nieves, Luis Gilberto "Neíto"

N. el 7 de septiembre de 1954 en Puerta de Tierra, San Juan. Peso: 250 lbs. Estatura: 6' Lado dominante: derecho

"Neíto" es el único hijo de Bautista Lebrón Garay, natural de Maunabo, y Gloria Esther Nieves Guerrero, natural de San Juan. Por parte de madre tiene cuatro hermanos: Víctor González, Ricardo González, Luz María Marcano e Ismael Marcano.

Sus grados primarios los cursó en la escuela Martín Brumbaugh de Santurce. El nivel secundario lo estudió en las escuelas José Celso Barbosa y la Rafael Cordero. En esta última, trabajó como encargada de los empleados de mantenimiento, su abuela materna y madre de crianza, la Sra. Cándida Guerrero Sierra.

Desde niño practicó el baloncesto en su comunidad, la natación recreativa y el yudo en la organización deportiva *Young Men Christian Association* (YMCA) de San Juan, bajo la dirección del Prof. Takahama.

Al concluir el noveno grado, abondonó la escuela y decidió trabajar de día y estudiar de noche en la escuela Central High. Entre otras labores que llevó a cabo están las siguientes: vender periódicos, brillar zapatos y trabajar en un restaurante de la Parada 3 ½ de Santurce, y en los muelles en San Juan.

A los 18 años comenzó a trabajar en el gobierno como salvavidas e instructor de natación. Formó parte del equipo de natación *Los Tiburones* del Escambrón, bajo la dirección del entrenador Wilfredo Colón y otra persona, cuyo nombre no recuerda, en la Base Naval de Miramar. Ellos le consiguieron trabajo en el Departamento de Recreación y Deportes como guardia de seguridad y entrenador de natación. Se desempeñó como entrenador de natación en los balnearios de Luquillo, Punta Salinas, Levittown y otros.

Mientras rindió labores de 1973 al 1978, en la Guardia Nacional en Vega Baja, viajó desde San Juan y posteriormente fue actividado en el 1978. Tuvo que asistir a entrenamientos en Fort Jackson, Fort Benin, Fort Riley y otros. En Estados Unidos ingresó en la escuela de paracaidistas como integrante de la Compañía E Ranger de la 65 de Infantería. Regresó a Puerto Rico en el 1981. Aquí trabajó nuevamente en el Departamento de Recreación y Deportes hasta el 1985, como facilitador en recreación e instructor de varios deportes.

El 26 de abril de 1985, le ocurrió un accidente que le traería graves consecuencias para el resto de su vida. Según narra, pasaba en auto por el puente del Condado y observó que varios estudiantes en uniforme escolar estaban brincando hacia el agua de la bahía, tomando impulso desde la baranda. Se bajó del auto y se trepó en la baranda para llamarles la atención. Desafortunadamente, perdió el balance y cayó al agua, accidente que le ocasionó lesiones en la cabeza y en la columna vertebral, que lo han mantenido en un sillón de ruedas por el resto de su vida.

Luego del accidente fue transportado al Ashford Medical Hospital, al Fondo del Seguro del Estado en San Juan y, finalmente, al Hospital de Veteranos por recomendación de los doctores Lebrón y Martínez Cayere. Fue intervenido quirúrgicamente en dos ocasiones y, luego de terapia intensiva durante más de un año, ingresó en el equipo de natación para personas con lesiones en la columna vertebral.

Los líderes recreativos, Manuel de Jesús y Mr. Jackson, le dieron terapia física y entrenamiento deportivo. Al ver que "Neíto" tenía habilidad en natación, Manuel lo recomendó al Departamento de Recreación y Deportes para que formara parte de la Selección Nacional. Fue aceptado y en el 1986 comenzó a competir en natación, tanto a nivel nacional como internacional, lo mismo en equipos que individualmente. A continuación varios de los deportes en que compitió y los resultados que obtuvo:

I- Natación. Juegos Panamericanos en Silla de Ruedas celebrados en Aguadilla en el 1986. Compitió en 25 yds. libre-oro; espalda 25 yds.-plata; y mariposa 25 yds.-plata. Participó en los Juegos Centroamericanos y del Caribe en Santo Domingo, República Dominicana, en los que obtuvo tres medallas en los estilos libre, pecho y espalda. En natación compitió alrededor de dos años.

II- Baloncesto en Silla de Ruedas. Aunque no formó parte de la Selección Nacional, sí participó en diferentes actividades en Puerto Rico, alrededor de un año.

III- "Quat Rugby". Se inició en el 1995 en la posición de portero y en enero de 1996 asistió a Sarasota, Florida, con la Selección Nacional. Este fue el primer equipo de Puerto Rico y de Latinoamérica.

IV- Pista y Campo. Desde sus comienzos en el 1986 en los Juegos Panamericanos en Silla de Ruedas, se desempeñó principal- mente en los lanzamientos. En esta competencia participó en tiro de la jabalina 600 gm- plata; tiro del disco (1.0 kg) bronce; y tiro de la bala (6 lbs)- sexto lugar. En los Veteran Wheelchair Games, celebrados en Dallas, Texas, en el 2014 logró varias preseas en lan- zamientos. En los celebrados en Atlanta, Georgia en el 2015 participó en lanzamientos de la bala, bronce; disco, bronce; jabalina, plata; en "Stick bowling", oro; carrera con obstáculos, plata; levantamiento con pesas ("bench press"), oro. Fue la primera vez que participó en seis eventos en la categoría sénior (55 años o más).

V- Tenis en Silla de Ruedas. Participó en las siguientes activi- dades celebradas en Puerto Rico:

1. Torneo de Tenis en Guaynabo, Puerto Rico en el 1987.
2. Torneo de Tenis en Dorado (Second Annual Caribbean Wheeelchair Tennis Tournament), celebrado el 14 de agosto de 1988.

VI- Levantamiento de Pesas: Desde el 2002 hasta el presente ha   participado en los Veteran Wheelchair Games. En el evento celebrado en Atlanta, Georgia en el 2015 ("bench press")- oro.

VII-"Bowling" (Boliche): Compitió desde el 2002 como miembro de la Federación de "Bowling" de Florida (USA). Residió en Tampa, Florida (2002-10). En este año (2010), regresó a Puerto Rico hasta el 2017 y luego nuevamente regresó a Florida.

En julio del 2016 asistió a competencia en sillas de ruedas (Ve- teran Wheelchair Games) celebrada en el estado de Utah, Estados

21

Unidos. Compitió en cinco eventos: boliche ("bowling"), medalla de oro; carrera con obstáculos, medalla de oro; tiro de la jabalina (600 gm), plata; lanzamiento del disco (1.0 kg), bronce; y lanzamiento de la bala (6 lbs.), bronce.

Además de Puerto Rico ha competido en los siguientes estados de la nación americana: Florida, Nueva York, Minnesota, Ohio, California, Texas, Missouri, Georgia, Nebraska, Colorado, Wisconsin, Washington, Pensylvania ,Virginia y Utah. Participó en Ohio (17-22 julio-2017) en los Veteran Wheelchair Games con la Selección de Puerto Rico en los cuales consiguió cuatro medallas de oro y una de plata. En el 2018 compitió en el estado de Utah en Veteran Wheelchair Games. Aquí logró cinco preseas: una de oro, tres de plata y una de bronce.

En julio de 2018 se estableció en Tampa, Florida, Estados Unidos, donde estudiará pedagogía con beca.de veterano.

Entre los atletas con quienes más simpatiza están los siguientes: José Juan Barea, Carla Cortijo, Kobe Bryan y Michael Jordan en baloncesto; Félix "Tito" Trinidad y Miguel Cotto en boxeo; Héctor "Picky" Soto, Aury Cruz, Vilmarie Mojica, Debora Seilhamer y Enrique Escalante en volibol; y Jorge "Peco" González y Javier Culson en atletismo. Es fanático del equipo de silla de ruedas del baloncesto de Puerto Rico.

Ha ofrecido charlas en escuelas y otros lugares sobre las competencias en sillas de ruedas y otros temas, como superación y autoestima. Donó un mural y equipo deportivo a la escuela superior Juan Quirindongo Morell de Vega Baja.

Reconocimientos:
1. Placa concedida por el Programa de Educación Física de la escuela Juan Quirindongo Morell de Vega Baja.
2. Dedicación de la graduación de la escuela Juan Quirindongo Morell, junto a la Sra. Sandra Zaiter-1995.
3. Certificado otorgado por la comunidad de Puerta de Tierra y el gobierno por la labor hecha en el parque San Agustín y condominio Las Acacias.
4. Homenaje del gobernador Pedro Roselló a líderes de Vega Baja efectuado el 21 de junio de 1996.
5. Varias medallas, trofeos y certificados por cursos aprobados en deportes y otras disciplinas.

22

Rivera Rolón, Isabel Del Mar

N. el 9 de mayo de 1993 en el Hospital Doctor Center de Manatí.

Peso: 120 lbs.   Estatura: 5' 3"

Lado dominante: derecho

Sus padres, Rolando Rivera Garratón, natural de Santurce (jubilado de la Autoridad de Energía Eléctrica) y Lizzette Rolón Irizarry (profesora jubilada), de Vega Baja, procrearon a Lizzette Del Mar, Isabel Del Mar y María Del Mar. Durante muchos años toda la familia ha residido y laborado en Vega Baja.

Desde muy temprana edad, Isabel demostró tener habilidades deportivas que la llevaron a lograr primeros lugares en eventos de los tradicionales *Field Days* y carreras del pavo, evento que ganó cada año mientras estudió en el Colegio Ivosai. Su papá Rolando la entrenó durante las tardes en la pista de Tortuguero en Vega Baja.

Otro deporte en el cual participó, fue el Tae Kwon Do, dirigido por el máster Luis Ostolaza (fallecido), en la academia "Olimpic Art Academy", y cuyo entrenamiento era cuatro veces a la semana. Esta academia estaba localizada en la carretera 670 del barrio Pugnado de Vega Baja.

En el nivel secundario, estudió en la escuela Brígida Álvarez, especializada en ciencias y matemáticas y localizada en Vega Baja. En esta escuela participó en competencias de ajedrez y atletismo a nivel regional. En atletismo logró el primer lugar en 100 m y segundo lugar en 200 m, además, de competir en campo traviesa, carrera a la distancia de 1.5 millas. En un concurso de belleza, mientras estudió el noveno grado, fue seleccionada Reina de los Corazones.

Los grados décimo y undécimo los estudió en la Escuela del Alberque Olímpico de Salinas con beca atlética y por recomendación del profesor y técnico deportivo Harry Torres, quien la llevó a participar en competencias locales, nacionales e internacionales. Con él volvió a competir en el deporte de Tae Kwon Do (TKD) a nivel nacional en las categorías de 100 y 107 lbs. En un torneo de TKD celebrado el 2010 en Fort Lauderdale, Florida, auspiciado por la organización deportiva American Athletic Union (AAU), obtuvo medalla de bronce. El cuarto año lo aprobó en la escuela superior Lino Padrón Rivera de

Vega Baja. Aquí participó en atletismo bajo la dirección del Prof. Jorge Collazo y volvió a ganar la carrera del pavo. A la edad de 17 años se inició en el evento de salto con pértiga bajo la dirección del Prof. Jairo Escalona, entrenador de la Universidad de Puerto Rico. Este evento le había llamado tanto la atención desde niña. Posteriormente solicitó entrevista para evaluación deportiva, hasta ser aceptada. Su papá la llevaba todas las tardes a entrenar con el Prof. Escalona en la pista de la Universidad de Puerto Rico, luego de tomar las clases del nivel superior. Participó en la Competencia Nacional Juvenil del 2011, celebrada en la pista de los Juegos Centroamericanos y del Caribe de Mayagüez, en la cual logró el primer lugar con un salto de siete pies.

En el 2011 ingresó en el Caribbean University de Ponce, donde estudió durante los primeros dos años y participó por primera vez en la LAI en el 2012 en el evento de pértiga. Obtuvo el quinto lugar con un salto de 2.90 m bajo la dirección del Prof. Carlos "Speedy" González. Con esta hazaña se convirtió en la primera mujer vegabageña en participar en la LAI en el evento de pértiga.

En los Juegos Imperiales, evento nacional de las universidades, celebrado en la pista de la Universidad Interamericana de San Germán en el 2013, alcanzó el segundo lugar en el salto con pértiga con una altura de 2.90 m (aprox. 9 pies con 5 pulgadas).

Para seguir sus estudios en Ingeniería Industrial, se transfirió a la Universidad del Turabo en Caguas durante su tercer año universitario. Con su entrenador, el profesor Carlos González Vega, participó en el evento de pértiga en las justas de la LAI celebrada en el parque Paquito Montaner de Ponce en el 2015. En este evento estableció el récord personal de 3.05 m (10 pies), en el cual logró un quinto lugar. En reseña periodística se elogió su actuación atlética.

Entre las personas que han apoyado o estimulado su carrera deportiva, además de sus padres y entrenadores, señala al profesor Carlos Pantoja, quien la ayudó en el entrenamiento físico.

Sus metas inmediatas son las siguientes: completar los estudios de Ingeniería Industrial en el 2019, y en el plano deportivo, dedicarse a eventos acuáticos.

Sánchez Sánchez, Neftalí "Talí"

N. el 5 de abril de 1948 en Manatí.
Peso: 132 lbs. Estatura: 5' 7"
Lado dominante: derecho

Son sus padres Francisco Sánchez Larregui y María Luisa Sánchez Cortéz, ambos naturales de Manatí, y quienes tuvieron tres hijos: Neftalí el mayor; Efraín y Nilda, fallecida.

Neftalí estudió los grados elementales en la escuela Teodomiro Taboas, de Manatí, donde compitió en volibol y béisbol. La escuela intermedia la estudió en la Jesús T. Piñeiro, con participación en volibol, béisbol y pista y campo; en este último, en eventos de velocidad y semi fondo. El nivel superior lo estudió en la escuela Fernando Callejo, de Manatí, donde nuevamente se destacó en eventos de fondo, semi fondo y velocidad, en los cuales logró varias preseas.

A nivel universitario obtuvo un Grado Asociado de Oficinista en Contabilidad en el American Junior College (1969-71). Mientras estudió de noche y trabajó de día, en fábrica de uniformes en Manatí, y Du Pont, Bristol Myers de Barceloneta, hasta el 1972. En el 1973 trabajó en la Oficina de Construcción Proyecto urb. Alturas de Vega Baja, a la cual se mudó en el 1974. En ese año se casó con Awilda Otero Hernández, con quien vivió 24 años. Procrearon a Neftalí y a Suhaíl.

Su carrera como atleta de fondo se inició en una actividad recreativa. En el 1989, mientras laboró como líder recreativo de la urbanización Alturas de Vega Baja, organizó el maratón del pavo a cinco millas. Aquí se inició formalmente en el fondismo al participar en este evento. Luego tomó la decisión de competir en los maratones de las Fiestas Patronales celebrados en Vega Baja y otros pueblos de Puerto Rico. Participó en este año 1989 en el Medio Maratón de San Blás, en Coamo, con tiempo de 1:28:02, donde logró un quinto lugar en su categoría de 40-45 años. Ha competido en este evento en seis ocasiones.

El primer maratón a la distancia de 26.2 millas lo corrió en el 1990, en Nueva York, cronometró 3:07:58 y terminó 1,248, entre cerca de 28,000 corredores. Este evento lo ha corrido varias veces: 1991, con tiempo de 3:04:24; 1994, con tiempo de 3:05:32, (posición 1,072); y en el 1995 con tiempo de 3:08.

25

Ha participado en otras carreras con actuación destacada, entre ellas, el maratón de cinco millas, en la Sterling Manufacturing de Barceloneta, en el cual cronometró 16:40 y primer lugar (1997). En el 1999 en Aibonito, participó en la sede relevo de 10 atletas por milla, grupo de Vega Baja, que ganó el primer lugar y premio de $2,000.

También participó en los siguientes eventos: 28 de noviembre de 2015 en 5 K en Dorado, cuarto lugar en su categoría con 24:09; 31 de enero de 2016 en Fiestas Patronales de Manatí- 5 km, terminó segundo en su categoría con 22:51; 24 de abril de 2016 Maratón Cuatro Calles de Vega Alta -5 km y tiempo de 22:56, alcanzó el segundo lugar en su categoría. Luego compitió en fogueo del equipo *Manatí Runners Club* de Acrópolis de Manatí (5 km), logró tiempo de 22:16 (primero en su categoría).

Eventos más importantes en el nivel internacional:
1998- Competencia Invitacional en Curazao: participó en carrera a campo traviesa - 8 km, 800 m, 400 m y 1,500 m.
1999- La Habana, Cuba: corrió evento de 13 millas, terminó segundo en la categoría de 50-55 años con tiempo de 1:28.02.
1999- Jacksonville, Florida: participó maratón 26 millas con tiempo de 3:16.21, cualificó para el Maratón de Boston.
2000- Corrió el *Boston Marathon* con tiempo de 3: 33.
2004- San Sebastián, España: corrió maratón de 26 millas en 3:31. Clearmont, Florida: compitó en medio maratón con tiempo de 1:35.
2005- Barbados-Centroamericanos Másters-compitió en carrera a campo traviesa a la distancia de 8 km, alcanzó el segundo lugar; y participó en el evento de 1,500 m, y medio maratón. En Sarasota, Florida: participó en el medio maratón con tiempo de 1:36; obtuvo el cuarto lugar en su categoría.
2014- Costa Rica- competencia máster– ganó tres medallas de plata en los siguientes eventos: 10 km (46:08); carrera a campo traviesa a la distancia de 8 km (31:56); y 5 mil m (21:37).
2015- Asistió a Competencia Mundial Máster, en Lyon, Francia. Esta actividad se celebró del 3 al 16 de agosto. Compitió en los 5,000 m, sexto puesto con marca de 20:53; y los 10,000 m, octavo con marca de 45:44. Participó en la categoría de 65-69 años.

Residió en las ciudades de Tampa, Orlando y Deltona de Florida, desde el 1999 al 2011, motivo por el cual se le facilitó el participar en diferentes competencias de atletismo en Estados Unidos. Regresó a Puerto Rico en el 2011 y laboró como voluntario en el Hospital Doctor Center de Manatí. Ha residido en la urb. Alturas de Vega Baja y Parcelas Amadeo. Es miembro de la *Puerto Rico Master Association* desde 1992, del Club Manatí Runners desde el 2012 y de Atletismo

Máster Universitario, Inc., desde el 2014, y en Florida del West Boluchia Runners, desde el 2018.

Entre las últimas competencias de atletismo están las siguientes: 28 de noviembre de 2015 en Dorado 5 km obtuvo el cuarto lugar con tiempo de 24:09; el 31 de enero de 2016 en Manatí, actividad de las Fiestas Patronales, compitió en 5 km en el cual logró el segundo lugar en su categoría con tiempo de 22:51; 13 de abril de 2016 participó en actividad de los *Manatí Runners Club* (fogueo), logró primer lugar en su categoría con tiempo de 22:16 en 5 km. El 24 de abril de 2016 compitió en el Maratón Cuatro Calles de Vega Alta en 5 km, terminó segundo, con marca de 22:56. Compitió en el 5 km de Bajura, Vega Alta, el 17 de mayo de 2017. Hizo tiempo de 24:08, con un segundo lugar en su categoría. Debido a lesiones tuvo una limitada participación en el 2017. Desde julio de 2017 reside en Deltona, Florida, Estados Unidos.

Del 11 al 13 de agosto de 2017 compitió en el Campeonato Norte, Centroamérica y del Caribe de Atletismo, actividad tuvo lugar en Toronto, Canadá. En el evento de relevo 4 x 400 m, participó junto a los siguientes corredores, representando Puerto Rico: Fernando Fernández, Salinas; Ángel Valentín, Bayamón; Florencio Vázquez, Ponce. En la categoría 65-69 obtuvieron presea de plata con tiempo de 9:68. Actualmente entrena para eventos de fondo en la categoría 70-74 años y el Ultramaratón (50 millas)-Tenesí 2019.

Anterior a Neftalí se destacaron en los másters el Sr. Julio Reyes Pérez, quien participó en eventos de fondo y maratones. Julio se exaltó al Salón de la Fama del Deporte de Vega Baja. También se destacó el Sr. Jesús Nieves Serrano y el Sr. Jaime Pérez Figueroa "Dogui", fallecidos. Ambos compitieron en eventos de fondo hasta cerca de los 80 años de edad. Wilfredo Rosario Hernández, se destacó en los Juegos Centroamericanos y del Caribe en los eventos de lanzamientos. Más reciente tuvo destaque el joven atleta Bryan Hernández Santos, competidor en el salto largo a nivel nacional e internacional. En las Justas de la LAI, celebradas en Mayagüez en el 2016, obtuvo el primer lugar. Bryan es estudiante de la Universidad de Puerto Rico en Río Piedras. Su récord personal en salto largo es de 7.51 m (24' 6" aprox.).

Neftalí ha participado también en varias actividades comunitarias, entre ellas las siguientes: Relevo de la Bandera, actividad que se lleva a cabo todos los años en Manatí; el 10 de septiembre de 2015 participó en el Día Mundial de la Prevención de Suicidio en San Juan. Esta actividad se celebró con la participación de la gran mayoría de los municipios. Durante el año de 2016 estuvo activo en Campaña: amor para evitar sucidios, organizada por la Sra. Rosa Miranda Agosto.

Torres Rey, Félix Xavier

N. el 9 de marzo de 1998 en Hospital Doctor Center en Manatí, Puerto Rico
Peso: 165 lbs.   Estatura: 5' 11"
Lado dominante: derecho

Son sus padres Félix Torres Adrover, natural de Manatí y Catalina Rey García, natural de Arecibo, residentes en Vega Baja. Tienen tres hijos: los gemelos Alexander y Jonathan, y Félix.

Félix estudió en el Colegio Las Mercedes de Vega Baja, durante tres años y después se trasladó para la escuela elemental Agapito Rosario, donde logró promedio académico de excelencia. Aquí llegó a alcanzar primeros lugares en los *Field Days* y maratones del pavo, además, logró el tercer lugar en salto largo en las competencias Nacionales, cuando estuvo en sexto grado. Su maestro de Educación Física lo fue el Sr. Héctor Rosario Sánchez. En el nivel secundario, como estudiante de la Segunda Unidad de Pugnado Afuera (SUPA), continuó su desarrollo en atletismo; actualmemte en el lanzamiento de la jabalina. Sin dejar de participar en los *Field Days* y maratones del pavo, se acreditó un segundo lugar en este evento en competencias interescolares. En estos años tuvo como profesor de Educación Física al Sr.Nelson Freytes. Luego, en la escuela Juan Quirindongo Morell, donde estudió sus grados superiores, lo sería el Sr. Oscar Guerrero. Bajo su tutela practicó el tenis de mesa. Anteriormente había practicado los deportes de "pelota" y volibol de forma recreativa con sus amigos.

Es importante señalar que además de destacarse en los deportes, sobresalió académicamente en los tres niveles, con excelencia académica y en el nivel superior perteneció al cuadro de honor.

Desde los cinco años se interesó en el escutismo, y por su participación logró varios reconocimientos, entre ellos, en el 2013, cuando se le entregó el "Rango de Escucha Águila", galardón más importante del escutismo. Para obtener ese premio trabajó en proyecto comunitario.

El atletismo lo comenzó a los ocho años, imitando a sus dos hermanos mayores que pertenecían al Club de los Caimanes en Vega Baja. Se inició en "La Escuelita del Niño" del Club de los Caimanes, con las entrenadoras, la Sra. Edna Maysonet y la Sra. Dharma París.

Ha formado parte de la Federación de Atletismo de Puerto Rico (FAPUR), Unión de Atletismo Aficionado (UAA), Asociación de Atletismo Juvenil e Infantil de Puerto Rico (AAJI), además, participó en competencias interescolares del Departamento de Educación, y Recreación y Deportes de Vega Baja.

De todos los eventos de pista y campo, ha sido el lanzamiento de la jabalina en el que más se ha destacado. En el 2013 se inició en competencias interescolares, en las que logró medalla de plata en la categoría de 14-15 años. En el 2014 ganó medalla de oro en la AAJI, oro en la UAA, plata en las competencias escolares del Departamento de Recreación y Deportes, y plata en FAPUR, en la categoría 16-17 años. En el 2015 logró oro en todas las ligas y primer lugar en la Segunda Edición de los Juegos de Puerto Rico. Recibió invitación para participar en Juegos Escolares Centroamericanos y del Caribe (JEDECAC), celebrados en Yucatán, México, del 4 al 22 de noviembre de 2015. El 20 de noviembre Félix, en gran hazaña, logró presea de bronce, convirtiéndose en uno de los mejores atletas de la zona de Centroamérica y El Caribe.

En su última competencia celebrada en el "Paquito" Montaner de Ponce, sede de las Competencias Nacionales Escolares, logró el primer lugar en el lanzamiento de la jabalina, a pesar de tener un codo lastimado.

Fue aceptado en la Universidad de Mayagüez donde inició estudios en ingeniería civil, con beca deportiva en agosto de 2016. Su entrenador en Mayagüez fue el Prof. Osvaldo Escalera. En mayo de 2017 compitió en el lanzamiento de la jabalina en Estados Unidos, lamentablemente se eliminó en la ronda preliminar (tres "fouls") al lesionarse tobillo. En mayo de 2018 compitió en la NCAA, Carolina del Norte-pos. #12.

Marcas personales:

2013- 15 años-47.67 m con jabalina de 600 gm de peso.

2014- 16 años-54.16 m con jabalina de 700 gm de peso.

2015- 16 años-60.40 m con jabalina de 700 gm de peso.

2015- 17 años-69.04 m con jabalina de 700 gm de peso.

2017- 66.30 m -Marca Nacional Juvenil A, tiro con jabalina de 800 gm, logró primer lugar en la LAI.

2018- 65.22 m -tiro de la jabalina- Liga Atlética Interuniversitaria (LAI), logró presea de plata; y el 3-junio -2018 en Competencias Nacionales de atletismo-oro con 66.58 m

Reconocimientos:

1. Medalla de la graduación de noveno grado.
2. 27 de diciembre de 2015- Asamblea Municipal de Vega Baja
3. 2015-excelencia Académica en la escuela superior
4. 25 de junio de 2017- recibió trofeo del Atleta Más Valioso en el atletismo de la Liga Atlética Interuniversitaria (LAI).

Declet Torres, Gary

N. el 30 de mayo de 1967 en Clínica El Rosario en Vega Baja.
Peso: 185 lbs.   Estatura: 5' 8"
Lado dominante: derecho

Sus padres Valentín Declet Santiago, natural de Vega Alta y Milagros Torres Ríos, natural de Santurce, tuvieron cuatro hijos: Juan Carlos, Gary, Harold Willard y Gretchen Ann. Todos nacieron en Vega Baja, excepto Gretchen, quien nació en Bayamón.

Estuvo casado anteriormente y procreó a su única hija Zayeira Ann, nacida en Bayamón.

Gary cursó sus estudios primarios en San Vicente; los intermedios en la escuela intermedia urbana, Ángel Sandín Martínez y el nivel superior en la escuela Lino Padrón Rivera en Vega Baja. Se destacó en el deporte de baloncesto y pista y campo (eventos de velocidad y relevos) en el nivel elemental, bajo la dirección del Prof. José Rosado Pacheco. En el nivel intermedio se destacó en los relevos y eventos de velocidad. En el nivel superior continuó la misma tendencia, cuando ganó los 800 m, mientras cursaba los grados décimo y undécimo. También incursionó en el balompié bajo la dirección del Prof. Carlos Pantoja mientras estudió en el nivel superior.

Con anterioridad, en el 1980, había practicado el balompié en la comunidad de Los Naranjos, donde tuvo como instructor al Ing. Agustín Humarán, quien laboró durante muchos años en el municipio de Vega Baja.

Ha sido uno de los atletas de Vega Baja que ha competido en la Liga Superior de Fútbol de Puerto Rico. Lo hizo con el equipo de Arecibo en la Asociación de Balompié de Arecibo (ABA), en el 1983. En esa época se iniciaron de Vega Baja, Luis Borrero y David Pantoja. El dirigente del equipo fue el Sr. Daniel Cordero. Gary estuvo alrededor de cuatro años con Arecibo y participó en un torneo intramural de balompié en Arecibo, en el que anotó cuatro goles.

Durante muchos años se ha dedicado a la enseñanza del deporte de fútbol en Vega Baja con niños y jóvenes de ambos sexos. Fundó y presidió de forma voluntaria durante varios años el *Fénix Soccer Club* de Vega Baja.

Fue dirigente de la Selección Nacional Femenina de Balompié que compitió en Mérida, Venezuela en el 2010, como parte de los XXI Juegos Centroamericanos y del Caribe, en los cuales obtuvo la única victoria del equipo femenino al derrotar a Nicaragua tres goles a uno. Actuó como delegado de la Federación en Mérida. Los demás deportes tuvieron como sede principal a Mayagüez, Puerto Rico. En nuestro país, laboró en la Federación en el Comité de Comisionado de Competiciones.

En su preparación académica cuenta con un grado asociado en Ingeniería en Tecnología de Instrumentación del Instituto Vocacional de Puerto Rico con sede en Manatí. Además, aprobó estudios en el Liceo de Arte y Tecnología de San Juan, donde aprobó el curso de electricidad en el 1998-99. Ha sido miembro de la Junta de Gobierno de los Peritos Electricistas de Puerto Rico y exmiembro de la Federación Puertorriqueña de Fútbol.

En el 2010, fue escogido para el recorrido de la Antorcha Olímpica, con motivo de la celebración ese año en Mayagüez de los Juegos Centroamericanos y del Caribe.

Entre sus atletas favoritos, señala al futbolista argentino Roberto Carlos, Edson Arantes Donacimento "Pelé", de Brasil; y de Puerto Rico Héctor Omar "Pito" Ramos, Alexis Rivera y Wilfredo Viñas Ledee "El negro cobre". En béisbol admira a David "El Gallo" Rodríguez de Vega Baja y el receptor de Grandes Ligas Gary Carter. En atletismo fue fanático de Carl Lewis (americano), y Alberto Juantorena (cubano).

Humarán Vargas, Agustín C.

N. el 27 de junio de 1949 en Tuxtla, Gutiérrez, Chiapas-México
Peso: 160 lbs.   Estatura: 5' 9 "
Lado dominante: derecho

Es el quinto hijo, ("chunco" o benjamín), producto del matrimonio de Agustín C. Humarán Aguayo, natural de Ciudad Guzmán y Josefina Vargas Sánchez, de Guadalajara, ambos mexicanos.

Los estudios elementales los aprobó en la escuela Fray Matías de Córdova, en Tuxtla, Chiapas y en el Hogar y Seguridad, del Distrito Federal de México. Los secundarios los hizo en #54 de Azcapozalco, Ciudad de México. La preparatoria (nivel superior) lo aprobó en la escuela #9 Pedro de Alba. Finalmente, en el 1972 se graduó de ingeniría civil en la Universidad Autónoma de Ciudad México.

Como atleta, se concentró en los eventos de fondo: 5 mil m, 10 mil m, 3 mil m, y carreras "steeple chase". Sin embargo, su pasión fue siempre el fútbol, el cual practicó desde niño. Llegó, incluso, a competir en tres ligas: Escapopsatco, a los 12 años de edad; Liga Veralvillo en Ciudad México, cuando tenía 15; y en la YMCA, de los 17 a los 23 años. En la Liga Veralvillo logró cuatro campeonatos y dos en la YMCA. Aquí participó con el equipo "Perless", representando una compañía de disco y con clasificación "primera fuerza", equivalente a número uno o alta. Como jugador de fútbol lo hacía desde las posiciones de medio campista y delantero interior derecho. Como parte del entrenamiento hacía carreras de fondo, de velocidad, brincos, lagartijas ("push ups"), "pull ups", carreras de espalda y ejercicios de flexión y estiramientos. No se ejercitó con pesas, según narra.

¿Cómo llegó Humarán a Puerto Rico? En el 1968, su actual esposa, Delia Inés Martínez Rosado (maestra retirada), viajó a México y asistió a una fiesta donde conoció a Humarán. Este, en su deseo de conocer la familia de Delia, viajó a Puerto Rico en varias ocasiones hasta que decidieron casarse en marzo de 1972. Ya antes, en enero de 1972, Agustín había decidido radicarse en Vega Baja. De su matrimonio han surgido sus hijas Yuitza y Yara, ambas profesionales.

Desde la llegada a Puerto Rico, Humarán ha tenido que ocupar varios oficios debido a que no se le aceptó el grado de ingeniería obtenido en México. Se ha desempeñado como obrero de construcción en Bayamón, plomero, asistente de ingeniero y finalmente ingeniero. Trabajó en la construcción de la cárcel de Bayamón y construcción de carreteras, escuelas, puentes y edificios en diferentes lugares de Puerto Rico. Según nos contó, tuvo que estudiar en el Instituto Politécnico de Río Piedras y terminar el grado de ingeniería en el Colegio de Agricultura y Artes Mecánicas (CAAM) de Mayagüez, donde finalmente lo aprobó en el 1979. Mientras trabajaba, viajaba varios días a la semana desde Vega Baja. A partir de entonces, ha ocupado una serie de cargos en diferentes lugares: Oficina de Planificación en Vega Baja (1982-92); en la empresa privada en el pueblo de Florida; H. V. Construction (1997-2001); Compañía Evaristo Maldonado and Associates (2001-2003); Pedro Rodríguez Construction (2003-07, 2010-2012), y como administrador de proyectos en la Autoridad de Carreteras (2007-10). En el 2012 se acogió a la jubilación.

En Vega Baja se ha dedicado durante muchos años a entrenar niños y jóvenes de diferentes niveles escolares en comunidades pobres y en urbanizaciones, enseñándoles las destrezas básicas del fútbol. En esta labor voluntaria, por contar con muy poca ayuda, tuvo que suplir materiales y equipo deportivo. En sus inicios en el 1982 utilizó el parque Carlos Román Brull de Vega Baja y luego se trasladó a un terreno aledaño a la cancha de baloncesto de la comunidad Los Naranjos en la playa de Vega Baja. Formó diferentes equipos y categorías, con la cooperación de varios estudiantes como Gary Declet, David Pantoja, entre otros, quienes le ayudaron mucho en la organización de los equipos. Varios de sus estudiantes tuvieron la oportunidad de competir en la Liga Superior, así como en el nivel universitario, además de participar en el entrenamiento de otros niños y jóvenes de Vega Baja y pueblos limítrofes. Actualmente, en Vega Baja los atletas entrenan en los terrenos de la pista de atletismo, ubicada en Tortuguero.

Es admirador de los siguiente futbolistas: Edson Arantes do Nascimento "Pelé", de Brasil; y Manuel Francisco dos Santos "Garrincha", de Brasil; Alfredo Di Stéfano, Diego Armando Maradona y Lionel Messi de Argentina; y el mexicano Salvador Reyes.

Reconocimientos:
Los padres y atletas participantes en los torneos de fútbol le entregaron certificados y le dedicaron una fiesta en agradecimiento por la labor voluntaria efectuada durante muchos años en Vega Baja.

BARRETO COLÓN, JUANITA "Jenny"
N. el 29 de noviembre de 1970 en Arecibo.
Peso: 140 lbs.   Estatura: 5' 5"
Lado dominante: derecho

"Jenny" es la menor de 16 hermanos procreados por Demetrio Rivera Vega y Margarita Colón Molina, ambos de Vega Baja y fallecidos.

Estudió en la escuela José G. Padilla, donde tomó Educación Física con el Prof. José H. Rosado, fallecido. Desde entonces participó activamente en deportes. Luego, mientras estudiaba en la escuela Ángel Sandín Martínez, compitió en los deportes de volibol, baloncesto, sóftbol y pista y campo. Al graduarse de noveno grado, obtuvo el premio MVP del Programa de Educación Física. Más tarde, volvería a ganar este galardón cuando se graduó de cuarto año en la escuela Lino Padrón Rivera de Vega Baja.

Aunque nació en Arecibo, se crió en el Residencial Catoni de Vega

Baja y, en sus comienzos, se dedicó principalmente a jugar baloncesto en la cancha del Residencial Catoni. También compitió en los deportes de sóftbol, volibol y atletismo. Participó en los torneos municipales y en competencias deportivas representativas del pueblo de Vega Baja, entre ellas, las Olimpiadas de la Llanura.

En el 1990, se inició en el Baloncesto Superior con Toa Alta, el cual resultó campeón y el próximo año lo hizo con Guaynabo, con el cual logró el Subcampeonato de Puerto Rico. En el 1993, fue miembro de la Selección Nacional y compitió a nivel internacional en Brasil, el cual obtuvo un quinto lugar. En el 1994, jugó con Toa Alta en el Baloncesto Superior, ocupó un quinto lugar. En el 1997, tuvo participación en el Torneo Centro "Basquet" en Honduras, evento en el que Puerto Rico logró el segundo lugar. En ese mismo año participó en la III Copa Las Américas de "Basquet" Femenino, que se celebró en Sao Paulo, Brasil. Puerto Rico logró medalla de bronce. En el 1998, en su participación en los XIX Centroamericanos y del Caribe en Maracaibo, Venezuela, alcanzó la medalla de bronce. En año de 1999 volvió a ganar medalla de bronce en el Centro "Basquet", en Cuba. Del año 2000-2007 jugó con el equipo de Guaynabo de la Liga Superior de Puerto Rico.

Señala a Sophie Purcell como una de las jugadoras que la ayudaron a desarrollarse en una excelente jugadora en la Liga Superior, y posteriormente en la Selección Nacional de Puerto Rico. En la posición de defensa ("guard"), Juanita se destacó por el dominio del manejo del balón, la defensa y tiros de larga distancia.

En el 2015, bajo la dirección de Janet de Jesús, trató de integrar el equipo máster sin poder lograrlo. Este asistió a Japón y quedó en quinto lugar.

Desde hace alrededor de 19 años labora en la fábrica Thomas and Betts de Vega Baja.

Reconocimientos:
1. Premio de Atleta Más Destacada (MVP, sigla en inglés) del Programa de Educación Física en noveno grado.
2. Atleta Más Destacada del Programa de Educación Física en cuarto año.
3. Exaltada al Salón de la Fama del Deporte de Vega Baja- 2014.

Catoni Martín, José Antonio "Chantó"

N. el 13 de octubre de 1915 en Vega Baja.
M. el 30 de diciembre de 1970 en Hospital de
Veteranos, San Juan
Peso: 155 lbs.   Estatura: 5" 7"
Lado dominante: derecho

Los padres de José Antonio fueron Enrique Catoni Landrón y Rosa Martín González, ambos naturales de Vega Baja. Como fruto de su matrimonio, tuvieron a los siguientes hijos: José Antonio, Gualberto, Ana, Edith, Luis E., Adela "Lelé", Pedro; fallecidos.

Como dato histórico, el nombre del residencial en Vega Baja, localizado junto a la carretera #2 o militar, lleva por nombre de su padre Enrique Catoni Landrón.

Se sabe que "Chantó" Catoni estudió en la escuela Padilla, donde jugó baloncesto bajo la dirección de "Vivico" Quiñones. Después de graduarse de la Lino Padrón Rivera, ingresó en el ejército de Estados Unidos y fue asignado a la base aérea de San Antonio de los Baños Fuerzas Armadas, radicada en la base aérea de San Antonio de los Baños en Cuba. Aquí perteneció al equipo de baloncesto con destacada actuación. Compitió contra los equipos de Jamaica, República Dominicana y Puerto Rico durante los años de 1944 al 1945. Su amigo y compañero de equipo, el fotógrafo Víctor R. Vázquez, natural de Cayey, describe a "Chantó" de la siguiente manera: "un caballero dentro y fuera de la cancha y un jugador incansable", en carta del 4 de enero de 1971, la cual conservan sus familiares. Según Nicolás Pérez, quien vió jugar a muchos jugadores de la década del 30, "Chantó" era un excelente tirador y con gran precisión.

Su equipo efectuó una serie de juegos con el equipo de la Asociación de Dependientes del Comercio para disputar la Copa Presidente Saralegui. El equipo Dependientes ganó la serie de tres juegos. "Chantó" se desempeñó en la posición de delantero.

Además de ser un destacado jugador, "Chantó" trabajó como Instructor Atlético de la escuela Padilla durante el año 1938-39 y organizador y apoderado en el baloncesto de diferentes categorías en Vega Baja en los años 1957 y 1960.

Durante muchos años trabajó como administrador del puesto de gasolina Shell, localizado en la carretera #2, frente al residencial

Catoni de Vega Baja. Según narran sus hijos, "Chantó" se identificó con las personas necesitadas del residencial, a quienes les brindó ayuda.

Entre los equipos del nivel Superior que jugó "Chantó", están los siguientes: *Águila Negra,* 1932 y 1933, *Heinz 57,*1934; *All Vega Baja,* 1935; *Club Náutico* y *Vega Baja,* 1936; *Vega Baja Indians,* 1937 y 1939-40. En esta época (década 30-40), jugaron los hermanos Efraín y Raquel Coello, Gil Casanova, David Pastor, Gualberto Catoni y José A. Náter, todos de Vega Baja.

"Chantó" estuvo casado con la Sra. Gladys Rosario Ortíz, natural de Cayey, y con ella procreó tres hijós: José Enrique "Ike", Gladys "Gladín" y Maritza.
Reconocimientos:
1. 1938- se le otorgó diploma por parte del Comité Director de los IV Juegos Centroamericanos y del Caribe, por su participación.
2. La escuela Ángel Sandín Martínez de Vega Baja le dedicó Día de Juegos en la década del 70.

Colón Maysonet, Giovani

N. el 3 de abril de 1967 en Clínica El Rosario en Vega Baja.
Peso: 220 lbs.   Estatura: 6' 4"
Lado dominante: derecho

Giovani es el tercero de cinco hermanos que incluyen Adelin, Javier, Néstor y Rafael. Sus padres: Rafael Colón González, exmiembro equipo Puerto Nuevo (vea fotos históricas) y Ana Delia Maysonet Mendoza, ambos de Vega Baja y residentes en el barrio Guarico.

Los estudios primarios los efectuó en la escuela Rosa M. Rodríguez y la escuela José De Diego en la playa de Vega Baja. En este nivel elemental se destacó en los tradicionales *Field Days*. Su nivel intermedio lo aprobó en la escuela Ángel Sandín Martínez en el pueblo de Vega Baja. Aquí se destacó en el deporte de baloncesto, donde formó parte del "varsity" y bajo la dirección del Prof. José Ismael "Papo" Collazo. En torneo municipal de Vega Baja, reforzó el equipo de la escuela Lino Padrón Rivera. En las actividades deportivas comunitarias, participó en las Olimpiadas de la Llanura en el deporte de baloncesto, donde representó a Vega Baja. El nivel superior lo obtuvo en la Lino Padrón Rivera y nuevamente formó parte del "varsity" de baloncesto en el 1985, logró la hazaña de obtener el Campeonato Nacional del Programa de Educación Física para escuelas públicas, al derrotar a Caguas en dos tiempos extras 79 a 78. Este equipo lo dirigió el Prof. Carlos Pantoja Negrón y Marcelino García.

Posteriormente, participó en la Categoría Juvenil con Guaynabo, en el deporte de baloncesto y bajo la dirección del exjugador de la Selección Nacional Juan Trinidad. Con Guaynabo se inició en el Baloncesto Superior en el 1985.

Otros deportes que practicó Giovani fue el béisbol y el sóftbol. En el primero, compitió en la categoría 15-16 años, Liga Mickey Mantle, con el equipo de Puerto Nuevo en la playa de Vega Baja, bajo la dirección de Raúl Maysonet García. Aquí se desempeñó como lanzador y primera base. En el deporte de sóftbol participó con el equipo del barrio Guarico en la playa de Vega Baja; se destacó en varias posiciones, entre ellas, lanzador.

A la edad de 17 años asistió a un "try out" que se celebró en el Parque Carlos Román Brull de Vega Baja. Fue evaluado por el escucha de los *Blue Jays* de Toronto, el Sr. Epifanio Guerrero y se le cronometró una velocidad de 93 MPH, actuando como lanzador. Firmó por la cantidad de $50,000.00 y jugó en República Dominicana y posteriormente en Canadá, clasificación Clase A Menor. Lamentablemente durante un juego, "fildeando" un toque de bola se cayó y se lesionó su brazo de lanzar, el cual necesitó cirugía. Tuvo un regreso como lanzador, pero el mismo no fue exitoso y regresó a Puerto Rico en el 1987.

En Puerto Rico tomó la decisión de regresar a la Liga Superior de Baloncesto y consiguió contrato con Los Titanes de Morovis en el 1989, equipo con el que jugó hasta el 1991. En el 1992 firmó con Arecibo, año se ploclamó Subcampeón de Puerto Rico, y participó hasta el 1995. Luego jugó con los *Tiburones de Aguadilla* en el 1996 y 97; con los los *Titanes de Morovis* en el 1998, con los *Polluelos de Aibonito* en el 1999; *Brujos de Guayama*, y nuevamente con *Aibonito* en su última temporada en el 2000.

Giovani jugó en la Liga Puertorriqueña, con los siguientes equipos: *Vega Baja, Ciales, Hatillo y Barceloneta*. En Vega Baja tuvo la gran experiencia de ser dirigido por Raymond Dalmau. La administración del equipo estuvo bajo los hermanos Carlos y Luis "Wiso" Pantoja.

En la Liga Coquí, participó con los *Conquistadores de Guaynabo*, equipo profesional. Su dirigente fue el fallecido Miguel Mercado. Como atleta ha sido afortunado, según indicó, al tener experimentados atletas y dirigentes, entre ellos, Alfred "Butch" Lee, Ángel "Caco" Cancel, Héctor "El Mago" Blondet, Carlos Calcaño, Carlos Morales, José M. Sanabria y Luis Ángel "Wichi" Correa.

Entre las hazañas más destacadas en el baloncesto, Giovani señala el haber anotado 82 pts. en la Liga de Baloncesto de Panamá, contra el equipo Cocodrilos y como integrante del equipo lutirla Pantera. Tiene el récord personal de la Liga Superior de Puerto Rico, cuando anotó 48 puntos contra Ponce en el 1993 y encestó 11 canastos de tres puntos.

En el 1992 el equipo de Ponce lo invitó para participar en intercambio deportivo que se celebró en Grecia. Participaron en este torneo equipos de Grecia, Croacia, Alemania, Yugoslavia y Puerto Rico, quien logró el subcampeonato. En el 1998, al ser miembro de la Pre Selección Nacional de Baloncesto, participó en torneo celebrado en Panamá. Aunque Puerto Rico tuvo récord de 0-3, Giovani estuvo entre los mejores anotadores y se destacó en el juego contra Panamá, al anotar 35 puntos, con ocho canastos de tres puntos. Otro torneo en el que participó fue en Martinica, en el cual ganaron el campeonato. En Puerto Rico fue seleccionado para participar en varios Juegos de Estrellas de la Liga Superior y de la Liga Puertorriqueña, en el deporte de baloncesto.

Estadísticas de por vida en el nivel Superior:
En resumen, Giovani anotó un total de 4,086 pts. en 13 temporadas, ejecutó para un 78 % en tiros libres y un 39 % en tiros de tres puntos, estadísticas consideradas buenas, especialmente en tiros de tres puntos.

Los atletas que más admira: en baloncesto, a Tim Duncan y Michael Jordan, de la NBA; Mario "Quijote" Morales, José "Piculín" Ortíz y Mario Butler, de Puerto Rico. En boxeo, Félix "Tito" Trinidad, de Puerto Rico. En el béisbol, Juan "Igor" González, Iván "Pudge" Rodríguez, Roberto Alomar, "boricuas"; de los extranjeros, Reggie Jackson y David Ortíz.

Reconocimientos:
1. 1992- homenaje de las Fiestas Patronales de Vega Baja, el Municipio de Vega Baja y el alcalde Luis Meléndez Cano.
2. El Sr. José "Cholo" Rosario, dedicó Torneo Novicios de baloncesto en la década del 90.
3. 2018- exaltado al Salón de la Fama del Deporte de Vega Baja

Nota: en el Baloncesto Superior aparacen sus récords bajo el nombre de Giovanny.

Tabla Estadísticas
Giovani Colón Maysonet

Año	Eq.	JJ	C3I	C3A	2PI	2PA	TLI	TLA	T. PTS	PROM%	POS
1990	Mor.	29	93	39	----	----	----	----	----	41.9	#9
1991	Mor.	22	82	38	----	----	----	----	----	46.3	#4
1992	Are.	34	----	----	119	71	----	----	----	59.65	?
			----	----	----	----	27	25	----	92.6	?
			172	73	----	----	----	----	----	*2.1c/j	#9
1993	Are.	34	----	----	----	----	27	25	734(4to)	21.59	#4
			254	100	----	----	----	----	----	*2.9c/j	#3
1994	Are.	30	----	----	----	----	----	----	587	19.6	#9
			----	----	----	----	103	83	----	80.56	#7E
			272	108	----	----	----	----	----	39.7	#10
1995	Are.	32	----	----	----	----	----	----	510	15.94	*2E
			261	97	----	----	----	----	----	*3c/j (37)	----
1996	Agua.	34	225	78	----	----	----	----	----	*2.3c/j (35)	*#6E
1998	Mor.	30	----	----	----	----	40	34	----	85	#8
1995	Guaya.	19	----	----	33	20	----	----	----	61	?
	Aibon.	8	----	----	----	----	16	15	----	94	?

Leyenda: Eq=Equipo, JJ=Juegos Jugados, C3I=Canastos de 3 pts. Intentados, C3A=Canastos de 3 pts. Anotados, 2PI=Tiros 2 pts. Intentados, 2PA=Tiros de 2 pts. Anotados, TLI=Tiros Libres Intentados, TLA=Tiros Libres Anotados, T. Pts.=Total de Puntos en Temporada, Prom.=Promedio, Pos.=Posición en la Liga, E=Empate, c/j=cada juego, *=computos se hicieron diferente; no en por ciento, ?= no se sabe posición, posiblemente por no tener núm. mínimo requerido de juegos jugados o no se indicó posición.

Concepción Ríos, Yezzid

N. el 4 de marzo de 1942 en Arecibo.
M. el 15 de mayo de 2005 en el Hospital San Pablo de Bayamón.
Peso: 180 lbs. (145 lbs. luego de amputadas ambas piernas)
Estatura: 5' 10"
Lado dominante: derecho

Sus padres Paulino"Palín" Concepción Concepción y Epifania Ríos Hernández, ambos de Vega Baja, tuvieron cinco hijos, Yezzid fue el segundo.

Sus grados elementales los estudió en la escuela José G. Padilla, donde participó en béisbol. En la intermedia compitió en pista y campo-eventos de relevos y de velocidad; en volibol y baloncesto. En el nivel superior compitió nuevamente en pista y campo, volibol y baloncesto.

Luego que se graduó de la escuela superior, estudió en la escuela Miguel Such y en la Universidad de Puerto Rico, durante dos años, en esta última aprendió las técnicas de embalsamar cadáveres. Durante sus estudios practicó el deporte de sóftbol, además de haber competido en los torneos municipales.

Mientras estudiaba en la Miguel Such, tuvo un accidente de auto, en el que se lesionó ambas piernas, en el 1968. Posteriormente hubo que amputárselas. Fue atendido en el Hospital Universitario en Río Piedras. Allí durante el periodo de rehabilitación fue instruído en las técnicas del deporte de baloncesto en silla de ruedas y rehabilitación física. El Sr. Manuel Rivera, técnico en Terapia Recreativa y Rehabilitación del Hospital de Veteranos, fue una de las personas en trabajar con Yezzid. Además de competir en eventos de baloncesto en silla de ruedas, Yezzid recibió entrenamiento para eventos de pista y campo- el tiro de la jabalina, disco, bala, y eventos de maratones. En ellos compitió con la Selección Nacional de Puerto Rico. Otra disciplina no olímpica, en la que compitió fue en un torneo de billar celebrado en Miami, Florida y en el cual ganó el campeonato. En este torneo participaron otros atletas en silla de ruedas de diferentes países.

Concepción fue el capitán de todos los atletas en los diferentes deportes que representaron a Puerto Rico durante los años 1976-84. Según el Sr. Manuel Rivera, cita a Yezzid como "el mejor atleta que tenía en silla de ruedas".

En competencias internacionales Yezzid asistió a las siguientes ciudades de Estados Unidos: New Jersey, Texas, Alaska, Massachusetts, Nueva York, y Miami. También compitió en los países de Canadá y República Dominicana. En estas competencias logró un sinnúmero de triunfos, donde recibió medallas y trofeos. En el tiempo libre a los atletas se les consiguió pases para asistir a los parques de las Grandes Ligas para ver los juegos de béisbol.

Entre las muchas actividades en silla de ruedas en que participó, asistió en agosto de 1984 con la Selección Nacional al Cuarto Campeonato Nacional de Silla de Ruedas para Veteranos en Brocktom, Massachusetts, Estados Unidos. En esta actividad Yezzid logró dos preseas de oro y una de plata. En el 1986 Yezzid participó en los VIII Juegos Panamericanos en Sillas de Ruedas celebrados en Aguadilla y Mayagüez, donde compitió en carreras y en el lanzamiento de la bala, en este último evento alcanzó el quinto lugar con marca de 7.26 m (23 pies 8 pulgadas, aprox.).

Yezzid se destacó no solo en la fase competitiva deportiva, sino que en otras áreas en la comunidad, al ser elegido Presidente de los Impedidos en Vega Baja y de Puerto Rico, durante los años 1972-75. En el 1973, junto a otros puertorriqueños, asistió a Washington D.C., donde hizo planteamientos sobre los problemas confrontados por los "impedidos" en Puerto Rico, entre ellos, los siguientes: (según descritos en entrevista)
1. Aceras estrechas sin rampas y con obstáculos como postes, rótulos y otros problemas.
2. Necesidad de rampas en aceras, edificios, áreas deportivas, etc.
3. Pasamanos- a construirse y localizarlos en edificios y residencias.
4. Relocalización de interruptores para que estén al nivel de las personas que usan sillas de ruedas.
5. Ascensores adaptados a los discapacitados y construcción de los mismos donde no los halla y evitar subir al hombro las personas.
6. Quejas de hoteles inadecuados por la falta de puertas y pasillos anchos, que faciliten entrar en sillas de ruedas, lo mismo que rampas para el uso de piscinas y entradas a instalaciones deportivas y otros lugares.

Entre las sugerencias, recomendaba la creación de fondos estatales y federales que se asignen para crear rampas, pasamanos, libros con sistema "Braille" para ciegos, reestructuración de ascensores, pasillos, aceras y otras mejoras. Según la visita en Washington, señaló que trajo efectos positivos en el que ocurrieron cambios en las leyes en Puerto Rico, relacionadas con las personas con limitaciones físicas. En términos generales, opinaba que se necesitaba hacer más esfuerzos y luchas para mejorar la situación existente de personas con discapacidades. Su sueño era el publicar un libro para personas con "impedimentos" para que pudieran conocer los lugares "aptos" a visitar en Puerto Rico. Lamentablemente la muerte lo sorprendió...y no pudo efectuar su sueño.

Estuvo casado varias veces: su primera esposa Carmen Gloria López, con la que procreó a Ivette y Elizabeth. Su segunda esposa fue Priscila Santiago García y tuvo a su único hijo Yezzid. Anteriormente había tenido dos hijos: Yezzid y Yela.

Reconocimientos:
1. Por parte de Asociaciones deportivas: Pequeñas Ligas, Clase A , Ligas Infantiles y Juveniles en Vega Baja.
2. Medallas y placas, reconociendo la excelencia deportiva, por parte de La Cruz Azul, Maratones en Silla de Ruedas, Union Carbide en el 1978, Juegos Nacionales en Silla de Ruedas de 1986 en Texas.
3. El alcalde Luis Meléndez Cano de Vega Baja-entregó placa
4. 1998-Liga Héctor Valle de Vega Baja
5. 12 de diciembre de 2016-exaltado póstumamente al Salón de la Fama del Deporte de Vega Baja.

A pesar de las limitaciones físicas de Yezzid, trabajó durante mucho tiempo montando puertas, ventanas, instalando losas y dirigió la Funeraria y Capillas Palín de Vega Baja, donde laboró toda su familia.

¡Indiscutiblemente que las personas que conocieron a Yezzid, le inspiraba a cada una el don de superación que poseía!

González Hernández, Félix
" El Colorao "

N. el 17 de diciembre de 1913 en Vega Baja (Aldea Casanova).
M. el 19 de enero de 1990 en Vega Baja.
Peso: 175 lbs.   Estatura: 5" 11"
Lado dominante: derecho

Sus padres Bernardo González Oquendo y Trina Hernández, tuvieron 10 hijos, siendo Félix el tercero. Entre los demás hermanos estaban: José, Juana, Octavio (miembro del Trio Vegabajeño), Rodrigo, María, Adela, Luz María, Miguel Ángel y Mario. Félix se casó con Monserrate Flores Pereira, con la cual procreó a Félix y Víctor; tuvo también a Gloria en otra relación.

Víctor fue un destacado jugador de baloncesto en la Liga Superior con el equipo de Santurce y laboró durante varios años como dirigente de baloncesto en pequeñas ligas. Por su destacada actuación en el campo del deporte fue exaltado al Pabellón de la Fama del Deporte de Santurce en el 2015.

El nivel elemental, Félix estudió en la Calle Nueva, escuela desaparecida, en la cual aprobó el primer y segundo grado. El tercer grado lo cursó en "El Ranchón", desaparecido. De cuarto a octavo grado, estudió en la escuela José G. Padilla, al igual que el primer y segundo año. El tercer y cuarto año lo estudió en la "High". Aquí aprobó cursos general y comercial.

El nivel universitario lo aprobó en la Universidad de Puerto Rico, Río Piedras, donde hizo un bachillerato en Administración Comercial. Luego de graduarse, trabajó como contable en el gobierno federal.

"El Colorao" González ha sido uno de los baloncelistas más grandes que ha tenido Vega Baja y la nación de Puerto Rico. Desde niño sobresalió de los demás atletas por el dominio de las destrezas del juego de baloncesto, con destaque en la defensa, al igual que en la ofensiva. Así consta en las narraciones escritas y verbales sobre sus ejecutorias en la cancha. En uno de los desafíos de la Federación Insular de Baloncesto, cuando jugó con *Santurce,* en desafío contra los Cardenales de Rio Piedras, Félix efectuó tres cortes de balón y anotó tres canastos en tan solo 18 segundos, que le dieron la victoria a su equipo por tan solo dos puntos. En otra ocasión en Serie Cuadrangular Panamericana, celebrada en Cuba en el 1938, llevó a cabo una magistral ofensiva en desafío contra México: faltando 12 minutos de juego, Félix entró a jugar y anotó 12 canastos (un canasto por minuto), actuación que le dio la victoria a Puerto Rico y el Campeonato. ¡Esta hazaña, aun hecha por el mejor jugador de la *National Basquetball Association* (NBA), sería difícil de igualar!

Varias personas que vieron jugar al "Colorao", aseguran que ha sido el mejor baloncelista vegabajeño que han visto jugar y uno de los mejores en Puerto Rico durante la década de los 30. En esta década Vega Baja era el mejor equipo del nivel Superior, en la que logró dos campeonatos (según Carlos Uriarte, tres) y varios subcampeonatos.

En el baloncesto de Puerto Rico (FIB), Félix jugó con Vega Baja con los siguientes equipos:
1928- *Ninety Nine*
1929- *Vega Baja Continuation*
1930- *Padilla Five* (Campeón Segunda Categoría)

43

1931- *Teatro Fénix*
1932-33- *Áquila Negra* (Subcampeón de Puerto Rico en el 1932).
1934-35- *Heinz 57* (1934 Campeón de Puerto Rico, y Subcampeón 1935; Vega Baja estableció récord nacional de 59 pts. anotados en un juego).
1936- *Club Náutico*- con este equipo, siete jugadores de Vega Baja participaron: "Guigo" Otero, José "Tuto" Otero y Manuel Otero, Félix González, Leonardo Otero, Ángel Náter Otero y José "Chantó" Catoni.
1937-40- *Vega Baja Indians* (1937- Segundo Campeonato de Vega Baja en Primera Categoría; 1938- Campeón Nacional;1939- Subcampeón).
Selección Nacional:
1938- IV Juegos Centroamericanos y del Caribe, Panamá. En esta competencia cinco vegabajeños formaron parte de la Selección Nacional: Rodrigo "Guigo" Otero Suro, José "Chantó" Catoni, José "Tuto" Otero Suro, Leonardo "Guyo" Otero Cubano y Félix "El Colorao" González.
1940- Serie Cuadrangular Panamericana, La Habana, Cuba. Puerto Rico obtuvo el campeonato.

Reconocimientos:
1. 1960- exaltado al Pabellón de la Fama del Deporte Puertorriqueño
2. 1962- seleccionado entre uno de los diez miembros del equipo simbólico- "Todos Estrellas de Todos los Tiempos", al celebrarse el Cincuentenario del Baloncesto en Puerto Rico.
3. Década del 70- Dedicación *Field Day* de la Escuela Intermedia Urbana Ángel Sandín Martínez de Vega Baja.
4. Década del 90- se seleccionó entre los 10 mejores baloncelistas de Puerto Rico.
5.1996- exaltado al Salón de la Fama del Deporte de Vega Baja.
6. 31 de marzo de 1997- se aprobó Ordenanza Municipal #74, serie 1996-97, para designar cancha urb. Brasilia de Vega Baja con el nombre de Félix "El Colorao" González.
Nota: Félix usó el número 6 en su camiseta-vea fotos históricas

Maysonet Santos, Héctor Luis "Chaco"

N. el 17 de enero de 1965 en Barriada Sandín en Vega Baja.
Peso: 230 lbs.   Estatura: 6' 5"
Lado dominante: derecho

Sus padres Héctor Maysonet Hernández y Nereida Santos Rodríguez, ambos naturales de la playa de Puerto Nuevo en Vega Baja, además de Héctor, tuvieron a Sandra, Edward y José.

Héctor está casado con Iliana Quíles Rodríguez, natural de Guánica, Puerto Rico y contrajo matrimonio en Estados Unidos.

Estudió en las escuelas elementales de Vega Baja, Rosa M. Rodríguez y José de Diego. Aunque no participó en deportes en las escuelas elementales, sí lo hizo en la comunidad. Fue miembro de las Pequeñas Ligas y actuó como lanzador a los 11 años. En una ocasión en calidad de relevista ponchó a ocho bateadores en tan solo tres entradas, según narró en entrevista. Representó a Vega Baja en torneo de las Pequeñas Ligas en Santo Domingo, República Dominicana, bajo la dirección de Félix "Clipper" Santos, fallecido.

Los grados del nivel intermedio los estudió en la Ángel Sandín Martínez del pueblo en Vega Baja. Aquí participó en los *Field Days*, donde compitió en los eventos de velocidad. Luego estudió en la Lino Padrón Rivera (superior), en la que sobresalió en el "varsity" de baloncesto y torneos intramurales. Posee el récord de haber anotado 76 pts. en un juego intramural en 40 minutos. En algunas escuelas el tiempo varía de acuerdo a la organización de la escuela, programa del maestro de Educación Física y otros factores a tomar en consideración.

A nivel universitario fue integrante del equipo "varsity" de la Universidad de Puerto Rico en Arecibo (UPRA) de 1983-87, donde recibió el premio de Novato del Año en el 1983. Anteriormente había participado en Primera Categoría en Vega Baja. Ha estado bajo la tutela de destacados dirigentes, entre ellos, Moisés Navedo, Teo Cruz, Bill Mc Cadney, Iván Igartúa, José "Cheo" Mangual, Santiago Maldonado y Leo Echevarría. Participó de los torneos reconocidos a nivel nacional: "Chicharrón", Villa del Capitán Correa y universitarios. En UPRA hizo un grado asociado en Ingeniería Química.

En el 1990 se inició en la compañía Schering en Manatí, donde participó en los torneos industriales de baloncesto y bajo la dirección de Santiago Maldonado y Leo Echevarría, profesores de Educación Física. En el 1992, con la industria Roche, su equipo obtuvo el campeonato en uno de esos torneos.

Héctor se trasladó a Estados Unidos para residir en Springfield, Massachusetts, en el año de 1993. En ese año se fue de vacaciones con un tío y este le recomendó que solicitara trabajo en una fábrica de equipo eléctrónico, lo aceptaron y laboró hasta el año de 1998, luego decidió radicarse en Springfield. En el 1998 reinició los estudios con concentración en Trabajo Social y se graduó de bachillerato en el 2000.

45

En ese mismo año inició estudios a nivel de maestría y se graduó en el 2006. Terminó maestrías: en trabajo social clínico, educación bilingüe y administración de escuelas públicas. Desde el 2002 hasta el presente ha trabajado como asistente de director escolar, Profesor Asociado y Supervisor de Campo para el nivel de maestría en Trabajo Social Clínico en Smith College y Boston College en Northampton, Massachusetts. Entre sus labores profesionales ha desarrollado actividades deportivas para ayudar a muchos estudiantes en la disciplina y aprovechamiento académico, necesidades que observó especialmente en la comunidad latina de Springfield y Holyoke. Sus estudiantes se han destacado en baloncesto, gracias a los conocimientos impartidos por Héctor, los cuales han hecho posible el participar en torneos celebrados en Florida, Nueva Jersey y otros estados.

Como atleta en Estados Unidos se ha destacado en la participación de los torneos de baloncesto máster, en los cuales su equipo logró el campeonato de uno de los torneos en el estado de Massachusetts, y terminó entre los mejores anotadores de la liga. En otro torneo en el cual participó, actuó como refuerzo de la policía de Springfield en Westover Air Base, en el año de 1993-94. Tuvo la grata experiencia de jugar junto a su amigo vegabajeño Giovani Colón, destacado baloncelista de la Liga Superior de Puerto Rico y destacado pelotero natural de Vega Baja, quien reside en Estados Unidos hace varios años. Otro deporte en el cual compitió Maysonet fue el sóftbol, categoría máster de 40 años y mayores en torneo comunitario.

Reconocimientos:
1. 1983- Novato del Año en el CUTA (Colegio Universitario Tecnológico de Arecibo)
2. 2006- Mejor Trabajador Social en Springfield, Massachusetts
3. 2014- Profesor Asociado Honoris Causa en Boston College
4. 2015- Profesor Asociado Honoris Causa en Smith College

El apodo se lo dio su mamá, ya que cuando niño Héctor se dedicó a la pesca y la caza en la playa en Vega Baja, en un sitio conocido como "el caño," con características topográficas parecidas a varios sitios en Sur América que se llaman "Chaco".

Navedo Navedo, Moisés "Moe"

N. el 6 de julio de 1933 en Vega Baja.
M. el 25 de julio de 2013 en Vega Baja.
Peso: 165 lbs.   Estatura: 6' 3"
Lado dominante: derecho

Hijo de Moisés Navedo Rosario y Josefa Navedo Prado, ambos naturales de Vega Baja. Era el segundo de un total de cuatro hermanos. Casado con Gladys Marrero Torres, procreando tres hijos: Lourdes, Milagros "Mily", Jesús "Gumby" y Analesse.

Desde niño se destacó en el deporte, participando en volibol y béisbol, con desempeño en segunda base y los jardines, mientras estudió en la escuela superior. En baloncesto, deporte en el que más descolló, compitió en la Liga Atlética Policiaca (LAP) de Cataño en el 1948-49; Segunda Categoría en el 1950 con Farmacia Nueva, equipo con el que fue seleccionado "Novato del Año". Jugó Primera Categoría en el 1951 con Arecibo y el equipo *Hot Point* de Vega Baja. Aquí lo dirigió el destacado dirigente estadounidense Hy Sisserman y le enseñó las técnicas del juego. Anteriormente lo habían dirigido Hermes Hernández, "Pepito" Otero Náter, Rafael "Pandoro" Cantellops, "Tingoro" Torres y Egil Brull, todos de Vega Baja. En ese mismo año (1951), firmó con el equipo Superior de Arecibo, a pesar de haber practicado con Quebradillas por invitación del señor José Nicolás Palmer.

Otro deporte que Moisés practicó fue el boxeo, y tal vez este dato desconocido para muchas personas. En entrevista que se efectuó el 27 de marzo de 1997, señaló que se ponía guantes con los amigos y quienes le dieron las primeras clases fueron Juan "Culson" Pizarro Anglada, Berto Santos (hermano de crianza), José Torres (alias "Joe Palmares"), moroveño; Ismael "Maelo" Collazo y Jaime Soto. El lugar de entrenamiento era el hospital viejo, Jesús Armaiz. Esto sería para fines de la década del 40.

Como estudiante universitario del "Poly"- Instituto Politécnico de San Germán- y bajo la dirección del Dr. Luis Fernando Sambolín- integró el equipo "varsity" de baloncesto; su equipo alcanzó el tercer lugar en el año 1955. También compitió en el evento de salto con pértiga en en la disciplina de pista y campo.

Con el equipo de Arecibo, Moisés participó en el primer Campeonato Nacional Superior en el 1959 derrotando a Río Piedras 76 a 59. En ese mismo año representó a Puerto Rico en Torneo Panamericano celebrado en Chicago, Illinois, donde logró medalla de plata. Participó en competencia internacional en Caracas, Venezuela- Juegos Centroamericanos y del Caribe- y Juegos de la Amistad en México. En el 1961 Arecibo finalizó Subcampeón de Puerto Rico en la Liga Superior. Con Arecibo usó los números 9, 18 y 13 en la camiseta.

Residió en Islas Vírgenes varios años compitiendo bajo el nombre de Pedro González (P.J.), utilizó los números 4, 7 y 18 en su camiseta. En el 1965 participó en Torneo Centroamericano en el cual representó a Islas Vírgenes. Félix Joglar, Rubén Adorno y Ángel "Caco" Cancel, llevaron protesta contra Moisés, pues sabían que era un jugador puertorriqueño perteneciente a la Liga Superior. Finalmente se le permitió jugar, a pesar de ser "chivo". En Islas Vírgenes jugó con el *Sparky's Viking* de San Thomas, mientras laboraba, utilizó su propio nombre y esto probablemente lo salvó de no ser sancionado legalmente, luego del incidente en México. Trabajó en Sparky's, cuyos dueños también eran del equipo con el cual jugó en San Thomas. Fue miembro del "Juego de Estrellas", que representó a la Sección del Oeste en el 1965. En la temporada regular de 1965, como integrante de los *Vikings,* logró el tercer mejor promedio de puntos por juego con 16.9. Su equipo terminó primero en la división del Este con 14 victorias y tan solo dos derrotas y alcanzóelCampeonatodeSt.Thomas. ¡Fuemuy querido en SanThomas..!

Luego que se retiró como jugador activo en el 1969, debido a un lesión en un codo, y haber anotado sobre 3,000 pts. (los récords no están todos recopilados), se dedicó a enseñar técnicas del deporte de baloncesto, a dirigir equipos en Vega Baja y pueblos limítrofes en categorías Juvenil, Mini, Biddy, y Asistente en Liga Superior durante la temporada de 1974-75 con Arecibo. Para esa época con Arecibo, el dirigente era Bill Mc Cadney, quien fue jugador de Arecibo y miembro de la Selección Nacional de Puerto Rico. Bill había nacido en Brooklyn, Nueva York, y se estableció en Puerto Rico en el 59, donde fue compañero de equipo de "Moe", con quien estableció una íntima amistad. Moisés organizó junto a otros compañeros, torneos de baloncesto, además de trabajar como árbitro en diferentes categorías.

Según Navedo, consideraba excelentes árbitros de su época a Fernando Torres Collac, Ismael Nazario, Frank Prado y Ángel "Chito" Pérez.

Estadísticas más importantes en Liga Superior:
1. 1953- logró promedio de 11.05 puntos por juego (#17 en el Circuito de Baloncesto Superior de Puerto Rico).

2. El 22 de julio de 1954- anotó 41 pts. contra San Germán en la cancha de Arecibo. Se unió al Club de los 40. El récord de Puerto Rico en el Baloncesto Superior lo posee Neftalí Rivera (de Quebradillas) en el 1974 con 79 pts. contra Mayagüez, sin la línea de 3 pts.

3. 1956- anotó 342 pts. y promedio de 14.25- 13ro. en la Liga.

4. 1958- anotó 296 pts. y 16.44 de promedio por juego (sexto en la Liga)-recibió Mención Honorífica.

5. El 19 de agosto de 1959- Campeón de Puerto Rico. Anotó 286 pts. y promedio de 13.61 pts. por juego. Arecibo logró marca de 18 victorias consecutivas.

6. 1960- anotó 382 pts. y promedio de 18.19 para un séptimo lugar en la Liga Superior.

7. 1962- anotó 141 pts. y promedio de 11.75 para un 19no. lugar.

8. Participó en un total de 11 Juegos de Estrellas.

Reconocimientos:

1. En Arecibo se une al Club de los 40 (jugadores que anotan 40 o más puntos).

2. Concluyó en varias ocasiones entre los mejores anotadores de la Liga Superior

3. 21 de mayo de 1976-se inauguró una cancha de baloncesto y volibol, en Vega Baja, lleva su nombre. Se inició la remodelación de la misma en el 2018.

4. 2006- reconocimiento a personas destacadas en el deporte en Vega Baja por parte del Programa de Educación Física de la escuela superior Lino Padrón Rivera.

5. En el 2011-se le entregó sortija de campeonato, como miembro del equipo de Arecibo de 1959, Primer Campeonato de Puerto Rico en el Baloncesto Superior.

6. En el 2013- se le dedicaron las Fiestas del Pueblo de Vega Baja.

7. En el 2014-se le dedicó la 60ma. Asamblea de Vegabajeña Coop.

8. En el 2014-se retiró su número 18 en Arecibo.

9. En mayo de 2015- se creó la Beca Moisés Navedo, instituída por el Municipio de Vega Baja, otorgada a estudiantes destacados en deportes de las escuelas superiores públicas y privadas; elementales e intermedias-únicamente públicas de Vega Baja. A cada ganador se le entrega un certificado, una medalla y un donativo en efectivo.

Otero Suro, Rodrigo "Guigo"

N. el 26 de junio de 1915 en Vega Baja.
M. el 26 de junio de 2001 en la calle Luchetti de Santurce.
Peso: 200 lbs. (aprox.)   Estatura: 6' 1"
Lado dominante: derecho

Sus padres fueron Eugenio Otero, natural de España, y María Suro, natural de Vega Baja. "Guigo" estuvo casado con Margarita Bigles, con quien procreó dos hijos, Rodrigo y Margarita. Durante muchos años residieron en la playa de Puerto Nuevo en Vega Baja y luego se trasladaron a Santurce.

Estudió primero en la escuela José G. Padilla, de aquí pasó a la superior de Vega Baja, luego estudió en Manatí, y finalmente se graduó en la "Central High" de Santurce en el 1937.

"Guigo" comenzó en el baloncesto a la edad de 15 años en el 1931 con el equipo Fénix de Vega Baja, donde jugó con estrellas como Félix "Colorao" González, "José "Chantó" Catoni, Pedro Ismael Prado y otros jugadores destacados de las décadas del 30 y el 40. Fue dirigido por Víctor "Vivico" Quiñones, pionero en la dirección del baloncesto en Vega Baja. Jugó con equipos *Águila Negra* (1932-33), *Heinz 57* (1934), *All Vega Baja* (1935), *Club Náutico* de San Juan, y *Vega Baja* en1936), *Vega Baja Indians* (37y 39-40); y finalmente con los *Santos de San Juan,* hasta 1954. En su carrera baloncelística jugó junto a sus hermanos José "Tuto" y Andrés "Neco". "Guigo" participó un total de 24 temporadas en la Liga Superior. En el 1937 se inició como jugador del "varsity" en la Universidad de Puerto Rico en Río Piedras, bajo la dirección del profesor Cosme Beitía. En este equipo jugaron su hermano José "Tuto" Otero y David Pastor, vegabajeño. Por su estilo de jugar, a "Guigo" se le comparó con Tkachenco, jugador ruso de 7 pies, 3 pulgadas, que dominaba los rebotes en el área de la pintura y controlaba el juego.

Al preguntársele cómo era el estilo de juego antes, comparado con hoy día, enumeró las siguientes diferencias: la puntuación era bien baja, se jugaba en cuartos de 10 minutos, había problemas con el arbitraje localista, canchas en tierra y bitumul, se brincaba la bola ("jump ball") después de un canasto, no se detenía el reloj como se hace actualmente, los jugadores no eran tan altos como hoy día, y no existía el canasto de tres puntos, regla creada por Eddie Ríos Mellado en el1962.

En el 1938, Emilio E. Huyke, cuando laboró como presidente de la FIB, tuvo que suspender por un año al equipo de *Vega Baja* (Liga Superior) por violación al Código de Disciplina. "Guigo" Otero, quien jugaba con Vega Baja y era el líder del equipo, no apeló la decisión de Huyke, se dedicó durante ese período al arbitraje.

Se le recuerda a "Guigo" por haber sostenido duelos baloncelísticos con grandes figuras de la época como lo fueron Francisco "Pancho" Gelpí y Onofre Carballeira, entre otros. Según don Germán Rieckehoff Sampayo, quien era árbitro de baloncesto para esa fecha, poseía un gran control de los demás jugadores y hasta de los árbitros. Posteriormente, don Germán sería presidente de la Federación Insular de Baloncesto y del Comité Olímpico de Puerto Rico.

En el deporte internacional, en el 1938, "Guigo" fue el abanderado de Puerto Rico y miembro de la Selección Nacional de baloncesto que compitió en los IV Juegos Centroamericanos y del Caribe en Panamá, en los que se alcanzó un honroso cuarto lugar. Entre las otras selecciones en que participó están el Primer Campeonato Antillano en el 1939, la Serie Cuadrangular Panamericana del 1940, en que resultó ganador y el Segundo Campeonato Antillano con motivo de la celebración del centenario de la independencia de la República Dominicana en 1944. Su actuación en estas competencias internacionales fue memorable por los duelos baloncelísticos que sostuvo con el destacado jugador cubano Emilio Cancio Bello, quien lo superaba en estatura y fortaleza física. Participó en Torneo Triangular en La Habana, Cuba, en el 1944.

Además de su rol como baloncelista, "Guigo" ejerció otras funciones dentro del deporte. Cuando ocupó el cargo de Secretario Ejecutivo de la Federación de Baloncesto (59), tuvo que tomar la difícil decisión de dividir la Selección Nacional de baloncesto en dos equipos. Uno de ellos asistió a Chile para participar en el Torneo Mundial en el 1959, y obtuvo medalla de plata. En este evento figuraron el vegabajeño Moisés Navedo y el cialeño Juan "Pachín" Vicens, quien fue declarado el mejor jugador del mundo.Otras contribuciones de "Guigo" al baloncesto, aparte de laborar como árbitro y dirigente, son el haber sido fundador de la FIB, el Club de Futuras Estrellas del Baloncesto, la Liga Puertorriqueña de Baloncesto, organización de la cual fue su segundo presidente.

En el deporte de béisbol, fue el Director de la Liga de Béisbol Profesional Invernal en dos ocasiones (1967-75, 1985-87). Desde esa posición, en el 1970 reanudó la Serie del Caribe, luego de ser suspendida en el 1960. Actuó como presidente de la Confederación de la Serie del Caribe del Béisbol Profesional Invernal. Se le reconoce como la persona que permitió que México, perteneciente a la Liga de la Costa del Pacífico, ingresara en 1974 a la Serie del Caribe.

Se sabe que era aficionado al deporte de "handball" y que participó en torneos celebrados en la YMCA de San Juan, donde ganó varios de ellos. En la fase administrativa de esta organización fue miembro de la Junta de Directores y del Comité de Planta Física en la década del 40. Como estudiante de la Universidad de Puerto Rico en Río Piedras, presidió la Asociación Atlética. Desde aquí organizó justas internacionales, y en el 1936 trajo a Puerto Rico a *Louisiana State University*. Fue admitido a la profesión de abogado el 25 de enero de 1940, a la edad de 25 años. El 8 de abril de 1952 hasta el 2001, el Tribunal Supremo de Puerto Rico le autorizó ejercer como abogado notario.

Poco antes de morir en el 2001, trabajó como presidente del Comité Organizador del Campeonato Mundial Máster de Atletismo, que habría de celebrarse en Puerto Rico en el 2003.

Estadísticas sobresalientes en su carrera baloncelística:
1. Jugó con el *All Vega Baja* (1937),CampeónNacional, resultó el mejor anotador (98 pts.) y promedio de 9.8 pts. por juego.
2. Miembro del equipo *Azul* ganador del primer Juego de Estrellas de la Liga Superior en el 1937, el cual derrotó a los *Blancos* 25 a 22 pts. "Vivico" Quiñones fue el dirigente ganador. Este juego se celebró en Vega Baja.
3. En la temporada de 1939 terminó tercero entre los mejores anotadores de la Liga Superior con 72 pts.
4. En el 1950- integró el equipo *Santos de San Juan*; establecieron el récord de 12 victorias consecutivas.
5. Se le reconoce como la persona que nos afilió a la FIBA y que permitió el poder participar por primera vez en el Torneo Mundial de Balocesto, celebrado en Chile en el 1959. Esto también ayudó a que Puerto Rico participara en los Juegos Olímpicos de Roma, Italia, en el 1960.

Reconocimientos:
1. 1995- exaltado al Pabellón del Deporte Puertorriqueño
2. 1996- exaltado al Salón de la Fama del Deporte de Vega Baja
3. 1997- se inauguró el gimnasio de boxeo en el área de Tortuguero, el cual lleva su nombre
4. 2003- exaltado al Pabellón de la Fama del Caribe-Rep. Dominicana
5. 2014- dedicatoria torneo béisbol profesional, Liga Roberto Clemente (homenaje póstumo).

Prado Reyes, Pedro Ismael

N. el 6 de octubre de 1920 en Vega Baja.
M. el 17 de febrero de 1991 en el Hospital Auxilio Mutuo, San Juan.
Peso: 175 lbs. aprox.   Estatura: 6' 0"
Lado dominante: derecho

Sus padres Francisco Prado Guerrero, químico azucarero, y Celenia Reyes Jiménez, tuvieron tres hijos: Pedro Ismael, Gloria María "Tati" y Francisco Miguel, fallecido.   Pedro estuvo casado con Luz Raquel Berríos Colón, natural de Barranquitas, quienes procrearon cinco hijos: Pedro Ismael "Pedrito", Raquel Vanessa "Cuca", Gloria Selenia "Glorisel", María Margarita "Mari" y Laura Isabel "Lauri". Todos ellos le han dejado la herencia de nueve nietos.

Durante su niñez estudió en la escuela José Gualberto Padilla en Vega Baja. No se ha encontrado evidencia de que jugara baloncesto bajo la dirección de "Vivico" Quiñones, cuando estuvo como maestro de ciencias y enseñó el deporte de baloncesto. Debido a que Don Francisco laboró en diferentes centrales como San Vicente, Igualdad y Coloso, Pedro Ismael estudió en Añasco, aunque vivió en Mayagüez. Posiblemente jugó baloncesto en la escuela de Añasco, según cita la revista *Alma Latina*. El nivel secundario lo estudió en Manatí y en Bayamón. Se señala que tal vez haya participado en el equipo "varsity" de baloncesto en Bayamón, mientras vivió en la residencia de un tío paterno.

Una vez se graduó del nivel superior, estudió durante dos años en la Universidad de Puerto Rico y participó del equipo "varsity" de baloncesto bajo la dirección del profesor Víctor Mario Pérez, fallecido. Este también fue jugador del nivel Superior, dirigente de la Selección Nacional de Puerto Rico y profesor de Educación Física en la UPR.

En el Baloncesto Superior, se inició en el 1938 con el *Vega Baja Indians* y jugó hasta el 1953 con *Vega Baja y Santurce*. Actuó como refuerzo, junto a Héctor Cordero, en torneo amistoso con sede en Venezuela en el 1939. Estuvo en el 1942 con el equipo *Coca Cola de Santurce* y dirigido por Víctor "Vivico" Quiñones. En este mismo año se trasladó al estado de Wisconsin para estudiar Odontología en la *Universidad de Marquette* y obtuvo el grado de cirujano dental en el 1945. El profesor de Educación Física Leonardo Martínez, natural de Vega Baja y criado en Ciales, indica que mientras estudió en la Universidad de Puerto Rico en Río Piedras, fue paciente del Dr. Pedro Ismael Prado en la década del 50. En Marquette participó del torneo intramural de baloncesto y tuvo el honor de ser seleccionado para el equipo "varsity" en dos años: 1943-44 y 44-45. En su primer año promedió 5.3 pts. por juego y en el segundo 7.9 pts. En el 1945 ingresó en la Marina de Estados Unidos donde permaneció durante dos años y obtuvo el rango de Teniente.

Cuando jugó con el equipo *Vega Baja Indians* en el 1938, fue uno de ocho vegabajeños que integraron este equipo y el cual jugó como local en el Escambrón, debido a que se destruyó la cancha de Vega Baja para construir un hospital. "Vivico" Quiñones fue el apoderado.

De 1942 al 1954 jugó con *Santurce* nuevamente en el Baloncesto Superior. En una ocasión en juego contra San Juan anotó 35 pts., para establecer un récord personal. Como dato sobresaliente en el Circuito de Baloncesto Superior, en el 1947 terminó segundo en anotaciones en la Liga Superior, empatado con el jugador de San Germán Frances Ramírez. Ambos anotaron un total de 158 puntos. En el 1949 anotó un total de 290 pts.; alcanzó el tercer lugar en la Liga Superior.

Entre los baloncelistas más destacados de Vega Baja, que fueron compañeros de Prado, se pueden mencionar los siguientes: Rodrigo "Guigo" Otero Suro, "Chantó" Catoni, Félix " El Colorao" González, "Tuto" Otero Suro, José Ángel Náter y otros.

A nivel internacional participó en varias ocasiones representando a Puerto Rico. En el 1940 participó en Serie Cuadrangular celebrada en Cuba, fue seleccionado El Mejor Canastero de la Región. Se le hizo entrega de la Medalla de Puerto Rico por su actuación deportiva, entregando la misma al representante máximo del baloncesto cubano, como gesto deportivo a nombre de la Delegación de Puerto Rico. A su vez, Pedro Ismael recibió distinción deportiva (medalla), por parte de la Delegación de Cuba. Al llegar a Puerto Rico el equipo de baloncesto, le entregó nuevamente la medalla otorgada anteriormente. Aquí Pedro usó el #22 en su uniforme. Durante el mes de septiembre de 1940, nos visitó el equipo de *Long Island University* para tener una serie amistosa de ocho juegos, con equipos de la Liga Superior y la Selección Nacional. A pesar de que Puerto Rico no ganó ningún juego, varios atletas de Vega Baja se destacaron, entre ellos principalmente Prado. En uno de los juegos resultó el mejor anotador de Puerto Rico con un total de 11 pts. y en otro desafio resultó el mejor anotador del juego con 15 pts. En esta competencia contra "Long Island" - lo dirigió el famoso dirigemte Clair Bee- y Puerto Rico lo dirigió Víctor Mario Pérez. De Clair Bee, amigo personal de Víctor Mario Pérez, Puerto

Rico aprendió la técnica del tiro brincado ("jump shot") y varias técnicas del juego, las cuales usarían nuestros jugadores en competencias nacionales e internacionales. Para esa época no existía la regla de los 30 segundos para tirar (hoy 24) y menos aun la línea de tres puntos, regla creada por el puertorriqueño Eddie Ríos Mellado, fallecido. Esta última regla solamente, cambiaría las estrategias del juego de baloncesto. Víctor había estudiado en Long Island y tenía excelentes relaciones con jugadores de *Long Island* y de otros lugares de Estados Unidos, además de jugadores de *Vega Baja,* pues su primer año en la Liga Superior, había jugado con el *All Vega Baja* en el Circuito de Baloncesto Insular. Durante mucho tiempo tuvo casa de "veraneo" en la Playa Puerto Nuevo en Vega Baja.

Según Raúl "Tinajón" Feliciano, (fallecido en el 2016), centro de la Selección Nacional durante la década del 40-50, en su libro "Los efectos secundarios de la fama", señala que Pedro era el "mejor jugador de Puerto Rico del 1938 al 1945". Pedro siempre se destacó en las posiciones de centro y delantero en el balocesto local e internacional.

En el 1949 se inició como dirigente en la Liga Superior con el e-quipo de Santurce. En el 1950 participó como jugador del Juego de Estrellas con el equipo del *Norte,* el cual perdió el desafío 60 a 58 pts. Luego de retirado como jugador (1953),dirigió a Santurce. En el 1959 salió del retiro y jugó con Santurce en Torneo de Baloncesto para Ve-teranos. Compitió en este torneo Rodrigo "Guigo" Otero, pero con el equipo de San Juan.

Por su gran dominio de las destrezas de pasar, driblear, excelen-te tirador, tanto en tiros de campo como en tiros libres, se le bautizó el "Mago de la Cancha" y se le llamó "El Caballero del Deporte".

Los restos mortales de Pedro Ismael yacen en el Cementerio Nacional de Bayamón.

Reconocimientos:
1. 1939- obtuvo el premio al Mejor Anotador de la Liga Superior con un total de 103 pts.
2. 1940- premio "El baloncelista de la Raza" en Cuba
3. 1951- premio del Jugador de la Semana en el mes de julio
4. 1995- exaltado al Pabellón del Deporte Puertorriqueño
4. 1996- exaltado al Salón de la Fama del Deporte de Vega Baja
5. 1999- exaltado al Salón de la Fama de Santurce
6. 2008-se seleccionó entre los mejores jugadores de la década del 40 por un comité de expertos en el Baloncesto de Puerto Rico.

Purcell Montalvo, Sophie Sophia

N. el 5 de mayo de 1962 en Honolulú, Hawaii.
Peso: 130 lbs.   Estatura: 5' 6"
Lado dominante: izquierdo

Sus padres, Héctor Luis Purcell Stella, militar fallecido y natural de Peñuelas se casó con Carmen Rosa Montalvo Rivera de Arecibo, de este matrimonio nacieron cinco hijos: Héctor Luis, Madeline Rose, Roberto, Sophie y Sandra Enid.

Aunque nació en Estados Unidos, se mudó con su familia a Vega Baja en el 1967, donde residió en el pueblo y posteriormente en la urbanización Brasilia. Sus estudios elementales los efectuó en la escuela José G. Padilla. Bajo la tutela del profesor José Rosado, participó en el deporte de pista y campo y en el tradicional *Field Day*. El nivel intermedio, y en la escuela Ángel Sandín Martínez, compitió en sóftbol, baloncesto y tenis de mesa, en los que logró varias medallas. En el nivel superior, bajo el profesor Carlos Pantoja, Sophie se destacó en baloncesto, tenis de mesa y pista y campo. En este último ganó varios eventos de velocidad, con la excepción de 200 m, que concluyó en segundo lugar.

Después de graduarse del nivel superior en el 1980, ingresó en el Colegio Universitario Tecnológico de Arecibo (CUTA), donde continuó con su destaque deportivo. Compitió a nivel intercolegial, donde obtuvo un segundo lugar en la carrera a campo traviesa. Durante esos años, participó en la Justas Intercolegiales, en la que estableció récord en la carrera de 1,500 m, además, arribó en un tercer lugar en los 800 m.

Luego de estudiar dos años en Arecibo decidió trasladarse al American College de Bayamón, donde estudió con beca. En su participación con el equipo "varsity" de baloncesto estableció el récord de anotar 88 puntos en un juego.

A los 19 años de edad jugó baloncesto categoría Juvenil con Quebradillas, equipo que logró el Campeonato Nacional bajo la dirección de Juan López. En el Baloncesto Superior se inició con Quebradillas en el 1980, año en el cual se convirtió en la primera jugadora vegabajeña en participar en la Liga Superior. Fue su compañera de equipo en Arecibo, Magali Díaz, quien la invitó a practicar con Quebradillas. Participó con Quebradillas por varios años hasta retirarse en el 1986, después de lograr cuatro campeonatos. Como integrante del equipo de baloncesto de la Selección Nacional, participó en un "fogueo", celebrado en La Habana, Cuba, en el 1982 (vea fotos históricas). En el 1986 fue seleccionada para formar parte del equipo de baloncesto de Puerto Rico que asistió a los XV Juegos Centroamericanos y del Caribe en Santiago de los Caballeros, República Dominicana.

Durante el mes de marzo de 2016 recibió invitación a través de correo electrónico para asistir a prácticas de baloncesto máster categoría 50 años o más y luego fue seleccionada para representar a Puerto Rico. Del 23 al 30 de abril de 2016 asistió con el equipo para participar en Torneo Panamericano en Costa Rica. Debido a lesión en una rodilla ("stress fracture"), no pudo jugar. La encargada de este equipo lo fue la exjugadora Janet De Jesús. En julio de 2017 participó en Torneo Mundial (50 o más) en Tuscani, Italia en el cual Puerto Rico finalizó 16 de 36 países. Aspira asistir a competencia mundial en Argentina en el 2020.

Sophie tiene experiencia adicional de oficial de baloncesto y volibol en torneos que fueron organizados por el Departamento de Recreación y Deportes de Vega Baja.

Agradece a las siguientes personas por haberse destacado en el campo deportivo: Héctor Purcell, su padre; Carlos Pantoja, Juan López, "Ciqui" Rodríguez y Jackeline Santiago.

Actualmente reside en Estados Unidos, junto a su mamá y hermana Sandra. Cuando juega en la Selección Nacional Máster de baloncesto, viaja a Puerto Rico para los entrenamientos.

Reconocimientos:
1. 3 de abril de 1987-se le dedicó Día de Juegos de la escuela Ángel Sandín Martínez, junto a su hermana Sandra.
2. 12 de diciembre de 2014-fue exaltada al Salón de la Fama del Deporte de Vega Baja.

Quiñones Flores, Víctor Luis "Vivico"

N. el 13 de julio de 1904 en Santurce.
M. el 19 de junio de 1975 en Trujillo Alto.
Peso: 170 lbs. (aprox.)   Estatura: 5' 10" (aprox.)
Lado dominante: derecho

Sus padres fueron Jesús María Quiñones Sofís (maestro) y Matilde Flores López. Entre sus hermanos, están Jesús M., Víctor L., Matilde,

57

Mercedes, Guillermo, Rafael y William Horacio.

Según fuentes genealógicas, "Vivico" tenía ascendencia dominicana por su abuela materna, María de la Cruz Sophyl. Se casó en dos ocasiones: la primera esposa fue María Julia Sánchez de Jesús, con quien se casó el 28 de febrero de 1930 en Manatí. Fruto de esta unión fueron William H., Víctor, Jesús, Mercedes y Matilde. María era hermana del "Post Master" del correo en Vega Baja, el señor Juan "Quiva" Sánchez. La segunda esposa se llamaba María Rivera.

De "Vivico" no se sabe dónde estudió sus grados primarios, pero sí se sabe que se graduó de la escuela *Central High* en el 1922. Luego ingresó a la Universidad de Penn State en Pensilvania, Estados Unidos, donde estudió ciencias. En Puerto Rico laboró como maestro de ciencias y enseñó Química en los pueblos de Vega Alta, Cabo Rojo, San Juan y Vega Baja. Trabajó en el Programa de Salud en Puerto Rico.

En Vega Baja laboró en la escuela elemental José G. Padilla enseñando Química. Aquí enseñó baloncesto a sus estudiantes y creó en el 1928 el primer equipo de Vega Baja llamado *Ninety Nine* (99). Se construyó en la escuela una cancha en tierra donde practicaban el baloncesto. Es importante señalar que entre las personas que colaboraron con el desarrollo del baloncesto en Vega Baja están las siguientes: el profesor Víctor Rosario, Luis Rafael "Guá" Enríquez, contador del Municipio, y José "Ché" Pabón, que trabajaba en la transportación. Más tarde, se crearon otros equipos como el "Vega Baja Continuation" en el 1929; *El Padilla Five* en el 1930; *El Fénix* en el 1931; *Águila Negra* en el 1932-33; el *Heinz 57* en el 1934; "*All Vega Baja* en el 1935; *Club Náutico* de San Juan y *Vega Baja* del 1936; y *Vega Baja Indians* del 1937-40. Cabe señalar que Vega Baja tenía en la década del 30 uno de los mejores equipos de Puerto Rico, con dos campeonatos (1936-37), además de llegar finalista en varias ocasiones. Según el historiador, Carlos Uriarte, Vega Baja ganó otro campeonato en el 1934.

Como dato histórico, incluimos los integrantes del primer equipo de baloncesto de la escuela José Gualberto Padilla, el "Padilla Five": Miguel Ángel "Tato" Otero , Féliz "Colorao" González Hernández, Leonardo Otero Cubano, José Ángel Náter, José "Pepito Alemán" Náter, José "Tuto" Otero Suro, Efraín Coello, Guillermo "Guillo Fafa" Dávila, Víctor "Vivico" Quiñones-dirigente y Luis Rafael "Guá" Enríquez, apoderado.

A finales de la década del 20 y durante la década del 30 muchos atletas se beneficiaron de los conocimientos del profesor "Vivico" Quiñones. Entre ellos, se pueden mencionar los siguientes: José "Tuto" Otero, Leonardo "Guyo" Otero, Félix "Colorao" González, José A. Náter, Ángel Náter, "Pepito" Náter, Efraín Coello, "Guigo" Otero, "Chantó" Catoni, David Pastor, "Güeto" Catoni, Gil Casanova, Andrés "Neco" Otero, Pedro I. Prado, Guillermo Dávila, "Pirulo" Otero, José "Pepín" González, "Rafita" Martínez, José M. Sánchez, Eligio Armstrong y muchos otros jugadores.

Fue en Vega Baja, específicamente en la cancha de la escuela Padilla, donde se celebró el primer Juego de Estrellas del Baloncesto Superior el 15 de agosto de 1937. "Vivico" dirigió el equipo *Azul* que derrotó a los *Blancos* 25 pts. a 22. Además dirigió todas las categorías del baloncesto entre ellas: Primera, Segunda, Tercera, Superior. Ocupó el cargo de apoderado de la Selección Nacional de los IV Juegos Centroamericanos y del Caribe del 1938, celebrados en Panamá. En esta competencia Puerto Rico fue dirigido por George V. Keelan, quien trabajó de propulsor del deporte en Puerto Rico durante las décadas del 20 al 40. En el 1938 "Vivico" dirigió el equipo *Santana Drug,* Campeón de Segunda Categoría. En este equipo jugaron "Guigo" Otero y Pedro I. Prado.

Además de dirigir y ser apoderado de equipos de *Vega Baja,* dirigió en el nivel Superior a *Santurce* y actuó de apoderado durante la década del 40. En el 1940 dirigió a *Vega Baja Indians,* cuando actuaba como equipo local en el Escambrón, debido a que destruyeron la cancha local de la escuela Padilla para construir un centro de salud. Víctor fue el dirigente y, a la vez, apoderado de este equipo que tenía en sus filas a ocho jugadores vegabajeños: "Chantó" Catoni, "Guigo" Otero Suro, Gil Casanova, "Colorao" González, "Guyo" Otero Cubano, Raquel Coello, "Neco" Otero Suro y Pedro Ismael Prado. También en el 1938 "Vivico" fue el apoderado del equipo *Vega Baja Indians.*

En el 1944 sucedió al señor Germán Rieckehoff Sampayo en la presidencia de la Federación Insular de Baloncesto (FIB), máximo organismo en el Baloncesto Superior de Puerto Rico. Tan solo laboró un año ya que en el 1945 regresó a la dirección del equipo *Barones de Santurce.* En este equipo estuvo Rodrigo "Guigo" Otero Suro de Vega Baja. Esta información fue obtenida del libro " Los Héroes del Tiempo", Tomo I, del Dr. Ibrahim Pérez.

Entre los dirigentes de Vega Baja en el nivel Superior, además de "Vivico", han dirigido Rodrigo Otero Suro, Jorge Otero Barreto (Liga Femenina); y más reciente Juan Cardona Cortez, quien dirigió varios equipos: Arecibo, Guaynabo, Guayama.y Humacao. Ha dirigido en

México y en escuelas de Estados Unidos. Probablemente haya sido el dirigente más joven de Vega Baja en dirigir en el nivel Superior.

Horacio, hermano de "Vivico", en el 1935 participó en los IV Juegos Centroamericanos y del Caribe en Panamá. Logró medalla de oro en el evento de 110 m con vallas. En el 1966 se exaltó al Salón de la Fama del Atletismo de Puerto Rico.

Reconocimientos:
1. 1989- alcalde Luis Meléndez Cano dedicó tarja en la calle Betances en la que "Vivico" le dio el nombre de "Paseo Barrio Chino" al sector en Vega Baja.
2. 1997- se exaltó al Salón de la Fama del Deporte de Vega Baja por su actuación de dirigente, apoderado, árbitro y propulsor del deporte (homenaje póstumo).

Rodríguez Náter, Liza Mitchelle

N. el 16 de febrero de 1977 en Hospital del Maestro, Hato Rey.
Peso: 180 lbs.   Estatura: 5' 7"
Lado dominante: derecho

Es la segunda de tres hermanos: Adiena, Liza Mitchelle y Elí G., producto del matrimonio de Gonzalo Rodríguez Rosado, natural de Vega Baja, y Gladys Náter Reyes, oriunda de la ciudad de Nueva York. Gladys regresó a Puerto Rico a la edad de 15 años.

Liza se interesó desde niña en el deporte de baloncesto, estimulada por su abuelo materno, el señor Pedro Náter, quien tenía un canasto de baloncesto en la parte posterior del patio de su casa en la urbanización Villa Real en Vega Baja. Sus hermanos aprendieron las técnicas del juego con su abuelo. Luego, guiada por sus padres, Liza participó en las competencias organizadas por la Federación de Baloncesto en las siguientes categorías: Mini, Mini Superior, Futuras, Juvenil, Primera Categoría y Superior. Cuando niña participó con la Federación de Baloncesto en la Selección Nacional Mini de Puerto Rico y en el Colegio de Ingenieros.

Estudió el nivel elemental en la escuela José G. Padilla en Vega Baja. Bajo la dirección del profesor de Educación Física, José H. Rosado participó en los tradicionales *Field Days*. En el nivel secundario, asistió a la Bayamón Military Academy, donde estudió del séptimo al cuarto año. Participó con beca de atleta y se destacó en el deporte de baloncesto en el que obtuvo varios premios: la Jugadora Más Valiosa y fue seleccionada en los Juegos de Estrellas, destacándose en las posiciones de delantera fuerte y centro.

Por recomendación del profesor Juan "Pucho" Figueroa, quien la dirigió en Bayamón Military Academy, estudió con beca de atleta en la Universidad de Puerto Rico, Río Piedras. Aquí se especializó en Trabajo Social, y más tarde, hizo una maestría en Consejería Escolar de la Universidad de Phoenix en Guaynabo , donde se graduó con promedio de 3.96.

De 1993-95 jugó Baloncesto Superior de Puerto Rico con las Santas de San Juan. El equipo estuvo bajo la dirección de Lilibeth Camacho, exjugadora de la Selección Nacional, y Bryan Santos.

Participación Selección Nacional:
1. 4 de diciembre de 1989-XI Convivencia Centroamericana de Minibasquetbol, celebrada en México. En desafío contra Colombia, los derrotaron 65 a 7, Liza anotó 12 pts. Junto a México, Puerto Rico compartió el primer lugar. Entre los países participantes estaban Cuba, Venezuela, Costa Rica, Guatemala, México, República Dominicana y Puerto Rico.
2.1989- New Orleans, Estados Unidos- competencia del equipo Mini Selección Nacional. Este equipo Mini lo dirigió Lilibeth Camacho y de asistente Víctor Coll.

En el 2016 estuvo activa en torneo máster de baloncesto.

Es admiradora de los siguientes atletas: Francisco "Papirito" de León, Damaris Colón, Waleska Millet, Michael Jordan, Charles Barkley y Larry Bird.

En el campo laboral, trabajó del 2001 al 2008 en la empresa privada *Interstate General Property,* en Trabajo Social en Río Piedras y Bayamón. Trabajó cinco meses en el Colegio San Ignacio de Loyola en Río Piedras en el 2008. Del 2009-17 laboró como Traba- jadora Social en las Regiones de Bayamón, San Juan y Arecibo con el Departamento de Educación. Desde noviembre del 2017 reside en Orlando, Florida, con su hijo Jered Omar Jeannot, atleta de Tae Kwon Do. Liza aspira trabajar en una escuela como Trabajadora Social.

Reconocimientos:
1. 1989- por parte del Senado de Puerto Rico al equipo de la Selección Nacional de Baloncesto Mini

Ayala Valle, Carlos Alberto

N. el 18 de julio de 1961 en Hospital Municipal de Manatí.

Peso: 270 lbs.   Estatura: 6' 4"

Lado dominante: derecho

Sus procreadores fueron Pedro Gilberto Ayala Santiago (policía) y natural de Morovis, y Elba E. Valle González (maestra), natural de Vega Baja. Carlos es el segundo de tres hermanos, José Gilberto, el mayor, fallecido; Gilda Ivellese, es la menor. Lamentablemente ambos padres de Carlos fallecieron.

Aunque Carlos nació en Manatí, durante toda su vida ha residido y trabajado en Vega Baja.

A los ocho años se inició en el deporte de baloncesto con la participación en torneos municipales. Estos se celebraban en la plaza de recreo en Vega Baja, urbanización Brasilia, Residencial Catoni, Colinas del Marquéz, urbanización Monte Carlo y urbanización Jardines de Vega Baja. Sus primeros entrenadores fueron los siguientes: José Fermín Otero, fallecido; Héctor Figueroa, fallecido; Jorge "Bello" Otero Barreto y Moisés Navedo, fallecido. Las categorías que jugó fueron Mini y "Biddy", entre los ocho y doce años de edad. Entre los 12-14 años participó en la categoría Novicios bajo la dirección de Jorge Otero Barreto.

Mientras estudió en el Colegio Nuestra Señora del Rosario y el Colegio Marista de Manatí, integró el equipo "varsity" de baloncesto con destaque en las posiciones de delantero y centro. En la escuela elemental José Gualberto Padilla, bajo la dirección del profesor Manuel Vélez Ithier, fallecido, y participó en los *Field Days* en los eventos de velocidad.

A la edad de 15 años compitió en la Liga Juvenil, bajo la dirección de Héctor Figueroa, maestro fallecido. Aquí obtuvo el premio de MVP o Jugador Más Valioso. Más tarde participó en Primera Categoría con Vega Baja. El profesor José Manuel Sanabria Lugo y el panameño Guillermo Nurse fueron sus dirigentes. En su segundo año compitió con los equipos de Barceloneta y Manatí, además compitió en Primera Categoría.

En el 1979 ingresó en la Universidad Interamericana de Bayamón con beca de atleta en el deporte de baloncesto. Compitió en torneo intramural de baloncesto, en el cual su equipo ganó el campeonato bajo la dirección del entrenador nacional Miguel Mercado, fallecido. Este lo dirigió en el equipo "varsity" de baloncesto. Carlos estudió durante los primeros dos años y luego se transfirió a la "Inter" de Cupey, donde nuevamente fue miembro del equipo "varsity" de baloncesto. En el 1983 se graduó con un bachillerato en Educación Física.

Otro deporte que Carlos compitió fue el balonmano. En el 1990 se convirtió en el primer vegabajeño en ser miembro de la Selección Nacional en ese deporte. Debido a una lesión en una rodilla no pudo competir fuera de Puerto Rico con la Selección Nacional. Anteriormente había jugado en la Liga Superior de Balonmano con los equipos de *Vega Baja* y *Vega Alta*. Tuvo de compañero de equipo en Vega Alta al destacado jugador de la Selección Nacional Andrés "Pelota" Hernández Cox, fallecido en el 2018.

En el magisterio laboró en el Colegio Janil de Vega Baja, Colegio Nuestra Señora del Rosario, escuela elemental Agapito Rosario de la urbanización Alturas de Vega Baja; y en la escuela Manuel Martínez Dávila del barrio Pugnado Afuera, todas de Vega Baja. Se acogió al retiro en el 2014, luego de trabajar por espacio de 30 años.

Carlos fue uno de los miembros de la organización deportiva vegabajeña "Asociación de Educadores Deportivos", creada por el profesor Ismael Rosario Caballero a principio de los años 90.

Reconocimientos:
1. En el 2004- el señor Héctor Rosario, maestro de Educación Física de la escuela elemental Agapito Rosario, le dedicó torneo de volibol invitacional.
2. 2013- la escuela elemental Agapito Rosario le dedicó a la facultad el 25to. Aniversario de la inauguración de la escuela.
3. mayo de 2015- El Programa de Educación Física y su profesor Nelson Freytes, le dedicaron el de la escuela Manuel Martínez Dávila del barrio Pugnado Afuera, Vega Baja.
4. mayo de 2015- la Clase Graduanda de Sexto Grado de la escuela elemental Manuel Martínez Dávila le dedicó la graduación.
5. 5 de septiembre de 2015- el Programa de Educación Física y el profesor Wilfredo Irizarry, le dedicaron torneo de volibol invitacional. El Club de Leones de Vega Baja y su presidenta Heidi Rivera, entregaron certificado por su destacada labor en el Programa de Educación Física en Vega Baja.

Rodríguez Náter, Adiena Joann

N. el 9 de enero de 1970 en Hospital del Maestro, Hato Rey.

Peso: 180 lbs.   Estatura: 5' 8"

Lado dominante: derecho

Es la mayor de tres hermanos, que integran la familia Elí G. y Liza Mitchelle, todos deportistas. Son sus padres Gonzalo Rodríguez Rosado, natural de Vega Baja y Gladys Náter Reyes, natural de Nueva York. Adiena tiene dos hijos: Joel Andrés Curbelo y Andrés Joel Curbelo.

Sus estudios primarios (de primero a cuarto), los cursó en el Colegio Nuestra Señora del Rosario en Vega Baja. Bajo la dirección de los profesores Gerardo Santiago y Quintín Valle, participó en los *Field Days* en los eventos de velocidad y carrera de sacos. Los grados quinto y sexto los aprobó en la escuela José G. Padilla de Vega Baja. Con el profesor José H. Rosado, fallecido, nuevamente participó en los "Field Days" en eventos de velocidad. En el nivel intermedio y en la escuela Ángel Sandín Martínez de Vega Baja, compitió en volibol, baloncesto y en varios eventos en los *Field Days*. En el nivel superior, con los profesores Jorge Collazo y Quintín Valle, formó parte de los "varsities" de baloncesto y volibol y compitió en los torneos intramurales en ambos deportes.

Adiena participó en todas las categorías del baloncesto desde Mini, Mini Superior, Juvenil, Primera Categoría y Superior. Fue parte de los equipos de baloncesto en *Vega Alta, Colegio de Ingenieros, Quebradillas, Caparra, San Juan y Universidad de Puerto Rico (UPR)*.

Estudió el nivel universitario en el Colegio Universitario y Tecnológico de Arecibo (CUTA), donde fue miembro del "varsity" de baloncesto bajo la dirección de Juan López, exjugador de baloncesto de la Liga Superior. Del 89 al 93 estudió en la Universidad de Puerto Rico de Río Piedras y nuevamente integró el "varsity" de baloncesto bajo la dirección del fallecido profesor Juan Carlos Prado. Participó en los Juegos de Estrellas, donde en uno de ellos ganó la competencia de tiros de tres puntos.

Mientras estudiaba y competía en la Universidad de Puerto Rico, el entrenador de volibol, el profesor Ricardo Rodríguez, la reclutó en el deporte de balonmano. Se creó una selección de atletas de diferentes deportes para integrarlas en el deporte de balonmano en el 1990-91.

Este equipo se convirtió en la primera Selección Nacional de Puerto Rico, la cual participó en torneos de la Liga Superior y posteriormente representó a Puerto Rico en competencias internacionales. Según evidencia periodística, en desafío celebrado contra Costa Rica, en torneo de balonmano y que tuvo lugar en México en el 1993, Adiena anotó dos pts. de los ocho que anotó Puerto Rico, en derrota 20 a 8. En victoria contra Guatemala había anotado un punto en victoria 16 a 4. En ese mismo año (93), este equipo participó en los Juegos Centroamericanos y del Caribe, celebrados en Ponce, Puerto Rico, el cual obtuvo un honroso cuarto lugar. Este equipo lo dirigió el español Javier López. Esta fue la última participación de Adiena en la Selección Nacional de balonmano. Se graduó de bachillerato en educación con concentración en Educación Física en el nivel elemental en el 1993. Más tarde hizo estudios en el sistema especializado de enseñanza Montessori, además de aprobar 18 créditos en Educación Especial.

En el campo laboral ha trabajado como maestra de Educación Física en la escuela Juan Ponce de León en Guaynabo desde el 1993. Laboró a tiempo parcial en el Colegio La Salle en Bayamón. Se especializó de oficial de mesa en el deporte de baloncesto en la Categoría Small Fry, en la que trabajó de 2013 al 2015. En el mes de marzo de 2015 se inició como oficial de mesa, pero esta vez, en la Federación de Baloncesto en el nivel Superior.

Aguayo Muriel, Luis "Tablón"

N. el 13 de marzo de 1959 en barrio Ceiba (Sabana) de Vega Baja.
Peso: 175 lbs.   Estatura: 5' 9"
Lado dominante: derecho

Es el más joven de cuatro hermanos de padre y madre y dos hermanos de parte de padre. Sus padres son Miguel Aguayo García, natural de Breñas, Vega Alta y Lydia Muriel Canales, natural de Vega Baja.

Aguayo estuvo casado con Enid Ríos Torres, natural de Vega Baja, y con quien tuvo tres hijos: Moses Phillippe, Luis Berto y Miosotis. Todos se han destacado en los deportes y son actualmente profesionales en el campo laboral y con residencia en Estados Unidos.

La escuela Manuel Negrón Collazo I y II fueron las que le proveyeron de los estudios del "Kinder" a sexto grado. En ellas

Luis participó en los tradicionales *Field Days* en relevos y eventos de velocidad. En la comunidad del barrio Ceiba (Sabana), lugar se crió, "Tablón" participó en torneos de bola de goma, de corcho tres para tres y baloncesto. Fue integrante del primer equipo de las Pequeñas Ligas de Sabana a los 12 años. También compitió en la Liga Boricuitas con Colinas, Futuras Estrellas con Sabana y Almirante. Un año antes había jugado con La Trocha en calidad de lanzador. Posteriormente se desempeñó en la primera base y en los jardines.

René Rivera, jugador Doble A y natural de Vega Baja, recomendó a Aguayo para jugar en la categoría Babe Ruth en Bayamón bajo la dirección de Gilberto Graulau, Jr. Luis tenía 13 años cuando jugó en Bayamón. Representó dos veces a Puerto Rico en el 1973 con un tercer lugar en competencia que se celebró en New Hampshire y subcampeón en el 1974 en competencia en Luisiana. En el 1973 jugó en la tercera base y en el 1974 en el campo corto. En ese mismo año integró la Selección Nacional en la Doble A Juvenil que asistió a Venezuela y bajo la dirección de José "Coco" Laboy. Puerto Rico terminó tercero en esa competencia y le propinó a Cuba su única derrota. Señaló Luis, que Laboy le regaló su primer guante de pelotero.

En la comunidad Luis continuó su participación deportiva en volibol y baloncesto. Fue miembro de los *Saltamontes* en volibol y de Sabana en baloncesto.

En el nivel intermedio estudió en la escuela Ángel Sandín Martínez de Vega Baja y se destacó en los "varsities" de béisbol, sóftbol, atletismo y baloncesto. En el nivel superior integró durante dos años (74-75) el "varsity" de béisbol, en los que obtuvo el Subcampeonato y Campeonato del Programa de Educación Física de las Escuelas Públicas de Puerto Rico, respectivamente.

Firmó Doble A con Vega Baja en el 1975. Compitió en la Legión Americana con Manatí durante los sábados; Liga Central con Vega Baja los domingos. Esto muestra la calidad de competidor que fue y su excelente condición física y dedicación en el deporte.

Mientras estudió en la escuela Lino Padrón Rivera de Vega Baja, fue firmado como jugador profesional por el escucha Luis Peraza de la organización de Filadelfia de la Liga Nacional. Recibió la cantidad de $13,000 el 25 de diciembre de 1975. Se estrenó en las Grandes Ligas el 19 de abril de 1980 con los *Filis de Filadelfia,* Liga Nacional. Es el tercer vegabajeño en ingresar a las Grandes Ligas de un total de ocho jugadores y el número 91 de todos los puertorriqueños.

Cronología deportiva en la carrera profesional:
1976- Spartan Burg -2 meses Clase A Baja
1977- Península-Virginia -Clase A Fuerte
1978 Redding- Doble A
1979- Oklahoma City-Triple A
1980- Grandes Ligas -Filadelfia-primer año
1980-88- Filadelfia-"infielder"
1988- Nueva York Yankees- Liga Americana
1989- Cleveland, Indians-Liga Americana
1990- Angelinos-Triple A
1991-92- Boston-Triple A
1993- trabajó con Boston como entrenador de primera base y a
cargo de los '' infielders'' o jugadores del cuadro.
1993-2004- jugador, dirigente, adiestrador, coodinador "infielders"
2004-06- dirigente de Cincinati en Ligas Menores con jugadores de
18-20 años
2007-09 - Coordinador de Terreno, Liga Menor, de la organización
de los *Mets de Nueva York*-seis semanas.
2008- adiestrador de tercera base Mets Nueva York-segunda parte
del año.
2009- Coodinador de Terreno con los *Mets de Nueva York*
2010-12- dirigente Clase A Bajita con *Iowa* y *Cuat City*
2013-14 - coordinador "infielders" de *San Luis,* Ligas Menores y
Coordinador Programa Latinoamericano en República Dominicana.

En Puerto Rico jugó en la Liga Profesional Invernal de
Béisbol (hoy Liga Roberto Cemente) con los equipos de *Bayamón,
Santurce, Ponce, Arecibo, Caguas y Carolina.* Se desempeñó como
entrenador y dirigente en las competencias de las Series del Caribe.

Reconocimietos:
1. Sabana- se nombró calle en honor a Aguayo
2. 1993-dedicación Fiestas Patronales de Vega Baja
3. 2000-exaltado al Salón de la Fama del Deporte de Vega
4. 15 de abril de 2018- se le dedicó inauguración Torneo de
Béisbol Superior en el parque Carlos Román Brull- Vega
Baja
5. Ha recibido cinco sortijas de Grandes Ligas, por su desempeño como jugador y parte del "staff"de las organizaciones de Boston y San Luis.

Publicaciones:
1. Trabajo escrito para los jugadores del "infielders'' de las Grandes Ligas, de la organización de *Boston* y *San Luis.*

Brull Cruz, Omar Khayyam

N. el 4 de diciembre de 1925 en Vega Baja.
M. el 5 de octubre de 2016.
Peso: 175 lbs.   Estatura: 5' 9"
Lado dominante: derecho

Omar es el segundo de tres hermanos: Hildegonda la mayor, y Egil José, el menor y exjugador de béisbol. Sus padres fueron Pedro Juan Brull Otero de Vega Baja y Carmen Cruz De Jesús, natural de Jayuya.

Carmen Noemí Irizarry Ocasio (fallecida en el 2009) fue su esposa, con quien procreó cuatro hijos: Grisel Noemí, Pedro Omar, Lizzette Noemí y Virna María. Todos ellos le han regalado nueve nietos y cuatro biznietos.

Desde niño se destacó en los deportes de béisbol, volibol, baloncesto y pista y campo-eventos de velocidad. Estudió en la escuela José G. Padilla del primero al octavo grado y se graduó de cuarto año en la escuela Lino Padrón Rivera. Aquí Ángel Rafael «Mr. Kaplan» Cordero, baloncelista de Morovis, fue su maestro de Educación Física.

En el 1940 jugó por primera vez en equipos organizados con el Madona-Clase A, con el señor Andrés Pérez de apoderado y el señor Francisco Soto Respeto, el Director del Torneo. En el 1945 ingresó en el Ejército en Buchanan, donde participó en el deporte de béisbol (receptor) con el *Fort Buchanan.* Fue compañero de equipo del exlanzador (relevista) de las Grandes Ligas y de los Yankees de Nueva York, Charles Wenlow. Luego compitió con el equipo de Barceloneta (Clase A), como receptor y cuarto bate. Este se proclamó Campeón de Puerto Rico. De 1945-47 firmó Doble A con el equipo Bayamón Devoe. El destacado lanzador Domingo "McDoffie" Sevilla fue compañero de equipo de Omar, y quien más tarde firmó profesional con "Pedrín" Zorrilla, para los Cangrejeros del Santurce. Del 1948-50 Omar se dedicó a competir en torneos locales de béisbol y baloncesto.

En el deporte de baloncesto firmó con Ciales, Segunda Categoría, a través del señor Nicolás Palmer. Este lo había visto jugar en torneo local y observó que era rápido y con buen brinco. El olímpico Juan "Pachín" Vicens lo dirigió. Narró Omar que el señor Palmer, junto a su familia, le daban comida a los jugadores y les permitían quedarse en su casa. Era un trato especial y de familia. En la temporada 46-47 el equipo de Ciales obtuvo el Subcampeonato de Puerto Rico. Omar participó dos años Segunda Categoría; uno con Ciales y otro con Vega

Baja.

Junto a don Jaime "Camello" Collazo en el 1951 hicieron gestiones ante la Federación de Béisbol de Puerto Rico para solicitar la primera franquicia del béisbol Doble A para Vega Baja. Esta fue concedida por el señor Emilio Vergne. El señor Collazo actuó de apoderado y Omar Brull coapoderado y primer dirigente. Ambos tenían la responsabilidad de buscar peloteros en Vega Baja y en otros pueblos. Omar no terminó la temporada como dirigente y lo sustituyó "Machuca" Lugo. De 1951-59 Omar continuó de coapoderado, y de 1960 hasta el 1972, tomó el cargo de apoderado. Es importante señalar que en el 1959 Vega Baja ganó el Campeonato de Puerto Rico, este equipo viajó a Nueva York para participar de la Copa Schaeffer, donde compitió con el ganador de las Ligas Hispanas, obtuvo el triunfo. Para esa época llevaron de refuerzo a Irmo Figueroa, de los *Maceteros de Vega Alta*. El dirigente ganador lo fue Luis Rosario. En el 1972, y luego de retirarse, se dedicó a la dirección de equipos de béisbol de las Pequeñas Ligas por espacio de ocho años.

Entre los atletas reclutados por Omar, destaca a Ramón Luis Nieves, Héctor Valle (primer receptor vegabajeño en las Grandes Ligas), y a dos parejas de hermanos: Rafael "Felito" Vega, tercera base, y su hermano Antonio "Toñito", segunda base, ambos fallecidos; a Juan E. Otero, jardinero izquierdo, y a "Tony Motorita" Otero, jardinero central.

Omar colaboró en el Salón de la Fama del Deporte de Vega Baja, en el Comité Seleccionador.

Reconocimientos:

1. 1998-exaltado al Salón de la Fama del Deporte de Vega Baja.
2. 2003-la Iglesia Alianza Cristiana y Misionera de la Playa en Vega Baja le dedicó homenaje por su destacada labor deportiva.
3. 2011-exaltado al Pabellón de los Inmortales del Béisbol de Puerto Rico. En ese mismo día se exaltó al destacado lanzador vegabajeño Carlos Crespo. Esta actividad tuvo lugar en el pueblo de Manatí.

Anécdota: cuando Ramón Luis Nieves, jugador de Vega Baja-Doble A, conectaba un cuadrangular, el público pedía a Omar Brull que le diera un beso. Así ocurrió en varias ocasiones…
El nombre de Omar Khayyam, se lo dio su papá que era admirador de la poesía y fanático del poeta de Persia (hoy Irán), Omar Khayyam.

Crespo Ferrer, Pedro Juan "Yongo," "Mono"

N. el 19 de marzo de 1942 en Vega Baja.
Peso: 160 lbs.　Estatura: 5' 6"
Lado dominante:　derecho

Es el segundo de tres hermanos: Jorge Luis, el mayor; Pedro Juan y Edwin David, el menor. Fueron sus padres Pedro Crespo González, de Vega Baja, e Isabel Ferrer Pabón, natural de Ciales.

Sus estudios en el sistema educativo público los cursó en las escuelas José G. Padilla, Ángel Sandín Martínez y Lino Padrón Rivera, en el nivel elemental, intermedio y superior, respectivamente. Participó en el deporte en el nivel intermedio con el señor Nuñez y el profesor Sanabria, quienes fueron los maetros de Educación Física. Compitió en béisbol y pista y campo (eventos de velocidad). Luego en la superior participó en béisbol, baloncesto y pista y campo. Por sus logros obtuvo varios reconocimientos en el Programa de Educación Física. Académicamente obtuvo destaque en la clase de dibujo en Artes Industriales. Dibujaba a escala animales, rostros humanos, muñequitos y paisajes, los cuales practicaba con su hermano mayor y quien le sirvió de guía, ya que tenía dominio de destrezas relacionadas al dibujo, pues era delineante; también en electrónica, tapicería, talabartería y otras disciplinas. Todos estos conocimientos adquiridos por los maestros y su hermano, le ayudaron a laborar durante 32 años de diseñador de alfombras en la Fábrica V' Soske de Vega Baja. Esta ha tenido un reconocimiento a nivel mundial por la extraordinaria manufactura y excelente calidad de sus alfombras. Luego de su retiro en el 2003 trabajó de director del taller de Artes Gráficas en Vega Baja.

"Yongo" desde niño fue aficionado a los deportes, y tan temprano como a la edad de 10 años se inició en el béisbol. Participó en diferentes categorías: Pequeñas Ligas, Clase A, Doble A y COLICEBA. Tuvo excelentes dirigentes entre ellos: Ismael "Maelo" Collazo, Luis Rosario, Omar Brull, José M. Portela , "Vitín" Meléndez y Antonio "Toñito El Mero" Hernández. Participó en Clase A durante durante cuatro años- ganó tres campeonatos con *Vega Baja* y uno con Vega Alta en este último con el equipo *Cafetería Álvarez*. Fue dirigido por el Sr. Joe Serrano. exmiembro del conocido equipo a nivel nacional, "Merino" (Clase A), actuó como refuerzo, el cual alcanzó el Subcampeonato de Puerto Rico. A los 17 años se inició como jugador de la Doble A con Vega Baja. Jugó con *Florida* un año en el 1974. Estuvo con Vega Baja Doble A, desde el 1960 al 1976, con el cual logró dos subcampeonatos (68 y 76) y un campeonato (73). En la COLICE-BA participó con *Dorado y Toa Baja.*

Además de haber jugado en el campo corto, segunda y tercera base, y en los jardines, laboró como entrenador y dirigente en la Doble A con *Vega Baja.* Llevó a cabo trabajo de árbitro voluntario en diferentes categorías en que se jugó béisbol- Pequeñas Ligas, Clase A y otras.

Entre sus logros deportivos más importantes están los siguientes: Novato del Año en el 1960, Campeón Bate de Vega Baja en 1961, Líder en carreras empujadas en el 63, bases por bolas recibidas con 22 (tercero en la Liga) en el 1967; y Pelotero Estrella de la Semana en varias ocasiones.

Trabajó varios años de Administrador del Salón de la Fama de Vega Baja. Compartió labores con Nicolás Pérez y Edgard Pérez, entre otras destacadas personas y atletas vegabajeños en el Departamento de Recreación y Deportes.

Reconocimientos:
1. Liga de sóftbol, torneo local, se honró con su nombre
2. Actividad Municipal "Día de la Hispanidad", se le dedicó a Pedro
3. 2013-exaltado al Salón de la Fama del Deporte de Vega Baja.
4. Lance y recepción de la primera bola en inauguración de torneos de béisbol Clase A, Pequeñas Ligas, Clase Doble A, entre otros.
5. 2016-se exaltó su equipo Campeón de Puerto Rico en el Béisbol Superior de 1973, actividad del Salón de la Fama del Deporte de Vega Baja.

Está casado con Migdalia Otero Rosa, con quien ha procreado tres hijos: Luz Migdalia, Olga Iris y Pedro Juan. Estos le han regalado 11 nietos y un biznieto.

Nota: el origen de sus apodos surgen, uno de ellos, de los hermanos que le llamaban "Yongo" cuando niño, y el de "mono", se originó al verlo en traje de baño un amigo en la playa de Vega Baja, se sorprendió de lo belludo que era y le señaló "que era más belludo que un mono". De aquí en adelante los fanáticos y amigos le han llamado "Yongo" Crespo y "Mono".

Cruz Barroso, Isaac Fernando

N. el 24 de septiembre de 1998 en Hospital Pavía en Santurce.
Peso: 175 lbs.   Estatura: 5' 11"
Lado dominante: batea a lo izquierdo y tira a lo derecho

Son sus padres Fernando Cruz Medina y Claribel Barroso Rosario, quienes tienen a Isaac, único hijo, y adoptaron a Isaac Josué Fontánez Medina. Este niño (17 años) se destaca en el deporte de volibol.

Desde los cuatro años se dedicó a practicar deportes en la playa en Vega Baja, lugar donde se crió. Se inició cuando una vecina de Claribel que tenía un nieto jugando en la Liga Pamper, de la "American Congress", la invitó para que llevara a Isaac. Al principio se negó y luego tomó la decisión de llevarlo a practicar en el parque de la Barriada Sandín, playa de Vega Baja. Continuó practicando hasta que ingresó en la categoría de 9-10 años como primera base, luego actuó de lanzador en desafío en Levittown al derrotar a los *Twins de Levittown,* Toa Baja. Su actuación fue excepcional con un juego perfecto (no permitió carreras, nadie se le embasó y defensivamente no hubo errores). Este desafío terminó 15 a 0 con un nocaut en cinco entradas. El dirigente fue David Mercado con el equipo *Cardenales de Vega Baja.* Por su destacadísima actuación, Isaac se escogió para formar parte de la Selección de Vega Baja.

Participó luego en la categoría 11-12 y se desempeñó en la tercera base y de lanzador. En el pueblo de Carolina lanzó ganando el desafío a este, propinándole 14 ponches en tan solo cinco entradas. Tuvo otra destacada actuación con los "Blue Jays" de Vega Baja, en la misma categoría, cuando conectó un cuadrangular sin nadie en base para decidir el juego 5 a 4. Este juego ocurrió en el primero de la serie seccional contra los *Rookies* y celebrado en el barrio Río Abajo de Vega Baja. Luego integró la Selección de *Vega Baja* la cual fue Sub Campeón de Puerto Rico en el 2011. Académicamente sobresalió en la graduación de sexto grado con altos honores.

En la categoría 13-14 años, continuó su participación con la Liga "Boys" de Bayamón y dirigido por el señor Carlos Meléndez durante tres años, pues jugó en la categoría 15-16 durante un año. Gracias a la gran labor en la categoría 13-14 años, su equipo resultó Campeón de Puerto Rico y le dio el derecho a asistir al Campeonato de la Serie del Caribe, celebrada en Canóvanas; resultó ganador también. Con esta victoria participó en el Torneo Mundial celebrado en Miami, Estados Unidos, ganó nuevamente el Campeonato en el año 2013. En su segunda participación en un Torneo Mundial, celebrado en Pensylvania, el equipo de Puerto Rico obtuvo un tercer lugar. En la fase académica, se graduó de noveno grado con calificación de honor.

En el 2016 participó con el equipo Doble A Juvenil de Manatí y lo dirigió el Sr. Gilberto "Gilo" Avilés, expelotero Doble A. En torneo celebrado en el 2014 su equipo terminó quinto a nivel de Puerto Rico. Fue el señor "Tony" Valentín quien lo recomendó, ya que Isaac jugaba en Bayamón con un nieto de "Tony" y había observado sus habilidades deportivas.

Estudió en la escuela Lino Padrón Rivera de Vega Baja , fue miembro del equipo "varsity" de béisbol en la primera y tercera base. Luego integró el "varsity" de sóftbol como primera base. Sus profesores de Educación Física fueron Edwin Crespo y Raúl González. Pertenece a la iglesia evangélica "La voz que clama en el desierto", de la playa en Vega Baja y bajo la dirección del pastor Marcos Garcia. Se dedica a tocar la batería, el bajo y la guitarra en grupo musical. Este grupo compuso su primera grabación de un CD en el 2013. En su tiempo libre ve juegos de béisbol, baloncesto y "football" americano, levantar pesas y hacer grabaciones en su estudio en la casa. Admirador de los siguientes atletas: Carlos Beltrán, José Reyes y Robinson Canó, en béisbol; y en el baloncesto de la NBA, Lebron James.

En el 2016 ingresó en el Instituto Tecnológico de Manatí con beca atlética e integrante del "varsity" de sóftbol. El Sr. Raúl Dávila fue su dirigente. Se especializa en Ingeniería eléctrica.

Reconocimientos:
2013- El Municipio de Vega Baja y su Alcalde Marcos Cruz le otorgó placa por asistir al Torneo Mundial en Pensilvania.

Dávila Rivera, Katiria

N. el 6 de abril de 1992 en el Hospital de Área de Manatí.
Peso: 130 lbs.   Estatura: 5' 3"
Lado dominante: derecho

Katiria es producto del matrimonio entre Germán Dávila Rosado, natural de Vega Alta y Emely Rivera Molina, natural de Vega Baja. Sus hermanos mayores, Solimar, practica volibol y Germán

Omar, el béisbol. Aunque nació en Manatí, toda su vida ha residido en el barrio Almirante de Vega Baja. Integran el núcleo familiar Karielys Colón Dávila, hija.

Los grados del nivel elemental e intermedio los aprobó en la Segunda Unidad de Almirante Norte (SUAN) con participación en deportes bajo el profesor Víctor López. Compitió en los deportes de sóftbol, volibol, baloncesto y pista y campo, en los cuales obtuvo varias medallas. Se graduó del nivel superior en la escuela Lino Padrón Rivera de Vega Baja. En esta última no participó en competencias deportivas, a pesar de que la invitaron. En el nivel universitario estudió en la Universidad del Turabo en Caguas. Fue su hermano quien la recomendó, pues estudió en el Turabo con beca atlética y bajo la dirección de Edwin Román. Él la dirigió en el "varsity" de sóftbol y jugó en la posición de campo corto. Hizo estudios con concentración en Ciencias Naturales.

Desde los tres años Katiria se inició en el béisbol en las Pequeñas Ligas y en la posición de jardinera central. Fueron sus padres y su hermano mayor, Germán Omar, los que le enseñaron los primeros conocimientos y destrezas en el béisbol. El primer dirigente fue su padre en la Liga Pampers. En la categoría 7-8 años (*American Congress*), la dirigió "Rafy" Miranda y su papá Germán. En la categoría 9-10 años la dirigió su madre Emely y Albert Matta. En la categoría 11-12 años la dirigió Juan Usiel "Shell" Lozada y José Pagán Miranda. En esta última categoría jugó con Almirante y luego reforzó la Selección Nacional, la cual fue Campeón de Puerto Rico. En la categoría 13-14 años participó en la *Liga Big League* con Arecibo durante tres años y actuó en el campo corto , la segunda base y lanzadora. En esta categoría la dirigieron las siguientes personas: Félix López, Normand Valliere y el ingeniero César Hernández. Durante su carrera la dirigieron Ramón Meléndez (Vega Baja), Marisely Faría, Armando Martínez y José Ángel Batista Olmo. El señor Valliere y el señor Martínez han dirigido a Katiria en béisbol y en sóftbol. Desde el 2009 se unió a la directiva del equipo de Las Lobas la señora María Teresa Natal, natural de Río Grande, donde laboró como anotadora. Una de sus hijas participó en calidad de jugadora con *Las Lobas.*

Se inició en la Federación de Béisbol Doble A Femenino en el 2009 con las Lobas de Arecibo, que resultaron Campeonas de Puerto Rico. En esta temporada Katiria recibió tres premios: Mejor Lanzadora con 8-0, Más Valiosa y Guante de Oro. De sus ocho victorias, lanzó un juego sin "hits" contra las *Samaritanas de San Lorenzo,* resultó en un nocaut en cinco entradas. En esa temporada de 2009 fue elegida para la premiación de la Cena Olímpica, la primera atleta de Puerto Rico que recibe tal distinción en el deporte de béisbol. En ese mismo año participó en el Torneo Panamericano de Béisbol Femenino, celebrado en Valencia, Venezuela, terminó en segundo lugar (plata) y Katiria obtuvo victoria de 3-1 contra Cuba. Participaron en este torneo Cuba, República Dominicana, Venezuela y Puerto Rico. En el 2010 participó de la Copa Mundial en Venezuela, en la cual Puerto Rico logró la octava posición de un total de 10 participantes. En ese mismo año (2010), asistió a la V Olimpiada del Deporte en Cuba, medalla de oro, bajo la dirección de Alex Santiago, hijo del exlanzador de Grandes Ligas José Rafael "Palillo" Santiago. En este torneo invitacional participaron Cuba (tres equipos), Venezuela y Puerto Rico.

En el 2015 asistió a la competencia celebrada en República Dominicana, bajo la dirección de Roberto Santana. Asistió a los XVIII Juegos Panamericanos, celebrados en Toronto, Canadá. En esta última competencia Puerto Rico tuvo un honroso cuarto lugar. En el 2018, debido a maternidad no asistió al Torneo Pre Mundial en República Dominicana. Para el 2020, entre sus metas a largo plazo, está el asistir a los Juegos Olímpicos de Verano a celebrarse en Japón.

Con el equipo de las *Lobas* en el Béisbol Doble A Femenino, Katiria ha obtenido seis campeonatos de siete que han logrado Las Lobas: 2008, 2009, 2011 al 2014 y 2016. En el 2010 el campeonato lo obtuvo Las Cangrejeras de Roosevelt. En el 2014 Katiria dio el "hit" de oro, bateó de 5-4 y logró victoria en calidad de relevista. Por tan excelente ejecución deportiva se ganó el premio de la Jugadora Más Valiosa. Defensivamente se ha destacado en la seguda base, campo corto y lanzadora. En una ocasión, según indicó, participó en un juego en la posición de receptora. Ofensivamente ocupa generalmente los primeros turnos en el orden de bateo, indicativo de que también es buena bateadora.

En el 2008 se inició en el sóftbol con las *Capitanas de Arecibo,* con quienes jugó en la segunda base y campo corto en la Categoría Big League. Integró la Selección Nacional de Puerto Rico y tuvo su primera participación en el estado de Michigan. En el 2009 compitió en la Categoría Juvenil, logró el Campeonato Nacional de la Federación de Sóftbol. Estuvo activa hasta el año de 2010, regresó en la temporada del 2012.

Cuando terminó la temporada de béisbol en el 2016, obtuvo promedio de bateo de .591 y un promedio de por vida de .474 en siete temporadas de ocho que hace se crearon *Las Lobas*. Como lanzadora se caracteriza por el buen control y manteniendo la bola bajita, usando recta y curvas, entre sus lanzamientos dominantes. El equipo de Las

Lobas tienen un promedio de por vida de .403 y han ganado ocho de diez campeonatos. Estos datos los proveyó el señor César Hernández Hernández, apoderado de Las Lobas (béisbol) y Capitanas (sóftbol).

Entre los atletas que más admira se encuentran Yinoska Claudio, Carlos Correa, Héctor "Picky" Soto, Aury Cruz y Larry Ayuso.

Reconocimientos:
1. 2014- se le dedicó la Temporada de Béisbol Doble A- Vega Baja
2. 1 de mayo de 2015- por parte del Alcalde de Vega Alta, el señor Isabelo Molina
3. 31 de mayo de 2015- se le dedicó III Torneo de Bambú Tenis en Vega Alta, bajo la dirección de Reinaldo Rosado
4. 2017-actividad en la comunidad de Sabana, se reconoció el destaque en los Juegos Panamericanos de Canadá

García García, Águedo

N. el 1 de junio de 1936 en barrio Cabo Caribe de Vega Baja.
Peso: 175 lbs.   Estatura: 5 "11"
Lado dominante: derecho

Águedo era el mayor de cinco hermanos de padre y madre, producto del matrimonio de Demetrio García López, natural de Vega Alta y María Luisa García Ramírez de Vega Baja. Tiene 15 hermanos por parte de padre.

Actualmente está casado con Vicenta Quiñones Sostre, natural de Vega Baja, con quien ha procreado a sus queridos hijos: José, exjugador de la Selección Nacional de Sóftbol; Madeline y Claribel.

Cursó estudios en la escuela José de Diego, del sector Las Lisas, de primero a segundo grado; en la José G. Padilla de tercero a octavo grado; en la intermedia Ángel Sandín Martínez y la superior Lino Padrón Rivera, todas de Vega Baja. En todos los niveles el profesor Juan Ramón Casanova, maestro de Educaciión Física le dio clases y dirigió a Águedo en los deportes de béisbol y sóftbol. Siempre se destacó en la posición de receptor.

Antes de firmar Doble A con *Vega Baja* en el 1958, participó en la categoría Clase A con *Vega Baja* y *Florida* en las posiciones de receptor, primera base y guardabosque. Con el equipo Doble A de Vega Baja participó del 58 al 73 como jugador, entrenador y dirigente.

Desde niño se destacó por ser laborioso, respetuoso y dedicado en todo lo que hacía. Trabajó en fincas que tenían plantaciones de caña, con diferentes tareas, menos cortar caña, según señala. En el año de 1958, inició labores de celador de línea en la Autoridad de Energía Eléctrica en Vega Baja. Aquí participó en torneos interagenciales en los que logró varios títulos de campeón a nivel nacional y en los que participaron atletas de alto calibre. Como dirigente estuvo con las categorías Clase A, Doble A, Pequeñas Ligas (alrededor de 15 años) y equipos de la comunidad. Es uno de los fundadores de las Pequeñas Ligas en Vega Baja y laboró en el mantenimiento del parque del barrio Ojo de Agua e instalaciones de la escuela "Head Star" de la misma comunidad. Otra labor que hizo Águedo , fue en el arbitraje, el cual en muchas ocasiones llevó a cabo sin paga, en categorías Clase A, Pequeñas Ligas, Clase B, y torneos interescolares de béisbol y sóftbol del Programa de Educación Física y torneos locales de la comunidad en Vega Baja.

Perteneció al primer equipo Campeón Nacional del Béisbol Doble A de Vega Baja en el 1959, en la posición de receptor. *Vega Baja*, en ese mimso año, viajó a Nueva York para competir con el equipo Campeón de las Ligas Hispanas, obtuvo el Trofeo de la Copa Shaeffer. En el 1973 *Vega Baja* nuevamente logró el título de Campeón Nacional y viajó a Venezuela para un intercambio deportivo. Águedo fue miembro de ambos equipos Campeones Nacionales. Con la orgaorganización de las Pequeñas Ligas viajó con los equipos a República Dominicana y Venezuela, además de participar en otras competencias internacionales celebradas en Summit Hills, Río Piedras.

Un dato sobresaliente de Águedo, en el 1963 estuvo entre los líderes del Béisbol Superior de Puerto Rico, al finalizar segundo con siete triples.

Reconocimientos:
1. Pequeñas Ligas de Vega Baja-varios
2. Comunidad de Ojo de Agua
3. Programa de "Head Star" en Ojo de Agua
4. Municipio de Vega Baja
5. 2014-exaltado al Salón de la Fama del Deporte de Vega Baja
6. 2015- se reconoció con el nombre de Águedo, el parque de Ojo de Agua
7. 2017-se exaltó al Salón de la Fama del Deporte de Vega Baja, equipo Campeón de Béisbol Superior de Puerto Rico del 1973. Águedo fue miembro del mismo. Debido a estar convaleciendo producto de un "derrame cerebral", no pudo asistir.

García Pagán, Héctor Ariel "Bibi"

N. el 18 de septiembre de 1969 en Hospital del Maestro, Hato Rey.

Peso: 230 lbs.   Estatura: 6' 1"

Lado dominante: derecho

Su padre Héctor Luis García López, natural de Arecibo (fallecido), se casó con Carmen Lydia Pagán Marrero de Vega Alta. Tuvieron a sus hijos Waleska y Héctor, quienes se criaron en el barrio Ceiba (Sabana) de Vega Baja.

La escuela José G. Padilla fue la institución donde aprobó los grados primarios, participó en "pelota" en los patios de la escuela en forma recreativa. Luego pasó a la escuela Ángel Sandín Martínez en la que estudió los grados del séptimo al noveno. Aquí tuvo al maestro de Educación Física José "Cholo" Rosario. Compitió en torneo de "handball" de pared , logró un tercer lugar en parejas. Según narra Héctor, derrotó a la pareja ganadora, pero por cambiar a su compañero de equipo en el juego final, le otorgaron el tercer puesto. Aprobó los grados 10 y 11 en la Lino Padrón Rivera del nivel superior. Tomó los cursos de Educación Física con el profesor Jorge Collazo, y compitió en torneo de sóftbol. El grado 12 lo obtuvo a través de estudios libres.

Participación en la comunidad:

A la edad de 11 y 12 años perteneció a las Pequeñas Ligas y jugó con el equipo *Caserío Catoni,* el cual fue dirigido por Efraín "Piri" Valle, fallecido. Este equipo tuvo a Lorenzo "Loren" Ortiz de apoderado. En este torneo se desempeñó en la tercera base. A la edad de 13 y 14 años continuó su participación en el béisbol en la posición de tercera base y su equipo resultó campeón del torneo. En la categoría 15-16 años participó con el equipo de *Sabana* y nuevamente jugó en la tercera base. Su dirigente fue Fundador "Cundi" Pantoja. Más tarde integró la Selección de Vega Baja en la Liga Roberto Clemente 21 y con el equipo Sabana, con Pedro "Pellín" Marrero de dirigente. Entre sus compañeros de equipo estuvieron los destacados atletas Richie Otero, Iván Rodríguez, Iván "Cora" Martínez, Ramón Luis Nives, hijo; Alex Córdova y otros . Aquí se destacó en la primera y tercera base. Ingresó en la Clase A con *Sabana,* con el que jugó durante ocho años en las posiciones de primera, tercera base y los jardines.

Otro deporte que participó en la comunidad fue el baloncesto en torneos locales e interbarrios. Jugó en la posición de delantero fuerte con el equipo Atléticos y terminó en varias ocasiones entre los mejores anotadores.

Destaque deportivo en el trabajo:
Ingresó a la compañía Eaton de Toa Baja en el 1999 y trabajó hasta el 2000. Aquí participó en torneo intramural de sóftbol modificado con el equipo Los Negros. Logró con ellos dos campeonatos y se desempeñó en el campo corto. Con este equipo participó en torneo en el cual compitieron otras industrias de la Eaton de Puerto Rico.

Desarrollo de su carrera en el arbitraje:
En el 2000 un compañero de trabajo, el señor José Herráns, lo invitó para trabajar en la organización Árbitros Unidos. Empezó oficiando juegos en las Pequeñas Ligas categoría 7-8 años y luego fue ascendido a otras ligas, en las que trabajó varios años. En el 2007 el compañero de trabajo, el señor Samuel Torres, miembro de Árbitros Unidos, le invitó para trabajar en la Liga de Béisbol Profesional de Puerto Rico, aceptó la misma y se inició ese mismo año en desafío en que trabajó en la tercera base. Al siguiente año trabajó por primera vez de árbitro principal y se convirtió en el tercer árbitro profesional de Vega Baja y el primero del barrio Sabana, donde actualmente reside.

Tuvo la gran experiencia de trabajar en Series del Caribe y en Torneos Mundiales de la Liga Pee Wee Reese, celebrados en Levittown de Toa Baja; y en la Liga Superior Doble A en el 2013. En el 2010 se le había invitado para participar en la Serie del Caribe en Venezuela, denegando la misma.

Héctor es uno de varios árbitros de Vega Baja que trabajaron en el Béisbol Profesional en Puerto Rico. El señor Juan Antonio Montalvo Córdova, fallecido, fue el primero; Carlos Pabón Denis y José "Cholo" Rosario, lo hicieron en la Liga de Béisbol Profesional, con anterioridad a Héctor. Carlos y José fueron maestros de Educación Física en Vega Baja.

Actualmente "Bibi" continúa en su trabajo en la compañía Eaton en Arecibo desde el 2000. Como árbitro profesional trabajó hasta el 2012 .

González Vázquez, Juan Alberto
"Igor," "Gone"

N. el 20 de octubre de 1969 en Arecibo.
Peso: 230 lbs.   Estatura: 6' 4"
Lado dominante: derecho

Son sus padres Juan "Chon" González Claudio, natural de Vega Baja y maestro retirado e Iris "Lelé" Vázquez Salgado, fallecida en 2015 y natural de Vega Alta. Tiene "Igor" a las hermanas Wanda y Blanca.

A pesar de que nació en el Hospital Regional de Arecibo, su vida transcurrió principalmente en Alto de Cuba, lugar cercano al pueblo en Vega Baja. Desde niño se destacó en el deporte de béisbol, trabajó de "carga bates" a la edad de cinco años en un equipo de sóftbol que dirigió su papá. Al igual que la mayoría de los niños, jugó con las cabezas de las muñecas, usadas como "pelotas" y usó las tapas de las botellas, llamadas "chapas" y los palos de escobas, usados como bates, para jugar en calles y patios. Aficionado a ver programas de lucha libre y fue fanático del luchador "Mighty Igor". Comentó a sus amigos que él era "Igor" y fue aquí donde se le siguió llamando y reconociendo mayormente por su apodo que por su nombre de pila. En las Grandes Ligas se le puso el apodo de "Gone", probablemente de la pronunciación en inglés de la primera sílaba de su apellido paterno.

"Igor", participó en diferentes ligas de béisbol, entre ellas, están las siguientes: Coquí, Pequeñas Ligas, con el equipo Alturas de Vega Baja; Mickey Mantle en Vega Alta en el 1985, Doble A Juvenil y Legión Americana, y otros equipos locales. En sus inicios se destacó como lanzador relevista y luego el gerente de la Liga Mickey Mantle lo movió a los jardines. Entre las personas que dirigieron a "Igor" están las siguientes: Pedro Juan "Yongo" Crespo, su primer dirigente en la Liga Periquitos (8 años); Alejandro Maisonet (11-12 años); Ramón "El Gato" Díaz Andino en la Liga Clemente 21 (13-14 años); Jorge Williams y Luis Rosa, estos últimos dos, dirigentes en Bayamón.

Sus grados primarios los cursó en la escuela elemental del pueblo, José G. Padilla. Aquí bajo la dirección del profesor Manuel Vélez Ithier, integró el equipo "varsity" de béisbol. Luego estudió el nivel intermedio en la escuela intermedia urbana, Ángel Sandín Martínez y finalmente pasó a la escuela superior Lino Padrón Rivera de Vega Baja. Con el profesor Jorge Adrover (nivel superior), formó parte del "varsity" de béisbol y se desempeñó en los jardines.

En el 1986 el escucha Luis Rosa, de los *Texas Rangers* lo firmó con una bonificación de $140,000.00. Participó de la Liga de Novatos en ese mismo año en South Atlantic con tan solo 17 años. Bateó .246 e impulsó 36 carreras. En el 1987 bateó .265, impulsó 74 carreras y conectó 14 cuadrangulares con el equipo de *Gastonia Rangers*. En el 1988 se lesionó una rodilla, fue operado y al regresar terminó con promedio de .258, conectó ocho cuadrangulares e impulsó 14 carreras. En ese mismo año firmó con *Tulsa Drillers*, Doble A , con Texas, bateó .293, conectó 21 cuadrangulares e impulsó 85 carreras. En el 1989 se inició con Texas, equipo de las Grandes Ligas (Liga Americana) y usó el número 19 en su uniforme. Se convirtió en el cuarto vegabajeño en jugar en las Grandes Ligas y el #147 de todos los puertorriqueños. Fue seleccionado el tercer mejor "prospecto" de la Liga de Texas y en el 1990 se designó el Mejor Prospecto del Año en la revista "Baseball America". En ese mismo año participó con *Oklahoma City*, bateó 29 cuadrangulares, remolcó 101 carreras y promedio de bateo de .286. Trabajó en los jardines y fue parte del equipo Todos Estrellas, además, obtuvo el trofeo de MVP de la Liga. En el 1991 con *Texas* bateó .264 con 27 cuadrangulares y 102 carreras impulsadas. En el 1992 bateó .260, 43 cuadrangulares, líder de la Liga Americana, e impulsó 109 carreras. Obtuvo el premio del Bate de Plata ("Silver Slugger"). Para el año 1993 conectó 46 cuadrangulares, .310 de promedio de bateo y .632 en "Slugging". Participó en el "Home Run Derby", actividad previa al Juego de Estrellas, derrotó a Ken Griffey para obtener el campeonato, el primer puertorriqueño en lograrlo. Con Texas logró dos trofeos de MVP de la Liga Americana, en el 96 y 98, único puertorriqueño en lograr tal distinción en dos ocasiones. En el 1996 asistió a Japón y participó en intercambio deportivo con el equipo de Grandes Ligas y bateó .500 de promedio. Posiblemente haya sido el 1998 el año en que mejores estadísticas produjo en las Grandes Ligas en toda su carrera: 101 carreras impulsadas antes del Juego de Estrellas (segundo de todos los tiempos, detrás de Robert Lewis "Hack" Wilson), y un total de 157 en la temporada (#1); 45 HR (#4), 149 OPS (#8), 97 extra bases (#2), 11 bombos de sacrificios (#3 E), 9 bases por bolas (#6 E), 20 dobles (#3 E). Además tuvo el galardón del MVP de la Liga, "All Star Team" en la posición de jardinero, logró el quinto Bate de Plata, Premio del Jugador del Mes en abril con récord de 35 carreras empujadas. "USA Today" y "USA Today Baseball Weekly", le reconocieron su labor deportiva. Al terminar la década del 90 en el 1999, fue su último año con Texas.

Se transfirió en el 2000 al equipo de Detroit, en el 2001 a Cleveland, a Texas nuevamente, donde jugó de 2002 al 2003; firmó con Kansas City en el 2004 y nuevamente Cleveland lo contrató en su último año en las Grandes Ligas en el 2005.

En el 2006 participó con la Atlantic League y jugó con el equipo "Long Island Ducks".

Participó en el Béisbol Clase A con el Maní de Mayagüez en el 2010, con el cual logró el Campeonato de Puerto Rico. En ese mismo año integró el equipo Clase AA de Vega Baja, alcanzó el Campeonato Seccional. Formó parte de los Caciques de Orocovis en la Liga COLICEBA. En el 2011 trabajó como entrenador de los Cariduros de Fajardo en el Béisbol Doble A. Para la temporada del Béisbol Superior Doble A de Puerto Rico de 2016, se inició como dirigente del equipo de *Vega Baja*, luego fue sustituído por el vegabajeño y exlanzador profesional Aristarco Tirado. En el 2018 dirigió la Selección Nacional de Béisbol de Puerto Rico que compitió en los XXIII Juegos Centroamericanos y del Caribe en Barranquilla, Colombia. Puerto Rico logró presea de oro con récord de 5-2.

Reconoce "Igor" a las siguientes personas, las que le ayudaron en el desarrollo como atleta: Julio Pabón, "Colo" Rivera, Pedro Juan "Yongo" Crespo, Alejandro Maisonet, Ramón "Gato" Díaz, Jorge Williams y varios dirigentes en las Grandes Ligas y jugadores, compañeros de equipo, entre ellos, Rafael Palmeiro.

Entre los atletas que más ha admirado están: Roberto Clemente, Dave Winfield y José "Cheo" Cruz, quienes fueron fuente de inspiración en el béisbol. Con "Cheo", fue compañero de equipo de Ponce, en la Liga Profesional Invernal (Roberto Clemente) de Puerto Rico.

Labor Comunitaria:
1. Donativos a entidades benéficas en Puerto Rico, Estados Unidos y otros países
2. Donativos personales con necesidades especiales y enfermedades catastróficas; visitas a hogares y hospitales
3. Donativos a entidades religiosas.
4. Donativos a países con desastres naturales
5. Clínicas deportivas a niños y adolescentes
6. Asiste a actividades donde se firman autógrafos de tarjetas y otra memorabilia deportiva, principalmente en Nueva York, Los Ángeles, y otras ciudades donde parte del dinero recaudado se usa para ayudar a jóvenes.
7. Visitas a asilos, escuelas y otros lugares, dando charlas sobre el efecto negativo del uso de las drogas
8. En el 1994 creó una comisión especial para construir cancha de la comunidad de Alto de Cuba en Vega Baja; trabajó en programa educativo "Yo sí puedo" y en la "Alianza para un Puerto Rico sin Drogas", patrocina "Mi Escuelita" en Dallas, Texas, entre otras

organizaciones.

Resumen en las Grandes Ligas:

1. Dos Premios MVP (96 y 98)-el primer latino en lograrlo dos veces
2. Seis Bates de Plata ("Silver Slugger"), calificándolo como el mejor bateador, y el puertorriqueño ganador del "Home Run Derby" (93). Ganador del Bate de Plata de la Liga Americana en los siguientes años: 92, 93, 96, 97, 98 y 2001.
3. Dos títulos de Campeón Jonronero de la Liga Americana (92 y 93) y único puertorriqueño con más cuadrangulares en una temporada con 47, hasta el presente.
4. Un título de carreras impulsadas en una temporada- 157 (98), y tercer latino con mayor carreras impulsadas de todos los tiempos, detrás de Manny Ramírez (República Dominicana-99) con 165 y Sammy Sosa (República Dominicana-98) con 158
5. Un título de líder en "slugging" en la Liga Americana con .632 (93) y entre los mejores latinos en "slugging" de por vida con .561
6. Récord para un puertorriqueño con 16 bombos de sacrificios (2001), tan solo superado por Bobby Bonilla con 17 (96). Posee el récord (empatado) de las Grandes Ligas con tres (3) bombos de sacrificios en un juego (99) contra Seattle.
7. Total de 434 cuadrangulares de por vida, segundo para un puertorriqueño, siendo el líder Carlos Delgado con 473. Entre los mejores latinos al conectar un cuadrangular cada 15.11 turnos al bate.
8. Segundo de todos los tiempos entre los puertorriqueños en lograr 97 extra bases en una temporada (1998); el líder lo es Carlos Delgado con 99
9. Es el latino más joven en conectar tres cuadragulares en un juego y entre los primeros cinco peloteros de Grandes Ligas de todos los tiempos con 22 años y 263 días
10. Es uno de 10 puertorriqueños con mil empujadas y mil anotadas en Grandes Ligas. En empujadas está tercero con 1404 detrás de Carlos Delgado y Carlos Beltrán.
11. Posiblemente esté entre los mejores peloteros de todos los tiempos de los *Texas Rangers*.
12. Es el puertorriqueño que más cuadrangulares ha conectado para concluir un juego en Grandes Ligas, con siete.
13. Ocupa la posición #30 de todos los tiempos en "slugging" y #60 en "on base percertage plus slugging" (OPS).

Participación Liga Profesional de Béisbol en Puerto Rico:

En Puerto Rico "Igor" participó con los siguientes equipos: *Ponce* (86), *Caguas* (89-90); *Santurce* (92-93); *San Juan* (95); *Carolina* (2006-07). En el 1995 fue miembro del Equipo de Ensueño ("Dream Team"), el cual participó en la Serie del Caribe, terminó invicto con 6-0. En el

2007-Serie del Caribe, seleccionado al Equipo Todos Estrellas como bateador designado ("Designated Hitter").

Reconocimientos:
1. 1995-premio Latino Sports en Nueva York
2. 1997-Cámara de Comercio Hispana de Forth Worth, Texas- lo declaró el Hombre del Año y Premio Roberto Clemente
3. Atleta del Año en Texas- "Dallas All Sports Association"
4. 2013-exaltado al Salón de la Fama del Deporte de Vega Baja
5. 2015-exaltado al Salón de la Fama de Texas
6. 2015-exaltado al Pabellón de la Fama del Caribe
7. Varias veces se seleccionó el Jugador de la Semana y del Mes en Grandes Ligas. "Puerto Rico Pro Athlete of The Year" - Prensa Asociada
8. Equipos Todos Estrellas ("All Stars")
9. Escritos en periódicos, libros, revistas, y programas en televisión, en Estados Unidos, Europa y Puerto Rico, demostrando su desempeño en el béisbol
10. Reconocimiento por la Administración Municipal de Vega Baja
11. Premio "Buck" Canel-Latinoamericano del Año en Grandes Ligas
12. 2017-entrenador del equipo campeón Serie del Caribe -Puerto Rico. Trabajó de entrenador de Puerto Rico en el IV Clásico Mundial de Béisbol-logró medalla de plata
13. Parque de Dallas, Texas, lleva su nombre

Licier Prieto, Emilio Rafael "Millito"

N. el 4 de junio de 1958 en Vega Baja.
Peso: 220 lbs.   Estatura: 6' 0"
Lado dominante: derecho

Licier es el mayor de tres hermanos, producto del matrimonio de Marcelino Licier González, natural de Santurce, y de Hipólita Prieto Vázquez, natural de Vega Baja. Las hermanas Martha Elena y Lourdes Teresa "Tere", completan el núcleo familiar. Ambas se han destacado en el deporte en Vega Baja y a nivel nacional. Su sobrino Kristian Meléndez Licier, hasta el presente, es el atleta más destacado de Vega Baja y de Puerto Rico en Tae Kwon Do, ganador de varias medallas a nivel internacional, incluyendo los Juegos Panamericanos.

Cursó su nivel elemental en la escuela José G. Padilla, bajo la tutela del profesor Manuel Vélez Ithier, participó en los "varsities" de sóftbol, baloncesto y béisbol. En el nivel intermedio compitió en los equipos representativos de la escuela en los deportes de sóftbol y béisbol. Se destacó por su excelente fildeo en la tercera base y ocupó el tercer y el cuarto lugar en la alineación ofensivamente. Ayudó en el Programa de Educación Física en el reclutamiento de jugadores y en la dirección de los equipos que se organizaron. Fue miembro del equipo Campeón de las Escuelas Públicas del Programa de Educación Física a nivel de Puerto Rico en el deporte de sóftbol en el 1974. Bajo la dirección del profesor Jorge Adrover Rodríguez, "Millito" integró el "varsity" de béisbol, Campeón de Puerto Rico de las Escuelas Superiores Públicas. Tuvo también destaque en el deporte de sóftbol, en el cual estuvo entre los mejores de Puerto Rico y fue de gran ayuda en la organización de las actividades del Programa de Educación Física, según señala su profesor.

En la comunidad participó en diferentes categorías de equipos de béisbol, sóftbol y baloncesto. En béisbol jugó Pequeñas Ligas, "Pony", Bronco (Campeones Mundiales), Clase A, Doble A, y COLICEBA. Se inició en la posición de receptor y jugó tercera base y guardabosque. En las Pequeñas Ligas trabajó como entrenador del equipo de Vega Baja que participó en competencias nacionales. El dirigente de este equipo fue el señor Raúl "El Palancú" Arroyo. En béisbol se destacó por ser un excelente lanzador y uno de los mejores lanzadores de Vega Baja. Julio Pabón, su dirigente, fue quien lo inició en la posición de lanzador.

Ha tenido dirigentes destacados, de los cuales refinó sus destrezas deportivas y adquirió otros conocimientos que le ayudaron en su carrera atlética. Entre ellos se pueden mencionar a Arturo Náter, "Vitín" Meléndez, "Yongo" Crespo, Ramón Luis Nieves, Julio Pabón, Max "Mako" Oliveras, Amaury Ochard, "Tony" Valentín, Carlos Pantoja y otros.

Durante muchos años en que residió en la urbanización El Rosario en Vega Baja, tuvo destacada actuación como presidente de la Asociación Recreativa de El Rosario. Aquí ayudó en la organización de torneos de equipos de volibol, sóftbol, béisbol y baloncesto, Además laboró en la organización de actividades recreativas y sociales para los residentes. Trabajó en la dirección de equipos deportivos que lograron Campeonatos Nacionales y en varias ocasiones terminó entre los mejores de Puerto Rico. Entre las categorías que trabajó están: Pequeñas Ligas, Juvenil, Sub 17, Sub 18 y otras.

En el Sóftbol Superior, laboró como dirigente de uno de los equipos de *Vega Baja* en la década del 80. El apoderado del equipo Superior fue el señor Ismael "Maelo" Fontánez. En el sóftbol de la Selección Nacional Femenino de Puerto Rico, actuó como entrenador junto al dirigente José "Tuto" Agosto, con quien viajó a diferentes países en competencias internacionales.

Luego que se retiró del deporte, estudió teología en el estado de Ohio. En el 2005 completó los requisitos de pastor. Ha sido pastor de iglesias en Vega Baja durante los últimos 14 años.

Rubén Gómez, lanzador de Grandes Ligas y vinculado al Béisbol Profesional de Puerto Rico con el equipo de *Santurce*, invitó a "Millito" para asistir a las prácticas, pero debido a que sufrió una fractura en una pierna, no pudo asistir. ¡Tenía el talento para jugar profesional!

Licier está casado con Leida Morán García, natural de Vega Baja y con quien ha procreado a Emily, Rafael Amed y Zulei Marie "Zuli". Rafael Amed fue baloncelista de la Selección Nacional Mini y actualmente es pastor de la Iglesia Nuevo Testamento en Dorado. Tiene dos hijas en su matrimonio con Daisy Rodríguez : Grace Amanda y Danelis.

Resumé Deportivo:
1970- integró el equipo de béisbol Liga Bronco de Cataño, Campeón de Puerto Rico -11-12 años
Campeón Mundial Serie Latinoamericana, Atlanta, Georgia
1973- Campeón Seccional, Clase A Béisbol-Cafetería Tortuguero
1974- Campeón Nacional Sóftbol Escuelas Intermedias de P.R.
1974-88- participó con el equipo de béisbol Doble A de Vega Baja
1980-83- miembro equipo *Industriales de Barceloneta*, (COLICEBA) y Campeón de Puerto Rico. Actuó en calidad de lanzador
1988-92- dirigente del equipo Doble A de Vega Baja, entrenador en Vega Alta, Florida, Utuado y Camuy
1990- dirigió equipo Campeón Seccional con Barceloneta en la COLICEBA
1991-93- trabajó como entrenador en la Selección Nacional de sóftbol masculino
1992- dirigente del equipo Clase A de Amadeo, Vega Baja-durante cinco años logró dos campeonatos y dos subcampeonatos.
1993- entrenador del equipo Nacional de Sóftbol Masculino. Asistió a Juegos Centroamericanos y del Caribe, celebrados en Ponce.
1993-96- entrenador Selección Nacional de Sóftbol Femenino
1994- asistió torneo Pre Panamericano, se celebró en México.
1995- asistió a los siguientes torneos: torneo celebrado en Canadá, Torneo Centroamericano en Argentina y medalla de plata; Torneo Pre Panamericano, celebrado en el pais de Nicaragua-medalla de bronce.

Reconocimientos:
1. 2004- exaltado al Salón de la Fama del Deporte de Vega Baja.

López Colón, Pedro Usiel

N. el 29 de marzo de 1969 en Vega Baja.
Peso: 203 lbs.   Estatura: 6'
Lado dominante: derecho

Sus padres Pedro López Cruzado, natural de Vega Baja y Alma M. Colón Martínez, fallecida, y natural de Santurce, procrearon a Pedro Usiel, Nidya Idanis y Abdiel "Aby". Pedro Usiel está casado con Gladys Rivera, teniendo como fruto de su relación a Leslian M. y a Lainey M.

Pedro Usiel estudió sus grados elementales en la escuela de San Vicente, los grados intermedios en la escuela Ángel Sandín Martínez y el nivel superior en la escuela Lino Padrón Rivera, todas escuelas de Vega Baja.

Desde niño se dedicó al béisbol con destaque en las Pequeñas Ligas, jugó con Las Parcelas Amadeo. Es uno de los atletas integrantes del equipo Campeón de Puerto Rico en la liga Pre Sénior cuando tenía 13 años, bajo la dirección de Pedro Pintor y Cristóbal De Jesús. Participó en la Liga Atlética Policiaca en Vega Baja, un desafío en el Béisbol Superior Doble A con Vega Baja y en la Legión Americana con el equipo de Río Piedras, Reparto Metropolitano.

En el nivel universitario estudió en Arizona Western College con beca de atleta e integró el equipo "varsity" de béisbol.

Como atleta profesional siempre se desarrolló en la posición de receptor. Fue firmado por la organización de los Padres de San Diego en el 1988. En esta organización, en la que permaneció durante seis años, alcanzó la Categoría AAA con los *Vegas Stars* y jugó durante 13 temporadas como profesional.

Entre los logros alcanzados, obtuvo un campeonato con Wichita Rangers AA en el 1992. Luego firmó con la organización de Milwaukee Brewers en el 1995. Concluyó su carrera como jugador profesional con la organización de los Astros de Houston en el 2000.

Carrera Profesional como jugador:
1988- Padres- "Rookie"
1989- Waterloo-Clase A
1990- Charleston SC-Clase A
1991- Waterloo- Clase A

1992- Wichita- Clase AA
1993- dos equipos- Clase AA, A+:
    Rancho Cucamonga- Clase A+
    Wichita- Clase AA
1994- tres equipos- AA, AAA, A+
    dos equipos-AAA, AA:
    Wichita- AA
    Las Vegas-AAA
1995- dos equipos- AA, AAA:
    El Paso- AA
    New Orleans-AAA
1996- dos equipos- AA, AAA:
    El Paso- AA
    New Orleans- AAA
1997- dos equipos- A+, AA:
    Kissemmee- A+
    Jackson- AA
1998- Jackson- AA
1999- dos equipos- AA, AAA:
    Jackson- AA
    New Orleans- AAA
2000- New Orleans- AAA

Nota: en resumen bateó para .247 de promedio, conectó 49 HR, 134 dobles, 16 triples, 690 "hits", 28 bases robadas en 909 juegos. Participó principalmente como receptor, guardabosque, segunda base y en primera. Defensivamente como receptor tuvo promedio de fildeo de .976, en los jardines .833, en la tercera base .826, y en la primera base .985.

Carrera Profesional en Puerto Rico:
1. 1988-2000- participó con los siguientes equipos de la Liga de Béisbol Profesional Invernal (hoy Liga Roberto Clemente): Ponce, Caguas, Mayagüez, Santurce y Bayamón. Se inició con Ponce.
2. 2000- lesión en el codo derecho que requirió cirugía, le causó retiro.

Actuación como dirigente profesional:
2001- Savannah- Clase A
2002- Pulaski- "Rookie"
2003- 2007-Rangers- "Rookie" (2006 no dirigió)
2008- Kingsport- "Rookie"
2009- Brooklyn- Clase A
2010- Savannah- Clase A
2011- St. Lucie- Clase A+
2012- Caguas (Liga Roberto Clemente en Puerto Rico)

2012-15- *Binghamton- Nueva York* – Clase AA
Nota: en resumen obtuvo 770 victorias, 678 derrotas para un promedio de .532.

Otros datos de interés en su carrera como dirigente:

1. 2001- inició su carrera de dirigente en el sistema de equipos finca con los *Vigilantes de Texas,* laboró hasta el 2007.
2. 2002- trabajó como entrenador con *Caguas, Manatí* y *Santurce* en la Liga Roberto Clemente.
3. 2008- firmó con la organización de los Mets de Nueva York en la "Rookie League" y el equipo de *Kingsport, Mets.*
4. 2009- trabajó con el equipo *Brooklyn Cyclones* (SSA), llevó el equipo a la serie post temporada.
5. 2010- con el equipo *Sand Gnats*, Clase A, logró que su equipo participara en la serie post temporada.
6. 2011- con el equipo *St. Lucie Mets*, participó de la serie de campeonato.
7. 2012- dirigió a *Binghamton, Nueva York* , Clase AAA.
8. 2013-con *Binghamton, Nueva York*, estableció récord de 86 victorias y logró el premio de Dirigente del Año en la Liga del Este. Estuvo tres semanas como entrenador de banca en los *Mets de Nueva York*, Liga Nacional, además de entrenador del juego de Futuras Estrellas de las Grandes Ligas en competencia denominada "World Team".
9. 2014- ganó el primer campeonato en calidad de dirigente con *Binghamton, Mets*. Se convirtió en el dirigente con más victorias en la historia de la franquicia.
10. 2015- inició la dirección del equipo *Santurce* en la Liga Roberto Clemente, tuvo que abandonar la posición de dirigente en noviembre, luego de un récord de 4-10.
11. 2017-18- en el béisbol invernal de República Dominicana dirigió al equipo *Gigantes del Cibao*. Anteriormente había laborado en el béisbol de Venezuela.

Reconocimientos:

1. 2015-exaltado al Salón de la Fama de Nueva York, por su desempeño de dirigente del equipo *Binghamton* AA.
2. 2017-se le otorgó el trofeo Chilote Llenas, cuando se seleccionó Dirigente del Año en la Serie Regular con el equipo *Gigantes del Cibao,* en el béisbol invernal de República Domincana. Actualmente es el tercer dirigente extranjero en recibir tal distinción.

Marrero Noriega, Manuel Eufemio "Manny"

N. el 13 de noviembre de 1955 en el Bronx, Nueva York.

Peso: 245 lbs.   Estatura: 6 pies

Lado dominante: derecho

Sus padres Eufemio Marrero Rolón, natural de Morovis y Alba Eneida Noriega Muñíz, natural de Rincón, tuvieron a Kenneth John, fallecido; David Jorge, Arlene Milagros y Elaine.

"Manny" se casó con Cyndia Lourdes Guardiola Marrero, natural de Alemania y quienes procrearon a Amy Marie y David Jon, atleta de pista y campo y "football"; y Manuel Eufemio "Manny Jr."

Sus estudios elementales y superior los aprobó en Bronx, Nueva York. El nivel elemental lo cursó en San Anselmo de primero a octavo grado. Aquí no participó en deportes. El nivel superior de noveno a cuarto año, lo aprobó en la escuela Dewitt Clenton High School, donde solo estudiaban varones. En este nivel participó en el "varsity" de "football" americano y posición de "quarter back", y pista y campo desde el noveno grado, donde compitió en eventos de velocidad, relevos y triple salto. Del décimo grado al duodécimo, participó en el "varsity" de béisbol en la posición de campo corto.

Desde niño se destacó en el béisbol, en el cual jugó Pequeñas Ligas con el equipo "Goodo" en "Prospect Little League" del Bronx, Nueva York. Participó desde los 11 años hasta los 15 años y se destacó en la posición de campo corto. A los 16 años compitió en la Liga Puertorriqueña del Bronx, afiliada al *Amateur Baseball Council* (ABC). Por ser menor de edad, se le requirió un permiso del padre, ya que la Liga era para atletas mayores de edad. En su primer año jugó con el equipo Mayagüez y en el segundo año a los 17 años, su equipo *Marvel* logró el campeonato. "Manny" obtuvo la Triple Corona- Campeón Bate, Líder en cuadrangulares y Líder en carreras empujadas-, además de obtener el premio de MVP. Al *Marvel* quedar campeón del estado de Nueva York, obtuvo el derecho de competir en carnaval con equipos de Chicago, California, Cuba y Puerto Rico, en el 1973. Vega Baja representó a Puerto Rico. Los desafíos se celebraron en los parques del Central Park y el Yankee Stadium. Aquí el equipo de "Manny" nuevamente obtuvo el Campeonato de la Ligas Hispanas, de Nueva York y de la Liga ABC.

Por su gran actuación en el campo deportivo tuvo escuchas de Nueva York y Filadelfia, los cuales intentaron firmarlo, denegando su familia contratos y recomendándole que prosiguiera estudios universitarios. En el 1973 consiguió beca deportiva universitaria por parte de la organización de los Yankees de Nueva York, y tomó la decisión de iniciar estudios en Fordham University. Aquí integró el "varsity' de "football", el cual terminó con récord de cuatro victorias y cuatro derrotas. Se enfrentaron a universidades como Hoftra, Georgetown, Saint Joseph, Lafayette, C. W. Post, Ithica y otras.

En diciembre de 1973 su familia decidió radicarse en Puerto Rico (Vega Baja). En ese mismo año es invitado para formar parte del equipo de *Manatí* Doble A, firmó contrato para jugar en la primera base y lo dirigió "Mano Santa" Rodríguez. En el 1974 firmó contrato con Vega Baja para participar en la Liga Roberto Clemente 21, equipo que logró ser Campeón de Puerto Rico y fue dirigido por Eufemio Marrero, su padre, (los primeros dos juegos) y Alfredo Narváez Lozano, el resto de la temporada. Entre los entrenadores, tuvieron a Julio Pabón y Félix "Clipper" Santos Valle, y de apoderado a Julio Reyes. En el juego final derrotaron a Río Grande 10 a 9. Luego asistieron a jugar en San Francisco de Macorís, República Dominicana, para intercambio deportivo, donde lograron récord de dos victorias y una derrota. En el 1975 participó con Utuado Doble A y jugó en la primera base. Participó en la COLICEBA con el equipo de *Toa Alta.*

De 1973-75, mientras residía en Vega Baja, estudió en San Juan (Inter) los lunes, miércoles y viernes, y enseñó Educación Física los martes y jueves en el Colegio Nuestra Señora del Rosario. En las competencias interescolares logró un campeonato en volibol femenino en el nivel elemental. En el 1976 decidió mudarse a San Juan y firmó Doble A con *Cayey,* equipo con el que jugó hasta el 1978. Reinició estudios en la Interamericana, donde se graduó en el 1977 con concentración en Gerencia. Aquí integró el equipo "varsity" de "football" durante dos años y resultaron campeones. Competían con equipos de Mayagüez, Regional de Bayamón, Cayey y San Germán. También compitieron con equipos de la Marina de Vieques, Base Naval de Ceiba, Base Aérea de Ramey y Fuerte Buchanan. Otros equipos del exterior con los cuales participaron fueron Sallisbury State University de Maryland y Brooklyn College de Nueva York. Compitieron en dos Bowl, llamados *Coco Bowl* y *Coquí Bowl*, durante los años 1976 y 1977. En Puerto Rico se celebraban los desafíos en el "Maxie Williams Field" de Buchanan y el parque Sixto Escobar de San Juan.

Otra labor destacada fue la de participar como adiestrador en la Liga Piwi "Football" en el Fuerte Buchanan de 1977 a 1981. Participaron

91

niños de 12 a 14 años y equipos de Ponce, Aguada, área metropolitana y otros. Durante dos años sus equipos resultaron campeones.

En el 1981 decidió trasladarse al estado de Michigan, luego de ser promovido de la compañía de computadoras. Anteriormente había trabajado en el Banco Popular de San Juan. Residió en Michigan hasta el 1986. Del 1986 al 88 residió en el Distrito Federal de México. En el 1988 regresó a Michigan, donde vivió hasta el1995. Durante este periodo participó en la USSSA ("United States Slow Pitch Softball Association"), organización en la cual jugó en el campo corto y primera base. En el 1990 su equipo *Catsco* logró el Campeonato Nacional. "Manny", obtuvo uno de tres MVP, líder en cuadrangulares y Campeón bate.

En el 1996 se trasladó a Florida, Estados Unidos, donde también tuvo la grata experiencia de competir en torneos de sóftbol y dirigir equipos de "football".

"Manny" ha tenido la gran experiencia de representar a Puerto Rico en varias ocasiones, a pesar de residir en Estados Unidos, compitió en la "Mens Senior Baseball League" y con desempeño en la primera base. En esta liga participan atletas aficionados y profesionales retirados, incluyendo varios exjugadores de Grandes Ligas. Participó en las categorías 35, 40 y 45 años, en las cuales logró dos campeonatos en los años 1998 y 1999. En estos equipos estuvo su hermano menor David, quien jugó en la segunda base (ver fotos históricas del libro). David fue integrante de la Selección Nacional en el deporte de "Racketball", el cual compitió en sencillos y dobles en los XIII Juegos Panamericanos de Winnipeg, capital de la provincia de Manitoba, Canadá, año de 1999. .

En su labor de adiestrador en el béisbol y "football" en Estados Unidos, "Manny" efectuó labores en la *Bishop Foley High School* en Michigan durante los años 1993-95 y en *American Heritage High School* de Florida, en los años 2003-04. En esta última logró dos subcampeonatos del estado en el deporte de "football". En el béisbol adulto, asistió a competencia mundial, celebrada en diferentes estadios del estado de Florida en el año de 2008 y laboró como entrenador. En este torneo su equipo *USA* obtuvo el Campeonato Mundial para atletas mayores de 25 años, con la participación de atletas aficionados y profesionales.

Desde niño ha admirado a los siguientes atletas: Roberto Clemente, Raúl "Rolo" Colón, Mickey Mantle, Michael Jordan y el entrenador de "football" Vince Lombardi, quien trabajó en "Fordham University" y en la

"National Football League", con los *Green Bay Packers*.
Desde el 1 de marzo de 2016 "Manny" trabaja en San Juan, Puerto Rico de Empresario de la compañía de Programas de Computadoras "Computer Distributors, Inc. (CDI).

Reconocimientos:
1. 1973- el Municipio de Vega Baja -al equipo Campeón Nacional en la categoría Roberto Clemente 21
2. Artículos periodísticos señalando el destaque deportivo en Puerto Rico y en Estados Unidos, de los equipos másters en que participó.

Martínez Concepción, Ángel Manuel *"El Indio"*

N. el 20 de diciembre de 1971 en Vega Baja.
Peso: 170 lbs.   Estatura: 6'
Lado dominante: derecho

Los padres de Ángel, Francisco Martínez, fallecido, natural del barrio Ceiba (Sabana) y Olga Concepción Mendizábal, natural de Vega Baja, tuvieron dos hijos: Ángel Manuel es el segundo. Tiene cuatro hermanos de parte de padre.

Llevó a cabo sus estudios elementales en la escuela Ángel Manuel Negrón del barrio Ceiba (Sabana). En este nivel se destacó en los eventos efectuados en el tradicional *Field Day,* principalmente carreras de velocidad. Fue integrante del "varsity" de béisbol en la posición de jardinero central. Su maestro de Educación Física fue el profesor José "Cholo" Rosario. Estudió el séptimo grado únicamente en la escuela intermedia Ángel Sandín Martínez del pueblo de Vega Baja. Nuevamente el profesor Rosario lo encaminó hacia la participación del "varsity" de béisbol y la competencia de eventos de velocidad y relevos. Situaciones personales le impidieron el continuar estudios en el nivel intermedio.

En la comunidad de Sabana, lugar se crió, continuó su participación en el deporte de béisbol, al principio de forma recreativa, y luego formalmente a la edad de 11 años. Se inició con el equipo de Carmelita en Las Pequeñas Ligas. Lo dirigió durante dos años el expelotero Edwin "Bibi" Tirado, fallecido. A los 15 años jugó Clase A con Sabana y dirigido por Héctor "Pucho" Arroyo Nieves. Aquí por primera vez se desempeñó en la posición de lanzador, y en la cual abandonó la posición de jardinero central. A los 16 años de edad se inició en el Béisbol Superior Doble A con *Vega Baja*. Tuvo como dirigente al exjugador de la Selección Nacional David "El Gallo" Rodríguez y de apodera-do a Edwin "Cucho" López. Se desempeñó durante 13 años con el equipo de *Vega Baja*. Luego pasó a jugar con San Sebastián, donde jugó durante tres años. En el 2002 con *San Sebastián* fue declarado el Mejor Lanzador, obtuvo siete victorias sin derrotas, efectividad de 0.41 y ponchó a 51 bateadores en 43 entradas lanzadas. La oposición tan solo le bateó para un raquítico promedio de .115. Lo dirigió Raúl Núñez en San Sebastián.

Luego de los tres años en *San Sebastián*, fue canjeado a Aguadilla, donde jugó tres años y lo dirigió Carlos Delgado, padre. Pasó a Utuado equipo con el que solamente compitió durante un año y obtuvo el récord de seis victorias y una derrota. Nuevamente fue cambiado a varios equipos, entre ellos, *Manatí, Camuy* y *Vega Alta,* una temporada con cada equipo.

"El Indio", participó de la organización de béisbol de Puerto Rico, COLICEBA, con la cual jugó con Dorado durante un año. Luego fue canjeado al equipo de *Hatillo,* donde jugó 13 temporadas y finalmente cuatro temporadas con *Barceloneta*. A partir del ingreso a la Clase A, se destacó siempre en la posición de lanzador, con dominio de la recrecta (89 MPH), "slider" y la curva.

Participación en la Selección Nacional:
2000- asistió a los Juegos Centroamericanos y del Caribe, donde logró una victoria sobre Nicaragua 3 a 1.
2002- participó en competencia Panamericana, celebrada en El Salvador, donde nuevamente derrotó a Nicaragua 7 a 2 y se acreditó la victoria.

Luego que se retiró durante varios años, decidió participar en el 2014 con el equipo de Sabana, Clase A. Jugó en el mismo equipo junto a sus dos hijos: Christian y Ángel Manuel, Jr. Todos actuaron en las posiciones de lanzadores y cada uno de ellos logró victorias- Ángel, Jr. dos victorias; Christian tres victorias, y "El Indio", una victoria. Esto es una hazaña que muy rara vez ocurre, con la participación de padre e hijos, en un mismo equipo en la posición de lanzadores.

Desde el 2014 no ha actuado en calidad de pelotero, pero sí continúa haciendo ejercicios, con excelente condición física. En el campo laboral se dedica a trabajar en construcción. Residió en Vega Baja hasta el 2015, cuando decidió trasladarse a Florida, Estados Unidos. En el 2017 regresó a su residencia en Sabana.

Es admirador de Greg Maddox, Mariano Rivera y Larry Ayuso.

Reconocimientos:
1. Placa entregada por el Municipio de Vega Baja, reconociendo labor de destacado lanzador.
2. En la COLICEBA- tres años logró premio del Mejor Lanzador.
3. Equipo de Utuado le entregó trofeo del Mejor Lanzador.
4. 2002- recibió premio del Lanzador del Año, concluyendo con siete victorias sin derrotas (primero en la Liga) y un total de 53 ponches propinados (tercero en la Liga).
5. Participó en cuatro Juegos de Estrellas
6. 2018-se exaltó al Salón de la Fama del Deporte de Vega Baja

Martínez García, Rafael "Rafy"

N. el 25 de marzo de 1948 en Vega Baja.
M. el 6 de octubre de 2012 en Vega Baja.
Peso: 220 lbs.   Estatura: 6'
Lado dominante: derecho

Fueron sus padres Eulalio Martínez Otero y Juana Martínez, ambos naturales de Vega Baja. Ellos procrearon a Iris, Rosa, Juan, Carmen, Wanda y "Rafy".

Rafael contrajo matrimonio con Sylvia Santos Portalatín, natural de Vega Baja y con quien procrearon a Sylvia Iris, Rafael Eulalio, Emmanuel y Xavier Arturo, todos naturales de Vega Baja. Entre sus nietos tienen a Yeralis Enid, Xavier Omar e Ian Jared.

Luego de estudiar los tres niveles educativos en Vega Baja, comenzó sus estudios universitarios en el Colegio de Mayagüez (RUM), los que tuvo que suspender por problemas de salud. Más tarde ingresó en la Universidad Interamericana de Arecibo, donde se graduó de Pedagogía. Durante 30 años trabajó de maestro de matemáticas, ciencias y estudios sociales en varias escuelas del sistema educativo en Vega Baja y Vega Alta, siendo muy querido por sus estudiantes. Laboró como líder destacado de los Niños Escuchas y de la Liga Atlética Policiaca.

Su mayor pasión, además de su familia, fue el deporte de béisbol. En su tiempo libre, dentro de la escuela, practicaba los niños que gustaban del deporte de béisbol. Comenzó en las Ligas Infantiles y Juveniles, hoy American Congress de Puerto Rico en el 1979, cuando un grupo de líderes de la comunidad de La Playa en Vega Baja, comenzaron a formar equipos en las categorías Roberto Clemente (7-8 años), Willie Mays (9-10), y Pee Wee Reesse (11-12). "Rafy" organizó equipos en la comunidad de San Demetrio de Vega Baja y los inscribió en la Liga de La Playa. El Juez Toro y el señor Juan Almeyda, fueron quienes orientaron y reclutaron la Liga de Vega Baja para la American Congress de Puerto Rico.

"Rafy" tenía una cualidad distintiva como dirigente, pues selecciona todos aquellos jugadores que eran rechazados por no tener dominio de las destrezas del béisbol y capacitándolos para poder competir. Era un maestro de profesión y vocación, ya que su pasión era enseñar, tanto a nivel académico como deportivo. De 1979 a 1982 formó equipos en las categorías Roberto Clemente, Willie Mays y Pee Wee Reesse. En el 1982 organizó equipos en la "Pedrín" Zorrilla y en el 1985 en la liga Sandy Koufax (13-14); en el 1991 Mickey Mantle (15-16); y Connie Mack (17-18), de esta manera cubrió todas las categorías y dirigió varios equipos a la vez.

En el 1997 su equipo Los Pescadores (13-14), resultó Campeón de la Región Norte. En el 2002 asumió la Presidencia de la Liga de Vega Baja, luego del señor Víctor Cano renunciar. Ocupó el cargo durante 10 años sin abandonar su equipo Connie Mack. Durante el 2004 ocupó la dirección del Salón de la Fama del Deporte de Vega Baja. En el 2005 fue nombrado dirigente del equipo de Puerto Rico en el Torneo Panamericano Pre Júnior y el cual se celebró en Aruba. Actuó como entrenador del equipo en la Serie Mundial, categoría Sandy Koufax y celebrada en Arizona. En el 2007 fue reconocido en el cargo de Líder Recreativo en el Municipio de Vega Baja.

En su actividad diaria en las escuelas organizó torneos deportivos y trabajó en la organización de los tradicionales *Field Days*. Fuera de la escuela, en las comunidades, organizó torneo de sóftbol para adultos (veteranos) en la comunidad en que residió.

Su muerte en el 2012 sorprendió al pueblo de Vega Baja, por haber perdido un extraordinario ser humano, querido tanto por los niños, compañeros de trabajo, familiares y amigos, ya que se sacrificó y tuvo gran éxito en todo lo que llevó a cabo, dentro y fuera del aula escolar. Han sido miles de estudiantes los que pasaron por las manos de "Rafy" y guardan en sus mentes los recuerdos gratos de las experiencias deportivas transmitidas sabiamente y en forma desinteresada. ¡Todo el pueblo de Vega Baja vivirá eternamente agradecido!

Organizaciones fue Miembro:

1. Liga Altlética Policiaca
2. Asociación de Maestros de Puerto Rico

3. Boys Scouts de Vega Baja
4. Salón de la Fama del Deporte de Vega Baja
5. Presidente de la Asociación Recreativa de Villa de los Pescadores, Vega Baja
6. Presidente de la Asociación Recreativa de San Demetrio, Vega Baja
7. American Congress de Puerto Rico

Reconocimientos:
1. 1995-dedicación Clase Graduada de Sexto Grado, escuela Ofelia Díaz de Vega Baja
2. 2007-el municipio de Vega Baja por su labor de Líder Recreativo
3. 2011-ACOPR-Torneo Estatal categoría Sandy Koufax
4. agosto de 2013-Torneo Sóftbol Cocodrilo "Softball League"
5. Liga Connie Mack-por la dedicación de más de 25 años de servicio
6. Liga Raiders de Nueva York
7. 2013-homenaje póstumo por parte del Salón de la Fama del Deporte de Vega Baja.
8. 2014- exaltado póstumamente al Salón de la Fama del Béisbol Infantil y Juvenil de Puerto Rico- Juan T. Almeyda- 6ta. exaltación
9. 12 de diciembre de 2016-exaltado póstumamente al Salón de la Fama del Deporte de Vega Baja.

Martínez Pantoja, Michelle "India"

N. el 4 de octubre de 1994 en Hospital de Área de Manatí.
Peso: 110 lbs.   Estatura: 5' 7"
Lado dominante: derecho

Sus padres Ángel M. Martínez Concepción, natural de Vega Baja y Carmen Pantoja Pacheco, natural de Manatí, dieron fruto a Ángel Jr., Christian y Michelle.

Mitchelle aprobó el nivel elemental en la escuela Manuel Negrón Collazo del barrio Sabana de Vega Baja. En este nivel se destacó en atletismo, sóftbol, baloncesto y tenis de campo. Su maestra de Educación Física fue Mabel Hernández. El nivel intermedio lo estudió en la escuela Ángel Sandín Martínez del pueblo de Vega Baja. Bajo la dirección del profesor José "Papo" Collazo, se destacó en sóftbol y atletismo. El nivel superior lo aprobó en la Lino Padrón Rivera y compitió en atletismo y sóftbol, bajo la dirección del profesor Jorge Collazo, hermano de "Papo" y ambos exjugadores Doble A de Vega Baja.

En el nivel universitario estudió un año en el Caribbean University de Bayamón, con destaque en el sóftbol. Luego se trasladó al "American Education College" de Vega Alta, donde estudió Secretarial Médico.

Michelle, desde pequeña sobresalió en los deportes y en la comunidad de Sabana, lugar en que se crió. Sus primeros maestros en la adquisición de las destrezas deportivas fueron su papá, Ángel Manuel y sus hermanos mayores Christian y Ángel Manuel, Jr., quienes también eran atletas. Tanto en béisbol como en el sóftbol, se destacó por la velocidad, excelente "fildeo", acompañado de un potente brazo.

Con Arecibo, en su adolescencia, se inició en las Pequeñas Ligas y luego en la Big League, en el deporte de sóftbol en la posición de guardabosque central. Más tarde en el 2010 se inició en el Sóftbol Superior, donde jugó con Barceloneta y bajo la dirección de Inocencio "Tito" Alicea . Luego firmó con las Lobas de Arecibo en la Liga Femenina de Béisbol, equipo que ha ganado casi todos los Campeonatos de Puerto Rico y bajo la dirección de César Hernández. El papá de Michelle, Ángel Manuel, trabajó como entrenador en el primer año de Michelle en la Liga. Hasta el presente se mantiene con Arecibo y con destaque en la posición de jardinera central y lanzadora ("closer"). Anteriormente había jugado con Arecibo en la Categoría Juvenil y ofensivamente en la cuarta posición en el orden de bateo. Aquí terminó segunda en bateo en la Liga con promedio de .498.

En el mes de marzo de 2015 se inició con la Selección Nacional y asistió a la República Dominicana, donde participó del Torneo Panamericano de Béisbol Femenino, cualificatorio para los Juegos Panamericanos de Toronto, Canadá. Su equipo concluyó en tercer lugar, y con derecho a competir en los Juegos Panamericanos de Canadá, junto a Estados Unidos, Venezuela y Cuba. Este equipo de Puerto Rico lo dirigió Félix López y como entrenador Normand Valliere. Otros dirigentes en su carrera son Roberto Santana y Armando Martínez.

Junto a Katiria Dávila Rivera, jugadora de béisbol vegabajeña, participaron en julio de 2015 en los XVIII Juegos Panamericanos de Toronto, Canada. Puerto Rico obtuvo un cuarto lugar, a ley de un "out" para llegar en tercer lugar y obtener medalla de bronce. En estos juegos Michelle actuó como lanzadora y guardabosque. En juego contra Cuba conectó el "hit" de oro para obtener la victoria seis carreras a cinco. Ambas (Michelle y Katiria), tienen el récord de ser las primeras atletas vegabajeñas en jugar en el Béisbol Superior Femenino e integrar la Selección Nacional en el deporte de béisbol.

El domingo, 29 de febrero de 2016, el equipo Las Lobas derrotó a Salinas 6 a 1 (juego decisivo), para lograr el séptimo Campeonato Nacional del Béisbol Superior Femenino. Este desafío se celebró en el parque Domingo Ruíz de Arecibo. Por Vega Baja participaron Michelle y Katiria Dávila. Debido a enfermedad no pudo asistir al Torneo Pre Mundial de Béisbol en República Dominicana en el 2018.

Como lanzadora relevista utiliza los siguientes lanzamientos: recta, "slider" y curva, aprendidos de su padre.

En resumen: durante la temporada de 2016 en el béisbol bateó para promedio de .571 y acumuló un promedio de por vida de .357 en cuatro temporadas.

Admira a las atletas Mónica Puig, tenista, y Elisa De Oracio, softbolista, ambas puertorriqueñas.

Reconocimientos:
1. 2014- se le dedicó la temporada de Béisbol Superior en Vega Baja, junto a Katiria Dávila.
2. 2 de agosto de 2015- homenaje familiar y comunitario en residencia de Michelle, por su desempeño en la Selección Nacional de Puerto Rico y en el Béisbol Panamericano de Toronto, Canadá.

Meléndez Nieves, Víctor Manuel "Vitín"

N. el 22 de octubre de 1931 en el barrio Fránquez de Morovis.
M. el 25 noviembre de 2016 en Hospital de Área en Manatí.
Peso: 165 lbs.   Estatura: 5' 7"
Lado dominante: derecho

Es el mayor de cuatro hijos del matrimonio compuesto por Eulogio Meléndez Alicea y Julia Nieves López, ambos de Morovis. Quedó huérfano a los ocho años y es traído por sus tías paternas a residir en la calle Baldorioty de Vega Baja. Ellas fueron las que se encargaron de la crianza de "Vitín" al fallecer su mamá. En Vega Baja estudió los tres niveles en el sistema educativo público y también se dedicó a la práctica del deporte, con participación en el béisbol (segunda base y campo corto), baloncesto (defensa), atletismo (tiro de la jabalina, salto con pértiga y eventos de velocidad).

En el 1952 ocurrieron dos eventos importantes en su vida: ingresó en el Servicio Militar de Estados Unidos, donde obtuvo el rango de Private First Class, y seis meses después se casó con María de Jesús Martínez Sepúlveda. Procrearon seis hijos, el mayor se murió al nacer, lo cual les causó a la familia una profunda tristeza. Luego nacieron Lizzie, Víctor Manuel "Jr", David Manuel, Rubén Enrique, y Maritza. Ellos le han dado 11 nietos y 18 biznietos. María falleció en el 2016.

Estudió en el Instituto Antilles de Río Piedras, en el cual logró el diploma de mecanografía y taquigrafía. Luego laboró durante 28 años en la Autoridad de Energía Eléctrica (antigua Fuentes Fluviales) en Vega Baja. Se acogió a la jubilación en el 1972.

Desde pequeño se interesó en los deportes, principalmente béisbol el cual practicó en las calles, en contra de la voluntad de los familiares, ya que consideraban ello como una pérdida de tiempo. En Vega Baja jugó Clase A en el equipo *Sobrino*, bajo la dirección de Luis Rosario. Luego compitió en la Doble A con *Arecibo*. Dejó de desempeñarse como jugador para dedicarse a dirigir, donde sobresalió más como dirigente que como jugador. Consideraba a los maestros en la dirección, a Luis Rosario, Julio Pabón, al Dr. José Manuel Portela, y a Ismael "Maelo" Collazo, entre las personas que le enseñaron las técnicas y estrategias en la dirección de equipos de béisbol. En Vega Baja, menciona a Omar Brull, quien le dió la oportunidad de dirigir en el béisbol Doble A para fines de la década del 60. Obtuvo un Subcampeonato de Puerto Rico para esa época y para los años 1971 y 1972, don Pedro Román Meléndez, apoderado de Manatí Doble A, lo contrató para dirigir su equipo. Logró en ambos el Campeonato Nacional. En el 1973 se trasladó a *Vega Baja* para dirigir el equipo Doble A, con el cual alcanzó el Campeonato Nacional. De esta manera estableció el récord de ser el primer dirigente de Puerto Rico en lograr tres campeonatos corridos; igualado por José "Chemane" Carradero con el equipo de *Yabucoa* de 1994-96.

"Vitín", además de dirigir en la Doble A, dirigió en la Confederación de la Liga Central de Béisbol Aficionado (COLICEBA), a los equipos de *Hatillo, Barceloneta, Ciales, Camuy, Vega Alta, San Sebastián, Corozal, Florida* y otros. Laboró con equipos Juveniles y Pequeñas Ligas. Tuvo la oportunidad de dirigir a muchos atletas profesionales, entre ellos, Eduardo "Volanta" Rodríguez, Edgard Martínez, José Lind, Luis Joaquín Quintana y muchos otros, que se beneficiaron de los conocimientos en el deporte de béisbol. Conocido como el "viejo zorro" por su astucia como dirigente.

En el nivel internacional asistió a Cuba con la Selección Nacional para participar de los Juegos Centroamericanos, Torneo Mundial en Nicaragua en el 1977 y al país de Venezuela.

Reconocimientos:

1971, 72-73, 78, 80- por su participación en Juegos de Estrellas
1971-72- equipo Doble A de Manatí, Campeón de Puerto Rico
1973- Torneo Mundial de Béisbol celebrado en Cuba
1977, 82- Dirigente del Año en la Sección Norte
1993- exaltado al Recinto de los Inmortales del Béisbol de P.R.
1996- exaltado al Salón de la Fama del Deporte de Vega Baja
        Pres. Federación de Béisbol de Puerto Rico, Sr. Osvaldo Gil Bosch
2015- exaltado su equipo Campeón del Béisbol Superior de Puerto Rico de 1973 al Salón de la Fama del Deporte de Vega Baja

"Vitín" consideraba a José Enrique Montalvo, Germán Pizarro, Jesús Díaz, Manuel "Manache" Hernández, Alberto Alicea y los hermanos Waldemar y Kermit Schmidt, entre los mejores árbitros de su época. Entre los mejores peloteros de su época seleccionó a Ignacio "Machuca" Ríos y José Enrique "El Premier" Marrero.

Integrantes Equipo Campeón de Béisbol de Vega Baja-1973:

+ Ramón Luis Nieves-receptor
Félix "Peladilla" Rivera-jardinero
José L. Rivera-lanzador
+Otilio Valle-1B, 3B y receptor
Edwin "Kiki" Molina-2B

David Martínez-lanzador
Tomás Santos-jardinero
Héctor Florán-lanzador
+Rafael "Felo" Vega 3B

Edwin "Cunín" López-JC

Héctor Rivera- lanzador

+ Antonio "Toñito" Vega-2B
David "El Gallo" Rodríguez-SS

Rafael Santiago-pz
Pedro J. "Yongo" Crespo-"coach" y jugador
+Bautista de la Cruz-apoderado
Áquedo García-entrenador
Pedro Resto-entrenador y receptor

Arturo Náter-anotador
+Julio Reyes-masajista
Santiago "Chago" Narváez-co-apoderado y encargado de la la propiedad

Luis A. "Vega Alta" Meléndez-P-J + Efraín "Piri" Valle-entrenador
                                  Benjamín Pagán-médico
René Rivera-2B   + Monserrate Concepción-masajista
Hiram "Machimbo" Hernández y Edgardo "Egui" López-mascotas

+= fallecido

Nieves Martínez, Ramón Luis

N. el 4 de diciembre de 1941 en barrio Ceiba (Sabana) de Vega Baja.
M. el 21 de diciembre de 2017 en el Hospital de Veteranos en San Juan.
Peso: 200 lbs.   Estatura: 6'
Lado dominante: derecho

Sus padres Eugenio "Geño" Nieves Santos, natural de Vega Alta y Maximina Martínez Ortíz, natural de Vega Baja. Ambos tuvieron a José Ángel, fallecido, y a Ramón Luis. Por parte de padre Ramón Luis tiene 15 hermanos.

Nieves estuvo casado con Lydia Pantoja Aguayo, con quien dio fruto a cinco hijos: Héctor Luis, Gloribel, Ramón Luis, Maximina y Lydia Esther. Varios de ellos compitieron en deportes. Uno de sus nietos Héctor Adrián Matta, estudió dos años en Graceland University de Iowa, en la posición de lanzador. En el 2017 jugó Doble A con Vega Baja. Ramón Luis y Lydia tienen un total de 18 nietos y 19 biznietos.

Desde pequeño Ramón Luis practicó el deporte de béisbol en las clases de Educación Física, en los patios y calles del vecindario, donde compartió con amigos. En forma organizada compitió con el equipo Sabana de Vega Baja bajo la dirección de Lino Allende. Contaba con 15 años para esa época. También participó con *Carmelita*, Clase B, a los 16 años, con José Manuel Pagán de dirigente. Luego jugó Clase A con Sabana, bajo la dirección de Arturo Cortez y Benjamín Pantoja. Contaba con tan solo 17 años cuando jugó Clase A.

Según su hijo Héctor, Ramón Luis estuvo radicado en Alemania cuando ingresó en el ejército de 1960-62. Participó en equipo de béisbol. Estuvo alrededor de 20 años en la Guardia Nacional y logró el rango de Sargento E 7.

Ramón Luis se inició en el béisbol Clase Doble A en el 1963 con Vega Baja y logró .402 de promedio en el que terminó #11 empatado, en el Béisbol Superior. Participó de forma ininterrumpida hasta el 1976 con Vega Baja, luego firmó con el equipo de *Manatí*, con quien jugó por espacio de cinco años. En el 1985 regresó a *Vega Baja* y jugó en las temporadas 85 y 86. No compitió en el béisbol en el 1987. En el 1988 actuó en calidad de jugador-dirigente con Utuado Doble A, el último año en que participó como jugador para un total de 23 temporadas.

Como atleta es uno de los pocos peloteros derechos en lograr

600 "hits" (606- #41 en la Liga hasta el 2013) y promedio de bateo sobre .300. Tiene el récord de haber conectado cuatro cuadrangulares en un juego de nueve entradas y logró esa hazaña en cuatro turnos consecutivos. Ese día bateó de 5-4 en fecha del 24 de mayo de 1981, cuando jugó con el equipo Doble A de *Manatí* en desafío contra Camuy, y a quien derrotaron 14 a 2. Los cuadrangulares se los conectó a cuatro lanzadores: Luis Rodríguez, José Juan Sigurani, Pedro Santos y Josué Colón.¿Constituirá un récord latinoamericano esta hazaña? Ramón Luis ejecutó algo no muy común al conectar siete dobles en un doble juego. De aquí que Omar Brull, apoderado del equipo Doble de *Vega Baja,* lo llamó "Mr. Double". Otro dato curioso fue el enfrentarse al lanzador Sigfredo "El Chuma" Alicea, quien le propinó cuatro ponches corridos a Ramón Luis y cuando ocupó el quinto turno al bate le dió el "hit" de oro para ganar el juego. Siempre se desempeñó en la receptoría y en la primera base con excelencia.

Tuvo excelentes dirigentes en el béisbol Doble A (Béisbol Superior), entre ellos, mencionó los siguientes: Omar Brull, Víctor "Vitín' Meléndez, José M. Portela, Luis "Canena" Márquez e Hiram Bausá. La experiencia que adquirió con estos dirigentes, además de la experiencia como jugador, le capacitaron para dirigir en el béisbol Doble A a *Vega Baja* y *Utuado*, y en la COLICEBA a *Ciales, Hatillo, Barceloneta* y *Toa Alta.* También dirigió otras categorías: Sandy Koufax, "American Congress", Pee Wee Reese, Clase A, Sub 21, Mickey Mantle, entre otras, con Vega Baja y Vega Alta. Fue entrenador y brindó clínicas a muchos jóvenes, varios de ellos lograron jugar profesional en Puerto Rico y en Estados Unidos.

Estadísticas más Importantes en el Béisbol Aficionado de Puerto Rico:

1965- Promedio de bateo de .394 (tercero en la liga)
   Carreras impulsadas-26 (tercero en la liga)
   Triples-seis (primero empatado con dos jugadores)
1967- Carreras anotadas-27 (sexto en la liga)
   Triples-cuatro (séptimo en la liga)
   Dobles-10 (primero, empatado con otro jugador)
1972- Promedio de bateo-.409 (octavo en la liga)
   Carreras impulsadas-28 (cuarto en la liga)
   Cuadrangulares-cinco (séptimo en la liga)
   Dobles-12 (segundo en la liga)
1974- Dobles-ocho (tercero, empatado con tres jugadores)

A nivel internacional Ramón Luis participó en la Selección Nacional de béisbol en las siguientes competencias:

103

1967- Juegos Panamericanos de Winnipeg, Canadá-tercer lugar
1968- Juegos Olímpicos de Verano-México (béisbol, deporte de exhibición)- tercer lugar
1969- Torneo Mundial en Santo Domingo, República Dominicana-tercer lugar.

Viajó a los países de Canadá, Estados Unidos, Venezuela, Colombia, República Dominicana, México y ciudades de Puerto Rico

El deporte de sóftbol fue otra disciplina en que compitió en el nivel Superior, participó con los equipos de Ciales y Bayamón, con destaque ofensivo. Recibió invitaciones para integrar la Selección Nacional de Sóftbol, de la Liga de Béisbol Profesional de Puerto Rico con Arecibo y Mayagüez, y de Grandes Ligas para jugar con los Yankees de Nueva York y los Rojos de Cincinnati. Rechazó las mismas.

A nivel local en Vega Baja participó varios años en la Liga de Sóftbol de Iglesias Cristianas junto a sus hijos Ramón Luis y Héctor Luis. Siempre que tuvo la oportunidad, compartió con los compañeros de juego sus experiencias y conocimientos dentro y fuera del campo deportivo.(vea fotos históricas).

Fanático del equipo de béisbol profesional de Grandes Ligas Yankees de Nueva York y los atletas Elston Howard y Joe D' Maggio. En el baloncesto profesional de la NBA, fue admirador de Michael Jordan y Scottie Pippen de los Bulls de Chicago. En el baloncesto de Puerto Rico fue seguidor de Ponce y los atletas Joe Hatton, Tomás "Guabina" Gutiérrez, Juan "Pachín" Vicens y el cinco veces olímpico Teófilo "Teo" Cruz Downs. En el boxeo fue admirador de Sixto Escobar, Benjamín "Mimí" Dávila Cátala (Vega Baja) y Félix "Tito" Trinidad.

Reconocimientos:
1. 1993-exaltado al Recinto de los Inmortales del Béisbol Aficionado de Puerto Rico. En ese mismo día se exaltó a Víctor "Vitín" Meléndez, ganador de tres Campeonatos Nacionales-dos con Manatí y uno con Vega Baja. Esta actividad se celebró en Cayey.
2. 1998- exaltado al Salón de la Fama del Deporte de Vega Baja
3. Se honró con su nombre uno de los tres parques que componen el "triple parque"- Área Recreativa de Tortuguero en Vega Baja.
4. 2015- exaltado el equipo de Béisbol Superior de Vega Baja de1973, Campeón de Puerto Rico, del cual fue uno de los integrantes.

¡Fue un excelente ser humano y gran amigo!

Pabón Rojas, Julio "Yíguiri"

N. el 12 de febrero de 1920 en Vega Baja.
M. el 25 de octubre de 2015 en Vega Baja.
Peso: 145 lbs.   Estatura: 5' 8"
Lado dominante: derecho

Julio era el mayor de cuatro hermanos, teniendo también a Pedro, Felipe y Elena, única viva. "Ché" se había casado con Edelmira Rojas Román en su primer matrimonio. Por parte de padre Julio tuvo 11 hermanos, de los cuales hay tres vivos: Arnaldo, Zulma y Emilio, de su segundo matrimonio con Mercedes Rodríguez. Todos eran naturales de Vega Baja.

Su apodo surgió de la canción de Daniel Santos "Tíbiri, Tábara", la cual Julio se pasaba tarareando y que al oirla o tararearla en forma corrida, parecía como si se dijera "Yíguiri". Esta información la proveyó su hija Margarita y dada por su tío materno Raúl Denis.

Julio se desempeñó durante varias décadas como porteador público. Durante la semana, por las tardes y los fines de semana se dedicó a la enseñanza del deporte de béisbol y sóftbol, a niños, jóvenes y adultos. Se ejercitaba con sus "estudiantes" a la vez que les enseñaba las técnicas deportivas. Siempre mantuvo una excelente condición física a pesar de su avanzada edad. Gran parte de sus clínicas las efectuó en el parque de las Parcelas Amadeo que lleva su nombre. Dirigió con excelencia las diferentes categorías en el béisbol:

1. "Pamper"
2. Coquí
3. Periquitos
4. Pre Sénior
5. Sénior
6. Doble A Juvenil
7. Roberto Clemente
8. Central Juvenil
9. Clase A
10. Doble A
11. Pre "Major"

Durante varios años dirigió el equipo de sóftbol de la Iglesia Alianza Cristiana y Misionera de Vega Baja, (de la cual fue miembro), con el que logró dos subcampeonatos.(vea fotos históricas).

Se inició en el béisbol a los nueve años en Cataño y luego en Vega Baja, en las posiciónes de campo corto y lanzador. Dentro de su repertorio como lanzador se especializó en el lanzamiento de la "bola submarina", el cual le ayudó a dominar jugadores de fuerte bateo, incluyendo profesionales. Se inició en el 1938 en la Doble A con Vega Baja y terminó su carrera deportiva (competencias) a la edad de 45 años.

Para la década del cuarenta se trasladó a Nueva York, por recomendación del pelotero y amigo Oto Ralat, quien le indicó que ingresara en la Marina Mercante. Aquí laboró desde el 7 de diciembre de 1941 hasta el 31 de diciembre de 1946. Regresó a Puerto Rico, donde trabajó de porteador público.

En su carrera deportiva en Puerto Rico logró victoria de 2 carreras a 1 en desafío celebrado en el 1944 contra el primer puertorriqueño en jugar en las Grandes Ligas, Hiram Bithorn Sosa. En ese mismo año blanqueó 7 a 0 al equipo *Naval Air Station*. El 8 de abril de 1945 lanzó un juego sin "hits" ni carreras contra Río Piedras, Universidad de Puerto Rico, con victoria de 5 a 0. También en el 1945 obtuvo el premio del Mejor Lanzador de Puerto Rico con récord de ocho victorias sin derrotas, y efectividad de 1.75, segundo en la Liga del Béisbol Superior. Vega Baja terminó con marca de 17 victorias y tan solo tres derrotas. Entre los años 43-45 fue integrante de dos selecciones nacionales que participaron en Venezuela y en Nueva York. Lanzó en el Yankee Stadium donde derrotó a Estados Unidos 2 a 1 y 3 a 2.

En el 1945 formó parte del equipo Campeón de Puerto Rico y de Vega Baja, que asistió a Nueva York, para jugar una serie de cinco partidos contra equipos estrellas de la Liga Atlética Policiaca. En uno de los desafíos blanqueó al equipo de Manhattan 6 a 0, tan solo permitió dos incogibles. Este juego tuvo lugar en el "Polo Grounds" de Nueva York, con alrededor de 4,000 fanáticos.

Por sus ejecutorias en el campo deportivo y por su calidad de ser humano recibió infinidad de reconocimientos, entre ellos, los siguientes: la Iglesia Alianza Cristiana y Misionera de Vega Baja, se honró con su nombre el parque de béisbol de Las Parcelas Amadeo en el 1984; fue exaltado al Pabellón de los Inmortales del Béisbol de Puerto Rico en el 1989, actividad que tuvo lugar en El Albergue Olímpico de Salinas; se exaltó al Salón de la Fama del Deporte de Vega Baja en el 1996, el Béisbol Doble A de Vega Baja, Pequeñas Ligas, y muchas otras organizaciones.

Según narran sus familiares, desde niño fue laborioso y ayudaba a su familia en el aspecto económico, vendiendo maní y brillando zapatos. Estuvo casado con Ermelinda Denis Pintor de Vega Baja, con quien procreó 13 hijos-siete varones y seis hijas. Su vida fue un ejemplo para emular tanto por niños, jóvenes y adultos, ya fuere en el plano deportivo y espiritual. ¡Fue un ser humano ejemplar!

Portela Berríos, José Emilio

N. el 29 de septiembre de 1989 en San Juan.
Peso: 175 lbs.   Estatura: 5' 11'
Lado dominante: derecho

Es el hijo mayor producto de la relación matrimonial entre José Manuel Portela Vales, natural de Mayagüez y Lesvia Berríos Antuña, natural de Ponce. Tiene también a su única hermana, Rocío Daniela, atleta del deporte de tenis.

Los estudios primarios y secundarios los efectuó en Dorado Academy, de primero a décimo grado. Posteriormente estudió los grados 11 y 12 en Estados Unidos.

Carrera Deportiva:
1995- se inició en el deporte de béisbol en la liga *American Congress* con el equipo *Barriada Sandín,* Vega Baja y con el dirigente Rafael "Rafy" Martínez.
1996- participó con el equipo *Cachorros* con el Sr. "Rafi" García.
1997-98- comenzó a jugar con el equipo *Diamond Back*, de Alturas de Vega Baja. Se destacó en la tercera base y lanzador
1998- conectó cuatro cuadrangulares en seis turnos.
1999- participó con el equipo campeón de *Vega Baja Diamond Back, Liga* American Congress. Campeón de Puerto Rico en la liga American Congress y el equipo de Hatillo, Puerto Rico, derrotó a Santa Juanita de Bayamón.
Participó en Torneo Mundial American Congress, celebrado en ciudades de Aurelia y Cherokee, Iowa-obtuvo el campeonato.
Campeones CABA-Continental Amateur Baseball Association.
Se escogió en selección de jugadores de Toa Baja, Vega Alta y Vega Baja con el equipo *Llaneros de Toa Baja*.
2000- logró Campeonato Mundial en Liga Willie Mays, celebrado en Mississippi.
2001-02- Se inició en la Liga Boys en Bayamón bajo el dirigente Luis Ávila. Se destacó en tercera base, lanzador, primera base y guardabosque central.
2002-lanzó juego perfecto ponchando 20 jugadores- Liga Caguas
2003-04- participó con *Titanes* en Liga Boys de Bayamón bajo el dirigente Luis Ávila y el apoderado "Manny" Siaca.
Reforzó al equipo de "Premier" Maldonado como lanzador, asistió con la Selección de Puerto Rico a la "USSS Baseball" en Kissimmie, Florida.
Viajó con Selección de Puerto Rico-Levittown y Bayamón a la USSS

Baseball, actuó como lanzador y guardabosque central.

2005- reforzó a la Selección de Puerto Rico con Bayamón, jugó como lanzador y guardabosque, en Broken Arrow, Oklahoma.

2005-06- fue reclutado por Montverde Academy en Clairmont, Florida. Estudió con beca deportiva y se graduó del nivel superior. Mantuvo promedio de 4.00 y fue seleccionado Student Preceptor por School Athletic Association.

2006- en otoño fue invitado para participar en el Honor Roll Baseball Camp de fin de semana en Júpiter, Florida. Participaron estudiantes con promedio de 3.80-4.00 puntos y bajo la dirección de destacados entrenadores de béisbol de la nación americana.

Participó con equipo *Correcaminos de Toa Alta,* viajó desde Florida para lanzar y obtuvo dos victorias.

2007- año sénior en Montverde Academy. Obtuvo el County Best 10-2 record, con efectividad de 2.09 en la temporada.

15 de mayo, llevó a *Montverde Eagles* a la final del campeonato con victoria de 11-5. En el mes de julio el periódico "Daily Commercial", en Orlando, Florida, le otorgó el premio "Daily Commercial Player of the Year", premio a la labor en el campeonato y fue el primero en recibirlo en la historia de Montverde.

Se seleccionó en el Primer Equipo de Estrellas de All Lake Sumpter Baseball.

Durante su graduación recibió el premio de Lanzador del Año y MVP del Año. Recibió ofertas de estudios en diferentes universidades de EE.UU.: Alabama A & M, Alcorn State, Virginia Tech University, USA Naval Academy, Delaware State University, Case Western University y otras. Seleccionó a Delaware State University, donde jugó béisbol en la División I en la NCAA con beca completa . Participó en las eliminatorias de los Campeonatos Nacionales de la NCAA en Daytona, Florida.

2009- firmó con los Vigilantes de Dorado en el Béisbol Superior AA de P.R. No participó debido a compromisos de estudios universitarios.

2010- en verano participó con los *Hornell Dodgers* en Canadá, y actuó en calidad de lanzador.

2011- terminó su carrera de béisbol colegial y se graduó de la Universidad de Delaware con Alto Honor con bachillerato en Biología y "minor" en Química.

2011-14- se aceptó en Palmer's School of Chiropractic, logró el grado de Doctor en Quiropráctica, en septiembre.

2014-15- trabajó de Quiropráctico en consultorio privado, por contrato.

2015- renunció al trabajo anterior para montar oficina privada de Doctor en Medicina Quiropráctica en Clermont, Florida.

2016- integró el equipo de sóftbol ("Slow Pitch"), de la ciudad de Clermont, Florida y participó en la tercera base y cuarto bate.

Quintana Santos, Luis Joaquín

N. el 25 de noviembre de 1949 en Vega Baja.

M. el 27 de julio de 2009 en Lake Park, Florida.

Peso: 175 lbs.   Estatura: 6' 2"

Lado dominante: izquierdo

Fueron sus padres Luis Quintana Tirado, natural de San Germán y Luz María Santos Maisonet, natural de Vega Baja, quienes procrearon a Joaquín y a Judith. Tiene cinco hermanos por parte de padre y dos hermanos maternos.

Luis tuvo tres matrimonios: en su primero con Griselle Aguyó tuvo a su hijo Luis Joaquín; en el segundo con Jannette Rodríguez procreó a John Luis y en el tercero se casó con Karen Mc Enroe, sin tener hijos.

Se graduó en el nivel elemental de la escuela José G. Padilla, de la intermedia Ángel Sandín Martínez y de la superior Lino Padrón Rivera, todas escuelas de Vega Baja. Desde niño se entusiasmó en los deportes de "pelota" y baloncesto, los que practicó con sus amigos en el Residencial Catoni, lugar se crió y en el antiguo parque Carlos Román Brull de Vega Baja. Una de las primeras personas que lo guió en el deporte fue Pedro Juan "Yongo" Crespo en el deporte de béisbol. "Yongo" lo dirigió en la organización deportiva de las Pequeñas Ligas. Otra persona que lo dirigió fue "Vitín" Meléndez, la persona que hizo cambiar a Joaquín de la posición de primera base a lanzador.

Cronología de eventos más importantes en la carrera deportiva:

1960-jugó en las Pequeñas Ligas en Vega Baja- primera base

1961-65-jugó Futuras Estrellas- primera base

1967-68- participó en el Torneo Béisbol Doble A y se seleccionó en 1968 para representar a Puerto Rico en torneo en México.

1969-participó en la Doble A con Vega Baja (lanzador), y luego se trasladó a vivir a Nueva York.

1970-participó en la Ligas Nacionales Unidas de béisbol con el equipo Tigres de Hatillo, lanzó juego sin "hits" ni carreras. Firmó con la organización Gigantes, San Francisco como agente libre el 15 de septiembre de 1970.

1971-miembro equipo Decatur, Midwest

1972-jugó con Anderson, Midwest

1973-participó con Fresno, California -F. Robinson lo recomendó

1974-miembro del equipo *El Paso, Texas,* y *Angelinos de California,* Liga Americana de las Grandes Ligas.

1975- Salt Lake, City-Liga Costa del Pacífico, donde firmó con org. de los Bravos de Atlanta y luego regresó con California, G.L.
1976- Integrante equipo Salt Lake City-en sorteo pasó org. Atlanta
1977- Syracuse, Illinois League, Clase AAA
Salt Lake, Pacific Coast League, Clase AAA
1978- El Paso, Texas League, Clase AA
Syracuse Illinois, Clase AAA
1979-Firmó organización Orioles, Bartimore (agente libre-28/12).
1980-Charlotte, South League, Clase AA
Denver, American, Clase AAA
1981- Denver, American, Clase AAA
1982- Wichita, American, Clase AAA
1983- Wichita, American, Clase AAA
Resumen: 40-39, G- P.; 4.10 CL (ERA-sigla en inglés)
En Grandes Ligas concluyó su carrera como lanzador con dos victorias y tres derrotas y promedio de efectividad de 5.03; 16 ponches en 19.2 entradas y participó en 22 juegos. En su repertorio incluyó los siguientes lanzamientos: curva, cambio, "slider" y lanzamiento rápido.

Aunque firmó con *San Francisco* (70), jugó en las Grandes Ligas con *Angelinos de California*. Debutó el 9 de julio de 1974, el segundo vegabajeño en alcanzar tal hazaña, el número 69 de todos los puertorriqueños, y hasta el presente, el único lanzador de Vega Baja. Su última participación en Grandes Ligas fue el 28 de julio de 1975.

Participó en la década del 70 en la Liga de Béisbol Invernal de Puerto Rico (hoy Liga Roberto Clemente), con los equipos de *Bayamón,*(1971); *Caguas*, (1972); *Santurce* (73); y *Mayagüez* (75).

En los Estados Unidos, mientras residió en Florida, trabajó en una fábrica de tapicería. Luego se casó y vivió en Iowa. Una vez se divorció, regresó nuevamente a Florida en el 1996, donde trabajó en la misma fábrica de tapicería, pero con sede en Fort Lauderdale, Florida. Luego de retirado del béisbol profesional, compitió en la liga máster de sóftbol (sobre 50 años), estilo "slow pitch". Perteneció al equipo *Clippers* y jugó en la primera base y bateador designado. Este equipo participó en desafíos celebrados en el estado de Florida, según indicó su hijo José Luis, radicado en el estado de Florida, Estados Unidos.

Joaquín falleció en el 2009, luego de sufrir un ataque masivo al corazón, mientras conducía su auto en Lake Park. Sus restos mortales se trajeron a Vega Baja, lugar donde se le dio cristiana sepultura.
Reconocimientos:
2003- se exaltó al Salón de la Fama del Deporte de Vega Baja.

Rivera Ríos, René

N. el 12 de enero de 1957 en Vega Baja
Peso: 170 lbs.   Estatura: 5' 7"
Lado dominante: derecho

Juan Rivera Pagán, de Orocovis y Agustina Ríos Morán, de Vega Alta, procrearon ocho hijos. René es el menor de todos. Juan conoció a Agustina en Vega Baja, cuando laboró en la Central San Vicente. René está casado con Ivette Collazo Díaz, quien es hija de don Jaime Collazo Bruno, fundador de las Pequeñas Ligas en Vega Baja. Ellos tienen dos hijos que son Melissa y René, y una nieta-Alanis Naomi.

René estudió en la escuela Manuel Negrón Collazo del primero al sexto; la intermedia en la Ángel Sandín Martínez y la superior en la Lino Padrón Rivera de Vega Baja. Aunque no participó en deportes en el nivel elemental, sí integró los "varsities" de béisbol, sóftbol y pista y campo en nivel intermedio y superior, con actuación destacada. Jugó en la segunda base y campo corto en el béisbol y el sóftbol

En el barrio Sabana de Vega Baja, lugar donde se crió, participó en deportes como miembro de la Liga Atlética Policiaca (LAP), bajo la dirección de Ángel M. "Cabo Luis" Sánchez. Compitió en béisbol y lo dirigió Arturo Náter. Se destacó en el campo corto, a la corta edad de 14 años. Su equipo ganó el campeonato y René resultó el Campeón Bate. Compitió en el torneo Clase B municipal con Sabana y obtuvo el campeonato; el dirigente lo fue Primitivo Santos y el apoderado Miguel Martínez. Se desempeñó en la segunda base.

El señor Santiago "Chago" Narváez, recomendó a René para jugar *Babe Ruth* en Bayamón a los 14 años, con actuación en el campo corto. Obtuvo el Campeonato de Bateo en esa liga en el 1971. Integró la selección Babe Ruth" que compitió en Rhode Island, Nueva York, y jugó en la segunda base. Los dirigió el Lic. Alfredo Toro. Luego asistió a Pine Bluff, Arkansas, sede del Torneo Mundial de 1972, en el cual alcanzó el cuarto lugar. En ese mismo año participó en torneo Clase A con Sabana, Campeón de Puerto Rico. Este equipo lo dirigió Ramón Luis Nieves y Benjamín Pantoja, fallecidos; y el apoderado lo fue Ambrosio Martínez. René actuó en en la segunda base. En el 1973 firmó con *Vega Baja* Doble A que logró el Campeonato de Puerto Rico, y segundo campeonato de Vega Baja a nivel nacional. "Vitín" Meléndez fue el dirigente. Vega Baja asistió en ese mismo año al torneo cuadrangular en Venezuela, terminó en segundo lugar.

René no pudo asistir a esta competencia. En el 1973 participó del torneo Legión Americana (hasta 18 años) con el equipo de Vega Alta, con el que adquirió el Subcampeonato de Puerto Rico. Nuevamente compitió en la Legión Americana en el 1974 (jugó los sábados) con el equipo Las Lomas de Puerto Nuevo del Puesto 146. Este equipo resultó ganador a nivel de Puerto Rico y posteriormente viajó a Florida para participar de la competencia regional, la cual ganaron y tener el derecho de asistir al Torneo Mundial a celebrarse en Oregon, Estados Unidos. Compitieron en este torneo con éxito al ganar el campeonato y René jugó como "utility". En el 1975 participó con Vega Baja en el equipo Doble A, al igual que en el 1976, pero esta vez logró el Subcampeonato de Puerto Rico. Continuó su participación con Vega Baja hasta el año 1984, cuando se retiró como jugador.

Es importante señalar que participó en la COLICEBA con los equipos de *Ciales* (74-75), *Vega Baja* (76), *Toa Baja* (78) y Campeón de Puerto Rico.

René fue miembro de la Selección Nacional de Béisbol en el 1978, la cual asistió a los Juegos Centroamericanos y del Caribe en Medellín, Colombia. Se logró una presea de bronce y actuó en calidad de "utility". De 1984-86 se destacó en la labor de dirigente del equipo de *Sabana* Clase A . Trabajó como entrenador del equipo Doble A de *Vega Baja*.

Otro deporte que participó a nivel adulto fue el sóftbol industrial en el cual compitió de 1976 al 81 con Motorola Telcarro de Vega Baja y que ganó el campeonato en el 1980, estilo modificado. Con esta compañía trabajó por espacio de 22 ½ años y con la Industria "Bag Plast " de Cataño, durante 13 años.

René desea expresar agradecimiento especial al señor Miguel "Guelo" Martínez, líder recreativo en Vega Baja, quien fue el apoyo espiritual al perder René su mamá y por ser parte integrante de su destacada carrera deportiva .
Reconocimientos:
1. La comunidad de Sabana
2. Municipio de Vega Baja y su alcalde Luis Meléndez Cano
3. Compañía Motorola en Vega Baja
4. 1971-por parte del señor Miguel Ángel "Cabo Luis" Sánchez, director torneo "Futuras Estrellas" de Vega Baja. René obtuvo Campeonato de Bateo y el Campeonato de Puerto Rico.
5. 2015- su equipo de Vega Baja y Campeón de Puerto Rico en el 1973, fue exaltado al Salón de la Fama del Deporte de Vega Baja.
6. En el 2004 se exaltó al Salón de la Fama del Deporte de Vega Baja.

Rodríguez Otero, David "El Gallo"

N. el 20 de julio de 1954 en Manhattan, Nueva York.

Peso: 200 lbs.   Estatura: 5' 8"

Lado dominante: derecho

Don Julio Rodríguez Martínez se casó con María Rosa "Rocín" Otero Rosa, ambos naturales de Vega Baja, tuvieron a David, Julio y Belén María. Olga Onid Olivieri es hermana de parte de madre.

Aunque David nació en Nueva York, su crianza transcurrió en el Residencial Catoni de Vega Baja. Estudió en la escuela elemental José G. Padilla, en la intermedia urbana Ángel Sandín Martínez y en la superior Lino Padrón Rivera. Tuvo a los siguientes profesores de Educación Física : José M. Sanabria, Manuel Vélez-Ithier, fallecido, y Abraham Ramírez. En los tres niveles participó en los "Field Days"- atletismo; y en los "varsities" de volibol, baloncesto y béisbol.

En la comunidad a la edad de ocho años se inició en el deporte de béisbol en la organización de las Pequeñas Ligas, en la liga de los Boricuitas, Futuras Estrellas, Clase B, Clase A, Doble A, COLICEBA y finalmente en la Selección Nacional. Tuvo excelentes dirigentes los cuales refinaron sus habilidades naturales y de los cuales David está agradecido. Entre los dirigentes se pueden mencionar los siguientes: Miguel Ángel "Cabo Luis" Sánchez, Pedro Juan "Yongo" Crespo, "Vitín" Meléndez, Carlos Pantoja , "Tony" Valentín, "Chago" Meléndez, Carmelo Meléndez, Julio Pabón y muchos otros.

David jugó en el Béisbol Doble A de1972 a 1992. En esos 20 años integró el equipo Doble A de *Vega Baja,* el cual se proclamó Campeón de Puerto Rico en el 1973. En este año David terminó tercero en la Liga al recibir 22 bases por bolas. Fue durante varios años integrante de la Selección Nacional, en las posiciones de campo corto y segunda base. Participó en la Liga COLICEBA con los equipos de *Ciales* y *Barceloneta*, con este último logró tres Campeonatos Nacionales En la COLICEBA participó durante 10 años. Durante su carrera deportiva fue seleccionado en 10 Juegos de Estrellas en el Béisbol Doble A con actuación sobresaliente defensivamente como en la ofensiva.

Representó a Puerto Rico en actividades deportivas en Nueva York, República Dominicana, Colombia, Venezuela y en Puerto Rico. En el 1976 en Torneo Mundial de Béisbol, celebrado en Colombia, logró presea de plata. En el 1978 en los Juegos Centroamericanos y del Caribe consiguió medalla de bronce. Cuando participó en los VIII Juegos Panamericanos de San Juan en el 1979, es recordado como "El Gallo cantó en el Loubriel". Esto rememora la gran hazaña de David, al conectar un cuadrangular con las bases llenas para derrotar a Estados Unidos 4 a 2 y así Puerto Rico obtuvo la medalla de bronce. Este hecho es la labor deportiva más sobresaliente ejecutada por David en su historial como pelotero, según indicó en entrevista.

"El Gallo", reconoce la labor hecha por el señor José "Cheo" Carrasquillo y su esposa Rosarito Maldonado, en su programa radial "Estrellas del Pasado", la de jugadores, entrenadores, dirigentes, apoderados y otro personal relacionado con el deporte de béisbol en Puerto Rico. Reconoce al señor Víctor Suárez, fanático del Béisbol Doble A y del equipo de Vega Baja, el cual le consiguió solicitud de trabajo para la fábrica Up John de Barceloneta, en la que laboró durante muchos años. A todos ellos les está muy agradecido por su destaque deportivo y laboral.

Entre los atletas que más admira están: Roberto Clemente, Iván "Pudge" Rodríguez, Juan "Igor" González, Rafael "Felito" Vega, "Tony" Valentín y Sandalio Quiñones.

David está casado con Lourdes Rodríguez Meléndez, quienes engendraron a Mayté Isela, Mariel Gisela y David Joel. Estos le han regalado seis nietos.

Su apodo de "El Gallo" surge del peinado que le hizo su mamá al usar brillantina Alka y al compartir con los demás compañeros de juego en el Residencial Catoni , estos le indicaron que parecía "un gallo".

Estadísticas de por vida en el Béisbol Doble A:

VB	Hits	Anotadas	Empujadas	Bases Robadas	HR	Prom.
1214	370	277	184	82	13	.305

Reconocimientos:
1. 1980-81- Graduación de Cuarto Año de la escuela Lino Padrón Rivera de Vega Baja
2. El viernes, 6 de mayo de 1990- se le dedicó juego durante la temporada de Béisbol Doble A.
3. 1997- exaltado al Recinto de los Inmortales del Béisbol Aficionado de Puerto Rico. Esta actividad se celebró en Camuy.
4. 1998-exaltado al Salón de la Fama del Deporte de Vega Baja
5. 2015-exaltado el Equipo Campeón de Puerto Rico del Béisbol Superior (1973) de Vega Baja, al Salón de la Fama del Deporte de Vega Baja.

6.2016-se retiró el uniforme #19 usado por David con Barceloneta en la COLICEBA y Vega Baja en la Doble A. Le dedicaron la inauguración de las temporadas del béisbol

7. Placas otorgadas por la Compañía "Up John" de Barceloneta donde laboró cerca de 29 años

8. Premio de MVP en la COLICEBA

Nota: David es primo hermano de Iván "Pudge" Rodríguez.

Rodríguez Torres, Iván "Pudge," "I Rod"

N. el 30 de noviembre de 1971 en Manatí, Puerto Rico.
Peso: 205 lbs.   Estatura: 5' 9"
Lado dominante: derecho

Son sus padres Josean Antonio Rodríguez y Eva Torres Avilés, naturales de Vega Baja. Iván tiene a su hermano Josean, destacado pelotero.

Aunque Iván nació en Manatí, se crió en el pueblo de Vega Baja. Desde niño sobresalió en los deportes. Participó en las Pequeñas Ligas donde actuó como lanzador. Se inició en las Parcelas Amadeo bajo la dirección de Julio Pabón. Como lanzador se enfrentó en las Pequeñas Ligas en duelo con Juan "Igor" González. Compitió en la Liga Pampers de la urbanización Alturas de Vega Baja y en la Liga Coquí, campeón y compañero de Richie Otero, quien fue jugador de las Grandes Ligas. A los siete años lo dirigió Ariel Ruíz, hermano de Edgar. Este lo utilizó en la receptoría por temor a darle un pelotazo a otro jugador, pues tiraba muy duro. José Ruíz era el presidente Liga Preparatoria en que jugó Iván. Edgar aconsejó a Iván, le prestó su trocha y le dió prácticas. El papá de Iván, quien tuvo la oportunidad de dirigirlo, le había recomendado que cambiara a la posición de receptor.

A nivel escolar tuvo gran destaque desde el nivel elemental en los equipos "varsities" en los deportes de baloncesto y béisbol en la escuela José G. Padilla y bajo la dirección del Prof. José Rosado. En la escuela Ángel Sandín Martínez, nivel intermedio, fue miembro del equipo "varsity" de béisbol con actuación destacada. En la escuela superior Lino Padrón Rivera se desempeñó en la receptoría nuevamente, en los "varsities" de béisbol y sóftbol. Lo dirigió el Prof. Carlos Pantoja.

El 27 de julio de 1988, luego que se graduó de la escuela superior, fue firmado agente libre y jugador profesional por el escucha Luis Rosa, para jugar con la organización de los *Texas Rangers,* equipo de la Liga Americana de las Grandes Ligas. En el 1989 jugó con *Gastonia,* Liga del Atlántico Sur y en el 1990 con *Charlotte,* Clase A en la Florida State League. En el 1991 participó en Clase AA con *Tulsa Drillers* y en el 1992 fue ascendido por primera vez al equipo de los *Texas Rangers* como receptor, y se convirtió en el quinto vegabajeño en jugar en las Grandes Ligas y segundo receptor; el primero fue Héctor Valle en el 1965 con los *Dodgers de los Ángeles,* Liga Nacional.

Una vez ingresó en las Grandes Ligas, se destacó defensivamente en la receptoría, entre los primeros en la Liga en fildeo y asistencias, esto fue en aumento con el pasar de los años. Estuvo entre los mejores en estadísticas de "put outs", retirados en intento de robos, y otras estadísticas, catalogado como el mejor receptor defensivo de todos los tiempos. Su bateo fue en ascenso también, según adquirió experiencia y madurez, así lo demuestran las estadísticas de por vida. Posiblemente su mejor año ofensivo en las Grandes Ligas fue el de 1999, cuando conectó 35 cuadrangulares, 29 dobles, empujó 113 carreras, "slugging" de .558, porcentaje de embase OBP-(sigla en inglés) de .383, porcentaje de embase más "slugging" OPS-(sigla en inglés) de .914, 199 "hits", 116 carreras anotadas, 25 bases robadas, y promedio de bateo de .332 en 144 juegos. Otra estadística que refuerza lo antes expresado es que obtuvo siete Bates de Plata en su carrera, indicativo de que fue el mejor bateador de la Liga Americana de todos los receptores en siete diferentes años y de un total de 21 temporadas jugadas. Como si eso fuera poco, participó en un total de 14 Juegos de Estrellas, ganó el Trofeo del Jugador Más Valioso (MVP-sigla en inglés) en el año de 1999.

Como datos curiosos, se puede señalar que en sus primeros 18 juegos en las Grandes Ligas conectó 24 "hits" e impulsó nueve carreras en su año de Novato, comparando positivamente con los mejores peloteros puertorriqueños. En los que tuvo rachas negativas, en su año de novato, Iván fue el de más bajo desempeño al conectar un sólo "hit" en 22 turnos al bate, durante el periodo del 17 al 24 de agosto de 1991 con el equipo de *Texas.* Estos datos compilados por Jossie Alvarado en Zona Sports. (Vea referencia bibliográfica).

Ofensivamente es importante señalar que concluyó su carrera en el béisbol en varios departamentos, entre los mejores de todos los receptores: octavo en promedio de bateo, #1 en juegos jugados, #1 en total de "hits" conectados, #1 en dobles, #7 en cuadrangulares, #5 en carreras impulsadas, #9 en "slugging", #1 en turnos al bate y #6 en promedio de bateo de por vida, entre todos los 10 mejores receptores de todos los tiempos.

En resumen: Iván participó mayormente en la posición de receptor en las Grandes Ligas, jugó ocho juegos en la primera base y actuó de bateador designado (DH) en 41 juegos. Entre todos los receptores de Grandes Ligas es el jugador con más juegos jugados con 2,543 y en su posición de receptor con 2,427; el que más "put outs" propinó con 14,864, el que más Guantes de Oro recibió en su posición con 13. Es el único receptor que conectó 30 o más cuadrangulares y 30 o más bases robadas en una temporada (1999). Recibió 7 Bates de Plata en la posición de receptor, segundo detrás de Mike Piazza con 10. Entre todos los puertorriqueños que han estado en Grandes Ligas es el que más Guantes de Oro ha recibido con 13; Clemente recibió 12 como jardinero. Está en primer lugar en dobles conectados con 575. Es el segundo en "hits" conectados con 2,844 de por vida, detrás de Roberto Clemente con 3,000 y total de bases con 4,451. Ocupa el quinto lugar en HR con 311, en RBI con 1,332 y carreras anotadas con 1,354. Estas estadísticas compiladas hasta el año de 2014.

Defensivamente figura entre los mejores receptores de todos los tiempos. Estadísticas del 46% de jugadores retirados en intento de robo, de por vida es el #1. Este departamento lo ganó en ocho ocasiones y en ocho ocasiones retiró sobre un 50% en intento de robo. En una ocasión se le cronometró una velocidad de 91 MPH en sus lances a las bases.

Iván es el segundo receptor más joven en firmar en las Grandes Ligas y el más joven en participar en un Juego de Estrellas. En el 1991 se convirtió en el quinto vegabajeño en jugar en las Grandes Ligas y el número 160 de todos los puertorriqueños.

En Puerto Rico participó con los siguientes equipos de la liga invernal- Liga de Béisbol Profesional Roberto Clemente: *Caguas*-1999 y 2009. Fue parte de los equipos de Puerto Rico que participaron en el Clásico Mundial de Béisbol, celebrado en Puerto Rico en el 2006 y el 2009. Fue seleccionado en el Equipo Todos Estrellas del torneo en la posición de receptor en el 2006.

En su labor comunitaria ha dado clínicas de béisbol en Estados Unidos, Puerto Rico y otros países. Visita hospitales y lugares donde hay niños y personas con enfermedades y necesidades especiales, sitios con desastres naturales como terremotos, inundaciones, aportando donativos económicos. En el 1995 fundó la organización de ayuda comunitaria *Iván Rodríguez Foundation,* dedicada a ayudar a niños con cáncer en Dallas, Texas y en Puerto Rico.

En el 2015, durante el mes de julio, asistió a Taiwan, por invitación de la Liga de Béisbol Profesional y participó en una competencia de cuadrangulares o "Homerun Derby".

Admirador de los siguientes atletas: Roberto Clemente , Johnny Bench y Nolan Ryan en béisbol; Michael Jordan en baloncesto; Juan "Chichí" Rodríguez, en "golf"; Michael Shoemaker y John Force, en automovilismo.

Reconocimientos: (más importantes)

1. Municipio de Vega Baja hizo reconocimiento en la Plaza Pública a Iván y Juan González en la década de los 90
2. 1998 - premio Roberto Clemente, entregado en Grandes Ligas por su labor destacada en el campo de juego y en la comunidad
3. 1999- MVP de la Liga Americana
4. 2003- MVP "National League Championship Series "(NLCS)
5. 2004- se le dedicó temporada de béisbol Doble A
6. 26 de octubre de 2005- durante celebración Serie Mundial de las Grandes Ligas se le dedicó homenaje a las Leyendas Latinas
7. Aparece en libro biográfico - "Latino and African American Athletes Today-Biographical Dictionary" by David L. Porter
8. Seleccionado entre los 10 Mejores Jugadores de Todos los Tiempos de Puerto Rico
9. 2012- seleccionado entre los 12 Mejores Peloteros Latinos de todos los tiempos
10. 2013- exaltado al Salón de la Fama del Deporte de Vega Baja. Exaltado al Salón de la Fama de los Texas Rangers.
11. Posee el récord compartido con Carlos Baerga, del pelotero puertorriqueño que en más estadios de Grandes Ligas ha jugado con un total de 45; la marca de un latinoamericano la tiene Sammy Sosa (República Dominicana) con 48 y la de Grandes Ligas la posee Gary Sheffield con 51.
12. El parque Ballpark de Arlington, Texas, sede de los Texas Rangers, tienen museo de memorabilia de Iván Rodríguez y Juan González.
13. 30 de julio de 2017- exaltado al Salón de la Fama del Béisbol en Cooperstown, Nueva York, el cuarto puertorriqueño y primer vegabajeño en ser exaltado. Se seleccionó en su primer año de elegibilidad por la Asociación de Escritores Deportivos del Béisbol de América, la cual le otorgó 76% de los votos. Otros que fueron exaltados: Tim Raines, Jeff Bagwell, Bud Selig y John Schuerholz.
14. Legislatura de Puerto Rico y Gobierno Municipal de Vega Baja, entre ellos, mural de los atletas más destacados de Vega Baja.
15. 26 de febrero de 2017-le dedicaron el *World Best 10 k,* San Juan.

16. El 12 de agosto de 2017- se retiró el número siete (7) de su uniforme, y en Arlington, Texas, se le dedicó una semana a "Pudge"

17. 2018-se le dedicó torneo de la Liga de Béisbol Profesional Roberto Clemente (Puerto Rico).

Se han efectuado escritos deportivos en periódicos, revistas y se han hecho grabaciones en vídeos sobre sus ejecutorias en la posición de receptor. Se ha producido una cantidad de tarjetas de béisbol y otro tipo de memorabilia sobre Iván en el deporte de béisbol. Ha sido invitado especial en diferentes actividades deportivas, cívicas, sociales y culturales, representando al deporte puertorriqueño.

Nota: su hijo Derek ingresó en las Grandes Ligas con el equipo Gigantes de San Francisco, como lanzador en el 2018.

Rosario Molina, Luis

N. el 29 de septiembre de 1929 en Río Abajo, Vega Baja.
M. el 5 de noviembre de 1999 en Hospital Hermanos Meléndez, Bayamón.
Peso: 190 lbs.   Estatura: 6'
Lado dominante: derecho

Don Rogelio Rosario Dávila "Yeyo", natural de Vega Baja, se casó con Elisa Martínez Crespo, natural del barrio Maricao de Vega Alta. Ellos tuvieron 12 hijos, Luis era el menor de todos, que incluían ocho varones y cuatro mujeres. Don "Yeyo" trabajó muchos años como carpintero y capataz en la Central San Vicente de Vega Baja.

Luis estuvo casado con Buenaventura "Turin" Ferrer Pabón, natural de Vega Baja y fallecida en el 2016. Procrearon dos hijos: Luis Antonio y Luz Magali. Ángel M. Ortíz Ferrer es producto del primer matrimonio de "Turin".

Según narró su hermano Froilán "Cha Chá", quien era cinco años mayor que Luis, estudió en una escuela elemental de Río Abajo, desaparecida. Luego pasó a la escuela superior Lino Padrón Rivera, donde integró el equipo "varsity" de béisbol bajo la dirección de Juan Ramón "Nonón" Casanova, maestro de Educación Física.

Desde pequeño empezó a jugar "pelota" de campo y ayudó en el mantenimiento del terreno del parque del sector La Aldea, en el barrio Río Abajo, junto a sus amigos y vecinos.

A los 14 años se inició en las Futuras Estrellas con el equipo del barrio *Sabana*, donde se convirtió en buen bateador. Fue el cuarto bate del equipo *Silver River* que era el mejor equipo Clase A de la zona norte de Puerto Rico. Fue parte de todos los equipos Clase A en Vega Baja: *San Vicente, Silver River* y *Vega Baja Star,* equipos con los que jugó hasta el 1953. El *Silver River* lo dirigió el exjugador Doble A (natural de Ponce) y jugador de Vega Baja, Oto Ralat. "Ché" Pabón, padre del lanzador Julio, era el apoderado del *Silver River.* En el 1954 jugó con el equipo Doble A de *Bayamón* debido a discrepancias con la dirección del equipo de *Vega Baja*, por la poca participación que recibió. En *Bayamón* obtuvo el título de Subcampeón de Bateo de Puerto Rico. En el 1955, cuando el señor Jaime Collazo consiguió la franquicia Doble A para *Vega Baja,* reclutó nuevamente a Luis en su equipo. Participó con *Vega Baja* hasta el año de 1957, siempre jugó en el jardín izquierdo y cuarto bate.

Pasó a jugar Doble A con *Arecibo* en el 1958, actuó como jugador-dirigente y usó como entrenador a Julio Pabón Rojas. En el 1959 el señor Paulino "Palín" Concepción, apoderado de Vega Baja, lo designó dirigente de su equipo y en ocasiones actuó como bateador emergente. Integraban este equipo el adiestrador Ismael "Maelo" Collazo y Antonio "Toñito El Mero" Hernández, como anotador oficial. Todos ellos lograron organizar un equipo de jóvenes con varios veteranos y ese mismo año se inauguró la Copa Sheaffers en Nueva York; *Vega Baja* participó. Logró el título de campeón y bajo la dirección de Luis Rosario. Concluyó su carrera de dirigente en el 1964. Se mudó a Bayamón donde falleció.

Narró su hermano "Cha Chá",(fallecido en 2016), que en una ocasión en desafío de la Liga Doble A, celebrado en Utuado, bateó una línea que dio contra la pared del jardín izquierdo que estaba alrededor de 500 pies del plato. Indicó que en su primer doble juego en la Doble A, conectó seis dobles, hazaña que no se ve con frecuencia e indicativo del poder ofensivo que poseía. Es notable señalar que Luis y su hermano Froilán, tuvieron el privilegio de jugar en un mismo equipo con Vega Baja Doble A y en ocasiones Froilán lanzó y Luis jugó en el jardín izquierdo.

Otros jugadores que se mencionan entre los peloteros vegabajeños de gran poder, similares a Luis, fueron Antonio Hernández Costoso (conocido como "Nazario" y "camello"), cuarto bate y jardinero; y a Otilio Valle, quien jugó en la tercera y primera base, receptor y jardinero. Es hermano de Héctor José Valle, primer jugador de las Grandes Ligas y natural de Vega Baja.

Mientras residió en Vega Baja, Luis trabajó como supervisor en la fábrica de losa Caribe China, y en Bayamón también laboró en otra fábrica.

Integrantes del equipo de béisbol Campeón de P.R. en el 1959:
1. Lucio Marrero   11. Julio "El Eléctrico" Ortíz
2. Jorge Clemente París   12. Francisco Couvertier Oquendo
3. Acasio "Tito" Cruz Claudio   13. Ignasio "Chamaco" Ríos
4. Hipólito Santos Clemente   14. Jorge Luis López
5. Iglán Dávila   15. Águedo García García
6. Esteban Ocasio   16. Caroly Bishop Colón
7. Héctor José Valle   17. Luis Rosario-dirigente
8. Julio Sotero Quíles   18. Ismael Collazo-entrenador
9. Carmelo Martínez   19. Miguel A. Concepción-apoderado
                            20.José R. "Moncho" Cano-coapoderado

Reconocimientos:
1. 2000- dirigente del equipo del 59, Campeón del Béisbol Superior de Puerto Rico y Campeón de las Ligas Hispanas de Nueva York. Exaltado el equipo al Salón de la Fama del Deporte de Vega Baja.
2. 2000- exaltado póstumamente al Salón de la Fama del Deporte de Vega Baja.

Ruíz Montañez, Edgardo "Edgar"

N. el 7 de enero de 1956 en Vega Baja.
Peso: 175 lbs.   Estatura: 5' 9"
Lado dominante: derecho

     Sus padres naturales de Vega Baja, Abraham Ruíz Santiago y Luz Celenia Montañez Sostre tuvieron 10 hijos, ocho varones y dos mujeres; "Edgar" es el cuarto. Está casado con Nilda Luz Pérez González, natural de Morovis y dando fruto a tres hijos: Edgar José, Danny Edgar y David Edgar. Estos a su vez le han dado cuatro nietos: Edgar Daniel, Yarielys, David y Darilys.

     Durante la niñez participó en "pelota" con sus vecinos y amigos. Estudió en la escuela elemental Manuel Martínez Dávila del barrio Pugnado Afuera de Vega Baja. Aquí no participó formalmente en deportes. En el nivel intermedio, bajo la dirección del profesor Manuel Vélez Ithier, formó parte del "varsity" en béisbol y sóftbol. Se desempeñó en la segunda base y lanzador de sóftbol, obtuvo un Subcampeonato de las Escuelas Públicas de Puerto Rico. En el nivel superior integró el equipo "varsity" de béisbol (1973), Subcampeón de Puerto Rico y

Campeón Bate, bajo la dirección del profesor Jorge Adrover Rodríguez. Fue miembro del equipo "varsity" de sóftbol.

En el 1973 su equipo de Vega Baja, Liga Roberto Clemente, resultó Campeón de Puerto Rico. Este equipo lo dirigió el señor Alfredo Narváez Lozano, quien sustituyó al señor Eufemio Marrero Rolón; los entrenadores fueron Julio Pabón Rojas, Félix Santos Valle, y Julio Reyes fue el apoderado. Luego este equipo viajó a República Dominicana para un intercambio.

Participación en el béisbol:

1. Doble A- con Vega Baja participó 22 años corridos, un año con Florida, y un año con Vega Alta. Se desempeñó en la receptoría durante esos 24 años. Actuó como lanzador en 1 y 2/3 de entradas contra Manatí en un desafío donde no permitió carreras. Esto ocurrió en la temporada de 1975.

2. En la COLICEBA- participó con Barceloneta 22 temporadas y dos con Corozal, jugó siempre en la receptoría. En el 1976 fue Subcampeón de Bateo con *Vega Baja* y promedio de .462. En total logró seis campeonatos y participó en cuatro Juegos de Estrellas.

"Edgar" es el único pelotero vegabajeño en ganar cuatro anillos de campeonato en los años 2004, 2005, 2006 y 2018, en la liga de béisbol máster Mens Senior Baseball League o Mens Adult Baseball League. De los tres campeonatos dos fueron con el equipo *Santurce Eagles* de Puerto Rico y uno con *Boston New England*, categoría 48 años y mayores. Actuó en calidad de receptor.

Además de jugador, dirigió en el Béisbol AA a *Vega Baja* y en las Pequeñas Ligas. Trabajó como árbitro en las Pequeñas Ligas, "Baseball Congress" y torneos de sóftbol. En este último deporte compitió en la Liga Julio Pabón y se destacó en la posición de lanzador.

Todavía se mantiene activo impartiendo clínicas de béisbol y sóftbol a jóvenes y adultos.

Considera a Otilio Valle, "Felito" Vega, David "El Gallo" Rodríguez, Ramón Luis Nieves, de Vega Baja; Benjamín Molina, Edwin "Cunín" López, Jesús Feliciano, Raúl "El Rolo" Colón y Sandalio Quiñonez, entre los mejores jugadores de su época. Entre los árbitros, considera destacados a Manuel "Manache" Hernández, José Enrique Montalvo, Ramón L. Nieves, de Toa Baja; y Kermith Schmidt.

En el 2008 se retiró de la compañía Ford Motor Credit en Metro

Oficce Park, Guaynabo, luego que trabajó durante 20 años y medio.

En el 2014 se mudó a Florida, Estados Unidos junto a su familia y regresó nuevamente a Vega Baja en el 2015.

Durante los meses de septiembre y octubre de 2016, participó de dos torneos máster de la "Mens Senior Baseball League"(Selección Nacional de Puerto Rico). En la categoría 55 años logró el campeonato y bateó .400. Recibió un abrigo cada jugador. En la categoría 50 años logró un tercer lugar y bateó .400. El destacado jugador Carlos "Tolán" Avilés Tirado, natural de Vega Baja y exjugador Doble A, participó en calidad de lanzador. Este torneo se celebró en Clear Water, Tampa, Florida, de octubre a noviembre de 2016. En el 2018 en Fort Lauderdale, Florida, EE.UU., logró su cuarta sortija de campeón (55 años) en la liga máster MSBL.

Reconocimientos:
1. Recibió varias medallas, trofeos y certificados como jugador.
2. El 22 de abril de 1990- se le dedicó el juego de Béisbol Doble A en el parque Carlos Román Brull de Vega Baja.
3. 12 de diciembre de 2016- se instaló en el Salón de la Fama del Deporte de Vega Baja.

Soler Ruíz, Manuel "Neco"

N. el 18 de julio de 1929 en Los Naranjos, Vega Baja
M. el 21 de enero de 2014 en Vega Baja.
Peso: 180 lbs.   Estatura: 5' 8"

El señor Encarnación Soler Muriel y la señora Paula Ruíz Barroso, ambos de Vega Baja, se casaron y procrearon cinco hijos; Manuel, era de los mayores. Tiene tres hermanos de parte de padre al casarse don Encarnación con Aida Rosario Santos, natural de Vega Baja.

Manuel se crió en una finca sembrada de caña que perteneció a su familia en el sector Los Naranjos. En sus grados escolares primarios estudió en la escuela José De Diego (Las Lisas) y cercana a su residencia. Se desconoce si estudió en el nivel superior.

Desde niño, probablemente adquirió unas destrezas deportivas que le facilitaron el poder jugar béisbol en las categorías Clase A, Doble A con Vega Baja y posteriormente profesional. Según narró un sobrino de "Neco", la madre firmó la autorización para jugar profesional. Al señalársele que era para jugar fuera de Puerto Rico, denegó la autorización. En el 1959 firmó profesional con el equipo de los Leones de Ponce y estableció la hazaña de ser el primer vegabajeño en participar en la Liga de Béisbol Profesional Invernal de Puerto Rico. Actuó brevemente en la liga en calidad de lanzador relevista.

En el 1960 se mudó a Brooklyn, Nueva York, donde vivió durante 11 años. En Nueva York fue parte del grupo de jugadores de dominó que asistió a Guayama, Puerto Rico en el 1968, para participar en un torneo. En dicha competencia su equipo se proclamó campeón. Se desconoce si en el tiempo que estuvo en Nueva York participó en el deporte de béisbol.

Manuel decidió regresar a Puerto Rico en el 1971 y residió nue-vamente en la comunidad Los Naranjos. Aquí se destacó como líder recreativo voluntario, trabajó con niños y jóvenes, enseñándoles las técnicas del béisbol, organizó equipos y arbitró torneos. Fue inte-grante de un torneo nacional de dominó en parejas junto al señor Nor-berto "Berto" Santos Rivera, el cual logró el campeonato. Se desco-noce la fecha de este torneo de dominó.

Reconocimientos:
1. En el 2002- se honró con su nombre el parque de béisbol de la comunidad los Naranjos. Esta actividad se efectuó por la Asociación Recreativa de la Comunidad en conjunto con la Administración Municipal de Vega Baja.
2. Municipio de Vega Baja y el alcalde Edgar Santana, por la labor comunitaria que llevó a cabo en el deporte.

Valle Vázquez, Héctor José

N. el 27 de octubre de 1940 en Vega Baja.
Peso: 180 lbs.   Estatura: 5' 9"
Lado dominante: derecho

Fueron sus padres Otilio Valle Santos y Petra Vázquez Ramírez, ambos naturales del barrio Cabo Caribe de Vega Baja. De su matrimonio tuvieron a Héctor, Gladys, Elba, Hernán (pelotero, fallecido), Awilda y Otilio (pelotero, fallecido).

Héctor está casado con Belén "Puruka" Ortíz, natural de Caguas, y tienen a sus hijos Mitza y Héctor, quienes le han regalado seis nie-tos y cuatro biznietos.

Sus grados primarios los estudió en la playa de Vega Baja, lue-go lo transfirieron a una escuela en Pugnado Adentro y finalmente se graduó de la escuela José G. Padilla de duodécimo grado.

Según narró Héctor, fue en el nivel superior donde empezó a jugar sóftbol y se desempeñó en los bosques. Se inició en la posición de receptor debido a que el receptor que le tocaba jugar en dicha posición, se ausentó en un juego en la escuela superior. A partir de este momento siempre se destacó en la receptoría.

El piensa que jugó béisbol Clase B en Vega Baja (aunque no lo recuerda con precisión) y luego participó en Clase A con el equipo de la *Ferretería Sobrino*, también de Vega Baja. Por medio de una invitación del apoderado Omar Brull, a quien se lo habían recomendado por ser buen receptor, lo vio caminado en la carretera de la playa, en ruta hacia su casa en el pueblo, y sin saber que se estaba dirigiéndose a Héctor, le preguntó si conocía a aquel destacado receptor... En este incidente inusual fue que Héctor Valle aceptó la invitación y se inició como pelotero en el equipo de béisbol Doble A con *Vega Baja*. Omar Brull era el apoderado de este equipo para esa fecha de 1959. En este año (1959), Vega Baja obtuvo su primer Campeonato Nacional y a Héctor se escogió para representar a Puerto Rico en la Selección Nacional que compitió en los II Juegos Panamericanos celebrados en Chicago, Illinois, Estados Unidos. Puerto Rico logró medalla de plata en esta competencia en el deporte de béisbol.

Luego que regresó a Puerto Rico, firmó como pelotero profesional con los *Criollos de Caguas,* con quienes representó a Puerto Rico en la Serie del Caribe, celebrada en Panamá, 1959-60. Con Caguas participó hasta el 1965. Pasó a jugar con los *Indios de Mayagüez,* con los que jugó por espacio de 10 años. Participó con los Leones de Ponce durante tres años, con los Lobos de Arecibo dos años y un año con los *Senadores de San Juan.* Con el único equipo que no participó en la Liga Invernal (hoy Liga de Béisbol Profesional Roberto Clemente), fue con el equipo de Santurce. Tuvo la grata experiencia de recibirle a lanzadores destacados, entre ellos, Pat Dobson, Billy Graham, Fred Sherman y otros. Participó en esta liga hasta el año de 1982, donde mantiene el récord de ser el receptor con más juegos jugados.

Fue firmado como jugador de las Grandes Ligas en el 1965 con los *Dodgers de Los Angeles*, Liga Nacional, y en calidad de receptor. De esta manera se convirtió en el segundo pelotero puertorriqueño (el número 27 de todos los puertorriqueños) en actuar como receptor; el primero lo fue Valmy Thomas en el 1957 cuando jugó con los *Gigantes de Nueva York*. Valmy nació en Santurce y era de padres santomeños. Héctor actuó como receptor en un juego sin "hits" ni carrera, cuando lanzó Sandy Koufax, uno de los mejores lanzadores de esa época y que posteriormente fue seleccionado como miembro del Salón de la Fama del Béisbol con sede en Cooperstown, Nueva York. Otros compañeros de equipo y destacados atletas de esa época fueron Maurice Wills, Tommy Davis, Willie Davis, John Roseboro, Jeff Torborg y muchos otros. En esa única temporada en Grandes Ligas bateó cuatro incogibles en 13 turnos para promedio de .308, y empujó dos carreras en nueve juegos. Héctor fue cambiado a la organización de los Tigres de Detroit y se asignó a la Clasificación Doble A con quienes estuvo tres años. Luego jugó en la Liga Mexicana con los equipos *Reynosa,* de la ciudad de Juárez, *Monterrey* y *Chihuahua.*

Héctor está catalogado como "el mejor receptor defensivo de Mayagüez y posiblemente el mejor de todos los tiempos en la Liga de Béisbol Profesional de Puerto Rico", según el comentarista y narrador deportivo, natural de Mayagüez, el señor Israel Peña, en entrevista que le efectuó Bobby Angleró en el programa "Charla Deportiva". Son muchos los receptores profesionales, incluyendo los de Grandes Ligas, y muchos jóvenes y niños que se han beneficiado de los conocimientos y experiencias vividas a través de clínicas y consejos de Héctor.

Como dato histórico, Héctor es el primer pelotero vegabajeño en Grandes Ligas, de un total de ocho. Los demás integrantes son: Luis Joaquín Quintana, Luis Aguayo, Juan González, Iván Rodríguez, Ricky Otero (95 inició con los Mets), sexto y número 184 de los puertorriqueños; Ramón Castro (99, inició con Florida), séptimo y número 219 de Puerto Rico; y finalmente Edwin Maysonet (inició en el 2008 con Houston) y el número 275 de los jugadores de Puerto Rico. Los últimos tres peloteros no están incluídos en este trabajo biográfico.

Carrera profesional:
1960- Kokomo-Liga Midwest, Clase D
1961- Reno-Liga California, Clase C
1962- Greenville-Liga Sally, Clase A
1963- Spokane-Pacific Coast League, Clase AAA
        Albuquerque-Texas, Clase AA
1964- Albuquerque-Texas, Clase AA
1965- Spokane-Sally, Clase AAA
        Dodgers de Los Ángeles, Liga Nacional (Grandes Ligas)
1966- Spokane- Clase AAA
1967- Albuquerque, Clase AA
        Spokane, Clase AAA
1968- Jacksonville, Clase AAA (NYM)
1969- Toledo, Clase AAA (Detroit)
1970- Toledo, Clase AAA (Detroit)
1971- Omaha, Clase AAA (KCR)
        Toledo, Clase AAA (Detroit)
1972- No jugó

1973- Reynosa, México, Clase AAA
1974- Reynosa, México, Clase AAA
1975- Juárez, México, Clase AAA
1976- Juárez, México, Clase AAA
1977- No jugó
1978- Córdoba, México, Clase AAA
1981- Chihuahua, México, Clase AAA

Actuación como dirigente:
1980- Monterrey, México, Clase AAA (récord de 37-56= .398)
1981- Chihuahua, México, Clase AAA (marca de 36-90= .286)
Monterrey, México, Clase AAA (récord de 59-69= .461)
Nota: En Puerto Rico dirigió a Yauco, Sabana Grande y Cabo Rojo en el Béisbol Superior.
Reconocimientos:
1996- instalado en el Salón de la Fama del Deporte de Vega Baja.
2014- Proclama del alcalde de Mayagüez, el señor Guillermo Rodríguez, se le dedicó el Vigésimo Tercer Festival de la Cocolía.
2014- se develó estatua de Héctor Valle en el parque profesional de béisbol Isidoro García de Mayagüez.

Nieves Meléndez, Viviano "Tito"

N. el 12 de diciembre de 1961 en Vega Baja.
Peso: 140 lbs.   Estatura: 5' 11"
Lado dominante: derecho

"Tito" es el menor de tres hermanos, procreados por Viviano Nieves Maldonado (fallecido) y Ana Gloria Meléndez Laureano, ambos de Vega Baja.

La escuela Mrs. Kelly del barrio Pugnado de Vega Baja fue donde aprobó los primeros cinco grados y el sexto grado lo terminó en la José G. Padilla del pueblo. Los grados intermedios los cursó en la escuela Ángel Sandín Martínez, donde participó de las clases de Educación Física. En el nivel superior se graduó de la escuela Lino Padrón Rivera de Vega Baja. Nunca se interesó en participar en actividades deportivas competitivas hasta que cumplió los 15 años. A esta edad se entusiasmó en el ciclismo recreativo, el cual practicó con amigos y vecinos de las Parcelas Panaini, al igual que hizo en forma recreativa las carreras de fondo.

El señor Angel Luis Valentín Maisonet, triatleta vegabajeño, fue la primera persona que lo entrenó en ciclismo a finales de la década del 70. De aquí en adelante participó en diferentes competencias locales y nacionales, tanto en ciclismo como en carreras de fondo. Tuvo un periodo de cinco años en que se mantuvo inactivo de 1981 a 1986.

Mientras trabajó en la fábrica Merk Sharp and Domme de Barceloneta, reanudó su participación en competencias intramurales de diferentes deportes para empleados y en maratones industriales celebrados en diferentes pueblos. Esto ocurrió en el año de 1987. Su entusiasmo fue creciendo hasta que se preparó físicamente y logró varios primeros lugares en diferentes maratones. En 17 ocasiones ocupó el primer lugar del *Maratón del Descubrimiento de Puerto Rico* a la distancia de una y dos millas. En el 1992 participó de la vuelta a Puerto Rico en ciclismo con grupo de atletas de Arecibo. En este evento participaron atletas de otros países.

En la década del 90 se inició en las competencias de dúalo con el evento *El Caimán de Vega Baja*. Se corrió tres millas (carrera pedestre) y 20 km en ciclismo, y nuevamente se terminó la competencia con carrera pedestre de 2.0 km. Continuó su participación durante varios años en los que con frecuencia concluyó entre los primeros lugares. Su primer campeonato en dúalos lo logró en Gurabo a la distancia de 5.0 km de carrera pedestre, 40 km en ciclismo, y terminó con 10 km pedestre. En varias ocasiones ganó eventos en su categoría.

El domingo, 22 de marzo de 2015, participó en "Dúalo Vegabajeño", en el cual logró un tercer puesto "overall" y primero en su categoría. En esa misma semana, sábado, 28 de marzo de 2015, participó en *Duatlón de los Valerosos de Ciales* y logró la undécima posición "overall" y primero en su categoría 50-55 años.

Se inició en las competencias de tríalos en el 1992 en el pueblo de Rincón. En esta competencia por equipo ("overall")- primer lugar.

Participó en el 1996 en el primer Maratón Olímpico (26.2 millas) de *La Guadalupe* en Ponce; logró la décimonovena posición con tiempo de 2:56 minutos. Hasta el presente es el único en que ha competido.

Según Viviano, considera que su fuerte es la carrera pedestre. Compitió en innumerables maratones locales y nacionales, generalmente alcanzó posiciones destacadas, entre los primeros lugares, especialmente en su categoría y entre los primeros corredores vegabajeños. Se ha destacado en la organización del evento Relevo de la Bandera (de Puerto Rico), celebrado cada año el 11 de junio. Este se inicia con la salida a las 5:30 p. m. con una carrera portando la bandera en Vega Baja y concluyendo en la plaza de Manatí. Aquí se celebran varias actividades de pueblo. El propósito es conmemorar la creación de la bandera puertorriqueña por el manatieño Antonio Vélez Alvarado en el 1892. Los organizadores lo componen un grupo de atletas y personas voluntarias de los pueblos de Vega Baja, Manatí, Vega Alta, Ciales, Barceloneta y otros. El grupo se llama "Amigos de Manatí". Vivianio, participó en la organización del primer *Tríalo por la Paz de Vieques* que se celebró en el 2000.

Como maratonista compitió en muchos eventos incluyendo los maratones vegabajeños y de otros pueblos. Participó durante 10 años corridos en el evento de la carrera del Puente Teodoro Moscoso. En el 2005 logró la posición #10 con tiempo de 53:51. En el 2012 compitió en el Duatlón Melao-Melao, donde terminó #5 con tiempo de 55:29.

Durante los últimos años no ha podido competir como esperaba debido a lesiones y por dedicarse a la música. Entre sus últimas competencias más importantes están las siguientes: el 12 de octubre de 2014 participó en el *Tríalo de Vega Baja* con un octavo lugar "overall" , segundo en su categoría 50-55 años y segundo vegabajeño. Este evento se celebró durante la mañana y durante la tarde compitió nuevamente en un evento de 10 k en *Vega Baja-"Melao-Melao"*. En el mismo terminó #39 "overall", séptimo de Vega Baja y segundo en su categoría con tiempo de 41:11. ¡Requiere el poseer una excelente condición física para poder efectuar dos eventos extenuantes el mismo día!

Desde hace varios años se ha dedicado a tocar instrumentos de percusión (tambor y pandero) en el grupo musical "Renace Criollo", de Barceloneta y cuya directora es la señora Zoraida Alicea y Abdón Ortíz, director musical. Este grupo toca música de bomba, plena y música jíbara, y el mismo lleva a cabo actividades sin fines de lucro. Es miembro del Centro Cultural de Vega Baja, el cual es presidido por Dominga Flores.

Viviano continúa laborando en el área industrial con la compañía farmacéutica Merial and Sanofi de Barceloneta y participa ocasionalmente en maratones, y dúalos-tríalos. Trabaja a tiempo parcial en el servicio de remolque a vehículos en Vega Baja y en otros pueblos.

Entre los atletas de tríalos y bíalos de Vega Baja, merece ser mencionado el Prof. Ismael Rosario Caballero, quien fue maestro de Educación Física y Director Escolar, retirado. Compitió en la categoría máster, donde obtuvo varios premios, trabajó de oficial de tríalos y fue miembro de la directiva de la Federación de Tríalos de Puerto Rico, bajo la presidencia de la profesora María de Lourdes "Luli" López.

Rey Méndez, Edwin

N. el 7 de noviembre de 1965 en Brooklyn, Nueva York

Peso: 175 lbs.   Estatura: 6' 2 ½"

Lado dominante: derecho

Su padrastro el Sr. Gabriel Pérez Vega, con quien se crió, se casó con la Sra. Carmen A. Méndez Ortíz, ambos naturales de Vega Baja. Edwin está casado con la Sra. Edna Maysonet Santiago, maestra de Educación Física y natural de Vega Baja, con quien ha procreado tres hijos: Jhoxel, Erwin y Franchesca. En un matrimonio anterior tuvo dos hijos: Edwin Javier y José Carlo. Entre los descendientes tienen un nieto.

A pesar de que Edwin nació en Nueva York, a la edad de cinco años vino a Vega Baja en el 1971, donde estudió los tres niveles en las escuelas públicas en el mismo municipio. En la elemental José G. Padilla tomó clases de Educación Física con el profesor José H. Rosado, quien lo entrenó en pista y campo y participó en los tradicionales *Field Days*. Estudió en la intermedia urbana, Ángel Sandín Martínez y nuevamente se destacó en pista y campo e integró el equipo "varsity" en este deporte. Compitió en el torneo intramural de baloncesto. En pista y campo se especializó en eventos de semi fondo y fondo: 1,500 m, 800 m, relevo 4 x 400 m y 3,000 m. Cuando se graduó de noveno grado fue reconocido con el premio del Atleta Más Destacado del Programa de Educación Física en el 1980. Pasó a la escuela Lino Padrón Rivera en la que continuó su destaque en pista y campo y nuevamente logró el trofeo del Atleta Más Destacado del Programa de Educación Física, premio otorgado en la graduación en el 1983. Su profesor de Educación Física fue Carlos Pantoja Negrón. Luego ingresó en la Universidad Central de Bayamón, en la que estudió durante dos años. Aquí lo entrenó en eventos de fondo el destacado atleta Manuel Candelario.

Edwin siempre fue un atleta completo, con dominio de las destrezas fundamentales en varias disciplinas, tales como maratones, bíalos, ciclismo, y tríalos, tanto a nivel nacional como internacional. Luego incursionó en el deporte de béisbol como entrenador de equipos de las Pequeñas Ligas (2004-2014), Olimpiadas Municipales, recorrido de la antorcha olímpica en el 2010, entrenador de atletismo y otras actividades de la comunidad.

Rey laboró en construcción, en la compañía Ortho Mc Neil de Manatí y en la companía Warner Lamber de Vega Baja. Como empleado representó a éstas en actividades deportivas con destacada actuación.

Participación como atleta a nivel internacional:
1988- participó en la carrera a Campo Traviesa de cinco millas en Antigua- alcanzó el quinto lugar.
1993- Atleta más destacado de tríalos en Vega Baja y miembro de la preselección de atletismo de los Juegos Centroamericanos y del Caribe-1993.
1996- Circuito del Caribe de tríalos, celebrado en Santo Domingo, República Dominicana-segundo lugar en categoría 30-34 años.
I I Campeonato Panamericano de tríalos celebrado en Santo Domingo, República Dominicana, segundo lugar. *Circuito Dannon de dúalo*-compitió dos veces en Georgia, Estados Unidos, obtuvo primeros lugares; y completó participación en Texas (primero) y en Carolina del Norte (cuarto).
Compitió en el *Duatlón Ferrari, Italia*, alcanzó la posición veinticuatro ("overall") de 1,131 atletas.

Participación en Puerto Rico:
1997- Tríalo Vegabajeño- segundo ("overall") y primer vegabajeño con tiempo de 1:43:22.
1998- Dúalo Vegabajeño- primero con tiempo de 1:07:06.
1999- Octavo Dúalo Vegabajeño- ganador con tiempo de 1:09:53. La competencia se efectuó a 1.7 km con carrera pedestre, 13 millas ciclismo y finalmente 3.5 millas carrera pedestre .
1999- 2004- se clasificó como Campeón de bíalos en Puerto Rico.
2005- *Duatlón del Teodoro Moscoso*- décimo lugar con tiempo de 55:31
2012- Duatlón Melao Melao- 1:02:47. Logró la décimonovena posición
2012- *San Blas Half Marathon* (5 de febrero). Posición 304 de 1,153 atletas, con tiempo de 1:46:16.
2014- 10 km Melao Melao- Posición #64 con tiempo de 45:45.
2016- 20 de marzo- participó en competencia de tríalo Ironman en San Juan. Registró tiempo de 06:16:11 en evento de 70.3 millas.

Nota: tan solo se ha descrito una parte de su participación deportiva.

Reconocimientos:
1. 1997-dedicatoria *Décimo Tríalo Vegabajeño "El Caimán"*

Rodríguez López, Nivia Enid

N. el 6 de septiembre de 1958 en Vega Baja.
Peso: 160 lbs.   Estatura: 5' 5"
Lado dominante: izquierdo

Los padres de Nivia, Benjamín Rodríguez Fuentes y Laura López tuvieron cuatro hijas: Laura Idalis, Zilkia de Lourdes, Marta Yazmín y Nivia.

Nivia estudió el nivel elemental en la escuela José G. Padilla, bajo el profesor Vélez Ithier participó en los tradicionales "Field Days" en eventos de velocidad. En el nivel intermedio (escuela Ángel Sandín Martínez), participó en los Field Days, practicó "handball" de pared, y participó en las actividades de la clase de Educación Física. En el Colegio Inmaculada de Manatí, nivel superior, compitió en el "varsity" de volibol bajo la dirección del profesor Santiago Maldonado.

En el 1976 ingresó en el Colegio Regional de Arecibo (CRA), hoy día UPRA, donde recibió beca atlética. En el CRA compitió en volibol, baloncesto y pista y campo.-tiro de la bala y jabalina. En el 1977 logró el Campeonato de los Colegios Regionales de Puerto Rico en el deporte de volibol, y en el 1978 el campeonato en parejas de tenis de mesa. En ese mismo año obtuvo el campeonato de baloncesto femenino bajo la dirección del profesor Iván Igartúa. Tuvo también a los profesores en Educación Física Lucy Molinari y Luis Laracuente. En el 1979 se transfirió a la Universidad de Puerto Rico de Río Piedras, en la cual se graduó con bachillerato en Educación Física en el 1984. En la Universidad de Puerto Rico participó en el "varsity" de volibol y baloncesto. En volibol la dirigió el profesor Julio Morales y jugó en la posición #4; en baloncesto el profesor Félix Joglar, fallecido, la dirigió y se destacó en la posición de delantera. Tanto en volibol como en baloncesto logró varios campeonatos en la LAI. Participó en el torneo intramural de balompié en la posición de delantera.

En la comunidad de Vega Baja en el 1976, Nivia fue una de las integrantes del primer equipo de Baloncesto del Nivel Superior de Vega Baja, junto a Yazmín, el cual lo dirigió Jorge Otero Barreto, y el Dr. Norberto Otero Rosa y Francisco "Panchito" Jiménez, como asistentes. Compitió en torneos de volibol organizados por el Departamento de Recreación y Deportes de Vega Baja, los juegos se celebraron en la plaza pública. Otros deportes en los que compitió, están los siguientes: tríalos, ciclismo, natación y maratones. En tríalos compitió de 1988 al 2001, en los que alcanzó varios premios en equipo e individualmente. Compitió en el Tríalo Vegabajeño en el 1990 y fue la primera vegabajeña en ganarlo. Compitió en otros tríalos: el de Isla Verde, el *"Sri Chinmoi"* en el 2001, en el de Arroyo, entre otros, y en algunas ocasiones ganó en su categoría.

Entre los años 1980 al 82 participó en la Liga Superior Femenina de Baloncesto con el equipo de *Canóvanas*. Varias compañeras universitarias de Río Piedras la habían recomendado para jugar en la Liga Superior.

Otro de los deportes que compitió fue las carreras de fondo, en las que se incluyen dos maratones en Nueva York, en los años 1991, con tiempo de 5:18; y 1992 con tiempo de 5:56. En ciclismo de ruta participó en diferentes eventos en Puerto Rico. En natación, actualmente es miembro del club *Escambrón Máster*.

Posee un bachillerato en Educación Física y Recreación, además de tener estudios en gerontología de Ciencias Médicas, y aprobó cursos de anatomía, kinesiología, fisiología y otros cursos de medicina deportiva. Uno de sus profesores fue José Carlos "Fofó" Vicente Cernuda, quien posee un doctorado en Fisiología del Ejercicio.

Desde el 1986 hasta el presente ha laborado en el Departamento de Recreación y Deportes de San Juan, con residencia en San Juan desde el 86. Ha trabajado desde el 1988 en Grupo CAMPIRA (camina y respira), organización en la que ha ofrecido clases de ejercicios acuaeróbicos a personas de la "tercera edad", con sede en la Base Naval y posteriormente en el Escambrón en San Juan.

Nivia es admiradora de los siguientes atletas: Lionel Messi, Mónica Puig, Javier Culson, Miguel Cotto y Carlos Javier Correa.
Reconocimientos:
1. Placa por parte de los participantes grupo CAMPIRA
2. Reconocimiento por parte de la organización Asociación Americana de Personas Retiradas (AARP)

Class Ríos, Lemuel

N. el 1 de mayo de 1997 en Manatí.
Peso: 140 lbs.   Estatura: 5' 10"
Lado dominante: derecho

Manuel Class Pabón y Evelin Ríos Nieves, naturales de Vega Baja tuvieron a Emanuel y Lemuel. Es parte del núcleo familiar Josué. Lemuel es el menor de un total de ocho hermanos, seis de ellos paternos.

Lemuel estudió el nivel elemental en la escuela José G. Padilla, la intermedia en la escuela Ángel Sandín Martínez y el nivel superior en la Lino Padrón Rivera, todas de Vega Baja. El grado 12 lo aprobó en Antilles Educational College en Bayamón en el 2015. Según entrevista que se le hizo a su papá, no participó en actividades deportivas durante los estudios en las escuelas públicas.

Se crió en el barrio Ojo de Agua en Vega Baja. Desde niño se entusiasmó en el boxeo al observar sus hermanos Josué y Emanuel que fueron inspiración para él, ya que eran boxeadores. Su primer entrenador lo fue Arturo Ríos y posteriormente su papá, quien es entrenador de boxeo (desde el 2006) en el Coliseo "Guigo" Otero Suro. Junto a Luis "Ñaco" Rolón han desarrollado la carrera del boxeador Lemuel. Otro boxeador vegabajeño, Emanuel "Manny" Rodríguez, ha sido de gran inspiración para Lemuel, según indica Manuel.

Durante la carrera boxística de Lemuel ganó torneos nacionales de la Copa Olímpica, Torneo Evangelista Venegas, Competencias Isaac Barrientos y Wilfredo Gómez. Se proclamó Campeón Nacional aficionado en el peso de 126 lbs. y en 132 lbs. en competencias internacionales.

Asistió a varias competencias internacionales, visitando varios países: capital de Kiev en Ucrania, donde participó en Campeonato Mundial Júnior del 4 al 16 de septiembre de 2013. En esta competencia participaron alrededor de 50 países. Lemuel derrotó al representante de Kuwait 3-0 y perdió frente al representante de Kasajistán 2-1. En el 2014 fue ganador de la Copa Olímpica, donde obtuvo el pase para el Campeonato Continental Juvenil, celebrado del 3 al 10 de marzo en Quito, Ecuador. En este torneo Lemuel logró medalla de oro en la categoría de 17-18 años. Luego participó en competencia mundial en Bulgaria, la cual se celebró del 16 al 20 de abril de 2014, con participación sobre 80 países. Asistió a China Taipei, en el que derrotó al representante de este país, luego perdió con el representante de Hungría 2-1. En el 2017 se proclamó Campeón Nacional, y el 7 de junio de 2017 asistió a una Competencia Continental en Honduras. En su primer encuentro contra el representante de Estados Unidos, perdió el combate. Durante los años 2018-19 aspira competir en las 152 lbs. y participar de los torneos clasificatorios para poder representar a Puerto Rico en las Olimpiadas del 2020, con sede en Japón.

Entre los atletas que más admira están Emmanuel "Manny" Rodríguez y Luis "Ñaco" Rolón, boxeadores vegabajeños que han sobresalido a nivel internacional.

Reconocimientos:

1.La comunidad de Ojo de Agua le hizo reconocimiento, incluyendo una parada por la ciudad de Vega Baja.

2. Municipio de Vega Baja y su alcalde Marcos Cruz Molina.

Dávila Cátala, Benjamín "Mimí"

N. el 12 de septiembre de 1929 en Vega Baja.
Peso: 132 lbs.   Estatura: 5' 6"
Lado dominante: derecho

Sus padres fueron Clemente Dávila Guatía, natural de Santurce y Paula Cátala Maisonet, de Corozal. Benjamín es el menor de cinco hermanos, que incluye a tres hermanas. De todos ellos, tan solo quedan vivos Benjamín y una hermana. Su apodo "Mimí" se lo dieron sus padres.

Casado con la Margarita Sostre Nevárez, dando fruto a cuatro hijos: Héctor Antonio, Benjamín (fallecido), Iris Margarita, y José Antonio (fallecido).

Benjamín estudió hasta el segundo grado en la escuela José Gualberto Padilla de Vega Baja. Por ser un niño "travieso", no pudo continuar sus estudios al ser expulsado de la escuela, según señala. Desde pequeño, a pesar de no ser aplicado en la escuela, fue laborioso, y trabajó en varios sitios, donde efectuó diversas tareas: llevó almuerzo a los empleados de la Central San Vicente en el barrio Sabana de Vega Baja, tarea por la que recibió 35 a 40 centavos diarios. Se dedicó a abonar en los cañaverales, trabajó en la Ferretería La Principal y en la imprenta de Juan Álvaro "Chachi" Chapel, hermano de "Cuto". Fue aquí donde recibió las primeras lecciones formales de boxeo con Ismael "Maelo" Collazo y Jaime Soto, lugar donde le enseñaron a Benjamín y otros boxeadores a usar el saco, la pera y brincar la cuica. Luego de este entrenamiento corrían ida y vuelta hacia la playa todos los días, alrededor de seis millas. Es importante señalar que su afición por el boxeo surgió desde niño, pues tanto en la escuela como en el vecindario sus compañeros de clases y sus amigos usaban fundas de papel para boxear.

A la edad de 18 años se inició en los Guantes Dorados, donde efectuó 26 combates, con marca de 16 victorias por nocaut y en 10 de ellas logró victorias por decisión. El 25 de septiembre de 1953 se proclamó Campeón de Puerto Rico en el *Carnaval de Campeones Novicos de los Guantes Dorados de la Liga París en Mayagüez*. Derrotó a Julio Romero al minuto y cuarenta y ocho segundos del segundo asalto por nocaut. Esto ocurrió en el peso pluma (122 lbs.).

En este torneo ganó el Campeonato en las 137 lbs. el también vegabajeño Víctor Rivera cuando derrotó a Flavio Texidor de San Juan. La única derrota de "Mimí" fue ante Ventura Caballero de Barceloneta. Ambos pelearon en tres ocasiones: "Mimí" ganó dos peleas por nocaut (KO, sigla del inglés) y perdió una por decisión. Estos combates estaban pautados a tres asaltos. Combatió con boxeadores destacados, entre ellos, Julio Romero y Lionel Rivera de San Juan, este último Campeón del Ejército de Estados Unidos. Cuando se peleaba en Vega Baja, los combates se celebraban en el antiguo parque de "pencas", donde se colocaban hojas de palmas como barreras, (lugar donde está ubicada la escuela superior Lino Padrón Rivera). En el boxeo aficionado, indica que solo recibió 25 centavos por cada pelea.

Cuando ingresó al profesionalismo fue firmado por Sixto Santiago, y debutó a fines de la década del 40, combate en el que recibió $100.00. Terminó su corta carrera con cuatro victorias y una derrota ante el norteamericano "Kid La Mota".

Actualmente labora con varios abogados en Vega Baja, donde es querido por todos los residentes. A pesar de su edad se mantiene activo caminando por todo el pueblo y con excelente condición física.

Su humildad y carisma lo distinguen en Vega Baja.

Reconocimientos:
1. Varios artículos en periódicos y revistas, tanto locales y a nivel nacional, sobre su actuación deportiva
2. 2015- fue exaltado al Salón de la Fama del Deporte de Vega Baja

Ríos Rivera, Arturo

N. el 11 de agosto de 1947 en barrio Algarrobo de Vega Baja.
Peso: 184 lbs.   Estatura: 5' 10"
Lado dominante: derecho

Es el cuarto de siete hermanos del matrimonio de Oscar Ríos Correa, natural de Vega Baja y Agustina Rivera Ríos, natural de Luquillo. Los nombres de sus hermanos son los siguientes: Rey, Rosemary, Oscar, Doris, David y Edilberto. Arturo estuvo casado con Nélida Everis Martínez Torres, dando fruto a Dennisse.

Estudio los niveles escolares en las escuelas públicas en Vega Baja: el nivel elemental en el barrio Algarrobo (escuela desaparecida);

136

la intermedia en la escuela   Ángel Sandín Martínez y la superior en la escuela Lino Padrón Rivera.   Según señala, no participó en competencias deportivas en ninguno de los tres niveles, a pesar de que en la niñez sí jugó "pelota", corría, practicaba la caza de pájaros con hondas, jugaba canicas (bolines) y participó de otros juegos recreativos creados con sus amigos.

¿Cómo surgió su interés en el boxeo sin ser atleta o deportista? Junto a su hermano David, vio un anuncio que exhortaba a trabajar con los jóvenes y que preguntaba a los televidentes: ¿Qué estamos haciendo por los jóvenes? Esto caló hondo en las mentes de los dos hermanos y pensaron en las comunidades desventajadas en Vega Baja y determinaron que el deporte del boxeo era una alternativa para alejar los jóvenes de los vicios. Luego decidieron crear un cuadrilátero en la parte posterior del negocio *El Ancla,* ubicado en la Carretera #2 en el barrio Algarrobo. Se corrió la voz a través de los clientes del negocio, finalmente lograron éxito en las peleas celebradas a tres asaltos. Los atletas los clasificaron a base del peso corporal. Debido a que la Federación de Boxeo de Puerto Rico intervino en estos combates, tan solo pudieron entrenar y combatir durante seis a ocho meses. De aquí se mudaron a la parte posterior del otro negocio familiar, también llamado *El Ancla,* ubicado en la Avenida Felisa Rincón en la playa de Vega Baja. Luego de varios meses el municipio de Vega Baja le consiguió un área en la parte baja del parque Carlos Román Brull para entrenar atletas. El señor José "Ché" Torres (fallecido), y la señora Laureana "Lalita" De León, líderes recreativos, fueron las personas que le ayudaron a conseguir el local. Desarrollaron las técnicas del boxeo junto al maestro Ramón Navedo (retirado) y el señor Manuel Barrios, laboraron los primeros 10 años de forma voluntaria y 10 años adicionales bajo contrato.   Arturo también trabajó como técnico de boxeo en Manatí durante tres años y un año en el municipio de Barceloneta.

Entre los atletas que considera más destacados se encuentran los siguientes: Luis " Ñaco" Rolón, medallista Panamericano y de Torneo Mundial; Ángel "La Abispa" Chacón de Vega Alta; Alex González, José Muriel, Isidro Hernández, Joel Colón, Miguel Rolón, José Laureano, medallista Juegos Centroamericanos y del Caribe; y Román "Rocky" Martínez, Excampeón Nacional de las 118 lbs.

Como entrenador de boxeo o técnico de boxeo, viajó a España, Rusia, Venezuela, Singapur, China, República Dominicana , Cuba y varias ciudades de Estados Unidos. Hizo amistad con Mike Tyson, Félix "Tito" Trinidad y otros boxeadores. Trabajó como entrenador desde el 1979 hasta el 2012. Actualmente labora en el negocio "El

Ancla" en la playa de Vega Baja. Perteneció a uno de varios comités que formaron parte del Salón de la Fama del Deporte de Vega Baja, el cual se creó en el 1996.

Reconocimientos:

1. Entrenador del Año a nivel Aficionado; varias veces Entrenador del Año, como profesional- Premio Enrique "Quique" Carrión. Este se le otorgó el 21 de febrero de 2002 bajo la presidencia de José Peñagarícano y el secretario Jorge L. Rosario Noriega

Dato histórico: José "Chicky" Laureano, exentrenador nacional de boxeo, se convirtió en noviembre de 2016 en el primer vegabajeño en presidir la Federación de Boxeo de Puerto Rico.

Rolón Román, Luis Ángel "Ñaco"
N. el 8 de agosto de 1957 en Arecibo.
Peso: 145 lbs.   Estatura: 5' 5 ½ "
Lado dominante: derecho

Pedro Rolón Dávila y Trinidad Román Torres, padres de Luis y ambos naturales de Vega Baja, procrearon a 11 hijos; "Ñaco" es el sexto.

Luis está casado con Wanda Avilés Cruz, natural de Nueva York y ambos criados en el barrio Almirante Sur de Vega Baja. Ellos han dado fruto a dos hijos: Xavier Ángel y Azenette.

Los estudios de Luis los llevó a cabo en Almirante Sur II de primer grado a quinto, y de sexto a noveno grado en la Segunda Unidad de Almirante Norte (SUAN). Luego estudió los tres años del nivel superior en la escuela Lino Padrón Rivera, localizada en el pueblo. Desde pequeño se destacó en los deportes y así lo evidencia la cantidad de medallas que recibió y que aún conserva, en los deportes de volibol, baloncesto, sóftbol, béisbol y atletismo y especialmente en la participación de los tradicionales *Field Days*- eventos de fondo. No solo participó en las escuelas, sino que participó en actividades organizadas por la comunidad donde se crió y otros barrios, en actividades del Departamento de Recreación y Deportes de Vega Baja. En las Pequeñas Ligas participó en la segunda base y más tarde en el sóftbol jugó en el jardín izquierdo.

¿Cómo surgió su interés hacia el boxeo? Según entrevista que se efectuó en su residencia, fue Jeremías Lozada, boxeador con residencia en el sector "El Boquerón" en el barrio Almirante Sur, quien le invitó a su casa para entrenar. De esta manera hacía ejercicios golpeando un saco, haciendo movimientos rítmicos simulados, como si estuviera boxeando en ataque y defensa. Esto ocurrió cuando Luis tenía 16 años y así creció su interés hasta que más tarde le recomendaron a Arturo Ríos, entrenador de boxeo. Este lo dirigió durante varios años en el aficionismo y lo convirtió en Campeón Nacional mini mosca (106 lbs.) y posteriormente fue reconocido mundialmente entre los mejores de su categoría.

En el 1989 se convirtió en boxeador profesional bajo la tutela de Don King y firmado por el ayudante de este, el carolinense Charlie Muñoz. Tuvo una carrera exitosa en la que viajó por una gran cantidad de países como boxeador aficionado y profesional. Entre los visitado están los siguientes: Estados Unidos, y países de .los continentes de Europa, Asia, Sur América, El Caribe y otras regiones.

Datos sobresalientes en la Carrera Boxística:

1984- Olimpiadas Municipales La Llanura- Oro, peso Mosca
Campeón Novicios en Boxeo Aficiondo (Primer Campeonato), con sede en la Base Naval de San Juan. Faja de Campeón de las 100 lbs.

1985- Campeonato Mundial Juvenil en Bucarest, Rumania-plata, Mini mosca

1986- Primera Batalla Carabobo, Valencia-Venezuela. Oro 106 lbs.
Campeonato Mundial Juvenil-Adulto en Reno, Nevada- Oro en Mini mosca cuando derrotó a Juan Torres y Michael Carvajal
Copa Internacional Simón Bolivar- Oro Mini mosca
Torneo Puños Diamantes en Guatemala- Oro 106 lbs.

1987- Torneo Panamericano en Indianápolis- Oro

1988- Campeonato Mundial de Boxeo Aficionado (28 de julio-7 de agosto)- Oro en Juegos Olímpicos de Seúl, Corea- se le hizo reconocimiento por participar como atleta

1989- V Campeonato Mundial Juvenil, Eliminatorias Nacionales- Oro 106 lbs.

1994- Tokío, Japón- entrenador del boxeador Wilfredo Vázquez

2000- entrenador aficionado en American Boxing Qualifier, celebrado en Tampa, Florida (27 de marzo al 1 de abril)
Logró convertirse en *Campeón de la North American Boxing Organization* (NABO) cuando derrotó a "Titito" Orozco el 15 de diciembre en combate en la Cancha Guillermo Angulo, Carolina, Puerto Rico- (nivel profesional)

2003- asistió competencia internacional de boxeo, celebrada en San José, California, trabajó como entrenador. (13-15 de febrero).

En su carrera profesional Luis Rolón logró 19 victorias, perdió en cuatro ocasiones y tuvo un empate. En toda su carrera recuerda con gran significado el haber perdido por decisión el combate con Mat Johnson en el 1998, de la Federación Internacional de Boxeo, y sus dos victorias que alcanzó contra Antonio "Titito" Orozco, una por decisión y la otra vía nocaut técnico. Siempre admiró a tres campeones mundiales: "Sugar" Ray Leonard de Estados Unidos; Julio César Chávez de México; y al puertorriqueño Miguel Cotto. Con la faja que recibió en el 2000, se convirtió en el primer vegabajeño en lograr un Campeonato Mundial en boxeo.

En el historial del boxeo en Vega Baja, se pueden mencionar varios boxeadores destacados a nivel mundial: Emmanuel "Manny" Rodríguez Vázquez, primer medallista de oro olímpico de Puerto Rico. Esta hazaña la logró en la Primera Olimpiada Juvenil, celebrada en Singapur del 10-25 de agosto de 2010. Derrotó a D. J. Maaki, de Nauru ("West Pacific Ocean"), con puntuación de 15-1 en la categoría de 51 kg. Luego "Manny" se convirtió en boxeador profesional y con récord invicto de 18-0 (hasta el presente), en el peso pluma júnior (118 lbs.) y campeón de la Federación Internacional de Boxeo (FIB). Otros boxeadores destacados lo han sido Lemuel Class, y el boxeador peso ligero y Excampeón Mundial peso júnior ligero de la OMB, Román "Rocky" Martínez. "Rocky" tiene el récord para un puertorriqueño en lograr el título de campeón en tres ocasiones en un mismo peso (júnior ligero). Esto es para señalar tan solo varios atletas, ya que existen otros que se han destacado también.

Luis se ha desempeñado como entrenador de boxeo desde el 2000 en el gimnasio municipal Rodrigo "Guigo" Otero Suro.

Reconocimientos:

1. Comité Olímpico de Puerto Rico
2. Cena Olímpica de Puerto Rico-atletas más destacados
3. Barrios de Vega Baja le han reconocido sus logros
4. Programa de Educación Física del Distrito de Vega Baja
5. Programa de Educación Física de la escuela elemental Agapito Rosario en Alturas de Vega Baja-Prof. Carlos Ayala
6. 2011- medalla Conmemorativa de los 60 años de la creación de los Juegos Panamericanos en el 1951 y libro conmemorativo con artículo de Luis en el que se destaca su carrera boxística.
7. 2018-se creó Copa "Ñaco" Rolón-torneo boxístico que se celebrará durante el mes de octubre de cada año. Exaltado al Salón de la Fama del Deporte de Vega Baja en diciembre de 2018.

Aponte Vélez, Carlos Rubén

N. el 5 de diciembre de 1958 en Vega Baja.
Peso: 180 lbs.   Estatura: 5' 10"
Lado dominante: derecho

Carlos es el tercero de tres hermanos: Ramón Eliúd, Tamara Ruth y Carlos. Sus padres, fallecidos, Ramón Aponte Colón, natural de Ponce y Lydia Vélez Rivera, natural de Toa Baja.

Estuvo casado con Margarita Otero Padilla, (fallecida en 2017), y natural de Vega Baja, con quien procreó dos hijos: Carlos Rubén y Rubén, ambos naturales de Vega Baja y quienes se han desarrollado, al igual que su papá, en el campo deportivo y destacados ciclistas.

Estudió el nivel elemental en la escuela Manuel Martínez Dávila del barrio Pugnado Afuera de Vega Baja, lugar donde se crió. Aquí en la comunidad compitió en béisbol bajo la dirección de Julio Pabón y Raúl "El Palancú" Arroyo. En el nivel intermedio y en la misma escuela, participó en pista y campo bajo la dirección del profesor Manuel Vélez Ithier. El nivel superior, en la escuela Lino Padrón Rivera, compitió en pista y campo en los eventos de fondo: 1,500 m y 3,000 m. Su maestro de Educación Física lo fue el profesor Jorge Adrover Rodríguez.

Mientras estudió en la escuela superior, su amigo y vecino Ángel "Toto" Hernández, lo entrenó en eventos de fondo (carreras de largas distancias). Participó en una gran cantidad de maratones en Vega Baja y en pueblos limítrofes, entre ellos, Manatí, Vega Alta, Morovis, y otros. Se inició en el deporte de ciclismo al enterarse en el periódico de una competencia en Bayamón. En esa actividad viajó en bicicleta desde Vega Baja para competir posteriormente. Dicha competencia estuvo organizada por el señor Héctor Collazo y el Colegio La Salle de Levittown. El señor Collazo pudo apreciar la excelente condición física y habilidad de Carlos y le invitó a unirse al Club de Ciclismo de Bayamón, la cual aceptó. Recibió ayuda en el entrenamiento y hospedaje por parte del señor Collazo, donde se quedó todos los jueves. Según narró Carlos, los viernes por la mañana viajaba en su bicicleta de regreso a Vega Baja para poder llegar a tiempo a la escuela superior Lino Padrón Rivera.

En su inicio en el ciclismo, compitió en la categoría Juvenil en los eventos de ruta de varias millas y luego en eventos de velocidad, efectuados en un velódromo. Aquí compitió en eventos de 1 km, 200 m y 750 m. Luego ingresó al Club Las dos Ruedas, bajo la dirección del señor Jorge Escudero. Fue miembro del Club San Blas de Coamo y posteriormente compitió individual. Desde el 2007 compite en la categoría máster de 50 años o más.

Como dato significativo, en el 1976 se convirtió en el primer vegabajeño en ser miembro de la Selección Nacional en el deporte de ciclismo y posiblemente sea de los primeros ciclistas en Puerto Rico en participar en esta disciplina que han logrado medallas.

Entre los atletas que más admira están Lance Armstrong, Jorge "Peco" González, Rafael "Rafa" Torres, Michael Jordan, Iván Rodríguez y Juan "Igor" González.

En el campo laboral trabajó durante 25 años en la compañía Davis and Geck de Manatí, que antes se llamaba Cyanamed. Durante los últimos nueve años está laborado en Barahona Auto Parts de Morovis.

Competencias Internacionales:
1976- Santo Domingo, República Dominicana-categoría Juvenil ganó el evento de 1 km.
1977- Santo Domingo, República Dominicana- compitió en pista
1978- Juegos Centroamericanos y del Caribe en Medellín, Colombia-compitió en eventos de pista
1979- VIII Juegos Panamericanos, San Juan, Puerto Rico, participó en eventos de pista
1983- IX Juegos Panamericanos de Caracas, Venezuela, participó en pista
2012- competencia máster en Cali, Colombia. En categoría 50 años obtuvo primer lugar en evento de velocidad-200 m.
2013- competencia máster, en Guadalajara, México, logró segundo lugar en 200 m y tercer lugar en 1 km-pista del velódromo
2015- noviembre- competencia Internacional celebrada en Aguadilla, ganó la misma en trabajo de equipo , junto a sus dos hijos Carlos Rubén y Rubén. Cada uno corrío 250 m en el velódromo.

Es la primera vez que padre e hijos ganan una competencia en un mismo evento por atletas de Vega Baja.

Reconocimientos:
1. Compañía Davis and Geck, por su desempeño en el ciclismo a nivel nacional y por eficiencia en el trabajo
2. Fiestas Patronales de Vega Baja en el 1978, por su destaque en el ciclismo
3. 1978- Pequeñas Ligas de las Parcelas Amadeo de Vega Baja le dedicó torneo.

Soto Pagán, Reynaldo Luis "Rayo",

N. el 13 de octubre de 1970 en Hospital
Regional de Arecibo.
Peso: 155 lbs.   Estatura: 5' 9"
Lado dominante: derecho

Sus padres, Reinaldo Soto Malavé, natural
de Salinas y Gloria María Pagán Otero, natural
de Vega Baja, dieron fruto a Reynaldo Luis, Leyda
Marie, Francisco Javier y Luis Enrique. Reynaldo está casado con
Aida Torres Fernández, natural de Arecibo, procreando a Luis Javier y
Reynaldo Luis.

Los estudios elementales los aprobó en San Vicente y en la escuela
Manuel Negrón Collazo del barrio Sabana en Vega Baja. Luego ingresó
en la escuela Ángel Sandín Martínez, intermedia urbana, y finalmente
aprobó el nivel superior en la escuela Lino Padrón Rivera. En los tres
niveles participó en los tradicionales *Field Days* y compitió en eventos
de fondo y semi fondo. En el nivel secundario participó en los equipos
"varsity" de atletismo, en el equipo que compitió en las Justas Colgate
a nivel nacional y otras actividades interescolares.

Una vez se graduó de la escuela superior en el 1988, ingresó en
"American University" de Bayamón, donde integró el equipo "varsity"
de atletismo. Compitió en los 1,500 m y carrera a campo traviesa,
entrenado por el profesor Jorge Luis "Yoyo" Ortíz. En Vega Baja tuvo
de entrenador al señor Luis Soto, atleta de fondo y semi fondo, el cual
compitió también en el Programa de Educación Física y a nivel nacional.
Estudió durante tres años y obtuvo certificado con concentración en
Programación de Computadoras.

Se inició en el deporte de ciclismo en el 1992, bajo la tutela de
varios amigos y compañeros de estudios, entre ellos, Sammy Negrón-
Campeón Nacional y vegabajeño; Cruz Hernández y otros atletas. En
el 1994 participó en su primera competencia en el pueblo de Dorado. De
aquí en adelante continuó su participación en diferentes competencias
hasta lograr pertenecer a la Selección Nacional desde el 1998 hasta
el 2008. Por su velocidad en su bicicleta, los compañeros de equipo
comenzaron a llamarle "rayo".

Está entrenando con más frecuencia, con el objetivo de competir
nuevamente en la categoría máster, ya que durante los últimos años no
logró obtener los récords de anteriores competencias. Un accidente en
su bicicleta interrumpió el entrenamiento en el 2018.

Durante su carrera ciclística ha pertenecido a los siguientes grupos: *Subway, Gillette, Ciclón Cycling Team, Brujos de Guayama, Competitive Cycling Team y Pedalea.* Admirador de los siguientes atletas: Michael Jordan, Félix "Tito" Trinidad, Roberto Alomar y el ciclista belga Johan Museeuw.

Competencias Nacionales:

1. 14 de mayo de 2000- Clásico Día de las Madres- 5 km-Sabana Grande. Logró el tercer lugar.
2. 25 de junio de 2000- V Clásico Ciclo Amigos-Caguas -estuvo entre los primeros diez.
3. 9 de julio de 2000- Clásico de Ciclismo de San Lorenzo- 22 km. Terminó tercero, de todos los participantes ("overall").
4. 25-27 de agosto de 2000- III Clásico El Coquí Dorado- con sede en Cayey. El equipo *Gillette* de Vega Baja obtuvo el campeonato de las tres etapas.
5. 28 de enero de 2001- I Clásico de Ciclismo Máster Illescano-96 km. Sede en Coamo. Logró segundo lugar en categoría elite.
6. V Edición de la Carrera Contra el Reloj- 20 km. Se celebró en Dorado. Reynaldo terminó segundo con tiempo de 27.44:74.
7. 21 de abril de 2001- Circuito Julia De Burgos- 55.5 km. Reynaldo logró primer lugar con tiempo de 1: 23:03.
8. 9 de septiembre de 2001- Primera Copa Alcalde, Bayamón.
9. 18 de mayo de de 2003- C/R (contra el reloj)- 30 km en Gua-yama. Obtuvo el primer lugar en categoría 30-39 años y se-gunda posición "overall" con tiempo de 41:56. 59.
10. 29 de marzo de 2003- Clásico Caguas 2003 (Primeros 10).
11. 14 de marzo de 2004- Gran Prix de Bayamón. Soto logró el cuarto lugar.
12. 24 de marzo 2004- *COCIVE-Guaynabo, Carretera Expreso 834. Alcanzó el primer lugar en categoría 30-39 años.
13. 3 de julio de 2005- XII Festival Olímpico Internacional de Caguas. Soto obtuvo primer lugar en categoría 30-39 años con tiempo de 39:37. Participó con el equipo *Competitive Cycling.*
14. 16 de julio de 2005- Primer Clásico Moroveño. Soto alcanzó el segundo lugar en categoría 30-39 años y tiempo de 2:49:31. Participó con el equipo *Competitive Cycling Group.*
15. 14 de agosto de 2005- 5to. Clásico Ruedas Doradas-Dorado. Logró sexto lugar con 1:59:14 en categoría 30-39 años.
16. 19-21 de agosto de 2005- VIII Clásico Internacional Coquí Dorado en Cayey. Soto logró el vigésimo puesto general y primero en categoría 30-39 años. Participó como miembro del equipo *Ciclón Cycling Group.*
17. 28 de agosto de 2005-I Cardiotek Time Trial- 20 km; prueba contra el reloj. Se efectuó en el Balneario de Isla Verde a

Loíza. Concluyó primero "overall" con tiempo de 28:23.

18. 11 de septiembre de 2005- III Clásico Expreso 834 de Guaynabo. Soto logró la undécima posición "overall" y primero en la categoría 30-39 años.

19. 25 de septiembre de 2005- II Cardiotek Time Trial- 20 km; prueba contra el reloj en el Balneario Isla Verde a Loíza. Soto logró el primer lugar "overall" con tiempo de 28:25.

20. 13 de mayo de 2006- XII Festival Olímpico de Puerto Rico, prueba contra el reloj. Terminó primero con tiempo de 41:45

21. 21 de mayo de 2006- II Clásico San Fernando, efectuado en Carolina. Terminó tercero en categoría 30-39 años.

22. 13 de agosto de 2006- VI Clásico Ruedas Doradas, celebrado en Dorado. Soto consiguió el cuarto lugar en categoría 30-39 años y tiempo de 1:34:26.

23. 27 de enero de 2007- Proxtel Motorola Time Trial Series #1, celebrado en Barceloneta. Soto logró el tercer puesto "overall" y tiempo de 19: 21:87.

24. 24 de febrero de 2007- Proxtel Motorola Time Trial #2- 13 km y celebrado en Barceloneta. Soto logró el tercer lugar "overall" y tiempo de 18:30:6.

25. 1 de abril de 2007- Circuito Sangermeño de Ciclismo de 83 km, con sede en San Germán. Soto alcanzó el primer puesto en la categoría 30-39 años.

26. 24 de abril de de 2007- Copa Gran Prix de Bayamón. Número uno en categoría 30-39 años y "overall"- 50:32:00.

27. 2007- Campeonato Nacional Máster (COCIVE)* Arroyo, alcanzó el primer lugar en categoría 30-39 años y tiempo 2:34:17.28.

28. 2007- Ruedas Doradas, Dorado. Alcanzó el cuarto lugar con tiempo de 1:02.22.

Nota: en el evento San Antonio de Padua (Guayama), llegó cuarto en el 2000 (elite); 2005 (elite) sexto "overall"; y 2007 cuarto lugar (veteranos).

Pruebas Internacionales:
1998- Clásico Alico, la sede fue en Santo Domingo-10 km contra el reloj y circuito de 100 km. Terminó en la posición diez "overall". (Su primera competencia internacional).
2000- Juegos Panamericanos de Ciclismo, Colombia. Compitió en Ruta 230 km. Abandonó carrera por "pinchazo" (goma explotada).
27 de mayo de 2004-Tour of Somerville, Brigewater,Nueva Jersey. En categoría tres, concluyó en segundo lugar "overall".
2009- Prueba Contra el Reloj, con sede en Santo Domingo.

Logró la quinta posición en la categoría 30-39 años.
*COCIVE= Comisión de Ciclistas Veteranos

Posiblemente el equipo de ciclismo *Gillette*, de *Vega Baja*, creado en el 2000, sea el primero en el cual todos los atletas eran de Vega Baja. Los integrantes del mismo fueron: Reynaldo Soto, Luciano Reyes, Carlos Velázquez, Edwin Miranda y Sammy Negrón.

Nota: durante los años 2005, 2007 y 2009, Soto fue Campeón Nacional en ruta y prueba contra el reloj. Se exaltó al Salón de la Fama del Deporte de Vega Baja en diciembre de 2018.

¡Gracias a Aida Torres, por facilitar la gran mayoría de los récords en las competencias deportivas de su esposo Reynaldo.¡ Son pocas las esposas de atletas que mantienen al día datos sobre su carrera deportiva!

Abrams Quiñones, Juan Ramón *"Junior Abrams"*

N. el 24 de abril de 1955 en Vega Baja.
Peso: 225 lbs.   Estatura: 5' 10"
Lado dominante: derecho

Es el hijo menor de tres hermanos del matrimonio de José Francisco Abrams Pérez, fallecido y Milagros Quiñones. Son sus hermanos José Francisco e Inés Yolanda. Tiene tres hermanos paternos: Rafael, Ramón Delfín, fallecido; y Andrés, fallecido.

Está casado desde 1977 con Carmen Esteva González, de cuya unión nacen Chariluz y Juan Ramón.

Desde pequeño se interesó en el deporte de béisbol y ocupó labores en los equipos como anotador. Según comentó "Jr. Abrams", participó en deportes pero no se destacó en los mismos.

Origen de la profesión de narrador y comentarista deportivo:
En el 1972 trabajó en WRSJ, Radio San Juan, animador bailable de despedida de año. Se cree que fue la primera persona en anunciar la muerte de Roberto Clemente. Harry Rexach lo invitó a formar parte del programa "El Maravilloso Mundo de los Deportes", labor que compartió con Efraín Calcaño Alicea. Actuó como narrador en los juegos de la Doble A con los equipos de Comerío, Vega Alta y Vega Baja. En el 1975 trabajó en radio y televisión con Ernesto Díaz González en "Enfoque dinámico del deporte" y "El 11 en las noticias". En el 1977

pasó a Telemundo, Canal 2, en el que trabajó por espacio de 13 años de Editor Deportivo, junto a don Aníbal González Irizarry, fallecido.

En el 1992 regresó a la crónica deportiva y laboró de hombre ancla en los XVII Juegos Centroamericanos y del Caribe, celebrados en Ponce en el 1993, trabajó para la emisora WIPR, Canal 6.

Regresó nuevamente al mundo deportivo y efectuó labor con el periódico el Nuevo Día, de animador de una serie de eventos de los Juegos Centroamericanos y del Caribe, celebrados en Mayagüez en el 2010. Trabajó en la narración de los juegos de Béisbol Doble A del equipo Mets de Guaynabo de la Federación de Béisbol de Puerto Rico.

En resumen en la labor de narrador y comentarista deportivo asistió a tres Juegos Olímpicos, dos Juegos Panamericanos, ocho Series Mundiales de béisbol de Grandes Ligas y cubrió otras actividades deportivas. Entre ellas, se pueden señalar en boxeo la pelea Gómez-Zarate, Durán-Leonard. Participó en trasmisones radiales y televisivas de béisbol, baloncesto, y en otras, como comentarista y narrador.

"Junior Abrams", además, se destacó en el campo deportivo e incursionó de animador, escritor, maestro de ceremomias y comediante.

A continuación las labores más importantes que efectuó:
1977- trabajó en el programa "Lo tomas o lo dejas".
1990- hombre ancla del primer noticiero humorista de Puerto Rico. ¿"Qué es lo que pasa aquí? Ah". Se inició de libretista y productor. Trabajó junto a Silverio Pérez, Luis R. Martínez y Lourdes Collazo.
1994- coanfitrión junto a Johanna Rosaly en programa "Mucho gusto", Canal 6. Fue libretista principal ("head writer") del programa "Dame un break". A fines de año trabajó en comedia de WAPA- TV, Canal 4- "Taller San Miguel". Aquí desempeñó el papel de un taxista de apellido Jiménez. Entre los artistas que trabajaron se encuentran Juan Manuel Lebrón, Héctor Travieso, Delia E. Quiñones y Mariam Pabón.
1996- laboró en programa de sátira "Politiqueando". Trabajó como productor y escribió para el programa de sátira "Proyecto X". Compartió labores con Filipo Tirado.
1997- fue contratado en radio WZNT-Z-93, de animador programa mañanero. A fines de año se le llamó " A son de salsa" y actuó como figura principal. Trabajó con *Telemundo*, contratado por Mojena Televisión de animador y libretista en "Atrévete"; participó junto a Juan Manuel Lebrón.
2000- trabajó en programa radial por 17 ½ horas y 1 ½ horas de

animador en televisión y 3 ½ horas de escritor en televisión. 2002- participó en el 40 Aniversario del Gran Combo, espectáculo celebrado en el Coliseo de Puerto Rico José Miguel Agrelot y más tarde se llevó al Madison Square Garden de Nueva York. 2007- trabajó en la emisora radial WIPR- A M."El tira y jala", coanimando con Israel "Shorty" Castro Vélez, comediante, fallecido. 2011- miembro grupo productor creativo y libretista espectáculo artístico de los 40 años de El Nuevo Día, celebrado en el Coliseo de Puerto Rico. Participaron los mejores artistas y cantantes del país. 2012-14- coanimador con Jaileen Cintrón en programa "Desde mi Pueblo", se trasmitió por América TV-Canal 24. 2014- miembro del equipo de producción que acompañó a Kissimmee, Florida, en gira de los 50 años del Gran Combo. Actuó como maestro de ceremonias de actividad del mismo grupo en el 50 aniversario, celebrada en Coliseo de Puerto Rico, San Juan.
Actuó en "Espectacularísimo" en Sala de Festivales del Centro de Bellas Artes, San Juan, donde se celebraron cinco funciones.
Otra labor fue la de actuar de maestro de ceremonias en varias exaltaciones del Salón de la Fama del Deporte de Vega Baja, labor llevada a cabo junto a Normando Valentín y Feliciano Hernández.

Reconocimientos:
1. 1978- recibió premio "Agüeybaná" - Periodista Deportivo del Año. Premio Joven Destacado del Año- otorgado por la Cámara Júnior de Comercio; primero en recibirlo.
2. 1982- premio Rafael Pont Flores- otorgado por el semanario Claridad, Periodista del Año
3. 2014-instalado en el Salón de la Fama del Deporte de Vega Baja

Otero Cancel, Ramón "Monchito Plomo"

N. el 14 de julio de 1943 en Vega Baja.
Peso: 225 lbs.   Estatura: 5' 9"
Lado dominante: derecho

"Monchito" es el segundo de cuatro hermanos producto del matrimonio de Raúl Otero Rivera y Amalia Cancel Rivera, ambos de Vega Baja. Completan el núcleo familiar Ramón Luis, Mercedes y Milagros Cecilia.

Al igual que la gran mayoría de los atletas nacidos y criados en Vega Baja, estudió en la escuela José G. Padilla, Ángel Sandín Martínez y Lino Padrón Rivera, todas escuelas de Vega Baja. Desde pequeño practicó el béisbol y pista y campo, este último en grado menor.

En el deporte de béisbol descolló de receptor en la categoría Clase A, Liga Hiram Bithorn (antecedió a la COLICEBA) y Doble A en el "bullpen". Además trabajó en equipos como entrenador, apoderado, dirigente, narrador y comentarista deportivo. Dedicó muchos años a esta labor en diferentes categorías aficionado y profesional y efectuó otras labores.

Eventos más importantes en el campo deportivo y su aportación:
1979- VIII Juegos Panamericanos de San Juan, Puerto Rico. Laboró de Periodista Deportivo.

1982- dirigente del equipo de sóftbol-Intercambio deportivo de la Liga Roberto Clemente de Chicago y Selección de Vega Baja
1989- Emilio Licier, dirigente del equipo Clase A de las Parcelas Amadeo de Vega Baja, y Campeón de Puerto Rico, delegó en "Monchito" la dirección del equipo que asistió a competencia en Santo Domingo, República Dominicana, en la cual ganó el campeonato, la primera vez que lo lograron en los últimos cinco años.
1990- entrenador del equipo Clase A de las Parcelas Amadeo de Vega Baja, Campeón de Puerto Rico.
Comentarista deportivo bajo la Administradora del Complejo Deportivo Acrópolis de Manatí, y su directora Lourdes Colón
1992- entrenador del equipo Clase A, Subcampeón de Puerto Rico.
Comentarista deportivo del Maratón 10 km "Horizontes de Luz" de la empresa Dupont
1996- narrador deportivo de juego entre Texas y Toronto, laboró junto a Josué Pérez y Héctor Aulet. Actuó en diferentes transmisiones radiales de todas las ciudades de Estado Unidos y Canadá, en donde se celebraron los juegos de Grandes Ligas.

Trabajó en las categorías de las Pequeñas Ligas, Clase A, Doble A, COLICEBA, Liga de Béisbol Profesional de Puerto Rico, Liga "Licho" Santiago, Béisbol Rural, Juvenil, y otras. Narró y actuó como comentarista en los juegos. Llevó a cabo diferentes transmisiones radiales, junto a Freddy Ramos y Antonio "Toñito" Hernández, fallecido, destacados en diferentes facetas del campo deportivo.

Ha recibido varios reconocimientos, entre ellos, el dedicarle en el 1980 el Séptimo Maratón de las Fiestas Patronales de Vega Baja y bajo la dirección municipal del alcalde Luis Meléndez Cano. En el 1994 las Ligas Infantiles y Juveniles, Categoría Sandy Koufax, le dedicaron el torneo ese año. En el 2008 la Institución de Servicios Legales de Puerto Rico lo seleccionó como uno de los Abogados Distinguidos de su programa de Práctica Legal Compensada. En el 2010, Vega Baja Doble A le dedicó el torneo de Béisbol Superior de Puerto Rico.

"Monchito" le dio el nombre de "ejecutivo de la receptoría" al destacado jugador de béisbol, vegabajeño, Edgardo Ruíz Montañez.

Actualmente continua ejerciendo la profesión de abogado, donde hizo estudios en derecho en la Universidad Interamericana, y es profesor de Derecho Mercantil, laboral y relaciones humanas en el Caribbean University.

Señala "Monchito", que su apodo surge de un desafío de la Clase A en que su equipo *Mueblería el Encanto* jugó contra *La Vegabajeña*. En este juego bateó una línea entre los guardabosques y mientras intentaba llegar a la tercera base, se cayó entre segunda y tercera. Se incorporó e inició carrera hacia la tercera base, y en ese momento uno de los guardabosques tiró al tercera base José "Pepito" Rosado, propinándole el "out". Inmediatamente le dijo: " eres más pesado que el plomo". Los fanáticos y amigos en las gradas oyeron el comentario y de ahí en adelante lo han llamado por su nuevo apodo "plomo".

Miembro de la Primera Junta del Salón de la Fama del Deporte de Vega Baja en el 1996, la cual le hizo reconocimiento en el 2016, por la conmeración de los 20 años de haberse creado la misma .

Adrover Rodríguez, Jorge Antonio

N. el 25 de mayo de 1947 en Jayuya.
Peso: 165 lbs.   Estatura: 5' 7"
Lado dominante: derecho

Adrover es el tercero de seis hermanos procreados por sus padres Damián Adrover Serrano, natural de Jayuya y Epifania Rodríguez Rodríguez, de Juana Díaz. Casado con Nellie Barrios Jiménez, maestra retirada y natural de Vega Baja, cuyos hijos son: Eillen, Jorge e Itzaira. Todos son profesionales en el campo laboral.

En su pueblo natal, estudió en la escuela elemental Rafael Martínez Nadal. Sus estudios de escuela intermedia y superior, los cursó en Jayuya. Como atleta compitió en 400 m y 800 m en los "Field Days". Se graduó de la Universidad Interamericana de San Germán en diciembre 1970, en la que terminó un bachillerato en Educación Física.

Inició su carrera como maestro de Educación Física el 23 de

enero de 1970, en la escuela superior Lino Padrón Rivera. Los viernes de cada semana asistía a la Segunda Unidad de Almirante Norte de Vega Baja. En el 1975 terminó su maestría en Administración y Supervisión de Educación Física y Administración y Supervisión Escolar. Trabajó como maestro de Educación Física hasta 1979. Para el 1979 fue nombrado director del Centro de Estudio y Trabajo de Vega Baja. En 1981 fue asignado como director asociado en la Segunda Unidad de Pugnado Afuera (SUPA), Manuel Martínez Dávila de Vega Baja. En el 1981 trabajó en el "Caribbean University" de Vega Baja, ofreció el curso de Enseñanza de la Educación Física en la Escuela Elemental en nuestro sistema educativo.

Desde el 1983 al 2000, trabajó como director de la escuela intermedia urbana, Ángel Sandín Martínez. Del 2000 al 2007, fue director asociado del Colegio Nuestra Señora del Rosario de Vega Baja. Luego laboró como director durante cuatro horas diarias en las escuelas Juan Sánchez, Teodoro Taboas, Federico Freytes y Fernando Callejo, de Manatí. En Ciales se desempeñó como director en la Segunda Unidad Teodomiro Rivera.

Mientras ejerció como maestro de Educación Física, alcanzó muchas experiencias deportivas de emotivos recuerdos. Entusiasmó a sus estudiantes a participar en deportes: voleibol, baloncesto, pista y campo, béisbol y sóftbol y otras actividades educativas. Desde 1971 al 1979 los logros más significativos de sus estudiantes fueron los siguientes:

1. Ganó los relevos del Capitán Correa, Arecibo, Puerto Rico, en tres ocasiones. (rama masculina)
2. Logró a nivel Regional y Estatal un campeonato de sóftbol. (rama masculina y femenina)
3. Organizó Días de Juegos con eventos especiales, entre ellos, la carrera con vallas, relevo mixto y carrera de los gorditos.
4. 15 de sus estudiantes-atletas, fueron reconocidos y obtuvieron becas deportivas en la Universidad de Puerto Rico de Arecibo. Entre ellos: Wilfredo Molina*, Ramón Santos, Gerinalde Cruzado, María Elena Pérez*, Héctor «Bale» Carrión, Harry Torres.
5. 1974- su relevo 4 x 100 m se ganó al más temido relevo de Puerto Rico- el equipo de la Ponce High en el Estadio Sixto Escobar. Sus integrantes fueron Wilfredo Molina, Ramón Santos, Harry Torres y Francisco Torres.

Laboró como líder voluntario en las Pequeñas Ligas con los equipos Gigantes (2011), Rangers (2011), Playeros (2012 -2013), en la Barriada Sandín de Vega Baja.

Se desempeñó como director asociado en el Centro Educativo Clagill de Río Hondo, escuela especializada para niños con Problemas Específicos de Aprendizaje. En el 2014, el Consejo de Educación Superior, aprobó solicitud del currículo del "Kinder" y de los grados décimo al duodécimo del Colegio Clagill, gracias a las gestiones que llevó a cabo el señor Adrover. Este currículo se implantó en agosto de 2015. Se retiró del nivel privado en el 2016.

Entre sus pasatiempos están los siguientes: practicar la natación, confeccionar trabajos en artesanías en alambre y madera, la lectura, escuchar música, escribir cuentos y practicar deportes de voleibol, béisbol y baloncesto con sus nietos.

* Exaltados en el Salón de la Fama del Deporte de Vega Baja

Casanova Alfonso, Juan Ramón "Nonón"

N. el 18 de enero de 1927 en Vega Baja.
M. el 30 de junio de 2017 en Hospital Dr. Center, Manatí, Puerto Rico
Peso: 166 lbs.   Estatura: 5' 7"
Lado dominante: derecho

Sus padres naturales de Hatillo, Juan Casanova Martell y María "Crusita" Alfonso Delgado, procrearon a Juan Ramón y a Luis Alfredo, nacidos en Vega Baja.

Para el 1927, dos años después de casarse los padres de Juan Ramón, se mudaron a Vega Baja, por recomendación de unos amigos. En Vega Baja establecieron negocio de joyería y ropa.

Casanova estuvo casado con María Victoria Puig Brull, natural de Barcelona, España y residente en Vega Baja. Procrearon tres hijas: María Victoria, María Mercedes y María del Pilar. Las primeras dos hijas nacieron en Vega Baja y María del Pilar en la Clínica Susoni de Arecibo. María del Pilar compitió en tenis y volibol. Luego de "Nonón" estar casado con María Victoria durante 49 años, quedó viudo, debido a que ella contrajo cáncer. Posteriormente se casó con Eva Viñas, con quien estuvo casado durante 14 años, quedó viudo por segunda vez al fallecer Eva de cáncer en el 2014.

Los estudios elementales, intermedios y superior de Juan Ramón los aprobó en la escuela José G. Padilla e instalaciones pertenecientes a esta escuela, llamado "los ranchones", de la cual se graduó del nivel superior. A pesar de no tener maestro de Educación Física, sí practicó varios deportes: baloncesto, atletismo, sóftbol, béisbol y boxeo. Según inidicaron sus hijas en el deporte de sóftbol participó de varios intercambios deportivos en Puerto Rico y en la República Dominicana, mientras trabajó con la compañía farmacéutica Sterling Products y Sterling Winstrop. Esta estuvo localizada cerca de la Clínica Las Américas en Hato Rey. "Nonón" se destacó en la posición de lanzador y guardabosque. La familia compartió en esos intercambios llevados a cabo en República Domininicana durante los años de 1970 al 1973. En boxeo las peleas se efectuaron en la plaza pública de Vega Baja. Se señala por sus hijas, que "Nonón" en una ocasión le narró que tuvo un incidente, donde recibió un golpe en la nariz que le provocó la fractura del tabique. Esta lesión le causó molestias para respirar en el futuro. Fue aficionado a las peleas de gallos y participó durante varios años del Carnaval de las Máscaras de Hatillo.

Luego que terminó la escuela superior en el 1939, se matriculó en el Colegio Politécnico ("Poly") en San Germán. Bajo la dirección del doctor Luis Sambolín y otros profesores compitió en baloncesto y pista y campo, en eventos de semi fondo: 800 m, 1,500 m, "cross country" y relevo 4 x 400 m. Otro deporte en el cual incursionó fue el "rugby" (rugbi), deporte poco conocido en Puerto Rico para aquella época. Según narró "Nonón", los colegios no contaban con equipos en este deporte y efectuaron intercambios con equipos de la Base Ramey de Aguadilla, el *Naval Air Station* y equipos de *IslasVírgenes americanas.* Entre algunos de los integrantes del equipo de "rugby" del "Poly" estaban los siguientes: Carlos Garía Portela, Miguel Ángel Arrieta, de Bayamón; Jackie Sheppard y "King Kong" Soler, de Ponce. Probablemente "Nonón" sea de los primeros atletas vegabajeños que compitieron en el deporte de "rugby".

Del "Poly", "Nonón" obtuvo un bachillerato en Biología con un "minor" en Educación Física en la década del 40.

En el campo laboral, trabajó como maestro de Educación Física en Vega Baja, maestro de los veteranos, propagandista médico- supervisor y gerente de ventas; vendedor de piezas de autos y en bienes raíces. Como maestro de Educación Física se desempeñó en la escuela José G. Padilla y en la escuela superior en Vega Baja. Atletas destacados en el deporte en Vega Baja, se beneficiaron de los conocimientos de "Nonón" Casanova y luego compitieron en deportes.

Su apodo surgió de su hermano menor Luis Alfredo, al no poder pronunciar correctamente sus dos nombres, lo llamó "Nonón". Mucha gente lo conoció y lo llamó por su apodo en vez de su nombre de pila.

Gaetán Rivera, José Manuel

N. el 5 de agosto de 1965 en la Clínica Nuestra Señora del Rosario en Vega Baja.
Peso: 230 lbs.   Estatura: 6'
Lado dominante: derecho

Sus padres Víctor Manuel Gaetán Lozano, natural de Vega Baja y Neri Benita Rivera Torres, (fallecida), y natural de Morovis, procrearon cuatro hijos: Rosario Del Pilar "Charie",José Manuel, Antonio Manuel y Víctor Manuel.

Gaetán cursó los grados elementales en la escuela José G. Padilla en Vega Baja y en el Colegio Marista de Manatí. En la escuela Padilla participó en torneos de sóftbol bajo la dirección del profesor José Rosado y en el Colegio Marista compitió en volibol con los profesores Santiago "Chaguito" Maldonado y Jimmy Bou. Ellos lo guiaron también en el nivel intermedio. Al empezar el nivel superior se transfirió a la escuela Lino Padrón Rivera y bajo la enseñanza del profesor Carlos Pantoja. Aquí compitió en volibol, baloncesto y sóftbol. Ayudó en el arbitraje de los torneos intramurales de baloncesto. En béisbol y sóftbol se desempeñó en la receptoría y el jardín izquierdo.

Inició estudios universitarios en la Universidad Central de Bayamón, donde obtuvo un bachillerato en Artes en Educación con concentración en Educación Física en el 1987. Concluyó la maestría en Educación Física de la Universidad Interamericana de San Juan en el 1989.

En la universidad compitió en volibol, baloncesto, sóftbol y tenis de mesa. Arbitró diferentes deportes, principalmente el volibol, deporte que le apasiona. Trabajó como juez de línea a nivel Superior y en varios juegos internacionales, entre ellos, *Cuba* contra *Puerto Rico, Penn State* contra *Puerto Rico* y *Oregon State* contra *Puerto Rico*. En esa época el presidente de la Federación de Volibol de Puerto Rico fue el señor Luis "Lulo" Mendoza Ramírez, fallecido. Tuvo la gran experiencia de arbitrar varios juegos en la Liga Puertorriqueña. Otros deportes en que laboró como árbitro u oficial son: béisbol. sóftbol, baloncesto, tenis de mesa, y otras actividades del Programa de Educación Física, que incluyen importantes desafíos donde se disputó el Campeonato de Puerto Rico. Arbitró torneos locales y comunitarios.

Fue el creador de la franquicia de volibol de *Vega Baja* en la Categoría Abierta de la *Liga Puertorriqueña* en el nivel Nacional en el 1998, el cual resultó Campeón de Puerto Rico. Dirigió el equipo de la categoría 17-19 años femenino, que logró el Campeonato de Puerto

Rico. No solo laboró en Vega Baja en el volibol, sino tambien en los pueblos de Ciales, Vega Alta y otros, además de ofrecer clínicas. Como dirigente ha sido exitoso en torneos invitacionales, locales y departamentales en el Programa de Educación Física. En una ocasión obtuvo dos victorias el mismo día, derrotando a Corozal y a Naranjito en un torneo invitacional. Esta hazaña no es muy común, ya que estos pueblos tradicionalmente han dominado el volibol a nivel nacional durante muchos años.

En el 2017 dirigió y entrenó a los siguientes equipos en el volibol: máster femenino y el equipo masculino que compitió en las Olimpiadas Municipales.

Integrantes del equipo Liga Puertorriqueña Campeón de Puerto Rico de 1998:

1.	Arelis Rosario	7.	Cindy Bruno
2.	Sandra Pérez	8.	Isa González
3.	Janice De León	9.	Nancy Serrano
4.	Ariety Ortíz	10.	Brenda Lozada
5.	Wendy Cruz	11.	Yadiris López
6.	Farah Paret	12.	Carmen Martínez

Dirigente- José Gaetán
Asistente- Gerardo Santiago
Apoderado- José "Cholo" Rosario
Estadístico- José Concepción

Gaetán actuó como dirigente y entrenador en el béisbol Clase A y Doble A Juvenil en Vega Baja.

Fuera del campo deportivo se distinguió cuando el 2005 fundó la agrupación musical Fénix, de la cual es director. Años antes había estudiado en el Estudio Francisco "Paquito" López Cruz en Ballajá, San Juan, durante cinco años. Se especializó en tocar el cuatro, instrumento típico puertorriqueño, además de tocar los instrumentos de percusión.

En el magisterio se inició en el Colegio NIA (escuela especializada) de Guaynabo, en el 1988. Luego trabajó en el 1989 en la Segunda Unidad de Almirante Norte y finalmente en el nivel superior en el 1996, en la escuela Juan Quiridongo Morell de Vega Baja. Anteriormente había efectuado labor voluntaria en la dirección del Programa Interescolar Deportivo de 1993-96 en la misma escuela. Actualmente se mantiene activo como maestro de Educación Física en la escuela Juan Quirindongo, en la que ha alcanzado éxitos deportivos en el Programa de Educación Física y otras actividades escolares y comunitarias.

En el 2015 su equipo "varsity" de baloncesto concluyó en el quinto lugar en las Competencias Nacionales Escolares del Programa de Educación Física. En el mes de junio de 2015 actuó como entrenador del equipo de volibol masculino de Vega Baja que participó en los II Juegos de Puerto Rico, el cual logró un quinto lugar en competencia que se celebró en San Juan. En el mes de junio,16 al 26 de 2015, asistió a competencia internacional de volibol "AAU Jr. Olympics", para jóvenes (femenino), de las edades de 15-19 años, donde actuó como árbitro. Esta actividad tuvo lugar en Orlando, Florida. Gaetán es miembro de la AAU (*Amateur Athletic Union*) desde el 2014, donde ha trabajado exitosamente.

Del 18-20 de marzo de 2016 trabajó como árbitro en torneo de volibol femenino en Orlando, Florida, en el "Disney Showcase Tournament". En este torneo participaron jóvenes de 13 a 18 años. Laboró como dirigente de jóvenes de 16 años o menos (varones) en los Juegos de Puerto Rico el 31 de mayo de 2016. Del 5 al 12 de junio trabajó de árbitro en la Copa Jr. Nacional, para jugadores de 16 años o menores, con sede en el Centro de Convenciones de San Juan. En Florida, Estados Unidos, arbitró en torneo en *Orange County Convention Center and Wild World of Sports y ESPN,* de Orlando. Esta actividad fue auspiciada por la AAU, se celebró del 19 al 26 de junio de 2016; también laboró en la misma actividad en el 2017. En abril de 2017 trabajó como árbitro en el *Disney Show Case Volleyball*, con sede en Orlando, Florida. En esta competencia participaron jóvenes (femenino) de 14-19 años. En el 2018 arbitró en torneo de volibol en Orlando, Florida.

Entre los árbitros del deporte de volibol de Vega Baja, posiblemente David Reyes Martínez, sea el primero en participar a nivel internacional con la Federación de Volibol de Puerto Rico.

Reconocimientos:
1. Por parte de la Asociación Recreativa de Alturas de Vega Baja-dedicación torneo de baloncesto
2. Resolución de la Asamblea Municipal en reconocimiento por el Campeonato de Puerto Rico en la Liga Puertorriqueña, equipo femenino
3. Municipio de Vega Baja en celebración Fiestas Patronales en el 2013, conmemorando el octavo año de la creación de la Orquesta Fénix.
4. El 28 de junio de 2015- se le dedicó Torneo de Volibol Playero (25 aniversario), celebrado en la playa Puerto Nuevo de Vega Baja y auspiciado por el Municipio de Vega Baja y el Alcalde Marcos Cruz.

Ha recibido una gran cantidad de certificados del sistema educativo por su labor escolar, trabajo como dirigente y árbitro en el volibol- Liga Puertorriqueña de la Federación Volibol de Puerto Rico, Programa Interescolar del Departamento de Educación, cursos de fotografía, Comisionado Electoral, Sociedad de Investigaciones Arqueológicas e Históricas de Vega Baja y su presidente Carlos Ayes; reconocimiento del alcalde de Vega Baja, Luis Meléndez Cano y el exdirector del Departamento de Recreación y Deportes de Vega Baja, Freddie Ramos; exvicepresidente de las Escuelas Públicas de Puerto Rico en la Asociación de Educación Física y Recreación de Puerto Rico (Junta de Gobierno) y otros certificados en diferentes disciplinas deportivas.

Dr. Pantoja Negrón, Carlos Enrique

N. el 23 de junio de 1952 en barrio Río Abajo, Vega Baja.
Peso: 200 lbs.   Estatura: 5' 11"
Lado dominante: derecho

Sus padres Luis Pantoja Pérez y Esther Negrón Martínez,(ambos fallecidos), naturales de Vega Baja, procrearon 10 hijos: Carlos es el sexto. Carlos se casó con Esmeralda Sánchez, quien dio a luz a Glenda Liz y Carlos, Jr. Son sus nietos Yadrián, Milyan y Rose Iyann. En su segundo matrimonio se casó con Ana "Annie" Marrero, sin procrear hijos.

La formación educativa en el nivel elemental la inició en una escuela del barrio Río Abajo en Vega Baja. Luego estudió en la escuela José Gualberto Padilla, de la cual se graduó de sexto grado en el 1964. El noveno grado lo aprobó en la escuela Ángel Sandín Martínez y el nivel superior en la Lino Padrón Rivera en el 1970.

Los estudios universitarios los inició en el Puerto Rico Junior College de Río Piedras en el 1970, y posteriormente se transfirió a la Universidad de Puerto Rico en Río Piedras. Aquí se graduó en Educación Física en el 1974. En el 1978 obtuvo el grado de maestría en Educación Física de la Universidad Interamericana, Recinto de San Juan.

Luego de haber aprobado más de 200 horas en educación contínua, y de las que recibió certificados de instructor en lenguaje de señas y primeros auxilios, ofreció más de 50 talleres a maestros de salud, Educación Física y Recreación. Posteriormente decidió iniciar estudios en el doctorado en Educación, del cual se graduó en el 2009, con especialidad en Currículo en Ambiente de Aprendizaje y en Educación Especial.

Trabajó en el sistema educativo en Vega Baja, Vega Alta, Manatí, y Bayamón por espacio de 23 años. Enseñó a tiempo parcial en el American University de Bayamón y en la Universidad de Puerto Rico. Se retiró en el año del 2013.

Trayectoria Deportiva:
Participó en las Pequeñas Ligas con Ojo de Agua, bajo la dirección de Efraín "Piri" Valle y Santiago "Chaguito" Meléndez. Esta liga la dirigió Miguel Ángel "Cabo Luis" Sánchez. Más tarde jugó Clase A local del barrio Ojo de Agua, bajo la tutela de Águedo García y los apoderados "Tato" Díaz y Willie Cantellops. Participó en la Clase A bajo la dirección de Ramón Luis Nieves con el equipo de Sabana. El apoderado lo fue Ambrosio "Don Bocho" Martínez, y este equipo resultó Campeón de Puerto Rico. Participó en la Clase A Estatal con el dirigente y apoderado Jaime "Camello" Collazo Bruno.

Mientras estudió en la escuela superior Lino Padrón Rivera, logró un título de Campeón Nacional en béisbol, bajo la dirección del profesor Abraham Ramírez y el señor Efraín "Piri" Valle. Se desempeñó en el jardín corto y la segunda base cuando niño y de adulto se destacó en la posición de receptor en el deporte de béisbol.

1968- miembro del equipo Comerío de la Liga Central y fue dirigido por Johnny Ramos.

1969- participó con el equipo Santos de la Villa del barrio Santana de Arecibo en la COLICEBA. Lo dirigió Juan Aguilar y el apoderado lo fue "Tinito" Cepero.

1969-71- jugó Doble A con los Vaqueros de Bayamón. Lo dirigió "Tony" Valentín y Ángel L. Vázquez fue el apoderado.

1972-74- jugó con Utuado en la Doble A. Lo dirigió Ernesto "Tito" González y el apoderado lo fue Miguel Ángel "Lile" Medina Álvarez.

1973- participó en la LAI en el tiro de la jabalina, con tan solo un mes de entrenamiento; logró un cuarto lugar (un punto). Su entrenador fue el profesor Reynaldo "Pochy" Oliver, fallecido.

1974- jugador de Vega Baja en la COLICEBA y fue dirigido por Pedro Juan "Yongo" Crespo. El apoderado lo fue el Lic. Manuel "Cacun" Arraiza.

1975- Con Vega Baja Doble A, lo dirigió Ramón Luis Nieves y actuó de apoderado Bautista De la Cruz, fallecido.

1975-77- Trabajó de adiestrador con el dirigente Águedo García en el equipo béisbol Doble A de Vega Baja. Los apoderados fueron los hermanos José "Pepito" y Santiago "Chaguito" Meléndez.

1978- entrenador Selección Nacional Juvenil que participó en el Torneo Mundial en Venezuela. Los "head coaches" fueron Rubén

"El Conejo" López y José Rafael "Polilla" Santiago.

1979- el equipo de Vega Baja Doble A cesó los servicios de Pantoja. Recibió oferta de equipos Manatí, Utuado, San Sebastián, rechazó las mismas. Se dedicó a su negocio personal-tienda de efectos deportivos.

1987-90- apoderado del equipo Doble A de Vega Baja , el cual terminó con marca de 44 victorias y 34 derrotas.

1997- se le otorgó el premio del Ejecutivo del Año por parte de la Federación de Béisbol de Puerto Rico.

Labor Profesional:

1974- ofreció dos cursos académicos a estudiantes del Departamento de Educación Física.

1978- fundador del Primer Campamento de Verano "Pantojas Summer Camp" con 38 años de servicio.

Estableció el negocio de efectos deportivos Pantojas Sport Shop, el cual se mantenie activo.

1980- fundador de la pista *Pantojas BMX,* siendo seleccionada entre las mejores de un total de 810 pistas en Estados Unidos.

1984- se celebró competencia internacional de BMX con la participación de 1,532 atletas de 80 países.

1993- fundador del Circuito de Volibol Civosari, el cual se mantiene activo.

Otras labores efectuadas:

Líder recreativo en el complejo carcelario de Vega Alta por más de 12 años.

Líder recreativo voluntario en la urbanización Santa Rita durante más de 16 años.

Organizó, junto a la *Federación de Surfing de Puerto Rico*, el primer encuentro avalado por la *Federación Internacional de Surfing.*

Fundador del Currículo de Control de Peso en poblaciones de alto riesgo, para prevenir obesidad en estudiantes de Escuelas Públicas de Puerto Rico.

Fundador de la Asociación de Estudiantes de Educación Física del American University en Bayamón.

Tesorero de la Fundación Salvando Vidas (pacientes de trasplantes de riñón).

Tesorero de la Clase Graduada de 1970 de la Escuela Superior Lino Padrón de Vega Baja.

Donador voluntario de sangre para la Cruz Roja Americana por espacio de más de 20 años y cuatro veces al año.

Tesorero de la Asociación de Educación Física y Recreación de Puerto Rico desde el 2009 hasta el presente.

Logros Deportivos en Actividades del Programa de Educación Física:

1. Baloncesto- un Campeonato Nacional en varones-1985-86. Ganador de 14 campeonatos de Torneos Invitacionales.
2. Béisbol- siete Campeonatos Nacionales y cuatro Subcampeonatos.
3. Pista y Campo-ganador relevo 4 x 100 m –Campeón Nacional.
4. Sóftbol- cuatro Campeonatos Nacionales y cuatro Subcampeonatos.
5. Tenis de Mesa-Subcampeonato Nacional en parejas con los hermanos José "Pepito" y Carlos Montes.
6. Volibol- un Campeonato Nacional en varones.

Escritos o publicaciones:

1. La obesidad en niños de escuelas elementales del K-3
2. Obesidad en adultos.
3. "Bullying" en el nivel elemental

Es admirador de los siguientes atletas: Ramón Luis Nieves, David "El Gallo" Rodríguez, en béisbol; Iván Meléndez, Giovani Colón, en baloncesto; Jorge "Peco" González, en atletismo; y Michael Jordan y Moses Malone en la NBA.

Reconocimientos:

1. Dedicatorias de siete Clases Graduandas
2. Se seleccionó Maestro de Excelencia en Vega Baja y en Vega Alta
3. Se le otorgó Premio Cívico del Club Rotario -Vega Alta

Dr. Portela Suárez, José Manuel "Manel"

N. el 5 de mayo de 1935 en Hato Rey.
Peso: 150 lbs.   Estatura: 5' 7 ½"
Lado dominante: derecho

Sus padres, el licenciado José M. Portela Pérez y la señora Luisa Suárez González, tuvieron cinco hijos: "Manel", Luis Ramón, (fallecido); Rafael Antonio (fallecido); María Luisa y Celso Enrique.

Está casado con la profesora Carmen del Pilar Valez-Lecároz, catedrática en Administración de Empresas de la Universidad de Puerto Rico, jubilada. Han procreado a cuatro hijos: Carmen Pilar, José Manuel, Ricardo Emilio y Cristina del Rosario. Ellos a su vez le han dado siete nietos, todos profesionales.

La carrera profesional y deportiva del doctor Portela es extensa. A continuación acontecimientos más importantes:

Experiencia como Atleta:

1955-58- equipo de Sóftbol Superior, Midwest Appliance, Topeka, Kansas, Campeonato de sóftbol "Fast Pitch".

1954-58 - equipo "varsity" béisbol, Washburn University, Topeka, Kansas. Mención de honor para "All Star".

1953-58- equipo Béisbol Superior AA de Vega Baja, participación Campeonato Estatal 1956 entre Ponce, Juncos y Vega Baja.

1952 -invitación por entrenador Hy Sisserman para practicar y jugar con equipo de Baloncesto Superior Capitanes de Arecibo.

1951-53- atleta sobresaliente en béisbol, baloncesto y atletismo del Colegio San José de Río Piedras y escuela superior de Vega Baja.

1951-52- miembro equipo júnior "varsity" de baloncesto y béisbol en Colegio San José.

1946-53- categorías menores, Liga Atlética Policiaca, béisbol, baloncesto y otros deportes en Colegio San José y escuela superior de Vega Baja.

Otras Actividades profesionales:

2005 al presente- miembro y Asesor del Salón de la Fama del Deporte de Vega Baja.

1996-2004- miembro fundador y presidente del Salón de la Fama del Deporte de Vega Baja.

1996-2000- Asesor del Municipio de Vega Baja en Recreación y Deportes

1994- miembro fundador de la Academia Olímpica Nacional de P.R.

1993-96- Miembro Comisión de Alto Rendimiento del Comité Olímpico de Puerto Rico

1993- creador y Organizador del Club de Remo Olímpico, Los Caimanes de Vega Baja, en la Laguna de Tortuguero y con colaboración del Municipio de Vega Baja, Recursos Naturales y COPUR.

1992- fiduciario Casa Olímpica y Albergue Olímpico, ley creada por Legislatura de Puerto Rico.

1992-94- miembro Comisión Pro Sede 2004 y asesor Natatorio, Comité Selección Premios a Estudiantes.

1992-93- comité organizador Juegos Centroamericanos y del Caribe de 1993 en Ponce, Puerto Rico

1992-96- miembro Comité Olímpico de Puerto Rico, Interés Público.

1992- presidente Comité Organizador del Primer Festival Olímpico Puertorriqueño.

Comité Organizador y Director Natación, Olimpiadas Nacionales .

1990- miembro Comité Evaluador del Consejo de Educación Superior para evaluar Propuesta Maestría en Currículo de Educación Física de la Universidad Católica de Ponce.

1989-90- miembro Comité Organizador Primer Congreso del Deporte, celebrado en Albergue Olímpico.

1987-89- comité para la Conceptualización y Creación de la Escuela Superior Especial del Albergue Olímpico.

1985-91- miembro Grupo Asesor del Presidente del Senado de Puerto Rico, licenciado Miguel Hernández Agosto, Comisión de Recreación y Deportes. Colaborador del licenciado Antonio Faz Alzamora, presidente de la Comisión de Deportes, Cámara Representantes de Puerto Rico

1984- colaborador IV Campeonato de Centro América y del Caribe de Atletismo Juvenil, San Juan.

Asesor de la doctora Venessa Bird, Depto. de Educación Física, Universidad Central de Bayamón.

Consulta Administración de Colegios Regionales, Ideas para reorganizar y administrar departamentos de Educación Física.

Asesoría Departamento Educación, Competencias para Certificación de Maestros de Escuela Secundaria.

Consulta Administración de Colegios Regionales, Ideas para reorganizar y administrar departamentos de Educación Física.

Asesoría, Departamento de Educación, Competencias para la Certificación de Maestros de Escuela Secundaria.

1983- consulta Universidad Central de Bayamón para Instalaciones deportivas de Educación Física.

Miembro Comité Documentación, ODUCC (Organización Deportiva Universitaria Centroamericana y del Caribe).

Miembro Comité Evaluador (CES), Evaluación Universidad Católica de Puerto Rico, Bachillerato en Educación Física.

1982- jefe Delegación II Juegos Universitarios y del Caribe, Venezuela.

Originador, junto al profesor Phil Ruiz y Cooperativa UPR, equipo natación de Los Gallitos, para hijos de empleados y comunidad.

Organizador y coordinador con UPR, Depto.de Educación Física y Secretaría Recreación y Deportes de Primera Conferencia de Liderato Recreativo Latinoamericano y del Caribe.

Consulta Universidad del Sagrado Corazón sobre diseño complejo deportivo.

1981- taller Entrenamiento en Servicio, junto al profesor Mariano Santini- "La Educación Física para Personas con Impedimentos," Depto.de Educación Física, Río Piedras.

Originador, junto a profesores Depto. Educación Física, del Programa de Bachillerato en Recreación, Universidad de Puerto Rico, Río Piedras.

1979- coordinador, Jefe entre COPAN y Universidad de Puerto Rico de servicios deportivos competitivos en los Juegos Panamericanos en natación, polo acuático, esgrima y tiro con arco.

Originador idea sobre creación de Oficina Comisionado de Deportes de LAI. Se creó puesto en 1980.

Vicepresidente Junta Provisional, Federación Atletismo.

1978-79- miembro Junta Federación Atletismo.

1978- miembro Comité Organizador Sexta Copa Latina en la Universidad de Puerto Rico.

1978-79- presidente Junta Administrativa de la LAI.

1977- originador, junto al señor Jesús Almodóvar, Campamento de Verano Los Gallitos, Universidad de Puerto Rico.

Jefe Delegación, III Juegos Universitarios y del Caribe, Santo Domingo.

Propulsor y creador, junto a autoridades universitarias, Primer Retorno Universidad de Puerto Rico

1976-85- miembro Junta Administrativa LAI.

1975-76- vicepresidente Junta Administrativa LAI.

1975- organizador del Primer Torneo de *Golf* del Recinto Universidad Mayagüez, en el Club Deportivo del Oeste.

1974- delegado equipo natación ADAM, a la Federación Natación de Puerto Rico

Originador Propuesta para la Creación de Bachillerato en Educación Física, RUM-UPR y aprobado en el 1972, mientras llevó a cabo estudios doctorales en Florida State University.

1970- creador Torneo de Estrellas de natación entre Isla y Zona Metropolitana.

1969- organizador, junto a Depto. Educación de Educación Física, la AEFRPR, de Estados Unidos y el RUM, clínica para "Deportes para toda la vida".

Miembro Delegación Universitaria RUM a Relevos de Pennsylvania en Atletismo y Randall Island, Nueva York.

1968- árbitró en Justas Atletismo Federación, en el Parque Isidoro García de Mayagüez.

1967- fue Presidente Asociación de Educación Física y Recreación de Puerto Rico

1966- laboró como cronometrista X Juegos Centroamericanos y del Caribe, Sixto Escobar, San Juan.

1965- director Acuático Campamento Red Arrow, Poblado Rosario, San Germán-verano.

1956- consejero Campamento Niños y Niñas Poblado el Rosario, San Germán, días de semana en verano.

Experiencia en la docencia:

1976-90- catedrático, Depto. Educ. Física, Escuela de Educación, Universidad de Puerto Rico, Río Piedras.

1978-79- catedrático, tarea parcial, Escuela Graduada Nocturna, Universidad Interamericana, Departamento de Recreación y Educación Física, Recinto Metropolitano.

1976- Catedrático, Departamento de Educación Física, Facultad de Artes y Ciencias, Universidad de Puerto Rico, Recinto Mayagüez.

1969-76- catedrático Asociado, Departamento de Educación Física, Facultad de Artes y Ciencias, UPR, Recinto Mayagüez.

1965-68- catedrático Auxiliar, Depto. de Educ. Física, Facultad de Artes y Ciencias, Universidad de Puerto Rico, Recinto Mayagüez.

1961-65- instructor, Departamento de Educación Física, Facultad de Artes y Ciencias, Universidad de Puerto Rico (UPR), Mayagüez

1960- instructor sustituto, Escuela elemental, UPR, Recinto Río Piedras.

Experiencia Administrativa:

1991-95- ayudante Especial y Asesor Escuela Albergue Olímpico y Albergue Olímpico.

1991- (en mayo) Director Técnico Escuela Albergue Olímpico y Albergue Olímpico.

1989- cofundador y organizador de Escuela Técnico-Deportiva del Albergue Olímpico, con el Comité Olímpico y el Departamento de Educación.

1976-87- director, Depto. de Educación Física, Escuela de Educación, UPR, Recinto de Río Piedras.

1974-76- director, Depto. de Educación Física, Facultad de Artes y Ciencias, UPR, Recinto de Mayagüez.

1968-70- ayudante Académico, Depto. de Educación Física, Facultad de Artes y Ciencias, UPR, Recinto de Mayagüez.

1964-65- coordinador Programa Intramural, Depto. de Educación Física, Facultad de Artes y Ciencias, UPR, Recinto de Mayagüez.

1961-64- ayudante Administrativo, Depto. de Educación Física, Facultad de Artes y Ciencias, UPR, Mayagüez.

Comités ha pertenecido:

1976-86- comité Ascensos y Nombramientos, Comité de Currículo, Depto. -Ascensos y Nombramientos, Facultad de Artes y Ciencias, UPR, Recinto de Mayagüez.

1975- recreación-Talleres de la Comunidad, ELA.

1974- comité Asesor, Adm. de Parques y Recreos – Administrador Emilio Casellas.

1974-76- comité Enlace con la comunidad, División de extensión, RUM. Invitado por Secretaría Departamento Instrucción Pública, (Inés J. Guzmán), para analizar programa regular de Educación Física.

1969-70- comité de Currículo, Depto. de Educucación Física y Facultad de Artes y Ciencias, Recinto Universitario de Mayagüez

1970- nombramientos, Facultad Artes y Ciencias, Recinto de Mayagüez.

1968-70- Construcción Piscina Alumni, Recinto Univ. Mayagüez
1967- Comité Asesor Administración Parques y Recreos –
Administrador Octavio Wys.

Ponencias y conferencias:
1994- panelista, Estudio Evaluativo Depto. Educación Física del
Depto. de Educación, desarrollado por IAU, Recinto Metro,
presentado por el Consejo General de Educación.
1992- panelista, Aportaciones de universitarios hacia el logro de
los Juegos Olímpicos de 2004.
1991- conferenciante en Programa de Adiestramiento del Deporte, auspiciado por COPUR y el COI sobre el Gobierno y el Deporte, Recreación y Deportes, Ponce.
1990- conferenciante, Universidad Sagrado Corazón, Departamento de Educación Física, "Trasfondo Histórico de la Liga
Atlética Interuniversitaria, Panelista Convención Asociación
Educación Física y Recreación de Puerto Rico- "Escuela del
Albergue Olímpico".
1989- ponencia, Comisión de Juventud, Turismo, Recreación y
Deportes, presidida por Senador Antonio Faz Alzamora- Proyecto
de Ley 34- que estableció obligatorio la enseñanza de Educación
Física en las escuelas. Compareció junto al licenciado Germán
Rieckehoff Sampayo.
Ponencia, Comisión de JTRD-"Rendimiento y Masividad
Deportiva".
1984- ponencia, Comisión de JTRD, presidida por Senador
Miguel Miranda-"Conceptualización sobre Estrategia de Política
Pública para la Recreación y el Deporte en Puerto Rico".
1982- conferenciante, Primer Congreso Latinoamericano de Ca-
pacitación y Liderazgo- "Actitudes Deportivas y la Recreación Ju-
venil en Orden a Una Promoción de Base", México.
Conferenciante, Universidad Interamericana, Recinto Metro-
"Trasfondo Histórico y Futuro de la Liga Atlética InterUniversitaria
1980- conferenciante, escuela superior UPR- "La Dieta y el Atleta".
1977- conferenciante, American Military Academy- "El Atleta y el
Estudiante".

Investigaciones y otros trabajos efectuados:
1994- propuesta para la Creación de la Academia Olímpica Juvenil
en la Escuela Técnico-Deportiva del Albergue Olímpico en Salinas.
1975- Physiological and Psychological Considerations of Chil-
dren's Participation in Competitive Athletics, ("academic paper").
1974- "Evaluation of the Physical Education Program in the Secon-
dary School System of Puerto Rico", tesis doctoral.
1971- "Comparison of a Group of Competitively trained Age-group

Swimmers in a Test of kinesthetic Arm Position". ("academic paper")
1964- Manual de Organización y Administración de Deportes Intra-murales para estudiantes, Colegio Mayagüez, RUM.
1960- "A Study of Oxygen Uptake Prior to, During and Following Exercise", Tésis de Maestría.

Publicaciones:
1983-84- "Consideraciones sobre cómo desarrollar y mantener niveles de aptitud física," Boletín Internacional de Educación Física, Caracas, Venezuela, periódico El Mundo, Puerto Rico.
1983 - "Ojo, no por mucho madrugar"..., Revista Técnico, Puerto Rico
1982- "Actitudes Deportivas y la Recreación Juvenil en orden a una promoción de base", Boletín Internacional de Educación Física, Caracas, Venezuela.

Reconocimientos:
2016-conmemoración primera Junta del Salón de la Fama del Deporte de Vega Baja-20mo. aniversario.
2015- 5 de septiembre en Jayuya, La Federación de Tenis de Mesa de Puerto Rico, señor Iván Santos, dedicación Copa Alcalde, señor Jorge González.
2012- escuela superior Lino Padrón Rivera.de Vega Baja
2011- reconocimiento y exaltación de la Escuela Técnico Deportiva (E. G.) a su Salón de la Fama como cofundador y exasesor.
2010- medalla de reconocimiento como atleta en los años 1951-53 de la escuela superior Lino Padrón Rivera, Vega Baja
2004- exaltado al Salón de la Fama del Deporte de Vega Baja
2003- reconocimiento como educador y deportista en el X Festival Olímpico, en Caguas, por el Comité Olímpico de Puerto Rico.
1994- premio de Excelencia Deportiva a nombre del doctor José M. Portela, creado por la Escuela Técnico Deportiva del Albergue Olímpico, a el atleta de la primera clase graduanda de Cuarto Año, otorgado al boxeador Daniel Santos.
Recomocimiento por la Escuela Técnico Deportiva al grupo de personas que desarrolló el concepto filosófico de la escuela, otor-gado en la primera graduación de la Escuela, Casa Olímpica.
1990- reconocimiento otorgado por Departamento de Edcucación Física y Recreación, Escuela de Educación, Universidad de Puerto Rico, por excelencia en la cátedra y dirección departamental.
1989- dedicación de Asamblea Anual de la Asociación de Educa-ción Física y Recreación de Puerto Rico, Colegio Universitario de Humacao
1983- pro mejoramiento del arbitraje de béisbol en Puerto Rico, otorgado por *Latinamerican Umpire School.*

166

1972- premio Ciudadano Distinguido de Propulsor del Deporte de Natación, otorgado por el Municipio de Mayagüez, alcalde Benjamín Cole. Miembro de la Primera Junta del Salón de la Fama del Deporte de Vega Baja en el 1996, actividad efectuada en el 2016.

Organizaciones profesionales:
Phi Delta Kappa, Fraternidad Honoraria de Educación
Phi Epsilon Kappa, Fraternidad Honoraria de Educación Física
Asociación de Educación Física y Recreación de Puerto Rico
Alianza Americana de Salud, Educación Física y Recreación y Baile
"National Association for Physical Education in Higher Education"
"World Leisure and Recreation Association Parks and Recreation Association".

Viajes profesionales:
1990- Convención Nacional AAHPERD, New Orleans, Lousiana
1989- viaje de estudio a Cuba, COPUR -masificación y rendimiento deportivo, preparación de adiestrador- exatléticos, escuelas de ex-atletas
1985- Convención Nacional, American Association Health Physical Education Recration and Dance (AAHPERD), New Orleans, Louis.
1983- Congreso, The New Agenda, Woman's Sport Foundation-Derechos de la Mujer en el Deporte, Washington, DC.
1982- Convención Nacional, AAHPERD, Houston, Texas
1981- Convención Nacional, AAHPERD, Boston, Massachusetts
1980- Convención Nacional, "Parks and Recreation Association", New Orleans, Louisiana
1977- Congreso Panamericano de Educación Física, México
1967- delegado, Convención Nacional, AAHPERD, Pensylvania

Viajes culturales:
América del Norte y del Sur, Centroamérica, El Caribe, Asia, África, con visitas a varios países de cada continente o zona.

Rosario Figueroa, José Ángel "Cholo"

N. el 10 de junio de 1950 en Vega Baja.
Peso: 175 lbs.   Estatura: 5' 8"
Lado dominante: derecho

José Rosario es el único hijo del matrimonio de Fernando Rosario Andino, natural de Vega Baja y Juana Figueroa Oquendo, natural de Ciales. Tiene cuatro hermanos por parte de padre.

Estudió los primeros tres grados en la escuela elemental de La

Trocha, del cuarto al sexto en la elemental José Gualberto Padilla. El nivel intermedio lo aprobó en *Dewey Junior High School* de Brooklyn, Nueva York. Aquí compitió en el deporte de "handball" de pared, el cual ganó el campeonato en parejas en el Distrito de Brooklyn. También compitió en pista y campo, béisbol y baloncesto. Participó en béisbol, baloncesto y atletismo bajo la dirección de los profesores José Manuel Sanabria y Abraham Ramírez, en la escuela Lino Padrón Rivera. En el 1971 obtuvo el certificado de cuarto año.

Se matriculó en la Universidad Interamericana en el 1971, donde aprobó clases de Educación Física con el profesor Héctor "Brinquito" Román. Compitió en sóftbol y baloncesto. Terminó en Hato Rey (Interamericana), su bachillerato en Educación Física en el 1975. Anteriormente había estudiado electricidad en la escuela Thomas Ongay de Bayamón. Luego inició labores en la fábrica Merck en Barceloneta. De 1975-76 trabajó en las oficinas del plan de Asistencia Nutricional en Vega Baja.

Estudió un semestre en Hunter College de Nueva York e inició estudios de maestría en Educación Física. Trabajó en el hotel Waldorf Astoria de Nueva York. Más tarde decidió regresar a Puerto Rico.

En Puerto Rico trabajó por espacio de ocho años en el Departamento de Educación en escuelas de Vega Baja y Vega Alta, como profesor de Educación Física. Luego, mientras trabajaba de día, decidió reanudar estudios de maestría en Educación Física en la Universidad Metropolitana durante las noches.

Se retiró en el 2010 del magisterio, luego de haber trabajado durante 31 años en los distritos de Vega Baja, Vega Alta y Morovis.

Logros en el magisterio y comunidad:

1. Sóftbol femenino- tercer lugar de escuelas públicas de Puerto Rico en escuela elemental de Breñas, Vega Alta
2. Sóftbol masculino- tercer lugar de escuelas públicas de Puerto Rico en el nivel intermedio en la escuela Ángel Sandín Martínez de Vega Baja
3. Ajedrez- niño obtuvo tercer lugar de Puerto Rico en el nivel intermedio en la escuela del barrio de Barahona, Morovis
4. Campeón sóftbol Liga Julio Pabón de Vega Baja con equipo Pugnado Afuera
5. En el 1976 se ganó viaje a Santo Domingo, República Dominicana, donde celebró intercambio deportivo en el deporte de sóftbol
6. Participó con equipos Clase A de Sabana, Vega Baja, Toa

Baja Pueblo y Vega Baja Pueblo, con este último ganó un Subcampeoto de Puerto Rico.

Participación en el deporte de volibol:

1. En el 1999-Campeón de Puerto Rico, Liga Preparatoria con equipo de Vega Baja. José Rosario actuó como apoderado.
2. De 2000-07- apoderado del equipo femenino de Vega Baja, Liga Puertorriqueña. En cada año que participó su equipo cualificó para la serie de cuartos de finales. Varias jugadoras participaron luego en la Liga Superior.
3. Organizó durante varios años torneos de volibol y baloncesto en las Fiestas Patronales de Vega Baja-Copa Alcalde

Participación en atletismo:

1. Organizó grupo en Vega Baja de la Asociación de Atletismo Juvenil e Infantil (AAJI).
2. Participó en programas deportivos Radio Las Vegas en Vega Baja
3. Entre las actividades comunitarias, organizó el maratón del pavo durante más de 10 años en la urbanización donde reside.

Labor como árbitro en el béisbol y el sóftbol

1. Fue reclutado por el señor Edwin Morales para trabajar en diferentes ligas en Lomas Verdes de Bayamón
2. Arbitró en la Liga "Licho" Santiago en Toa Baja
3. Trabajó como presidente de la Liga de Árbitros del Melao-Melao en Vega Baja. El director lo fue el señor Lorenzo Ortiz.
4. Ingresó en el Colegio de Árbitros de Puerto Rico, bajo la presidencia del señor Vidal Rodríguez. Se inició como árbitro en el 1983 en desafío de la Liga Doble A- Aguadilla vs. Camuy. Trabajó en la primera base.
5. Trabajó durante un año en la Liga de Novatos del Béisbol Profesional de Puerto Rico.
6. Laboró como oficial en Clase B en Arecibo.
7. Durante cinco años trabajó como árbitro en la Liga de Sóftbol Superior de Puerto Rico.
8. Fue miembro de la organización Árbitros del Norte, presidida por el señor Wally Maldonado. Se retiró en el 2014 por lesión sufrida en un ojo mientras oficiaba juego de béisbol.

Fanático del árbitro de béisbol profesional Arnaldo Román y del pelotero vegabajeño Ramón Luis Nieves. En boxeo es admirador de Wilfredo Gómez, Wilfredo Benítez, "Chapo" Rosario y Cassius Clay; en baloncesto de Westley Correa,

Héctor " El Mago" Blondet y Mariano "Tito" Ortíz, de Puerto Rico; Walt Frazier, Willis Reed, y Earl "The Pearl" Monroe, de la "National Basquetball Association" (NBA).

Reconocimientos:
1. Se le entregó placa en la escuela intermedia Ángel Quintero Alfaro del barrio Barahona de Morovis, con motivo de su jubilación.
2. El 28 de junio de 2015- se le dedicó Torneo de Volibol Playero (25 aniversario), celebrado en la playa Puerto Nuevo de Vega Baja, bajo la Administración Municipal y el alcalde Marcos Cruz Molina.

Sanabria Lugo, José Manuel "Manolo"

N. el 23 de diciembre de 1923 en San Germán.
Peso: 180 lbs.   Estatura: 5' 8"
Lado dominante: derecho

Fueron sus padres el Dr. Nicolás Sanabria Fernández (médico y excelente pianista), y la señora Gertrudis Lugo Morales, quienes procrearon cinco hijos-cuatro mujeres y un solo varón.

Su formación educativa la llevó a cabo en el pueblo de San Germán, donde estudió el nivel elemental en la escuela Antonia Martínez (de primero a cuarto grado) y en la escuela Santiago R. Palmer (quinto y sexto grado). Los grados séptimo y octavo los aprobó en la escuela Dr. Jaime "Sancho" Cardona, en la cual se graduó en el 1937. El nivel superior lo aprobó en la escuela Lola Rodríguez de Tió en el 1942. Se destacó en los deportes de pista y campo, baloncesto, en la posición de armador; béisbol, donde ocupó las posiciones de jardinero central y receptor; en sóftbol se desempeñó en varias posiciones, y tenis de mesa. Aprobó curso general de comercio en la Fernández Commercial School de Mayagüez en 1948. Sus estudios universitarios los inició en el Colegio de Agricultura y Artes Mecánicas (CAAM) de Mayagüez en el 1949 y en la facultad de ingeniería eléctrica.

Se casó en el 1950 con la dama Georgina "Olga" Torres Santiago (fallecida), de San Germán, procrearon dos hijos: Olga (doctora) y José Manuel "Chico" (ingeniero), fallecido.

Su primer trabajo remunerado fue de Oficinista I con la Agencia Federal Work Project Agency (WPA). En el 1943 ingresó en las Fuerzas Armadas con sede en Puerto Rico, Trinidad, Tobago y Estados Unidos (Texas y Louisiana). Se destacó en los deportes de baloncesto, béisbol y sóftbol. En el 1950 la Guardia Nacional fue activada y sirvió nuevamente en el Ejército por un periodo de 23 meses en el conflicto de Corea. Regresó a Puerto Rico y reinició estudios en el Instituto Politécnico de San Germán, (actualmente Universidad Interamericana), donde obtuvo un bachillerato en Educación Física. El destacado profesor y atleta, el doctor Luis Fernando Sambolín, quien fue su maestro, le ofreció trabajo en la universidad, luego que observó sus cualidades profesionales en el campo deportivo. En el 1955 se graduó y mantuvo su trabajo hasta el 1958. En ese mismo año se inició como maestro de Educación Física en el pueblo de Maunabo. Al siguiente año se trasladó junto a su familia a Vega Baja, lugar donde laboró en la escuela superior Lino Padrón Rivera y en la intermedia urbana Ángel Sandín Martínez. En el 1966 trabajó en la escuela elemental José G. Padilla. En el 1968 fue ascendido a Coordinador del Programa de Educación Física de la Oficina Regional del Departamento de Educación en Arecibo. Dos años más tarde (1970), fue ascendido nuevamente, donde ocupó el cargo de Supervisor General del Programa de Educación Física de la Región Educativa de Arecibo. En el 1974 obtuvo el grado de maestría en Educación Física, Supervisión y Administración Escolar de la Universidad Interamericana de San Juan. Se jubiló en el año de 1982, en el cual alcanzó la categoría cinco de Supervisor en el Departamento de Educación. Más tarde trabajó con la Universidad Interamericana de 1987-93 como profesor a tiempo parcial en la ciudad de Arecibo.

Estuvo radicado de soldado en Puerto Rico en la *Base Losey Field* de Juana Díaz, donde compitió en baloncesto y su equipo efecefectuó intercambios con equipos de la Marina, Ejército de Ponce, Guayama y otras ciudades. Dirigió el equipo de baloncesto mientras estuvo en el ejército.

Se destacó como dirigente en el baloncesto y entrenador de pista y campo en el Colegio Regional de Arecibo (CRA), que estuvo localizado en el barrio Buenos Aires y se inauguró en el 1967. Actualmente este colegio es universitario y se conoce con el nombre de la Universidad de Puerto Rico en Arecibo (UPRA). Mr. Sanabria se retiró de Supervisor General del Programa de Educación Física en el 1982.

Logros significativos en el proceso de enseñanza aprendizaje:
1. Cofundador de Las Olimpiadas Especiales de Puerto Rico. Se proveyó de talleres de capacitación a maestros y se estableció

171

programa competitivo interescolar.

2. En el 1962 introdujo al Programa Interescolar de Educación Física la carrera de campo traviesa. La primera carrera se celebró en Barceloneta y fue supervisada por el profesor Frank Prado, fallecido.

3. Ofreció talleres de Educación del Movimiento durante los veranos a maestros regulares, con el propósito de que los estudiantes mejoraran el desarrollo motor grueso, motor fino, y conocer las partes del cuerpo a través de actividades de movimiento.

4. Organizó la Región Educativa en tres secciones por matrícula, con el propósito de que hubiese mayor equidad y equilibrio competitivo. La sección I estuvo compuesta de escuelas con matrícula de 500 estudiantes o más, la sección II de 499-300 estudiantes y la sección III con 299 estudiantes o menos.

Fue admirador de las siguientes personas: Dr. Ubaldino Ramírez de Arellano, Sebastián "Chitín" Barea, Hnos. Muratti- "Toto" y "Nono"; Dr. Luis Sambolín, Galo Segarra Lugo (organizó Liga Atlética Policiaca en Puerto Rico), Manuel Vélez Ithier, Arquelio Ramírez, Aniceto González y Félix "Colorao" González.

Resumé deportivo:

1953-55- dirigente equipo de baloncesto de la escuela superior de San Germán, Campeones de Puerto Rico e invictos durante los tres años.

1955-57- asistente de John Bach, dirigente del Baloncesto Superior en San Germán. El Sr. Bach le brindó la oportunidad de dirigir el Juego de Estrellas del equipo del *Sur,* el cual obtuvo la victoria. Le ofreció al profesor Sanabria el trabajar en la Universidad Católica de Fordham, Nueva York; tomó la decisión de permanecer en Puerto Rico.

1959-60- asistente del entrenador de baloncesto Art Loche.

1961- dirigente del equipo Superior de San Germán.

1962-64- trabajó en la organización LAICRE (Liga Atlética Intercolegios Regionales), Juez de Salida y Juez Árbitro. Asistió a varios pueblos para ofrecer clínicas de baloncesto; también dirigió en diferentes categorías.

1965- dirigió equipo Subcampeón de Puerto Rico, San Germán

1967-71- asistente de Juez de Salida en pista y campo en la Liga Intercolegial y en actividades interescolares en Educación Física y Programa Especial.

Trabajó en la Liga Superior de asistente del equipo de Morovis, junto al Prof. Edwin Díaz y con Santiago Maldonado en Arecibo. En Vega Baja dirigió el equipo de baloncesto de la Liga Puertorriqueña.

172

Como jugador de baloncesto, participó en todas las categorías: tercera, segunda, primera, Superior, Colegial y otras.

Reconocimientos:

1. 1982-Dedicación del Día de Juegos de la escuela superior Fernando Suria Chaves de Barceloneta y el señor José Juan Ruiz, maestro de Educación Física.
2. Programa de Educación Física-escuela superior Lino Padrón Rivera.
3. Departamento de Educación y Región Educativa de Arecibo
4. El 10 de diciembre de 2015- se aprobó Proyecto de Resolución número 47 y serie 2015-2016, sometida por el Sr. Rafael Martínez Santos, Asamblea Municipal de Vega Baja.
5. El 12 diciembre de 2015- instalado en el Salón de la Fama del Deporte de Vega Baja.
6. 2016-Primera Directiva del Salón de la Fama del Deporte de Vega Baja-celebración del 20mo. aniversario.
7. Celebración cumpleaño 95 en la finca de Pantoja en Vega Baja.

Santiago Castañón, Gerardo "Gerry"

N. el 4 de febrero de 1950, natural de Yauco.
Peso: 245 lbs.   Estatura: 5' 11"
Lado dominante: derecho

Sus padres Gerardo Santiago Santiago e Hilda Castañón, ambos naturales de Yauco, tuvieron cuatro hijos, "Gerry" es el mayor de todos.

"Gerry" estudió en la escuela Teodomiro Taboas en el nivel elemental, el nivel intermedio lo aprobó en la Jesús T. Piñeiro y el superior en la Fernando Callejo de Manatí. Practicó los deportes de volibol (acomodador), pista y campo (tiro de la bala, 1,500 m y relevos), y baloncesto. Sus instructores en Educación Física fueron Santiago Maldonado y José "Papote" Rodríguez.

Los estudios universitarios, los comenzó en el Colegio de Agricultura y Artes Mecánicas (CAAM) de Mayagüez, luego se transfirió a la Universidad Central de Bayamón. Mientras laboró de día, estudió de noche. Terminó un bachillerato en el 1987 con concentración en Educación Física con 4.00 pts. de promedio y 3.80 de promedio general. La doctora Vanessa Bird y el profesor Santiago Maldonado lo guiaron en el campo deportivo durante sus estudios universitarios.

173

En el 1973 comenzó como maestro de Educación Física en Vega Baja, gracias a la recomendación del señor Julito Maceira. Anteriormente laboró como líder recreativo en Manatí. El señor Maceira declinó invitación para trabajar en el Colegio Nuestra Señora del Rosario (CNSR) en Vega Baja y recomendó a "Gerry". Este aceptó el cargo, donde trabajó por espacio de 37 años. Originalmente comenzó como maestro de matemáticas y posteriormente aceptó trabajar en Educación Física. Organizó innumerables torneos de baloncesto, volibol, sóftbol, pista y campo y actividades entre maestros, padres y estudiantes. Trabajó bajo la dirección del padre Wadi Álvarez y con un gran número de monjas que ocuparon cargos administrativos.

Logros significativos:
1. Apoderado y dirigente del volibol en primera, segunda y tercera categoría en Manatí-10 años.
2. Entrenador asistente en equipo de volibol femenino de Vega Baja y Campeón Nacional de la Federación de Volibol de Puerto Rico.
3. Laboró como árbitro en deportes de volibol, baloncesto, sóftbol, pista y campo y otras actividades a nivel local y estatal.
4. Director del Programa de Eficiencia Física en Acrópolis de Manatí, programa para personas de la tercera edad.
5. Expresidente de la Liga de Colegios Católicos en Arecibo.
6. En el 1985- obtuvo Campeonato de Puerto Rico en volibol femenino en Torneo de la Juventud, con sede en Lares.
7. En una ocasión, actuando como entrenador, logró cuatro campeonatos en torneo invitacional de volibol celebrado en el Colegio Marista de Manatí y con los atletas del Colegio de Vega Baja. Los triunfos fueron en ambas ramas-masculino y femenino, en las categorías sénior y júnior.

Recuerda con cariño las grandes amistades con padres, maestros, estudiantes y la comunidad en general, especialmente en Manatí y Vega Baja. Sembró con éxito la semilla del saber y valores positivos a todos aquellos interesados en aprender. También se siente orgulloso de la actuación deportiva y en el campo profesional, alcanzada por muchos de sus atletas de Vega Baja y pueblos limítrofes. Muchos de ellos se destacaron en el nivel universitario y en el nivel Superior y varios destacados en Estados Unidos.

Reconocimientos:
1. 13 de agosto de 2010-el CNSR reconoció la labor de Gerry cuando se le dedicó el 50mo Aniversario de la creación de la institución.
2. 21 de octubre de 2010-la cancha bajo techo del Colegio Nuestra Señora del Rosario en Vega Baja, se honró con su nombre.

Soler Martínez, Juan Antonio

N. el 29 de enero de 1951 en Vega Baja.
M. el 20 de septiembre de 2008
Peso: 157 lbs.   Estatura: 5' 3"
Lado dominante: derecho

Soler es el mayor de cuatro hermanos de padre y madre. Su papá Julio Soler Montañez y su mamá María Martínez Maysonet, ambos son naturales de Vega Baja. Tiene varios hermanos de parte de padre.

Estuvo casado con Carmen Nuñez Rodríguez, natural de Vega Baja, con quien procreó dos hijos: Juan Ricardo y María del Carmen. También tiene a Juan Antonio de una relación previa.

Cursó estudios en la escuela elemental Manuel Padilla Dávila, Ángel Sandín Martínez, intermedia urbana y en la Lino Padrón Rivera, superior, todas de Vega Baja. Durante su época de estudiante se destacó en varios deportes: pista campo y béisbol. En su comunidad participó en sóftbol y béisbol, en la posición de los jardines.

Su primera experiencia laboral fue en una fábrica en Barceloneta, luego trabajó en construcción por muchos años. Más tarde estudió en el Caribbean University de Bayamón, universidad en la que se graduó de bachillerato en Trabajo Social. Trabajó en el residencial Virgilio Dávila en Bayamón, pero se disgustó y renunció en el trabajo. Luego decidió tomar créditos en Educación Física en American University de Bayamón y obtuvo certificación, la cual lo autorizó a enseñar en el Departamento de Educación. Es en la escuela de Almirante Sur I de Vega Baja, lugar en que se inició como maestro de Educación Física. Posteriormente trabajó en la Segunda Unidad de Pugnado Afuera, Fernando Rosario Rosario y por último en la escuela Manuel Padilla Dávila, por espacio de 21 años.

Laboró como dirigente de equipos de volibol en la escuela y en la comunidad, principalmente con niños y niñas. En cuanto torneo hubiese él asistía, fuere de la escuela o invitacionales. En gran cantidad de ellos obtuvo trofeos acreditados con los primeros lugares. Era un "fiebrú" del volibol.

Una de las peculiaridades de su estilo de dirigir era el tirar la gorra conta el suelo. En ocasiones los fanáticos que lo conocían decían: "horita tira la gorra contra el piso porque está molesto."

Entre sus pasatiempos estaban el jugar dominó, escuchar música romántica y salsa, además de ver juegos de béisbol.

Se le hicieron varios homenajes en las escuelas y la comunidad, entre ellos, los siguientes: graduaciones, maratones del pavo y homenaje póstumo efectuado por el Programa de Educación Física del distrito de Vega Baja.

¡Siempre lo recordaremos con cariño!

Cintrón Vélez, Yandrés Zebasthian

N. el 24 de junio de 2001 en Hospital Hermanos Meléndez, Bayamón, Puerto Rico
Peso: 125 lbs.   Estatura: 5' 6"
Lado dominante: derecho

Benjamín Cintrón Pagán, natural de Vega Baja y Daisy Vélez Granell, natural de Mayagüez, tienen a su único hijo Yandrés. Yanderee Nicole Cintrón Dávila, es hija de Benjamín, producto de su primer matrimonio.

Yandrés cursó estudios en los niveles-elemental e intermedio- en el colegio Christian Military Academy de Vega Baja. Según sus padres, antes de establecerse en una escuela, el colegio era un cuido de niños, donde estuvo desde los seis meses de edad hasta el presente, en que cursa el duodécimo grado.

Desde niño, se destacó como un excelente estudiante, con promedio de "A", desde los grados primarios, además de destacarse en los deportes. Compitió en diferentes deportes a nivel interescolar, en los que integró los equipos "varsities" además de haber competido en la comunidad. Entre los deportes están los siguientes: béisbol, el cual empezó a los cuatro años, bajo la dirección de José Andrés Rosario. Se destacó principalmente en el cuadro y posteriormente de receptor. A esa misma edad comenzó en la disciplina de Tae Kwon Do. Su entrenador fue el señor Luis M. Ostolaza, fallecido.

En baloncesto jugó en Vega Baja bajo la dirección de Ramón "Mon" García, como miembro del equipo "varsity" del colegio. Se destacó en la posición de escolta. En volibol integró el equipo "varsity" del colegio, en la posición de acomodador y bajo la dirección del señor Edwin Lozada Rosario. A los nueve años de edad empezó en el deporte de balompié en la posición de delantero con los Huracanes de Manatí. Finalmente, a la edad de 10 años se inició en el deporte de "football" americano, en el cual continúa compitiendo actualmente.

¿Cómo surgió el interés de Yandrés en el deporte de "football"? Benjamín, padre de Yandrés, vivió en San Antonio, Texas, indica que cuando niño practicaba en las calles el "football" recreativo y con frecuencia veía los juegos por televisión del "football americano" profesional de la *National Football League* (NFL), junto a su hijo. De esta manera Benjamín le trasmitió los primeros conocimientos de este deporte. Más tarde leyó un anuncio en el periódico El Nuevo Día, que exhortaba a los padres interesados en asistir a clínicas para niños en el deporte de "football". Los padres de Yandrés tomaron la decisión de seleccionar el pueblo de Dorado por la cercanía con Vega Baja, para matricular a Yandrés, a la edad de 10 años. Comenzó a jugar con el equipo "Spartans" de Dorado y posteriormente pasó la franquicia a Toa Baja, bajo el nombre actual de los "Spartans Football Club". En este deporte ha tenido varios entrenadores, entre ellos: Ibrahin Nardone, Adrián "Tito" Morales Reyes, José A. Arreseigor Cumpiano y Saúl Flecha Campos.

Según entrevista a Yandrés y a sus padres, que se llevó a cabo en su residencia, la influencia en el deporte se debe, además de los padres, a las siguientes personas: Benjamín Cintrón González y Carmen Pagán Ruíz, abuelos paternos; José Santa Marchand, amigo; Vidalia Granell Rodríguez y Carlos S. Vélez Ortíz, abuelos maternos; y otras personas. Todos ellos le han enseñado conocimientos deportivos, y han provisto ayuda económica. Su familiares han viajado con Yandrés en las actividades deportivas celebradas en Puerto Rico y en el exterior.

En el "football", Yandrés ha competido desde el 2011 en la Liga Pee Wee, categorías C, B y A y en la posición de "running back". Tuvo la gran experiencia de participar en varios campamentos de "football" en Puerto Rico y Estados Unidos, en los que adquirió conocimientos y mejoró sus destrezas deportivas. Entre ellos se pueden mencionar los siguientes: Chadrom State University en Puerto Rico, se celebró en junio de 2015; *Offense -Defense Camp,* en julio de 2015 en Tampa, Florida, se evaluó " excelente" (Cuatro estrellas), y fue escogido entre los 10 mejores atletas. Asistió al *Offense-Defense Elite Camp*, celebrado en agosto de 2015 en Carolina del Sur. En el mes de enero de 2016, asistió a Daytona, Florida, donde participó del *Offense-Defense Weekend Bowl.* Aquí se efectuó un torneo a nivel nacional con equipos de diferentes estados. ¡Su familia asistió con Yandrés a este torneo, para apoyarlo! Recibió calificación excelente, nuevamente se seleccionó entre los atletas más destacados de un total de alrededor de 270 participantes. Compitió en San Thomas, en diciembre de   2016. En marzo de 2016 su equipo "Spartans', categoría Pee Wee Reese, logró el tercer lugar a nivel de Puerto Rico. Yandrés fue seleccionado entre los atletas más destacados. El 18 de junio de 2016, representó a Puerto Rico en competencia de la Liga Pee Wee en desafío contra selección de Estados Unidos, actividad donde Puerto Rico fue la sede.   Participaron jóvenes del "varsity" y del "junior varsity". Yandrés compitió con actuación en la posición de "running back". Nuevamente estuvo en diciembre de 2016 en Atlanta, y en diciembre de 2017 del "Offense-Defense Weekend Bowl'.

Por su gran destaque en el deporte de "football", ha recibido gran destaque en Puerto Rico en diferentes entrevistas televisivas en varios programas: "Ellas y tus Noches", con la presentadora Geraldine Fernández, Canal 13; Sistema TV, Canal 3, con los presentadores Mardelis Jusino y Ariel Rivera Vázquez; y en el programa "Viva la Tarde", con "Tita" Guerrero e Ivonne Orsini.

Entre los objetivos de Yandrés, están los siguientes: estudiar medicina, jugar "football" colegial en Estados Unidos y jugar en la NFL, y representar a Puerto Rico en este deporte. Es admirador de los siguientes atletas: Marshawn Lynch y Russell Wilson, futbolistas de los Seattle Seahawks; Stephen Curry de Golden State en baloncesto; Lionel Messi, balompié; Carlos Correa y Carlos Beltrán, en béisbol.

Yandrés y su familia asisten a la iglesia Arca de Salvación II, de Ciales y dirigida por la pastora Migdalia Vélez Granell, tía de Yandrés.

Reconocimientos:

1. 2013- Best Offensive Back en C Division
2. 2014- Semana de la Bibilia, por parte del Sr.Juan Rivera
3. 2014- Coaches Award- JV ("Junior Varsity")
4. 2015- Sportmanship Award, A Division
5. 2015- Sportmanship Award, PRHSFL - JV
6. 2015- Offensive Back Award, PRHSFL - JV
7. 2016- O- D Bowl Offense/ Defense All American Athlete- certificado. Recibió premio MVP, Pee Wee League.
8. 2017- Rookie of the Year -Puerto Rico High School Football League- varsity
9. 3 de marzo de 2017-premio Excelencia Académica-4.00 pts.
10. 13 de mayo de 2017- Best Ofensive Back en Pee Wee League; premio otorgado en Salinas, Puerto Rico
11. 27 de mayo de 2018- Best Offensive Back- varsity
12. diciembre de 2018- Most Austanding Player -PRHSFL
13. mayo de 2018-excelencia académica en cuarto año

Polonia Molina, Francisco Javier

N. el 25 de septiembre de 1985 en Hospital Wilma Vázquez, Vega Baja.
Peso: 180 lbs.   Estatura: 5' 6"
Lado dominante: derecho

Sus padres Ramón Polonia Sánchez, natural de República Dominicana y su mamá Carmen Milagros Molina Montañez, natural de Vega Baja,(fallecida en 2017), procrearon a Karla Mitchel y a Francisco, ambos de Vega Baja.

Francisco aprobó sus grados elementales e intermedios en la Segunda Unidad Martínez Dávila del barrio Pugnado Afuera (SUPA) de Vega Baja. Oscar Guerrero y Manuel Vélez Ithier, profesores de Educación Física, le enseñaron las destrezas de los deportes de volibol, sóftbol y baloncesto. En el nivel superior estudió en la escuela Juan Quirindongo Morell en Vega Baja y a la vez estudió en la escuela vocacional José A. Montañéz Genaro de Manatí. En esta última, aprobó los cursos de Artes Gráficas, Dibujo Arquitectónico y certificiación en Ventas y Mercadeo, durante tres años, en horario de 3:00-8:00 p.m. En la mañana estudió en la escuela Juan Quirindongo y en la tarde en la escuela vocacional.

Durante sus estudios en la escuela superior se compró una cámara con dinero que le dió su papá; se entusiasmó en la fotografía y tomó fotos de las actividades escolares. Posteriormente laboró junto a otros estudiantes en el Anuario de la Clase Graduada del 2003 en la escuela Juan Quirindongo Morell de Vega Baja.

En el 2004 se matriculó en la escuela vocacional Mech Tech de Vega Baja, estudió mecánica de automóvil y *Tool Die Maker* (tornero). Luego se matriculó en programa de Extensión Agrícola en Vega Baja, en el cual aprobó curso de fotografía con el señor Edgardo "Egui" López Marrero. Estudió de día y durante la tarde y noche trabajó en la fábrica Playtex en Vega Baja, por espacio de cuatro años.

Recibió certificación de la Universidad de Puerto Rico en Mayagüez (antes Colegio de Agricultura y Artes Mecánicas-CAAM), con especialización en fotografía digital en el 2010.

¿Cómo surgió su dedicación a la fotografía en el deporte de atletismo? Luego de su primera experiencia en la escuela superior y de haber aprobado los cursos de fotografía, decidió asistir a la pista de atletismo de Vega Baja, para hacer ejercicios y trotar durante varios días a la semana, con el propósito de mejorar su condición física. Acompañó a su hermano de crianza Kenneth Miranda, atleta de pista y campo, al cual le tomó fotos y confeccionó un álbum fotográfico. Otros atletas pertenecientes al Club de Atletismo "Los Caimanes", dirigidos por Dharma París y Edna Maysonet, observaron el álbum y posteriormente le solicitaron su servicio, por el que recibió una pequeña remuneración en diferentes actividades deportivas celebradas en Vega Baja y otros pueblos. De esta manera, continuó adquiriendo más experiencia en el campo de la fotografía, hasta llegar a hacer trabajos fotográficos en el Festival Navideño de Atletismo en Vega Baja, en el Segundo Maratón del Club Yartai en Orocovis, en la organización deportiva Asociación de Atletismo Juvenil e Infantil (AAJI), la Unión de Atletismo Aficionado (UAA), la Federación de Atletismo de Puerto Rico, Liga Atlética Interuniversitaria (LAI), competencias nacionales interescolares de Puerto Rico y otras. Luego trabajó como fotógrafo oficial en las siguientes actividades: Prand Prix de Ponce, maratones nacionales e internacionales de Puerto Rico, entre ellos, el Teodoro Moscoso, San Blas, de Coamo y otras actividades importantes.

Su primera experiencia internacional, fuera de Puerto Rico, ocurrió en el 2014, por invitación del señor Harry Morán, delegado de la Federación de Atletismo de Puerto Rico y la señora Nidya Rodríguez, vicepresidenta de las mujeres de la Federación. Asistió en ese año a los Juegos Centroamericanos de Atletismo Juvenil en Morelia, Michuacán, México. Su segunda experiencia fue en el 2015 en la competencia Mundial de Atletismo Juvenil, con sede en Cali, Colombia. Por motivos de salud no pudo asistir a los Juegos Centroamericanos y del Caribe, celebrados en Veracruz, México en el 2015.

Durante el año de 2016-18 trabajó en las siguientes actividades:

1. 7 de febrero de 2016-edición #57 del Maratón San Blas de Coamo.
2. 12-13 de febrero- Primera Clasificación de la LAI en Universidad del Turabo en Gurabo, Puerto Rico.
3. 27 de febrero de 2016-Primera Clasificación Infantil de la UAA (Unión Atlética Aficionada de Puerto Rico), con sede en Ponce.
4. 28 de febrero de 2016- World Best 10 k -Maratón Teodoro Moscoso, San Juan.
5. 19 de marzo de 2016- Annual Spring Break Classic, actividad que tuvo lugar en Río Piedras.
6. 2 de abril de 2016- Primera Clasificatoria Juvenil de la Asociación de Atletismo Juvenil e Infantil (AAJI), se celebró en Bayamón.
7. 9 de abril de 2016- III Clasificatorio Juvenil de atletismo de la UAA, con sede en la Universidad del Turabo en Gurabo.

8. 23 de abril de 2016- actividad final Juvenil-Estadio Francisco "Paquito" Montaner de Ponce (atletismo).
9. 7de mayo de 2016- competencia final Infantil UAA en el estadio "Paquito" Montaner de Ponce
10. 14 de mayo de 2016- competencia final Infantil AAJI, en "Paquito" Montaner de Ponce.
11. 21 de mayo de 2016- actividad final de atletismo Juvenil en Bayamón.
12. 23 de mayo de 2016- edición 29na. a cuatro millas- Wilfredo Vázquez, en Bayamón.
13. 19-24 junio de 2016- IAAF World U20 Championship en Bydgoszcz, Polonia (atletismo).
14. 27-28 de mayo de 2017- Campeonato Nacional de Atletismo de la Federación de Atletismo de Puerto Rico (FAPUR), celebrado en la Universidad del Turabo en Gurabo, Puerto Rico
15. 26-28 de mayo de 2017- Campeonato de atletismo Juvenil y Campeonato Nacional de Atletismo en Universidad del Turabo, Gurabo
16. 28 de mayo de 2017- 32da. edición del Maratón 10 k Abraham Rosa, celebrado a las 5:00 p. m. en Toa Baja.
17. 2018-trabajó en competencia nacional de atletismo y en Torneo de Baloncesto (Centro Basquet) en Manatí, Puerto Rico.

Sus metas son las siguientes: asistir a competencia Mundial Sub 20 en Finlandia, Juegos Olímpicos de Tokio, Japón en el 2020. Para asistir a estas actividades necesita credencial de fotoperiodista internacional, certificación que fue otorgada por Estados Unidos y la cual recibió durante el mes de marzo de 2016. Esta fue otorgada por la Asociación Internacional de Prensa Deportiva (AIPS-sigla en francés), válida durante un año. Posee credencial de la Asociación de Periodistas Deportivos de Puerto Rico desde el 2015 y certificación de entrenador juvenil de la Federación de Atletismo de Puerto Rico.

Le interesa trabajar con personas con necesidades especiales y en continuar los viajes misioneros. En noviembre de 2017 estuvo en República Dominicana en viaje misionero, junto a otros puertorriqueños. Entre sus planes aspira asistir a Cuba y otros países en viajes misioneros.

Agradece al señor Ángel "Wisón" Miranda y su esposa Claribel, padres de crianza, por haberle abierto las puertas en el inicio de su carrera de fotógrafo deportivo.

Admirador de los siguientes atletas: Westley Vázquez, Carlos Correa, Héctor "Picky" Soto, Reinaldo Balkman y Jorge Juarbe.

Reconocimientos:
1. Medalla recibida por la Representante del Distrito 11, María Vega, por la aportación creada de suministros recolectados y enviados al país de Haití, durante el terremoto ocurrido en el 2009.
2. 2010- tercer lugar en concurso de fotografía "Fotografía de Exposición", celebrado en Vega Baja.

Rosario Flores, Thomas "Jimmy"

N. el 13 de diciembre de 1928-Hospital Belleveu de Manhattan, Nueva York.
Peso: 149 lbs.   Estatura- 5' 10"
Lado dominante: derecho

Sus padres   Rosalina Flores Pagán, natural de Lajas y Esteban Rosario Cordero, natural de Barceloneta se casaron en Manhattan. Tuvieron cinco hijos, Thomas es el mayor. Los demás hermanos son: Albert, Henry, Vilma, Angel Luis; los únicos vivos Vilma y don "Jimmy".

Su nombre proviene del científico e inventor Thomas Alva Edison, que nació en Ohio y quien inauguró el alumbrado eléctrico en Time Square, Nueva York, usando la bombilla de tunsteno. Durante la semana en que se celebraba este acontecimiento, se le recomendó a los padres de los nacidos en el Hospital Belleveu que le dieran a los niños el nombre de Thomas. Aunque don Esteban se opuso, prevaleció la decisión de doña Rosalina.

Cuando su familia regresó a Puerto Rico, en el barco "Coamo" en el 1933, "Jimmy" se crió con su abuela paterna Belén, el hijo de esta y su esposa Lila Miranda. Anteriormente la hermana de la mamá, doña Julia Flores, había vivido en Vega Baja y dirigió fábrica de la industria de la aguja júnior y con frecuencia Thomas visitaba Vega Baja. Luego los padres lo recogieron y vivió en diferentes pueblos. El padre de Thomas, se había dedicado a la policía de la reserva, guardia penal, donde laboró en Arecibo, San Juan, Río Piedras y Ponce. En la política don Esteban trabajó de orador del movimiento de Luis Muñoz Marín y en el periodismo, como columnista del periódico "El Día", periódico de Ponce. De aquí obtuvo Thomas los primeros conocimientos cuando vivió en Arecibo con su tío Victor Rosario y su abuelo paterno don Domoste Rosario Cardona. "Jimmy" vendía periódicos y revistas en Arecibo en el tiempo libre, luego de estudiar en la escuela Jefferson. En la escuela Abraham Lincoln, estudió primero y segundo grado; el tercero en la Roosevelt. El cuarto grado lo estudió en Caimito, sector Tortugo, en Río Piedras. Lo trasladaron a Ponce, donde estudió en la escuela Pujals. Luego regresó a Arecibo y vivió en la casa del tió Victor y aprobó el cuarto, quinto, sexto y séptimo grado. Empezó el octavo grado en la escuela Quiñones de Manatí, pasó a Vega Baja, donde residió en el sector Barrio Chino, extensión Betances, casa 105. Aquí estudió en la escuela José G. Padilla en la que terminó el octavo y noveno grado. En la escuela superior Brígida Álvarez aprobó el grado 10 e inició el grado 11. Finalmente concluyó la escuela superior en el estado de Colorado, Estados Unidos.

Desde la niñez se entusiasmó en los negocios y vendió periódicos y revistas, leyendo y cantando en voz alta las noticias para poder vender más, según caminaba por diferentes sectores del pueblo de Arecibo. Tuvo la oportunidad de trabajar en fincas en la crianza de animales y recolectando frutas.

Al regresar la familia a Vega Baja en el 1942, su papá trabajó de Jefe de los Camioneros en Manatí y Vega Baja . Thomas estudió en la escuela José G. Padilla, donde se destacó en Inglés y Arte Dramático, con la participación en una obra en el Teatro América. Académicamente sobresalió por tener excelente promedio. Se dedicó a confeccionar juguetes, los cuales vendió en las Navidades y especialmente el Día de Reyes. Representantes de la Logia Masónica de Vega Baja le compraron gran cantidad de juguetes que se donaron a niños pobres. Más tarde se entusiasmó en la fotografía, y tomó fotos a estudiantes con una cámara que le había regalado una tía, y él mismo se sufragó el costo del rollo de la cámara, el cual le costó 45 centavos. Las fotos las reveló en su casa y posteriormente vendió las mismas a 15 centavos. Su interés fue creciendo hasta lograr estudios de fotografía por correspondencia.

Con la experiencia adquirida se inició como periodista fotógrafo y vendió fotos al periódico *El Imparcial*. Desde Vega Baja redactó reportajes, los cuales se publicaron y se le otorgó credenciales que le permitieron vender sus fotos. También laboró para el desaparecido periódico *El Mundo*. Todavía se conservan las fotos históricas tomadas por don "Jimmy".

A la edad de 18 años decidió partir a Nueva York, a través del barco de vapor "Borinquen". En Nueva York, Longwood Avenue del Bronx, residió en la casa de su tía materna Josefina Flores, quien había venido a Vega Baja de paseo, acompañando a "Jimmy". Él mismo se costeó los gastos de su pasaje, según señaló, con el dinero obtenido de contrato otorgado por el alcalde Ángel Sandín Martínez, en que se dedicó a retratar obras municipales en Vega Baja. En Nueva York trabajó un tiempo (cerca de 9 meses), en la fábrica de chocolates *Chocolates Candy and Manufacturing, Co.* En el 1948 se enlistó en *Times Square* (N.Y.), en el Ejército de Estados Unidos, que perteneció al Séptimo Regimiento de la Tercera División de las Fuerzas Armadas de Estados Unidos. En Fort Dix, New Jersey, laboró como "Post Master", oficial no comisionado, periodista y fotógrafo. Hizo trabajos de fotografía de los soldados, oficiales y produjo fotos de soldados jugando billar. Estuvo en Fort Givens, Boston, Massachussets. Cuando pensaban enviarlo a Corea o al Estrecho de Bering, se enfermó de los nervios y tuvo que ser hospitalizado en varios estados y finalmente en el estado de Colorado, en el Hospital Fitz Simmons. En Colorado continuó su labor fotográfica con visita a reservaciones indias de las cuales produjo un CD. Luego de estar enfermo alrededor de un año se acogió al retiro.

Regresó a Puerto Rico en el 1950, al darse de baja del Ejército como "Private First Class" (PFC). Residió en Manatí con su familia y varias semanas después, se estableció en la calle Baldorioty de Castro en Vega Baja. Conoció a Carmen D. Martínez, con quien se casó y procreó tres hijos: Jimmy, Flor Rubí y Josefina "Josie", todos profesionales. Entre los descendientes tienen 10 nietos y 12 biznietos.

Thomas se dedicó a la fotografía, el periodismo y la historia. Ha colaborado y fundado periódicos y revistas. Actualmente escribe en "Cayure", revista del Centro Cultural y en el periódico "Diario Vegabajeño".

Fue Presidente de la Asociación de Fotógrafos de Puerto Rico, en la que recibió la Medalla de Oro de Maestro Fotógrafo y el galardón Héctor De Jesús Memorial. Se destacó como escritor cooperativista y líder cívico. En la política fue miembro del Partido Independentista y presidente del Partido Independentista Puertorriqueño de Vega Baja en el 1960 y fue candidato a alcalde en ese mismo año.

Ha efectuado labores de fotógrafo profesional durante más de 50 años. Se graduó de la American School of Professional Photography"en la ciudad de Chicago, Estados Unidos. También llevó a cabo estudios en pintura de fotos y restauraciones. Es considerado experto en el campo del acabado de fotos en blanco y negro y a color, a nivel comercial e industrial, con nuevas tecnologías, con su propio laboratorio en Vega Baja.

Experiencia en el Campo Deportivo:
En el 1944 ayudó en la organización del equipo de béisbol *Foto Jimmy* del sector Barrio Chino. Su mamá, Rosalina, hizo los uniformes

de saco y "Jimmy" pintó las camisetas. También asistió a San Juan donde compró las medias, zapatos y gorras de los peloteros. Ese equipo jugó en Cerro Gordo cerca de la casa de Gaspar Jiménez, cuando residía allí. "Jimmy", dirigió el equipo y en una ocasión sustituyó a un jugador, pero le "tenía miedo a la pelota", pues anteriormente en Arecibo había recibido un "pelotazo". Trabajó en una transmisión de un juego de Béisbol Doble A en el 1950, bajo su nombre comercial *Publicidad Rosario*. Esta se puso en manos de Manuel Hueck y retransmitió a traves de Radio Atenas de Manatí. El contrato de la transmisión costó $35.00, la Autoridad de Fuentes Fluviales cobró $35.00 para la energía eléctrica de la cabina. "Jimmy", recibió $15.00 por 15 minutos de transmisión. La pizarra del equipo fue donada por Francisco "Pancho" Torres Donate, de la Ferretería Torres. Los locutores fueron Charlie Barbosa, Hiram David Rosario y Guillermo Otero. En el 1951 ganó un torneo amistoso de volibol de varones y logró una copa bajo su nombre comercial *Fotografía Rosario*, al derrotar al equipo de *Mueblería El Encanto*. La Mueblería Rivera Vega de Vega Baja donó el trofeo.

Laboró como cronista deportivo, corresponsal de *El Imparcial,* en eventos deportivos. Su padre Esteban y su tío Víctor eran corresponsales deportivos y comentaristas con los nombres de "Fair Play" y "Fair Play, Jr.", respectivamente. Comenzó formalmente como corresponsal de El Imparcial, aunque como fotoperiodista comenzó mucho antes. En el 1959 acompañó el equipo de Vega Baja Doble A, Campeón de Puerto Rico, cuando este asistió a Nueva York para competir con Las Ligas Hispanas y el cual logró el campeonato. A partir de esa experiencia cubrió eventos deportivos de Vega Baja para *El Imparcial* y otras publicaciones que incluyeron biografías de atletas internacionales, entre ellos, Jaime Brull Náter y Carlos Román Brull.

Posee la *Fototeca Jimmy Rosario,* localizada frente a la plaza en Vega Baja, lugar donde se exhiben retratos de atletas, equipos y se lleva a cabo la celebración de actividades deportivas, entre una extensa exhibición de otras fotos históricas de Vega Baja y Puerto Rico. "Jimmy" ha tomado fotos de los equipos de béisbol Doble A, durante muchos años, equipos de sóftbol, volibol y baloncesto (masculino, femenino), y otras actividades deportivas y recreativas. Estas se exhiben al público y se utilizan para formar parte de charlas y conferencias a grupos de estudiantes de todos los niveles, instituciones locales y de Puerto Rico, que interesen conocer sobre la cultura y la historia, no solamente de Vega Baja, sino de Puerto Rico y otros países. Ha creado material educativo en CD, vídeos, cápsulas de personas destacadas en Vega Baja, entre otras, donándolos a escuelas y otras organizaciones educativas. Estudiantes que han hecho estudios de maestría y doctorado, para tesis y trabajos de investigación, se han beneficiado de la gran cantidad de documentos y escritos producidos por "Jimmy". Profesores también han utilizado los trabajos confeccionados por don "Jimmy", en las diferentes disciplinas en escuelas y universidades.

Jimmy Rosario Martínez, se ha hecho cargo de la fototeca, dando continuidad a los trabajos iniciados por su papá Thomas Rosario y en la que ha incluído mayor cantidad de fotos y documentos históricos, junto a una gran cantidad de personas que laboran voluntariamente.

Otras labores efectuadas:

1. Presidente de la Cooperativa de Ahorro y Crédito Vegabajeña-en dos ocaciones
2. Fundador del periódico *Noti Coop* de Vega Baja y escritor. Brindó homenajes a varios atletas vegabajeños, entre ellos, a Juan González, Iván Rodríguez, Jaime Brull, Carlos Román Brull y otros.
3. Fundador del periódico *El Fotógrafo de Puerto Rico* y escritor
4. Fundador del *Boletín de Vega Baja*
5. Columnista del periódico local *El Taíno*
6. Creador de la página de Vega Baja en el periódico *Imparcial*
7. Fundador del periódico *Amigos Comerciantes de Vega Baja*. También laboró como secretario.
8. Secretario de la Junta del Bicentenario de Vega Baja-1976
9. Presidente de la Asociación de Fotógrafos de Puerto Rico durante 12 años
10. Secretario de la Asociación de Arqueología de Vega Baja
11. Secretario Legión Americana de Vega Baja
12. Fundador del portal cibernético *El Diario Vegabajeño*, creado en el 2006

Reconocimientos

1. Cámara de Representantes de Puerto Rico
2. Escuelas de Vega Baja: elementales, intermedias y superiores públicas y privadas
3. La Administradora de la Biblioteca Pública de Vega Baja
4. La Asamblea Municipal de Vega Baja
5. Casa Museo Portela de Vega Baja
6. La Asociación de Fotógrafos de Puerto Rico en Arecibo
7. La Cooperativa de Ahorro y Crédito Vegabajeña
8. Caribbean University de Vega Baja
9. Ha sido entrevistado en varias ocasiones en programas radiales y televisivos de Puerto Rico; entre ellos, "Puertorriqueñísimo".
10. Declarado "Hijo Adoptivo" por el municipio de Vega Baja

A sus 90 años se mantiene activo haciendo trabajos en fotografía, documentos históricos y culturales, escritos en computadora, orticultura, trabajos en madera, agricultura, coleccionista de monedas, tarjetas de béisbol, carros fabricados en madera, y otros; construcción de muebles, reparación de computadoras. Don «Jimmy» es una persona polifacética.

¡Hacen falta más personas como don "Jimmy", que preserven el historial deportivo y la cultura puertorriqueña!

González Valentín, Carlos "Chico"

N. el 29 de marzo de 1965 en Arecibo.
Peso: 130 lbs.   Estatura: 5' 2"
Lado dominante: izquierdo

Sus padres Pedro González Hernández (fallecido) y natural de Nueva York, y María Antonia Valentín Miranda, natural de Vega Baja, procrearon a Pedro Luis, José Antonio, Carlos e Idalia. Carlos estuvo casado en dos ocasiones, procreando dos hijos en su primer matrimonio: Vanessa Marie y Ty Anthony.

Carlos, a pesar de haber nacido en el Hospital Regional de Arecibo, se crió en el barrio Algarrobo de Vega Baja. Sus grados primarios los estudió en la escuela Mrs. Kelly, en la cual compitió en los tradicionales *Field Days* en eventos de velocidad. Luego estudió en la intermedia urbana Ángel Sandín Martínez, donde participó en volibol y nuevamente en eventos de velocidad en los *Field Days*. El nivel superior lo aprobó en la escuela Lino Padrón Rivera, en la que se destacó en volibol y baloncesto. En el 1983 terminó su cuarto año.

Una vez se graduó, inició trabajos en el taller de mecánica de Bula en Vega Baja, bajo la supervisión del señor José Cardona. Anteriormente había efectuado labor voluntaria en el taller, pues tenía un primo que trabajó en el mismo lugar.

¿Cómo surgió su interés por el hipismo? Según narra Carlos, su interés por el hipismo surgió mientras visitaba a su tío materno Modesto Valentín, aficionado al hipismo, observó carreras de caballos por televisión, surgió interés por montar caballos. Mientras laboró en el taller de mecánica, gasolinera y agencia hípica Bula, en Vega Baja, el señor José Cardona, le cursó invitación para llevarlo al Hipódromo El Comandante, pues le había indicado a Carlos que tenía cuerpo de jinete. En el 1984 llenó solicitud en el Hipódromo El Comandante, lo aceptaron e inició estudios en la escuela de jinetes. Mientras estudió se hospedó en la residencia de su tía materna, Irene Valentín. Reconoce la ayuda que le brindaron en la transportación en auto para poder asistir a la escuela por parte de sus primos Germán "Tin" Arce Valentín y Ángel "Papito" Arce. Más tarde decidió comprar un auto y viajar desde su residencia en Vega Baja. Estudió por espacio de dos años y tuvo la grata experiecia de montar caballos durante cuatro meses. Recuerda su primera victoria con el caballo "La Ponceña". En Puerto Rico obtuvo dos victorias antes de mudarse a Estados Unidos.

El 9 de abril de 1986 decidió trasladarse a Ohio, por recomendación del agente Miguel A. Sanjurjo Romero. Viajó con un donativo de $100.00 que le había otorgado su papá, además, de pagarle los pasajes. En Cleveland, Ohio, su agente lo hospedó en el sótano de su residencia. Luego residió en un apartamento junto a una pareja de hermanos puertorriqueños- Orlando y Eduardo Cross ("*Cross Brothers*"); en Puerto Rico se conocían como las *Hurracas Parlanchinas*. Carlos llevó a cabo montas en Ohio durante dos meses, tuvo una lesión y regresó a Puerto Rico. Nuevamente fue a Ohio, donde logró 50 victorias. Compitió en el Biula Park y en colaboración con el "trainer" Jim Chapman. Luego, un amigo, José Pizarro, lo reclutó para el estado de New Orleans, y residió en la casa de Chapman. Su agente Joe Paluzzo le consiguió al entrenador Jim Norman para las montas en New Orleans, donde compitió de noviembre del 1986 a enero de 1987. Se trasladó a Arkansas, donde efectuó montas en el hipódromo Hot Springs Oakland Park. Aquí conoció a los jinetes Tomás "Junior" Cordero, Mike Smith, Pat Dey, Gary Stevens, Bill Shoemaker y otros destacados jinetes.

Como aprendiz logró alrededor de 41 victorias en un año, en el hipódromo de *Oakland Park*. Según indica Carlos, este récord de victorias "está vigente todavía". El peso corporal para las montas de Carlos fue de 105 lbs. Para mantener su peso hacía ejercicios de estiramiento y flexión, carreras de velocidad, natación y mantener dieta adecuada.

En abril de 1987, Jim Norman lo llevó a competir al hipódromo de Louisiana Down y se trasladó a la ciudad de Bossier City, North West. Aquí obtuvo 64 victorias y un total de 204 victorias como aprendiz y compitió hasta el año de 1997. En ese mismo año se trasladó a Dallas, Texas, donde hizo montas en el hipódromo Lone Star. Luego regresó a Bossier City en la que compitió desde el 1997 al 2013. En resumen: obtuvo un total de 2,486 victorias, incluyendo Puerto Rico y Estados Unidos. Como récord personal, indica que en el 1999 participó en 11 montas en un día, logró seis victorias, dos segundos lugares, un tercero y un cuarto puesto. En dos semanas logró 19 victorias en ese año de 1999. Es líder en victorias en el hipódromo *Louisiana Down*, según narra. Se retiró en el 2013, luego de sufrir una aparatoza caída de un caballo, la que le causó lesiones a la columna vertebral, la cual requirió varias operaciones. Anteriormente había tenido varias caídas requiriendo cirugías también.

"Graded Stakes Wins" (Victorias más Importantes):
1995- South West Handicap (Grade 3)
1996- Essex Handicap (Gr. 3)
      Isle of Capri Casino Louisiana Downs Handicap (Gr. 3)
      River Cities Breeders' Cup Stakes (Gr. 3)
1998- Fantasy Stakes (Gr. 2) con el caballo Silence Esquino
      Oakland Handicap (Gr. 1) con el caballo Precocity
1999- Texas Mile Stakes (Gr. 3). Primera vez que se celebró este evento.
2001- Tropical Turf Handicap (Gr. 3)
2005- Count Fleet Spring Handicap (Gr. 3)

Su mejor año como jinete fue en el 1996 cuando ganó importantes carreras con caballos como Clamorosa (20 de septiembre), Lost Soldier (21 de septiembre), Vivace (26 de abril), Airlane Stakes (4 de mayo), Vivace (22 de junio) y Slew (27 de julio). En total ganó 11 clásicos.

Entre los atletas que más admira y que hizo amistad, señala a los siguientes jinetes: Tomás "Junior" Cordero, Laffit Pincay, Jr. y Bill Shoemaker. En béisbol, es fanático de Juan González, Iván Rodríguez y Luis Alicea. En boxeo, Félix "Tito" Trinidad y en "football" americano, Larry Allen, Glen Smith, y Tommy Heart

Fue seleccionado para participar en la película "Rufean", filmada en Louisiana. Es el primer jinete al que se le ha manufacturado un muñequito ("bobble head"), alusivo a su carrera en Louisiana Down Stable. En la residencia de su mamá en Vega Baja, exhibe varios de ellos sobre un tablillero, incluyendo uno del jinete Laffit Pincay, Jr.

Otro deporte que participó fue el sóftbol, en desafíos entre jinetes y personal de la gerencia de los diferentes establos. Los juegos se celebraron en el parque "Capitán" en Shreveport, Louisiana. La entrada era gratis al público. Carlos se desempeñó en el jardín izquierdo.

Reconocimientos:
1. Fue clasificado durante varios años entre los mejores atletas en victorias y dinero ganado en Estados Unidos ("Top 100 ranking"):
   a. 2000- #99 en carreras ganadas

b. 2007- #64 en carreras ganadas y #91 en dinero obtenido

2. 11 de agosto de 2006- en el Harrahs Louisiana Downs, Casino and Race Track, por lograr la victoria 2,000 en su carrera de jinete en Estados Unidos.

Nota del autor: aunque el hipismo no es considerado por muchas personas como un deporte, deseo señalar que para poder efectuar tantas montas en un día, en varias semanas y durante años, el jinete requiere tener gran condición física para mantener su peso, sobreponerse a lesiones y poder controlar un caballo con peso alrededor de 1,200 lbs. Carlos conserva fotos que afirman lo antes señalado.

Brull Náter, José Jaime

N. el 5 de diciembre de 1905, barrio Ceiba, Vega Baja
M. el 9 de enero de 1976 en Vega Baja.
Peso: 180 lbs.   Estatura: 5' 9"
Lado dominante: derecho

Estuvo casado con Carmen Rosa Torres Silva (fallecida) y natural de Vega Baja, con quien procreó a María del Carmen, Pedro José "Pello" y Carmen Rosa "Curo".

Los padres de Jaime, Pedro Brull Agustí, natural de Granoller, capital de la provincia de Barcelona, comunidad de Cataluña, España, y Ricarda Náter Girona, natural de Vega Baja. Tuvieron seis hijos: Blanca, José Jaime, Pedro, Ricardo, Mercedes y Jorge, todos fallecidos.

Es importante señalar que don Pedro Brull fue el socio #10 del "Football Club" de Barcelona. Como dato histórico, el abuelo materno, don José Francisco Náter, quien fue alcalde de Vega Baja, su nombre se honró con la plaza de recreo público de Vega Baja.

Los grados primarios de Don Jaime, los cursó en la escuela de San Vicente y en el Colegio Moczó de Santurce, donde compitió en béisbol y tuvo de compañero a "Pedrín" Zorrilla, quien se destacó como organizador deportivo. A la edad de 12 años, se trasladó junto a su familia, a Barcelona, España, lugar donde terminó el nivel secundario.

Su afición por el deporte siguió en aumento en España, donde se destacó en "hockey" sobre césped, natación, polo acuático, balompié, boxeo y béisbol. Señaló la crónica deportiva española que José Jaime fue uno de los primeros atletas en jugar béisbol en España. En Puerto Rico había participado en el deporte de baloncesto y sóftbol. Sus hermanos eran deportistas también, sobresaliendo Ricardo "Kalin" en natación y polo acuático con la Selección de España.

Entre la gran cantidad de deportes que don Jaime practicó, fue el "hockey" sobre césped el que lo consagró como figura estelar en España. A los 24 años de edad y en el año de 1928, fecha en que se celebraron los IX Juegos Olímpicos en Ámsterdam, Holanda, formó parte de la selección española, quien logró marca de 0-2 y un empate. De esta manera se convirtió en uno de los primeros puertorriqueños en participar en una Olimpiada, aunque lo hizo representando a España. Se señala al Club de Barcelona como el que dio origen al "hockey" en el 1923. España estuvo entre los mejores equipos del mundo para la época que jugó don Jaime.

A pesar de ser un atleta destacado a nivel nacional e internacional, no le gustaba el que se escribiera sobre sus hazañas deportivas, símbolo de su humildad. Su físico contrastaba con su forma afable y cómo trataba a las personas, ya que era una persona sumamente corpulenta, a pesar de no ser una persona alta. El trato hacia los demás seres humanos fue siempre cordial y le gustaba compartir con amigos y familiares el caudal de conocimientos deportivos que poseyó.

En el 1938 regresó a Puerto Rico, donde residió durante muchos años en la playa de Puerto Nuevo en Vega Baja (calle lleva su nombre) y posteriormente en la urbanización Montecarlo. Laboró en la industria licorera Barceló Marquéz de Arecibo, y ayudó en el desarrollo del deporte de balompié en la ciudad de Arecibo. Anteriormente había trabajado en la Central San Vicente de Vega Baja, Panamerican Match, fábrica de fósforos Tres Palmas en Hato Rey y en la compañía Quintana de comestibles en Santurce, los cuales se distribuían por todo el país. También trabajó como Administrador de Empresas y Contador Público, Corredor de Inversiones y Agente para la *Paramount Pictures* en España. Produjo películas con Fernando y "Mapi" Cortez. Con frecuencia se transportó en viajes distantes a través del uso del tren en Puerto Rico, lamentablemente ya desaparecido.

Durante muchos años fue miembro de la Iglesia Alianza Cristiana y Misionera de Vega Baja, en la que asistió con su familia y compartió experiencias deportivas con su nieto "Jaimito" y otros seres queridos
Reconocimientos:
1. 1971-la Cooperativa de Ahorro y Crédito Vegabajeña le dedicó la Décimo Octava Asamblea Anual.
2. 1996- instalado en el Salón de la Fama del Deporte de Vega Baja
3. 1998-incluido en libro sobre los 75 años del aniversario creación del "hockey" sobre césped del Club Barsa, Barcelona, España. .

Chapel García, Carlos "Cuto"

N. el 11 de febrero de 1927 en Bayamón.
M. el 22 de febrero de 2018 en el Hospital Hermanos Meléndez, Bayamón.
Peso: 190 lbs.   Estatura: 6'
Lado dominante: derecho

Era el menor de tres hermanos, producto del matrimonio de Juan Álvaro Chapel Álvarez, natural de Añasco e Inés García Dávila, de Bayamón. Sus otros hermanos son: Juan Álvaro "Chachi", y María Isabel, nacidos en Bayamón y fallecidos. "Chachi" tenía una imprenta en el pueblo en Vega Baja, la cual se utilizó también para la práctica del boxeo y el levantamiento con pesas.

"Cuto" estuvo casado con María Palerm Rincón, natural de Santurce y procrearon tres hijos: Carlos, María Isabel y Juan Gabriel, fallecido. Todos ellos le han dado cinco nietos y cinco biznietos.

Los niveles elemental e intermedio los estudió en el Colegio Santa Rosa en Bayamón, donde se destacó en carreras de velocidad y el lanzamiento del disco. El nivel superior lo aprobó en el Colegio la Inmaculada y el superior en Vega Baja. En el Puerto Rico "Junior College" de Río Piedras, aprobó un bachillerato en Contabilidad. Durante muchos años trabajó de Corredor de Bienes Raíces en la calle José Julián Acosta de Vega Baja.

A pesar de que nació en Bayamón se mudó para Vega Baja en el 1939 y residió hasta el año de 1991. En Vega Baja mientras estudió en la escuela superior Lino Padrón Rivera, se inició en el deporte de levantamiento de pesas, junto a Nicolás Pérez y "Wisín" Landrón.

Según narra Chapel, desde joven entrenaba por las tardes en un garaje, luego de salir de la escuela. Las primeras lecciones de levantamiento de pesas se las impartieron José "Wisín" Landrón y Nicolás "Tilín" Pérez. En el 1943 solicitaron la construcción de las pesas para entrenar, en la Fundición Abarca de Miramar en San Juan, incluyendo barras y abrazaderas. Las mancuernas ("dumbbells"), las construyeron Nicolás Pérez y José "Wisín" Landrón, a un costo aproximado de $50.00 a $55.00 y en total 300 lbs. de peso. Anteriormente los atletas vegabajeños entrenaban con pesas de cemento unidas por tubos galnizados de 1½ pulgada de diámetro. Luego al tubo le añadieron volantas de autos, las cuales conseguían en los garajes en Vega Baja.

Además de haber entrenado en Vega Baja, en la casa de Nicolás

Pérez y en patios de las casas, los atletas de levantamiento de pesas viajaron los sábados a la YMCA de San Juan, para continuar sus entrenamientos. Narra Chapel, que asistió a una competencia en el 1946 en Cataño, junto a "Wisín" Landrón y "Tilín" Pérez, pero que no se sintió con deseos de competir, pues su papá había fallecido en días recientes. No tenía pantalón para competir y "Tilín" le prestó un traje de baño, y lo estimuló para que participara, con el resultado de hacer historia para Vega Baja al obtener medalla de plata en la categoría semi pesada. "Cuto", compitió por Vega Baja y Río Piedras hasta el año de 1949. En Río Piedras estuvo encargado del equipo de levantadores de pesas el señor Juan Vázquez, fallecido.

Fue miembro del Club de Caza y Pesca de Arecibo, en el cual participó en torneos celebrados en el Caribe. En el 1959 su equipo de pesca ganó la Copa Schaeffer, un récord con hilo de 50 lbs., en el que capturó un marlin de 580 lbs. Chapel fue miembro del Club Naútico de San Juan y del Club Naútico de Vega Baja.

"Cuto" residió en San Juan, en donde laboró varios años en la oficina del trabajo de su hija María Isabel.

Reconocimientos:
1. Por parte del alcalde Luis Meléndez Cano y su administración
2. Varios trofeos logrados en competencias relacionados a los torneos de pesca

Landrón Trinidad, José Rafael "Wisín"

N. el 5 de diciembre de 1917 en Vega Baja.
M. el 10 de agosto de 2003 en su residencia en Vega Baja.
Peso: 204 lbs.   Estatura: 5' 11"
Lado dominante: derecho

Sus padres Tomás Landrón Rodríguez y Juanita Trinidad, naturales de Vega Baja, tuvieron 13 hijos: " Wisín" fue el tercero.

En el 1946 se casó con Lilliam Sandín Martínez (maestra fallecida), natural de Vega Baja, procrearon tres hijos: José Rafael, Ángel Manuel y Lilliana Socorro. Durante mucho tiempo vivieron en la calle Betances al lado de la escuela José Gualberto Padilla en Vega Baja.

¿Cómo surgió su entusiasmo en el deporte? En la escuela José G. Padilla, estudió el tercer grado y a la edad de nueve años, compitió en eventos de pista y campo- 200, 100 y 50 m; salto alto, lanzamiento de la bala y tiro de la jabalina, en los que logró los primeros lugares. También participó en baloncesto, bajo la dirección de Víctor "Vivico" Quiñones, maestro de Química y el señor Víctor Rosario, maestro de Artes Industriales. Integró el equipo de la Padilla llamado *Ninety Nine* (99) de 1928, el cual tuvo a los jugadores "Tuto" Otero, Leonardo "Guyo" Otero, Félix "Colorao" González, José A. Náter, "Tato" Otero, Ángel Náter, "Pepito" Náter, Guillermo Dávila, y Luis Rafael "Guá" Enríquez, apoderado. Posiblemente jugó con "Vega Baja Kids" en baloncesto.

Landrón, según entrevista que se llevó a cabo, indicó que de los equipos que vió jugar, el *Heinz 57*, el uniforme lo donó "Mr. Garland"; del *Águila Negra* y que su nombre surgió de la Cerveza Águila Negra, fue Gil de la Madrid quien donó el uniforme. Del equipo "All Vega Baja", el uniforme fue donado por el pueblo de Vega Baja.

Dato histórico: señala "Wisín" que compitió en el deporte de baloncesto en Mayagüez, contra el equipo de "Wyoming", que estuvo integrado por soldados de Estados Unidos y a los cuales derrotaron por un punto.

Otro deporte que compitió "Wisín" fue el sóftbol y que indicó que fue introducido por el profesor Ruíz, Omero Rodríguez, Emilio Lafont y "Mrs. Diez". Landrón se destacó en la ofensiva junto a Gilbert Coello, jugando los fines de semana dentro de la escuela (José G. Padilla), en el patio interior de esta. Luego los jugadores pasaron a jugar al sector conocido como Barrio Chino (lugar donde está la gasolinera Martínez), en el abra de la familia Casanova, padres del Dr. William Casanova. Landrón se desempeñó en las posiciones de guardabosque, primera base y lanzador. Participó del equipo del Fondo del Seguro del Estado (FSE) de Arecibo en la Liga Interagencial, estilo "fast pitch". En esta liga participó de 1968 al 74. Fue miembro del equipo campeón del Torneo Norte-Central ("fast pitch") en el 1968, con la participación de equipos de *Florida, Vega Baja, Manatí, Toa Baja* y otros. Entre los jugadores más destacados, mencionó a Omar Brull e Ismael Collazo.

En el béisbol, señaló que se organizó ligas en terrenos sembrados de caña que pertenecían a la Central San Vicente, donado por Enrique Catoni Landrón y el dueño de la central. El volibol es otro deporte en el cual recuerda haber compartido con José Manuel Portela.

"Wisín" es uno de los pioneros como competidor en levantamiento de pesas y que representó a Vega Baja. Indicó que las primeras lecciones se las ofreció el señor Ramón Manuel Alonso en el 1943. Este había adquirido las destrezas de levantamiento con pesas en el estado de Louisiana. En el 1946 "Wisín" compitió en una actividad que tuvo lugar en la Iglesia Luterana de Cataño. Aquí obtuvo medalla de oro en la categoría Jr. super pesada (200 lbs.). También de Vega Baja participaron Carlos "Cuto" Chapel, ganador de bronce y Nicolás Pérez en la categoría liviana, medalla de plata. Aunque no era natural de Vega Baja, compitió José J. Delgado, en la 165 lbs. y ganó medalla de oro. Esta fue la primera ocasión en que atletas de Vega Baja en el levantamiento de pesas lograron preseas a nivel nacional. En el 1947 Landrón obtuvo la medalla de plata en eliminatorias de levantamiento de pesas de la división Sr.-categoría pesada. Esta actividad tuvo lugar en Mayagüez y "Wisín" adquirió el derecho de participar en competencia internacional en el 1948. Debido a que no se le autorizó en su trabajo en la "Antilles Department" en Tortuguero, no pudo representar a Puerto Rico.

Junto a Nicolás "Tilín" Pérez y Carlos "Cuto" Chapel prosiguieron a enseñar o transmitir sus conocimientos de halterofilia a otros atletas vegabajeños.

A pesar de tan solo tener una formación académica de un octavo grado, tenía amplio dominio del inglés y de otros temas que le facilitaron el trabajar de investigador en el Fondo del Seguro del Estado en San Juan y Arecibo, por espacio de 30 años. Luego que se retiró, por su experiencia y conocimientos le permitieron trabajar de asesor en la misma organización. Como dato curioso, estuvo en el ejército tan solo un mes, y fue licenciado por tener problemas cardiacos, lo cual no fue óbice para mantenerse activo físicamente, con una vida prolongada y productiva.

Reconocimientos:
1. 23 de marzo de 1946- la Federación Insular de Levantamiento de Pesas le entregó certificado por su destaque- Campeón Peso Completo.
2. 1946- recibió Trofeo Farmacia Pardo- del Levantador de Pesas más Destacado en competencia de la Federación Insular de Levantamiento de Pesas (FILP), celebrada en Cataño.
3. 31 de julio de 1983- se le entregó diploma de Caribe Ciguayos Taínos, Liga Aborigen, organización de República Dominicana, la cual le reconoció su labor comunitaria.
4. 1999- se instaló en el Salón de la Fama del Deporte de Vega Baja.

Pérez Urbistondo, Nicolás "Tilín"

N. el 12 de abril de 1924 en Vega Baja.
M. el 29 de noviembre de 2018 en Florida, EE.UU.
Peso: 220 lbs.　　　Estatura: 5' 9"
Lado dominante-derecho

El señor Nicolás Pérez Carrera, natural de Vega Baja y la señora Francisca "Paquita" Urbistondo Pérez, natural de Arecibo, fueron los padres de Nicolás, quien es el cuarto de cinco hermanos: Francisco, Luz María, Hilda Graciela y Silvia.

Conocido mayormente en Vega Baja y en todo Puerto Rico por su apodo. Narra que su apodo surgió de la canción de Rafael Hernández "Campanitas de Cristal", donde tiene una parte en que se canta "tilín, tilán, campanitas de cristal". Nicolás la tarareaba con frecuencia y sus hermanas Luz María e Hilda lo oían todos los días y decidieron llamarle "Tilín".

Estudió el nivel elemental, intermedio y superior en la escuela José G. Padilla de Vega Baja. Tuvo como maestro de Educación Física al señor José "Chantó" Catoni, natural de Vega Baja y jugador de baloncesto. Practicó los deportes de baloncesto, "pelota", volibol y levantamiento de pesas. Fue Hermes Hernández quien le dio las primeras lecciones en este deporte cuando estaba en el nivel superior.

Es uno de los primeros atletas de Vega Baja en competir en la Federación de Levantamiento de Peso de Puerto Rico. En el 1946 participó por primera vez en la categoría gallo de 130 lbs. Obtuvo una medalla de plata e indicó que no logró el primer lugar debido a tener un sobre peso corporal de dos libras sobre el ganador de la medalla de oro. Esta competencia tuvo lugar en Cataño.

Desde joven practicó la natación en la playa de Vega Baja, Observó a los atletas Pedro Ismael Prado, "Pedrín" Brull y otros, de los cuales aprendió las técnicas de natación. En el 1958 tomó curso de salvavidas y más tarde el curso de Instructor y Salvamento con la Cruz Roja. Con toda esta experiencia laboró como voluntario en la playa de Vega Baja desde el 1958 hasta el 2008. Trabajó durante varios años como empleado de la Ferretería Principal en Vega Baja y en la organización de campamentos celebrados en Vega Baja, Manatí y pueblos limítrofes. Muchos jóvenes y adultos se beneficiaron de sus conocimientos deportivos, que luego se convirtieron en atletas, salvavidas e instructores.

"Tilín" laboró de 1996 a 2015 en el Salón de la Fama del Deporte de Vega Baja. Este se inauguró en el 1996. Sus conocimientos en el historial deportivo de Vega Baja es extenso. Se dedicó no solo a preservar datos históricos del deporte y guardar artículos y periódicos con datos de la historia de Vega Baja en general. Su memoria fue increíble para una persona que no tenía un grado de maestría o doctoral y a pesar de sus 93 años. Le encantaba oir música romántica, oir noticieros deportivos y la natación. Fue un excelente bailarín. Cuando niño asistió con su papá a ver equipos del Baloncesto Superior y jugar billarda, entre otros pasatiempos.

En junio de 2018 se trasladó a Florida, Estados Unidos.

Reconocimientos:

1. El 21 de mayo de 2002– Persona Destacada de la Tercera Edad, por parte del Municipio de Vega Baja y su alcalde Luis Meléndez.
2. El 21 de mayo de 2002- Oficina de la Gobernadora reconoció su labor en Vega Baja y Puerto Rico durante el Mes de la Persona de Edad Avanzada.
3. El 9 de ocubre de 2004- se inauguró en el Área de Tortuguero la piscina olímpica que se honró con su nombre.
4. El 25 de octubre de 2013- el Salón de la Fama del Deporte de Vega Baja le otorgó placa por su labor en esta organización.
5. Escuelas públicas de Vega Baja le otorgaron certificados
6. Campamento de la familia Pantoja en Vega Baja
7. Casino de Vega Baja, Inc., del cual fue miembro
8. Fraternidad Los Mandriles en Vega Baja
9. 9 de julio de 2015- homenaje por parte del Municipio de Vega Baja y Legislatura Municipal y su alcalde Marcos Cruz, Resolución 101, reconoció labor durante 40 años.
10. 12 de diciembre de 2016- exaltado al Salón de la Fama del Deporte de Vega Baja. En 2016 se creó la Copa Nicolás Pérez en natación por parte del Departamento de Recreación y Deportes.
11. 15 de diciembre de 2018-homenaje póstumo Museo Casa Portela

Nota: fotos históricas-1947, de izquierda a derecha, "Tilín" es el quinto.

Raíces Aponte, Feliciano "Chano"

N. el 8 de octubre de 1936 en el barrio Sabana de Vega Baja.
M. el 21 de octubre de 2014 en Florida, Estados Unidos.
Peso: 165 lbs.   Estatura: 5' 4"
Lado dominante: derecho

"Chano" era el cuarto de seis hermanos: Aida,

197

Víctor Manuel, José Manuel, Feliciano "Chano", Arcadio "Kalín", y Carmen. Fueron sus padres Arcadio Raíces Rivera, natural de Camuy y Felícita Aponte, natural de Vega Alta. Don Arcadio conoció a Doña "Fela" en Vega Baja cuando trabajó en la Central San Vicente.

Estudió en la escuela elemental José G. Padilla, la escuela intermedia Ángel Sandín Martínez y la superior Lino Padrón Rivera, todas escuelas de Vega Baja. Se desconoce si participó en deportes escolares, pero sí se sabe que aprendió las técnicas del levantamiento de pesas con el señor Nicolás "Tilín" Pérez. Al igual que muchos jóvenes de su época, construyó pesas llenando latas con cemento y colocándole un tubo como eje o barra y así poder practicar con sus amigos. Según entrevista que se le efectuó a su hermano José Manuel, cuando niño vendía periódicos, ya que provenía de una familia pobre, mientras residió en el barrio Ceiba (Sabana). Luego se mudó para un lugar conocido como la "La Aldea", cercano a la urb. Bella Vista en Vega Baja. "Hubo un muchacho que le quitaba el dinero que se ganaba de las ventas de periódicos y este acto abusivo lo estimuló a levantar pesas, notando el cambio físico, su "enemigo cogió miedo y nunca volvió a molestarlo".

Al terminar el nivel superior se enlistó en el ejército y se mudó a Nueva York, donde residió con su hemano mayor Víctor Manuel. No se ha encontrado evidencia si compitió en deportes en Nueva York, donde vivió varios años, pero se señala por compañeros amigos levantadores de pesa en Puerto Rico, que Raíces había comentado que sí lo hizo. Luego regresó a Puerto Rico y en Vega Baja estableció un gimnasio, lugar en que está localizado el teatro Fénix, antes Caribe. Narró uno de sus hermanos que "Chano" y otros amigos construyeron los bancos y equipo de máquinas de levantamiento de pesas. Decidió radicarse en Caguas en el 1962, donde estableció un gimnasio con el nombre de *Raíces Body Builder Club*. Este estuvo localizado en la calle Acosta al lado del desaparecido Supermercado Progreso, en el pueblo. En el mismo año de 1962 se casó con la señora Aurora Navarro Vega, quien había quedado viuda con tres niños (dos varones y una niña). "Chano" la conoció en la ciudad de Nueva York. Aunque se casaron en Vega Baja se trasladaron a Caguas, de donde era original la señora Navarro.

Según el señor Andrés Vargas Castro, actual presidente de la Federación de Levantamiento de Pesas de Puerto Rico, Raíces compitió en alzadas olímpicas a principios de la década del 50. Esta competencia se celebró en el pueblo de Cataño. Participó en la categoría pluma de 60 kg (132 lbs.)- Juvenil y Novato, obtuvo reconocimientos. Para esa época el presidente de la Federación de Levantamiento de

Pesas de Puerto Rico fue el señor Anselmo Martínez. Este dato es desconocido para muchos, ya que "Chano" se destacó principalmente durante muchos años en el fisiculturismo.

Se pueden señalar varios atletas de Vega Baja que se destacaron en el fisuculturismo a nivel nacional, entre ellos, los siguientes: Samuel Navedo, residente en Estados Unidos; Juan Cartagena y Rafael Ángel Sánchez Rivera, quien alcanzó un cuarto lugar en una competencia internacional en Bahamas.

Al morir la esposa de "Chano", su hijastra decidió llevárselo para Florida, Estados Unidos, debido a que su salud se había afectado. Es en Florida donde falleció en el 2014.

Vélez Rivera, René

N. el 20 de abril de 1967 en Manhattan, N.Y.
Peso: 220 lbs. Estatura: 5' 8"
Lado dominante: derecho

Los padres de René, Roque Vélez, natural de Ciales y María Josefa Rivera Arocho, natural de Camuy, procrearon dos hijos: Ariel, quien también nació en Manhattan y a René. Forma parte del núcleo familiar José A. Sánchez, hermano materno y natural de Arecibo.

A la edad de cinco años regresó a Puerto Rico, donde residió en Dorado durante varios meses, luego se mudó al barrio Sabana de Vega Baja. Sus estudios elementales los cursó en la escuela Manuel Negrón Collazo. El nivel intermedio lo aprobó en la escuela Ángel Sandín Martínez en el pueblo de Vega Baja. Posteriormente obtuvo el certificado de cuarto año mediante estudios libres.

Su hermano mayor José, fue quien motivó a René a levantar pesas y le enseñó las primeras lecciones. El parque Doble A Carlos Román Brull de Vega Baja fue el lugar en que entrenó. José se trasladaba en bicicleta desde el barrio Sabana. Por ser menor de edad René, no podía asistir al parque Doble A y tomó la decisión de entrenar en la parte posterior de su residencia. A los 13 años de edad, junto a vecinos y amigos construyeron pesas en cemento llenando latas de galletas y poniéndole un tubo galvanizado. Nivelaron el piso con cemento en la parte posterior de su residencia, primer lugar donde se inició como levantador de pesas. Más tarde vecinos y amigos le regalaron

pesas de hierro y su hermano José, que tenía experiencia en solda-
dura, le ayudó a preparar los bancos y otro equipo, el cual preserva y
usa actualmente. Su hermano menor Ariel, aficionado al boxeo, utiliza el equipo para entrenar.

Mediante la observación y grabación de vídeos, ver competencias
de levantamiento de pesas en televisión, asistir a competencias en diferentes pueblos, además de instruirse mediante la lectura de las siguientes revistas en inglés: *Muscle Development, Flex, Muscle Fitness, Iron Man y Muscular,* adquirió las técnicas del deporte.

Luego de haber entrenado en su casa, asistió a varios gimnasios en Vega Baja, entre ellos *Kevin Gym* y *Cartagena's 2000 Gym,* tomó la decisión de competir en fisiculturismo. Su primera competencia fue en el *Kevin Gym* de Vega Baja, donde participó en el peso
mediano (176 lbs.) y ganó el primer lugar. Su interés siguió en aumento, hasta que participó en una gran cantidad de competencias
celebradas en diferentes pueblos: Aguada ("Mr. Aguada"), Vega Alta
("Mr. Vega Alta"), Hormigueros, Cabo Rojo, Hatillo, Utuado y otros.
Con frecuencia alcanzó los primeros lugares cada vez que competía,
en los que recibió varios trofeos y medallas. Estuvo retirado varios
años, retornó en el 2007 e inició las competencias en el 2008 donde
obtuvo el primer lugar en la categoría Novicios y el galardón de "Mr.
Guayama". Esta actividad tuvo lugar en la Universidad Interamericana y se celebró el 6 de julio de 2008. En la categoría semi completo
(177-198 lbs.), logró tres trofeos que lo clasificaron el atleta más destacado de la competencia: el más musculoso, primer lugar en su categoría y primer lugar como ganador absoluto de todas las categorías.
Su última competencia fue en la Copa Alcalde de "Mr. Hatillo" en
el 2008, en la cual alcanzó el tercer lugar. Luego que se retiró de
las competencias, se dedicó a entrenar jóvenes en el gimnasio que
estableció en el patio de su residencia. Laboró como encargado
de la cancha de baloncesto y volibol de la comunidad de Sabana.

Sus atletas favoritos son los siguientes: Phil Heat, Kay Green,
Dennis Wolf, Juan Cartagena de Vega Baja, y Ronald Torres.

Los pasatiempos preferidos de René son los siguientes: fisiculturismo, el boxeo, ver películas de acción y cristianas, y el oir
música cristiana. Admirador del duo "Tercer cielo" e Isaac Manzani-
llo, entre muchos cantantes y grupos religiosos.

Desde el 2010, en que hizo profesión de fe, asiste a la iglesia
Puerta de Bendición en el barrio Sabana con el pastor Ángel Delgado.

Nevárez Brull, Pedro "Birin"

N. el 27 de noviembre de 1946 en Vega Baja.
Peso: 220 lbs.   Estatura: 6' 1"
Lado dominante: derecho

Sus padres Herminio Nevárez Virella, natural de Corozal y su mamá Hildegonda "Hilda" Brull, natural de Vega Baja, tuvieron cuatro hijos: Pedro, Herminio, Melba y Ahmed, todos atletas y Ahmed destacado luchador también.

En Vega Baja, de 1946-50, se crió con su abuelos maternos Pedro Juan Brull Otero e Hildegonda "Hilda" Nevárez. Ayudaron en la crianza Omar Brull (tío) y su esposa Carmen Noemí Irizarry, ambos fallecidos. Del 1951-53 se crió en Alemania. De 1954-56 regresó a Puerto Rico, donde estudió en Fort Buchanan. Se trasladó a la ciudad de Butte, Montana, Estados Unidos, donde residió de 1957 a 1961. Asistió a la Boys Central High School, participó en los deportes de lucha olímpica, "football" americano y pista y campo. En la lucha olímpica compitió en actividades interescolares a nivel regional. Regresó a Puerto Rico donde vivió de 1962-64. Estudió en la "Antilles High School" en "Fort Buchanan". Participó del equipo "varsity" de lucha olímpica en el cual logró el campeonato durante dos años seguidos en forma invicta. Ingresó en el 1964 en el Ejército, donde estuvo hasta el 1967. Asistió durante la época de la Guerra de Vietnam a Corea del Sur, practicó los deportes de karate, yudo y tae kwon do, alcanzó el grado de cinta negra (Dan) en tae kwon do en el estilo ji do kwan. De 1968-89 residió en Puerto Rico, estudió en la Universidad Interamericana de la que se graduó de bachillerato y luego una maestría en Finanzas y Mercadeo. Durante su estadía en Puerto Rico se dedicó a competir en lucha olímpica, deporte en el cual integró el equipo de la Selección Nacional, además, enseñó el deporte de lucha olímpica a muchos jóvenes provenientes de lugares marginados. Gran cantidad de estos jóvenes se destacaron a nivel nacional e internacional.

En el 1970 compitió en los XI Juegos Centroamericanos y del Caribe, celebrados en Panamá. En esta competencia logró la medalla de bronce en lucha olímpica en estilo libre, segundo puertorriqueño en lograr una medalla en competencias internacionales y el primer vegabajeño y único atleta en lograr esa hazaña, hasta el presente. Más tarde se dedicó a entrenar atletas y fue miembro del Comité Olímpico de Puerto Rico, para el cual trabajó durante más de 20 años. Laboró como entrenador de la Selección Nacional de jóvenes y adultos, árbitro internacional de lucha olímpica, y delegado; asistió a varios congresos y eventos internacionales. Otra labor destacada fue el ser presidente de la Federación de Lucha Olímpica de Puerto Rico durante los años de 1978 al 83, y 87, el único vegabajeño en alcanzar tal distinción, hasta el presente.

En el 1971 se casó con Esther Vázquez, natural de Santurce y con quien ha procreado dos hijos: Sheila, casada con Terry Carleton y dando fruto a Aelia, y nacida el 17 de mayo de 2016. Su segundo hijo Pedro Juan, le ha dado a su segundo nieto Asher Emmanuel, que nació el 16 de mayo de 2016.

Al dedicarse a su familia, tuvo que restarle tiempo al deporte y por consiguiente a la parte competitiva, ya que le tomaba mucho tiempo el tener que entrenar y viajar fuera de Puerto Rico.

Durante la presidencia de Pedro, en colaboración con Rafael "Ralph" González, se señala que los atletas de lucha olímpica obtuvieron grandes logros a nivel nacional e internacional, tanto en categorías juveniles y adulto, nuestros atletas obtuvieron medallas de primeros lugares. Bajo la presidencia de Pedro Nevárez se introdujo la lucha olímpica en la Liga Atlética Universitaria (LAI) en el 1980. Uno de los entrenadores extranjeros destacado fue el profesor Hiromi Tomita, natural de Japón. Tomita logró el Primer Campeonato de la LAI; trabajó en la Universidad de Puerto Rico, Río Piedras. En esta actividad el luchador José Betancourt obtuvo el premio del Atleta Más Destacado. Más tarde Betancourt se convirtió en el máximo ganador de medallas a nivel internacional de la lucha olímpica de Puerto Rico.

En el 1986 Pedro se trasladó a los Estados Unidos, y se dedicó al entrenamiento de atletas, competir en ciclismo y tríalos, además, trabajar en la empresa privada. En ciclismo compite todos los años en Florida en el evento *Horrible Hundre*d, recorrido de 100 millas por montañas. Este evento se celebra durante la segunda semana del mes de noviembre. En los tríalos participa desde el 2009, individual y en equipo. En varias ocasiones ha logrado clasificarse en los primeros cinco lugares en su categoría sobre 65 años.

Como atleta a nivel internacional, conoció muchos atletas distinguidos a nivel mundial, pero el que más ha admirado es el norteamericano Dan Gabel, ganador de medallas en lucha olímpica, en competencias en los Juegos Panamericanos y Olímpicos. Este le sirvió de ejemplo e inspiración personal en la carrera como atleta en la lucha olímpica.

En el plano laboral, ha trabajado en Puerto Rico, Estados Unidos

y latinoamérica.   Trabajos que desempeñó:
1973-74- Banco Crédito y Ahorro Ponceño
1975-80- Banco Popular de Puerto Rico
1981-83- Bank of Miami
1984-85- First Federal Savings and Loans
1986-89- Sea Land; industria maritime para latinoamérica
1990-93- Sea Land, Inc.
1994-99- Crowley Maritime
1999-2012- American President Line (APL)
2012- Se acogió al retiro de la compañía APL
2012- trabajó con la compañía Convida, como asesor para
latinoamérica. Las oficinas centrales están en Miami, FL.
2016- firmó contrato por cinco años con APL

Reconocimientos:
1. 1991- se seleccionó el Atleta más Destacado (MVP) en la
lucha olímpica de Puerto Rico
2. 1999- exaltado al Salón de la Fama del Deporte de Vega Baja
3. Destaque en periódicos nacionales de las ejecutorias en la
lucha olímpica
4. Incluído en escrito deportivo sobre el historial de la lucha
olímpica en Puerto Rico

Brull Náter, Ricardo "Kalín"

N. el 1 de enero de 1909 en Vega Baja
M. el 3 de diciembre de 1995 en Valencia, España
Peso: 170 lbs.   Estatura: 5' 10"
Lado dominante: derecho

Es uno de seis hijos procreados del matrimonio de Pedro Brull Agustí, natural de Granoller, España, y Ricarda Náter Girona, natural de Vega Baja, ambos fallecidos.   Ricardo estuvo casado con Margarita Giménez Oliván, natural de Madrid, España. Procrearon cuatro hijos: Ricardo, fallecido; María Fernanda, fallecida; Jaime y María Cristina, fallecida. Tanto Jaime y María Cristina compitieron en natación. Jaime fue Campeón Vasco-Navarra en estilo dorso (espalda). María Cristina, lamentablemente falleció en un accidente que ocurrió en la piscina construída por don Ricardo en su residencia.

A los 8 años de edad su familia emigró hacia Barcelona, España. Fue en Barcelona (Club de natación), el lugar de su desarrollo deportivo, donde representó a su país en natación y polo acuático.

Su desempeño en el deporte de natación fue extraordinario, en el

203   NATACIÓN

cual compitió por más de 20 años y logró victorias en las competencias de la provincia de Cataluña, España y en el continente europeo. Su especialidad era el estilo dorso (espalda) y libre ("crawl"), aunque compitió en varios estilos. De 1926 a 1945 fue el campeón de la natación en Cataluña en estilo libre y de espalda, tanto en categoría adulta joven y en los "veteranos". Compitió en los 400 m, 50 x 50 m, 4 x 200 m y 100 m libres; en estilo dorso (espalda), participó en 100 m, además compitió en relevos 4 x 200 m estilo libre, y relevo mixto 3 x 100 m (braza o pecho, libre y espalda). En todos estos eventos fue el campeón español. Según expertos del deporte de la natación en España, "Kalín" era el mejor entre los mejores en la natación española". Estuvo nominado para competir en las Olimpiadas de Berlín, Alemania (1936) pero debido a la Guerra Civil española no asistió.

Posiblemente si hubiera competitido con Johnny Weissmuller en estilo dorso, "Kalín" tenía oportunidades de estar entre los mejores atletas olímpicos del 1932 en carreras cortas y comparando los tiempos de Weissmuller en 100 m espalda. Weissmuller, conceptuado el mejor nadador de su época, se especializó en estilo libre. Luego de retirado se convirtió en artista de cine y televisión, con películas filmadas, interpretando el papel de "Tarzán" y "Jim de la Selva". Johnny fue exaltado al Salón de la Fama de Natación, ubicado en Fort Lauderdale, Florida, Estados Unidos, en el 1965.

Según Jaime, hijo de "Kalín", nacido y radicado en España, su padre vivió y compitió en Barcelona; luego se mudó en el 1947 a Bilbao. Lamentablemente su muerte ocurrió en la residencia de Jaime.

En España, "Kalín" trabajó como Administrador de Empresas y Comerciante.

Opinión personal del autor del libro: aunque su carrera deportiva se efectuó en España, considero prudente incluirlo entre los atletas vegabajeños, ya que nació en Vega Baja y su familia es española y vegabajeña. Gran parte de su familia también compitió en el deporte a nivel nacional e internacional y están incluidos en el libro.

Mejores marcas:
400 m libres: 1926- 6:14.2; 1927- 5:42.2; 1944- 6:18.4-cat. veterano (piscina 33 m)
400 m espalda: 1927- 6:28.4 (piscina 33 m)
300 m libres:1926- 4:19.0; 1927- 4:12.2 (piscina 33 m)
4 x 200 m :1926- 11:26.1; 1927- 10:42.7 y 11:09.2; 1934- 10:07.2 (piscina 33 m)
200 m espalda: 1927- 3:00.6 y 2:54.8; 1935- 2:54.0 (piscina 25 m)
3 x 100 m (espalda, braza o mariposa, crol): 1930- 3:58.2; 1931-

3:48.6; 1935- 3:46.9, 3:45.3 y 3:43.6; 1936- 3: 42.6 (piscina 33 m) 100 m espalda: 1926- 1: 26.6; 1927- 1:20.6, 1:18.1; 1929- 1:17.6; 1931- 1:17.3; 1934-- 1:17.0; 1935- 1:20.7; 1944- 1:31- cat. veterano (piscina 25 m)   5 x 50 m: 1930- 2:24.0 (piscina 25 m) 4 x 50 m: (espalda, braza, over, crol) 1925- 2:30.4; 1926- 2:22.8; 1927- 2:20.0 (piscina 25 m).

En la natación compitió en el primer equipo de polo acuático español en el 1926, que asistió a Toulouse, Francia en 1931. Se destacó en la posición de medio campo. Este equipo compitió en Bélgica, Suecia, Suiza, Hungría y Portugal. Brull participó durante más de 10 años y luego que se retiró, laboró como adiestrador técnico en el 1939.
Reconocimientos:
1 1926- ganador Copa de Navidad
2. 1926, 28 y 29- trofeo Juan Barsa- quien fue ex water polista y compañero de "Kalín".
3. 1927, 1930, 1931, 1933- ganador Premio de Pascua en 200 m
4. 1930- medalla de oro-Premio Bernardo Picornell, qien fue el primer socio del Club Barcelona
5. 1997- se exaltó en el Salón de la Fama del Deporte de V. B.
6. Incluído en libro sobre la historia de la natación en España.

García Vega, Vanessa Milagros

N. el 18 de julio de 1984 en Hospital Auxilio Mutuo, San Juan
Peso: 130 lbs.   Estatura: 5' 7"
Lado dominante: derecho

Néstor García Narváez, natural de Barceloneta y Milagros Vega Vélez, natural de Manatí, son los padres de Vanessa y Néstor, también atleta en la disciplina de natación.

Vanessa estudió en la escuela elemental Janil de Vega Baja, de "Kinder" a cuarto, luego el quinto grado en la Discípulo de Cristo en Manatí y el sexto grado en la escuela Agapito Rosario en la urbanización Alturas de Vega Baja. El nivel intermedio: estudió el primer semestre en la Segunda Unidad de Pugnado Afuera y del segundo semestre de sexto hasta el noveno grado en la Academia Regional Adventista del Norte en Vega Baja. Su nivel superior lo estudió en la escuela Juan Quirindongo Morell. En ninguno de los tres niveles se involucró en actividades del Programa de Educación Física, aunque sí participó en natación en actividades fuera de la escuela. Es importante señalar que siempre fue una estudiante de excelencia académica con promedio de 4.00 puntos

A los cuatro años y medio por primera vez experimentó en la natación, a pedido del Dr. Edwin Cuevas, quien le recomendó la natación para mejorar su padecimiento de fatiga. Luego su tío materno, el señor Héctor Vega, es quien la invitó a unirse a sus primos para formar parte del club *Los Marlins* de Manatí (piscina de la urbanización Flamboyán). Fue "Charlie" Báez su primer entrenador en la natación de 1989 a 1993 y Adolfo Torrech su segundo de 1994 a 1998.

Vanessa es admiradora de las nadadoras Sonia Álvarez de Puerto Rico y la estadounidense de California, Natalie Coughlin, quien ha ganado 12 medallas olímpicas en su carrera.

Carrera deportiva (extensa):
1996-representó a Puerto Rico en Campeonatos Islas del Caribe, celebrados en San Juan. Compitió en categoría 11-12 años. Premios: oro en 50 y 100 m estilo libre. Estableció récord en 50 y 100 m y fue la campeona en su categoría.

1997-Campeonato Centroamericano y del Caribe. Compitió en la categoría 11-12 años. Logró oro en en 50 y 100 m estilo libre y plata en 200 y 400 m libres. Obtuvo marcas nacionales y zonal para Centroamérica y El Caribe, marcas vigentes hasta el 2002. Se premió con el galardón de Campeona Sénior en 11-12 años.

1998- Juegos Centroamericanos y del Caribe- obtuvo oro en 50 y 100 m libres y en el relevo 4 x 100 m. Recibió el premio de la Nadadora más Destacada en 13-14 años. Se retiró de las competencias hasta el 2002.
2002- ingresó en "American University" de Bayamón, donde compitió en la Liga Atlética Interuniversitaria (LAI), bajo el entrenador cubano Zanoni López Zamora.

2003-04- ganó en la LAI eventos de 50, 100 y 200 m estilo libre en piscina corta de 25 m y los 50 m estilo mariposa.
En el segundo semestre participó en eliminatorias de la Federación Puertorriqueña de Natación, logró la marca mínima para las Olimpiadas del 2004 en 50 y 100 m libres, la única nadadora en cualificar en dos eventos. Estableció marca nacional en 50 m libres con 26.76.
Compitió en la LAI, logró oro en 50, 100 y 200 m libres. Mejoró marcas nacionales en 50 y 100 m con tiempos de 26.56 y 57.87, respectivamente. Obtuvo premio de la Nadadora Más Destacada. Asistió a la Olimpiada de 2004 en Atenas, Grecia. Se clasificó #35 en el evento de 100 m libres con tiempo de 57.38 y marca nacio-

nal. En 50 m libres se ubicó #28 a nivel mundial con marca de 26.26, récord nacional.

2005- en la LAI, ganó cinco medallas de oro individuales, estableció nueva marca en 50 m libres con tiempo de 26.24 y posición #21; 56.96 en 100 m libres y posición #23 a nivel mundial.
Compitió en los Campeonatos Centroamericanos y del Caribe de Natación en República Dominicana, ganó oro en 50 y 100 m libres. En 50 m mejoró marca nacional con 26.04.

2006- Campeonatos de Natación de la LAI- ganó cinco medallas de oro en eventos individuales y tres medallas de oro en eventos de relevos.
XX Juegos Centroamericanos y del Caribe en Cartagena, Colombia-ganó medalla de oro en 50 y 100 m libres con marcas nacionales y para la Región de Centroámerica y del Caribe de 25.29 y 55.80, respectivamente. Con el tiempo que efectuó en 50 m libres, alcanzó la posición #16 a nivel mundial.

2007-Campeonato de LAI- ganó cinco medallas de oro individuales, dos de oro y una de plata en los relevos. En resumen en la LAI, dejó marcas en 50, 100, 200, 1,500 m libres, 50 m mariposa y en el relevo 4 x 50 m libres. Campeonatos Mundiales en Melbourrne, Australia, logró posición #16 en 100 m libres con marca nacional de 55.69 y la posición #18 en 50 m libres. En los XV Juegos Panamericanos de Brasil-obtuvo medalla de plata en 50 m libres, y medalla de bronce en 100 m libres. Estas fueron las primeras medallas en eventos individuales en la historia de la natación en Juegos Panamericanos en los últimos 16 años.
Logró marca B que le permitió asistir en el 2008 a los Juegos Olímpicos de Pekín, China. En 50 y 100 m libres, alcanzó marcas de 25.46 y 55.69, respectivamente.

2008- XXIX Olimpiada de Pekín, China, compitió en 50 m libres con marca de 25.81 y posición #35.

2009- Campeonatos Mundiales de Natación en Roma, Italia- logró posición #34 en 50 m libres con tiempo de 25.78 y posición #32 en 100 m libres y marca de 56.01.

2010- Grand Prix, Ohio- medalla de oro en 50 m libres y marca de 25.64, y bronce en 100 m libres y marca de 50.03.
Grand Prix, Charlotte, Carolina del Norte, ganó oro en 50 m y tiempo de 25.38, y bronce en 100 m libres con marca de 56.13.
Campeonatos Nacionales- ganó oro en 50 m libres e igualó la

marca nacional con 25.29 y oro en 100 m libres- récord de 55.56. XXI Juegos Centroamericanos y del Caribe en Mayagüez 2010- logró oro en 50 m libres y nueva marca con 25.18; oro en 100 m libres y nueva marca con 55.00. Además, obtuvo plata en el relevo 4 x 100 m libres y 4 x 100 m combinado. Recibió el premio de la Nadadora Más Sobresaliente en natación.

2011- XVI Juegos Panamericanos en Guadalajara, México- en 50 y 100 m logró en ambos eventos un cuarto lugar con tiempos de 25.39 y 55.55, respectivamente.

2012- XXX Olimpiada en Londres, Inglaterra- compitió en 50 m libres y posición #29 a nivel mundial con tiempo de 25.58

2013- En rehabilitación debido a operación hombro derecho

2014- participó en los XXII Juegos Centroamericanos y del Caribe, celebrados en Veracruz, México. Compitió en eventos de 50 m, medalla de plata y tiempo de 25.63; 100 m libres, medalla de bronce con tiempo de 55.60 y 4 x 100 m libres, quinto lugar.

2015- asistió a los XVIII Juegos Panamericanos de Toronto, Canadá. Compitió en 100 m estilo libre, concluyó séptima con tiempo de 55.26 segundos, y 50 m libres logró la octava posición con tiempo de 25.21 segundos. Este último récord le permitió cualificar con la marca A y el derecho a asistir a los Juegos Olímpicos de Brasil en el 2016.

2016- asistió al Grand Prix en Santa Clara, California, del 3-5 de junio. Participó en los 50 m libres - 25.37- séptima. Compitió en Río de Janeiro, Brasil (XXXI Olimpiada), su cuarta olimpiada. Es la primera nadadora puertorriqueña en asistir a cuatro olimpiadas corridas (2004-16). Compitió en 50 m con nueva marca nacional de 24.94 segundos (#22 empate). ¡Lamentablemente no pudo pasar a la ronda semifinal!

Reconocimientos:
1. Se honró con su nombre una de las calles de la urbanización Alturas de Vega Baja.
2. Premiación atletas más destacados de P.R. en Cena Olímpica
3. 2013- la Asociación de Maestros de la Junta Local de Vega Baja le dedicó Asamblea
4. 2010-12 y 2014- Atleta Más Destacada en la Natación Femenina del Comité Olímpico de Puerto Rico (COPUR).
5. 18 de diciembre de 2015- recibió premio de la *Atleta Sobresaliente en la Natación de Puerto Rico*- Comité Olímpico P.R.

6. 2016- gran recibimiento por parte del Gobierno y el pueblo de Puerto Rico, a la delegación de atletas que participó en los XXXI Juegos Olímpicos de Verano, en Río de Janeiro, Brasil.
7. 16 de octubre de 2016- dedicatoria de la 63ra. Asamblea de Vegabajeña Coop
8. 28 de septiembre de 2018-Premio Presidencial Juan B.Nazario de la universidad American University
9. Artículo revista *Fiestas Tradicionales*, Vega Baja, octubre-2018

Nota: Aunque Vanessa nació en el Hospital Auxilio Mutuo, su vida transcurrió en Vega Baja. Anteriormente sus padres se habían mudado a Vega Baja en el 1972. Desde el 2005 al 2016, Vanessa recibió ayuda económica como atleta a tiempo completo por parte del Depto. de Recreación y Deportes. Del 2017 hasta el presente, recibe ayuda del COPUR. Una vez ingresó a la universidad, ha sido entrenada por Zanoni López, entrenador cubano y residente en Vega Baja. Debido a lesión en hombro no pudo asistir a Hungría en el 2017. Compitió en los 50 m libres (25.65-sexta) y relevo 4x100 m en los XXIII Juegos Centroamericanos y del Caribe, en Barranquilla, Colombia, en 2018 y abanderada de Puerto Rico.

Narváez Rosario, Carlos Arnaldo

N: 31 de diciembre de 1974 en Hospital Ashford en San Juan
Peso: 215 lbs.   Estatura: 6' 2"
Lado dominante: derecho

Carlos Enrique, Carla Rubí, Carola Marie y Carlos Arnaldo, son los hijos procreados por Carlos Arnaldo Narváez Pabón y Flor Rubí Rosario Martínez, ambos naturales de Vega Baja.

Los grados primarios de Carlos transcurrieron en el Colegio Marista de Manatí y en el nivel superior estudió los grados décimo al duodécimo en el Colegio Nuestra Señora del Rosario en Vega Baja. A nivel universitario tiene un bachillerato en Comunicaciones de la Universidad de Puerto Rico, recinto de Arecibo. Inició estudios a nivel de maestría en la Universidad de Phoenix, Guaynabo, la cual tuvo que abandonar debido a los compromisos de trabajo en el que tuvo que viajar con frecuencia a diferentes países.

Desde niño su papá lo dirigió hacia la práctica del deporte de baloncesto en el pueblo de Vega Baja. Luego el esposo de su tía materna Josefina Rosario, el señor José Juan Rodríguez, lo entusiasmó hacia los deportes de combate.

En el periodismo deportivo se inició en el 1997 en el semanario La Estrella de Puerto Rico en Manatí. En el 1998 ingresó como periodista en El Mundo; en el 2001 pasó al Vocero, luego de cesar funciones en *El Mundo*. Actualmente es Editor de Deportes en el periódico *El Vocero* de Puerto Rico, como analista y especialista en boxeo de *ESPN Deportes*. También es Editor de la Revista *Zona Sports Caribe*. Ha trabajado en más de 100 peleas de título mundial en Estados Unidos, Puerto Rico y latinoamérica. Ha tenido la gran experiencia de entrevistar a figuras del campo deportivo entre ellos: Oscar de la Hoya, Félix "Tito" Trinidad, Miguel Cotto, John Ruíz, Roy Jones Jr., Evander Holyfield, Juan Manuel Márquez, Muhammad Ali (Cassius Marcellus Clay), Floy Mayweather y muchos otras personas relacionadas al deporte.

Dá crédito a sus padres que le ayudaron en la redacción y a su abuelo materno el señor "Jimmy" Rosario, con quien trabajó durante la niñez en el laboratorio fotográfico que tenía en su negocio. Sus conocimientos con el tiempo fueron ampliándose y logró incluir imágines (fotos) de los trabajos que redactaba.

Ha trabajado en actividades de los Juegos Centroamericanos y del Caribe de Cartagena, Colombia en el 2006 y en los Juegos Centroamericanos y del Caribe, celebrados en Mayagüez, Puerto Rico, en el 2010. Otras actividades en que ha laborado son el PGA Tour de Golf, NBA, MLB, Baloncesto Superior Nacional de Puerto Rico, Volibol Superior de Puerto Rico (femenino-masculino), torneos NORCECA de volibol, entre otras.

Actualmente comparte la columna de opinión llamada "Contragolpes", con el reputado exreferí de boxeo y de descendencia boricua, el señor Joe Cortez. Este fue exaltado al Salón de la Fama del Boxeo Internacional en compañía de varios puertorriqueños, entre ellos, Félix "Tito" Trinidad, Sixto Escobar, Wilfredo Gómez, Wilfredo Benítez. Carlos trabaja como profesor a tiempo parcial en "American University" de Bayamón, donde enseña los cursos de Principios de la Fotografía, Periodismo Deportivo y Diagramación para Medios.

Luis Felipe González Rosario, es otro vegabajeño destacado en la crónica deportiva, en la cual ocupa el cargo de vicepresidente de la Asociación de Periodistas Deportivos de Puerto Rico desde el 2015.

Entre los atletas que Carlos admira están los siguientes: Juan "Igor" González, Iván Rodríguez, Carlos Delgado y Félix "Tito" Trinidad. Señala a Hiram Martínez, Luis Colón, Rafael Bracero y muchos otros, entre las personas que han influído en su trabajo de periodista deportivo. Gracias a su trabajo variado y a los continuos viajes a diferentes países, ha establecido una gran amistad con muchas personas relacionadas en el campo deportivo.

Carlos está casado con Aymette García Maldonado, quien dio a luz a Carolina Alejandra y Camila Rubí, sus únicas hijas. Actualmente reside en la urbanización Ciudad Real, de Tortuguero en Vega Baja.
Reconocimientos:
Periodista Deportivo del Año 2009, por el Departamento de Recreación y Deportes de Puerto Rico.

Ayala Santos, Manuel

N. el 7 de octubre de 1953 en Vega Baja.
Peso: 160 lbs.   Estatura: 5' 6"
Lado dominante: derecho

Son sus padres Manuel Ayala Rivera, natural de Jayuya y Ana María Santos Rivera, natural de Vega Baja. Don Manuel era empleado de la Hacienda San Vicente en Vega Baja donde conoció a doña Ana. Ambos procrearon nueve hijos, Manuel es el sexto.

Manuel estudió en la escuela elemental José De Diego en la playa de Vega Baja. El nivel intermedio lo aprobó en la Ángel Sandín Martínez, donde se matriculó en clases de Educación Física con el profesor Abraham Ramírez. Se graduó de la escuela superior Lino Padrón Rivera en Vega Baja. En ninguno de los tres niveles participó en competencias deportivas, pero sí jugaba "pelota" con vecinos y amigos en forma recreativa en la comunidad.

Sus hermanos mayores Hermes y José, fueron los que influyeron en el interés por el deporte, ya que eran aficionados al béisbol, baloncesto y boxeo. Laboraron voluntariamente en la organización de actividades recreativas y competitivas en la comunidad de Los Naranjos en Vega Baja. José trabajó de apoderado del Béisbol Rural (hoy Clase A), junto a Celestino Maisonet, Manuel Padilla, Alejandro Soler, líderes recreativos comunitarios que desarrollaron voluntariamente el deporte en Los Naranjos y la playa. Para el 1973 la comunidad de Los Naranjos obtuvo el campeonato local en el Béisbol Rural y posteriormente participó a nivel nacional y logró el Campeonato de Puerto Rico. Según Manuel, varios atletas participaron en el Béisbol Doble A en el 1973 que obtuvieron el segundo Campeonato Nacional para Vega Baja, entre los que se mencionan a Edwin "Kiki" Molina,

Félix "Peladilla" Rivera y "Tony" Maisonet. El equipo de Vega Baja, por haber logrado el campeonato, participó en intercambio deportivo en la ciudad de Santo Domingo, República Dominicana.

Manuel ocupó el cargo de presidente de la Asociación Recreativa de Los Naranjos en el 1973 y participó en la organización del desarrollo de los deportes de béisbol y sóftbol. Durante seis años trabajó como presidente de las Pequeñas Ligas Juvenil e Infantiles, el primero en Vega Baja, labor que desarrolló de 1979-83 y nuevamente en el 1987. También fue el presidente de la Liga Héctor Valle, dedicada a organizar torneos de sóftbol interbarrios, durante cuatro años. Junto a los demás miembros de la comunidad organizó *Field Days* y Días de Juegos. En estas labores colaboraron en la comunidad Miguel Rosario, Rafael Martínez, Rafael Valentín y Serafín De León, personas que fueron las que estimularon y asesoraron a Manuel para la dirección de torneos locales y nacionales, especialmente en el béisbol.

Admirador de los siguientes atletas: Roberto Clemente, fallecido; Wilfredo Gómez, boxeador; y Teófilo "Teo" Cruz, centro de la Selección Nacional de baloncesto y quien participó en cinco olimpiadas, fallecido.

Actualmente se dedica a administrar su negocio Cayure, en el sector Los Naranjos, en el cual tiene una exposición de libros de diferentes temas, donados por amigos, y a su vez dona a los clientes y vecinos en la comunidad.

Brull Torres, Pedro Juan "Pello"

N. el 16 de diciembre de 1938 en Vega Baja.
Peso: 130 lbs.   Estatura: 5' 7"
Lado dominante: derecho

Fueron sus padres José Jaime Brull Náter (atleta olímpico) y Carmen Rosa Torres Silva (pianista), ambos fallecidos y naturales de Vega Baja, quienes tuvieron tres hijos: María del Carmen, "Pello" y Carmen Rosa "Curo".

"Pello" está casado con Magda Pumarejo Ortíz, natural de Vega Baja. Ambos han procreado a María Magdalena, Pedro Jaime, Pedro Pablo y tienen a su hija adoptada Haidée Mercado.

Desde niño "Pello" tenía pasión por el béisbol. Cuando residió en Villa Palmera, en el área metropolitana, acudió con su padre al parque Sixto Escobar para ver los juegos de béisbol profesional y al parque del Canódromo para ver los desafíos de sóftbol.

212

Durante los fines de semana se mudó con su familia a Vega Baja para visitar otros familiares, lugar donde practicó el deporte de béisbol en el parque de "Pencas" y en los patios de las escuelas y la comunidad, junto a amigos de La Quince, Alto de Cuba y barrios cercanos. Don Jaime, su padre, le preparó una "pelota" de corcho, forrada con cinta y usó pega de la que usaban los médicos para curar las heridas, según señala. Debido a que no contaban con recursos económicos, no usaban guantes, "fildeando la pelota a mano pelá". Recuerda varios nombres de los compañeros de juego: "Junior" Enriquez, José Manuel "Manel" Portela, William Casanova, Jorge Vega y otros jugadores que tan solo recuerda sus apodos.

Debido a que su papá trabajó en diferentes pueblos del país, se mudaron con frecuencia, residieron en los pueblos de Vega Baja, Santurce, Arecibo, Manatí y otros.

A la edad de 12 años, "Pello" fue uno de los integrantes del equipo de baloncesto del Torneo de las 100 libras, primer equipo formado en Vega Baja. En este grupo participaron los siguientes jugadores: Jorge Otero "Bello" Barreto, Owen Hernández, Gabriel Otero, Gaspar Jiménez, "Tati" Feliciano, "Cocote" y otros atletas. Los dirigentes eran Fabián Otero y Jaime "Camello" Collazo . El señor Hermes Hernández transportó los jugadores en una camioneta ("pick up"), junto a el papá de "Pello" que los transportó a Arecibo para efectuar el pesaje (tenían que pesar 100 lbs. o menos), y tener 12 años de edad o menos.

En la década del 50 creó el equipo de béisbol en la Barriada Sandín en Vega Baja, lugar donde residió. Algunos de los jugadores participaron en el béisbol organizado, entre ellos: Héctor José Valle, primer jugador vegabajeño en las Grandes Ligas. Este equipo posteriorrmente participó en Torneo del Departamento de Recreación y Deportes de Puerto Rico, el cual fue Campeón Nacional en Clase A (vea fotos históricas).

De 1957-79, el señor Brull trabajó en *Telemundo* y aquí creó el equipo Los rompe cercas de Telemundo, en la década del 70. Este equipo participó en intercambios deportivos en Puerto Rico y República Dominicana. Fue reconocido por el señor Emilio E. Huyke, historiador deportivo en Puerto Rico y por el Salón de la Fama del Deporte de Puerto Rico, como promotor del sóftbol. Estuvo integrado por técnicos y artistas del espectáculo y entre los participantes estaban los siguientes: Pedro Brull, Carlos Alberto De Jesús, Braulio Castillo, Octavio Ramos "Tavín" Pumarejo, Constantino "Tino" García, Roberto Roena, Elín Ortíz y varios más. Otro equipo que se organizó fue el de baloncesto de Telemundo y entre los integrantes estuvieron Franklyn

Delano López, Samuel Pereles, Daniel Lugo, y "Pello" Brull.

"Pello" trabajó como pastor en Manatí-Tierras Nuevas, la playa en Vega Baja y Ciales. Junto a su esposa estuvo encargado del programa Ampliando Fronteras en Puerto Rico. Se le considera entre los precursores del Instituto Bíblico de la Alianza Cristiana y Misionera en Puerto Rico. Otras personas que colaboraron fueron el pastor Andrés Matos Concepción y el pastor Luis Fernando Hernández Valle (ambos fallecidos), durante la década del 70. En la Iglesia de los Hermanos, trabajó de Ejecutivo del Distrito, Director Asociado de Florida y El Caribe. Laboró en el levantamiento de siete iglesias en República Dominicana, estableció iglesias en Corea del Sur, España y Estados Unidos. En Puerto Rico, junto a otras personas, ayudó a restablecer casas luego de los huracanes que azotaron al país.

Luego de residir durante muchos años en Vega Baja, la familia de Pedro decidió mudarse al estado de Florida, donde reside actualmente. Aquí además de trabajar en la iglesia, continuó con su labor de pintor profesional, ha efectuado exhibiciones de sus obras en todo el estado de Florida y algunas obras se han exhibido en el museo más grande del mundo, el Smithsonian de Washington DC. En el 2014, después de hacer gestiones con artistas durante varios años, organizó el grupo de artistas visuales de Puerto Rico, llamado "La diáspora de artistas puertorriqueños". Estos han exhibido sus obras en Estados Unidos y más reciente en España. Han recibido varios reconocimientos a nivel nacional. Sus integrantes son: Ángel Rivera, Yazzir Nieves, José Feliciano, Felipe Morales, Aby Ruíz, José Sánchez, Denisse Berlingeri, Carmen Rojas, "Pello" Brull y Maria Román Joyner. Este grupo ha llevado exhibiciones en hoteles, galerías y museos de Estados Unidos. Un representante del Smithsonian (curador), hizo evaluación de las obras del grupo puertorriqueño, con reconocimiento positivo. "Pello" fue contratado por "Sea World" (artista plástico) en actividad "Viva la música", desde el 2012. En Vega Baja, en el 2004 confeccionó óleo de Moisés Navedo, exhibido en la cancha de baloncesto que lleva su nombre y la cual está en remodelación desde el 2018.

Reconocimientos:
1. El Pabellón de la Fama del Deporte Puertorriqueño-promover el sóftbol en Puerto Rico (década del 70).
2. 2005-Disney Best in Painting Award
3. 2008- Premio alcalde Buddy Dyer, Orlando, Florida-Semana de la Hispanidad
3. 2012- Borinquen Award de la Revista Nue Art Magazine
4. 2014- El Josco Lifetime Achievement Award
5. 2015- Borinquen Award- Artes Plásticas

214

Collazo Bruno, Jaime Enrique "Camello"

N. el 10 de julio de 1922 en Barrio Yeguada de Vega Baja
M. el 9 de abril de 2001 en el Hospital de Veteranos en San Juan.
Peso: 192 lbs.   Estatura: 6'
Lado dominante- derecho

Jaime era el mayor de ocho hijos procreados por Juan Collazo López, natural de Vega Baja y Providencia Bruno Ortíz, natural de Manatí.

Cursó estudios en la escuela José G. Padilla, de primero a octavo grado y en la escuela superior Lino Padrón Rivera de Vega Baja. Integró el equipo "varsity" de baloncesto durante sus cuatro años de estudios en el nivel superior, del cual se graduó en el 1942.

En el año de 1943 ingresó en el Ejército de los Estados Unidos y durante los tres años que sirvió, estuvo activo en los deportes de baloncesto, sóftbol y béisbol. Al licenciarse en el 1946 se matriculó en la Puerto Rico High School of Commerce de Río Piedras ,de la cual se graduó en el 1950 del curso de Teneduría de libros. Durante estos años se mantuvo activo en los deportes de baloncesto y sóftbol. Integró el "varsity" de baloncesto y compitió junto a los destacados atletas Carlos Faberllé, Plinio González, "Pato" Moreno y otros.

Una vez se graduó, se dedicó a formar parte de varios equipos locales y estatales con los que compitió, entre ellos, en el baloncesto Primera Categoría con el equipo de Santurce en el 1951. Para esa misma fecha formó parte del equipo de sóftbol de Vega Baja, el cual participó en la Liga Insular de Sóftbol Aficionado, y logró el Subcampeonato de Puerto Rico. El equipo "Caguas Blanquita" obtuvo el campeonato al derrotar a Vega Baja 3-2 en un séptimo juego.

Contrajo matrimonio con Carmen J. "Pipe" Díaz Rossy en el 1951, quien es natural de Vega Baja, con quien tuvo cinco hijos: Carmín, Jaimito, Ivette, Fernando y Lourdes (fallecida). De ellos han nacido nueve nietos y 12 biznietos.

Otros datos sobresalientes en la vida deportiva:
1951-52- pionero y apoderado del equipo de béisbol Clase A , *Vega Baja Star*
1953- originador y apoderado del equipo de béisbol Doble A de *Vega Baja Star*

1955- consiguió franquicia temporal del béisbol Doble A para Vega Baja. A los dos años consiguió franquicia permanente con la ayuda de Oto Ralat, Luis Rosario y otras personas.

1972- trajo a Vega Baja la organización de las Pequeñas Ligas. Logró varios títulos nacionales y seccionales, en colaboración con Raúl Arroyo, Áquedo García, Roberto Gelpí, Cristóbal de Jesús, Moisés Rosario, Pedro J. Torres, José "Pepín" Collazo, Sammy Rosario, Manuel "Chipe" Pantoja García y otras personas. Durante su incunvencia obtuvo un subcampeonato en la Doble A. Don Jaime se dedicó a organizar equipos de béisbol Clase A en Vega Baja y a dirigir equipos de las Pequeñas Ligas; con el equipo de Jardines de Vega Baja logró un Campeonato y un Subcampeonato Nacional. Laboró con éxito en las Pequeñas Ligas por espacio de 27 años con campeonatos seccionales, regionales y estatales.

Según narra su esposa Carmen, su casa era la sede de los atletas y demás personal de los equipos, pues una vez terminados los juegos asistían a comer e inclusive se le brindó hospedaje gratuito a varios atletas que no tenían donde quedarse por vivir lejos de sus padres.

Sus pasatiempos preferidos eran: coleccionar tarjetas de béisbol, ver juegos por televisión, visitar parques de Grandes Ligas, la lectura, oir música, jugar dominó y escribir poemas a su esposa y nietos.

Su hija mayor cuenta que el apodo de "camello" surge de la gente que le gritaba para defender en el baloncesto a Nazario Hernández, a quien le llamaban "camello". Le decían "Jaime, al camello, defiéndelo"... y de ahí en adelante, la gente le llamó Jaime "Camello". Nazario era pelotero Doble A de Vega Baja y destacado bateador.

Reconocimientos:
1. 22 de enero de 1994- Ligas Infantiles y Juveniles de Vega Baja
2.1999- exaltado al Salón de la Fama del Deporte de Vega Baja

Collazo Sierra, José "Pepín"

N. el 30 de septiembre de 1928 en Vega Baja.
Peso: 180 lbs.   Estatura: 5' 7"
Lado dominante- derecho

Sus padres José Collazo López, natural de Hatillo y su madre Elvira Sierra Vega, natural de Almirante, Vega Baja, tuvieron cuatro hijos: Ismael "Maelo", "Pepín", Francisco y Ángel Antonio. Ángel

216

laboró durante muchos años como maestro de Educación Física en Vega Alta y Vega Baja. Todos eran destacados atletas y jugadores del béisbol Doble A, con la excepción de "Pepín" que llegó hasta Clase A. Su hermano "Maelo" ha sido exaltado al Salón de la Fama del Deporte de Vega Baja como propulsor deportivo.

"Pepín" estudió de primero a undécimo grado en la escuela José Gualberto Padilla de Vega Baja y el grado 12 en la antigua Lino Padrón Rivera y la que fue la primera clase graduada en el 1946. Desde pequeño se destacó en el deporte de baloncesto en el cual adquirió sus primeros conocimientos con "Mr. Kaplan" (Ángel Rafael Cordero), profesor en la escuela José G. Padilla y destacado baloncelista de Morovis. Luego formó parte del "varsity" de baloncesto en el nivel superior bajo la dirección del profesor Ramón Casanova. Al graduarse de la superior reforzó un año al "varsity" de la superior.

Participó en la comunidad en torneos locales de baloncesto y compitió en Segunda Categoría con el equipo "Lucas Paint", bajo la dirección de Hermes Hernández y José "Chantó" Catoni. Fue miembro del equipo Primera Categoría de Vega Baja, liga que incluía equipos de Ciales, Bayamón, Barceloneta, Orocovis, Toa Alta, Toa Baja y San Juan (Sixto Escobar). Tuvo la difícil tarea de defender al olímpico Juan "Pachín" Vicens de Ciales; a Domingo "Lulo" González y a Raúl "Tinajón" Feliciano, entre otros destacados jugadores de su época. Participó en el deporte de béisbol, destacado en la posición de jardinero con el equipo Clase A de Vega Baja y del "Lucas Paint". Este equipo fue dirigido por Luis Rosario y los entrenadores fueron Julio Pabón e Ismael "Maelo" Collazo. En el béisbol Doble A actuó como tesorero durante varios años. Otro deporte en que compitió fue el sóftbol en el que organizó un equipo del *Club de Leones de Vega Baja,* Campeón de Puerto Rico en estilo "slow pitch modificado". Fue miembro del equipo Cafetería Española de Vega Baja.

Durante más de siete años en la década del 70, presidió la organización de las Pequeñas Ligas de Vega Baja. Entre sus logros se pueden señalar la participación de un gran número de equipos del pueblo y los barrios, con actuación destacada de algunos equipos: Liga Major de 1973 Campeón de Puerto Rico y Subcampeón de Latinoamérica; en el 1976, Liga Sénior, Campeón de Puerto Rico y la *Big League* en el 1976, Subcampeón de Puerto Rico y ganador de la Ronda de Consolación Latinoamericana.

En la comunidad tuvo parte activa como presidente del Comité de Residentes de la urbanización Monte Carlo en Vega Baja. Esta organización trabajó en la solución de los problemas de la comunidad, organizó actividades sociales y culturales, entre ellas, cumpleaños, reconocimientos el Día de las Madres y de los Padres, Fiesta de Navidad, reconocimiento a vecinos destacados, y otras actividades.

Don "Pepín" se destacó en Vega Baja como Asambleísta Municipal durante más de 20 años y bajo la dirección del alcalde Luis Meléndez Cano. Otra labor llevada a cabo fue el pertenecer a la Cooperativa de Ahorro y Crédito Vegabajeña en el Comité de Supervisión,

Labor Profesional en el Campo Laboral:
1948- tasación científica (Tasación de propiedades)-primer programa de Puerto Rico en San Juan, oficial del banco en Bayamón
1961- Puerto Rico Rayon Mills, encargado de las nóminas en Vega Alta. Asistente de Gerente, Sobell, fábrica de fantasías en Vega Baja dos años. Energía Eléctrica en Vega Baja y Puerto Nuevo
1961-81- Cervecería Corona en Santurce-Departamento de Ventas y Supervisor
1982-84- Comercio de Bienes Raíces, curso sabatino en Gabriela Mistral
1985-93- director Regional de Transporte en la Oficina de Administración de Servicios Generales, Alcaldía Vega Baja
1993-2001- gerente de Ventas de Cerveza Carta Blanca en Bayamón
2001-06- ayudante del Director Regional de Obras Públicas de Manatí
2006-08- ayudante del Ingeniero Jorge Vega, Director de Transporte, Jefe de Personal, y Oficial Administrativo
2008- se acogió a la jubilación

Reconocimientos:
El señor "Teyo" Otero, líder recreativo del barrio Pueblo Nuevo, entregó placa por su labor comunitaria.

Mejías Astol, Luis Manuel "Güito"

N. el 5 de febrero de 1944 en Sabana, Vega Baja.
Peso: 165 lbs.   Estatura: 5' 8"
Lado dominante: derecho

José C. Mejías Pérez, natural de Quebradillas y Belén Astol Molina, natural de Arecibo, fueron sus padres y quienes tuvieron siete hijos, "Güito" es el menor de todos.
En la escuela Manuel Negrón Collazo aprobó los grados prima-
218

rios, el nivel intermedio en la escuela Ángel Sandín Martínez y el superior en la escuela Lino Padrón Rivera, todas de Vega Baja. La Universidad de Puerto Rico, Río Piedras, fue el lugar donde aprobó un bachillerato en Educación con concentración en biología. Tiene 30 créditos en el Caribbean College de Bayamón, conducentes a la maestría del Centro de Estudios Avanzados de Puerto Rico y El Caribe, con especialización en historia, literatura y cultura de Puerto Rico.

Como líder recreativo voluntario y promotor del deporte en Sabana y en Vega Baja, su labor ha sido extensa y fructífera. Laboró como organizador y promotor deportivo, creó los primeros equipos de volibol representativos de la comunidad de Sabana en Vega Baja. Mejías es el creador del destacado equipo de volibol masculino *Los Saltamontes.* Este se estableció en varias versiones con el cual obtuvo varios campeonatos en Vega Baja. Estos equipos masculinos participaron en torneos interbarrios en categoría abierta. Organizó torneos de volibol en las escuelas elementales de cuarto a sexto grado de varones y de niñas, de seis a catorce años, en los que logró varios campeonatos. En el deporte de sóftbol, organizó equipos en las escuelas de la comunidad en que trabajó. En el deporte de baloncesto ayudó en la construcción de la primera cancha en tierra, desaparecida y donde actualmente se construyó la Calle 6 en el barrio Sabana; labor compartida con José "Cheo" Pantoja, Ramón Rivera y su sobrino Enrique Mejías Acosta. Se organizó torneos de baloncesto en la comunidad de Sabana en los cuales el señor Mejías fue uno de los colaboradores. La comunidad de Sabana creó varias ediciones de maratones de 10 k, llamado Ambrosio Martínez, persona que durante muchos años se encargó del equipo de béisbol Clase A y Rural en Sabana. En este evento, además de adultos, participaron niños a la distancia de media milla. Mejías trabajó en la creación de este evento.

El señor Mejías ha sido miembro de la Asociación Recreativa de Sabana, desempeñando varios cargos y en la cual organizó actividades sociales y culturales, además de las deportivas. Su labor se ha extendido a la prensa local y nacional, donde trabajó como corresponsal del periódico *El Mundo* y colaborador de escritos en periódicos *Todo Norte, Todo* y el *Diario Vegabajeño.*

Como atleta compitió en las Pequeñas Ligas y en la liga Clase B. En los torneos recuerda el haber jugado contra equipos de los barrios de Puerto Nuevo, Carmelita y Río Abajo. Tuvo destaque como jugador con desempeño en la inicial, los jardínes, y la primera base, en los equipos de béisbol. .Señala que era un "jugador común", aunque se desempeñó mejor en la primera base". En el deporte de sóftbol participó en torneos de la comunidad, fue seleccionado el Mejor Lanzador de su equipo;

participó con el equipo de Río Arriba, además de lanzador, jugó en primera base y jardín derecho, en torneos contra el barrio de Pugnado Adentro de Vega Baja. En una ocasión lanzó contra un equipo de sóftbol de Telemundo Canal 2.

En su labor como profesor de ciencias, Mejías trabajó en la segunda unidad del barrio Barahona de Morovis, en la Segunda Unidad de Morovis Sur, intermedia urbana de Vega Baja, escuela elemental de Pueblo Nuevo, Segunda Unidad de Almirante Norte (SUAN) y en la escuela superior Lino Padrón Rivera de Vega Baja.

Mientras trabajó en la escuela superior de Vega Baja, aceptó trabajo en la escuela Jesús Rivera en la cual dirigió el Programa de Escuelas Elementales de Avanzada en Barceloneta. La fuente principal en este empleo fueron niños provenientes de los residenciales, labor que llevó a cabo durante un año. Posteriormente regresó a la escuela Lino Padrón Rivera en Vega Baja y durante los sábados trabajó en el Programa de Ciencias; también en el American University como profesor de ciencias, Colegio Regional de Arecibo (Universidad de Puerto Rico), Interamericana de Arecibo y Sagrado Corazón de San Juan. En esta última universidad trabajó como recurso sobre la Filosofía del Programa de Ciencias en las Escuelas de Puerto Rico.

Luego de jubilado en el 1999 y que trabajó durante 33.5 años, inició trabajos con el Municipio de Vega Baja, en el desarrollo del Programa Zona Histórica, aquí fundó el Desarrollo Ecoturismo en Vega Baja. Trabajó de enlace entre los Amigos Comerciantes y el Municipio donde efectuó labores para la solución de sus problemas. Rehabilitó el museo del soldado Jorge Otero "Bello" Barreto en Vega Baja. Laboró en la Oficina de Historia e Investigación de Vega Baja, localizada en el edificio Cano Llovio y bajo la dirección del alcalde Luis Meléndez Cano. Fue fundador de la Oficina del Desarrollo del Programa de Ecoturismo, donde trabajó de 1999 al 2004.

Del 2004 hasta el presente, ha trabajado en los siguientes lugares: Colegio Nazareno en Levittown, Junior College de Manatí, el desaparecido Colegio Génesis y recientemente en el Colegio Nuestra Señora del Rosario en Vega Baja, enseñando los cursos de biología, ciencia general e investigación social.

Durante los años que laboró en diferentes escuelas fundó varios periódicos: *Ecos de la Noche* en Sabana y otros. En Vega Baja es el creador del boletín histórico *El Naranjal*.

Entre las muchas labores que efectuó se pueden señalar las

siguientes: organizó la primera protesta contra la compañía Scorpio Recycle, establecida en los antiguos terrenos de la Central San Vicente; Coordinador del Programa de Ciencia del Distrito de Vega Baja, creador de la primera exhibición de gallos de peleas en el barrio Ceiba (Sabana) de Vega Baja, promotor de Ferias Científicas en la escuela superior Lino Padrón Rivera en Vega Baja. Varios estudiantes de Vega Baja tuvieron la oportunidad de representar a Puerto Rico, entre ellos, su hija Neisha y muchos otros estudiantes.

Admirador de las siguientes personas y atletas: Ramón Luis Nieves, Luis Aguayo, "Igor" González y Roberto Clemente en béisbol; "Picky" Soto en volibol; Raymond Dalmau en baloncesto;Tony Croatto, Martha Romero y Raymond Arrieta, artistas; Francisco Ojeda y Jay Fonseca, analistas; Luis De la Rosa y Carlos Ayes, investigadores; Roy Brown, músico; y el profesor Julio Meléndez, escritor, fallecido.

Como escritor tiene varios trabajos en vias de publicar, entre ellos están los siguientes:

1. Decires de mi pueblo –recomendado por el profesor Julio Meléndez. (Desde mi batey en Sabana, dichos, modismos, frases populares y refranes en Vega Baja-título original)
2. Ante la sombra de lo inesperado
3. Apodos y motes: fenómeno socio cultural poco estudiado en mi pueblo
4. Desde la Ceiba a la Cambija (cuentos, narraciones y personajes de Sabana)
5. Historia y desarrollo de la comunidad
6. Trazados por el mar

Organizaciones ha pertenecido:
1. Centro Cultural de Vega Baja
2. Junta de los 240 años de Historia de Vega Baja
3. Junta de la Historia de la Legislatura de Vega Baja
4. Asesor de la Asociación Recreativa de la Comunidad Sabana
5. Presidente del Comité Pro Mejoras Educación y Cultura en Sabana.
6. Foto historiadores e Historiadores de Vega Baja
7. Escuela de la historia vegabajeña, desde el 2014
8. Exmiembro de la asociación genealógica de Nueva York
9. Miembro del Salón de la Fama del Deporte de Vega Baja, en dos ocasiones. Fue seleccionado por segunda ocasión a la Junta de Directores en mayo de 2016.
10. Exmiembro de la organización deportiva *Asociación de Educa-*

dores Deportivos de Vega Baja- ocupó los cargos de vicepresidente y vocal.

Reconocimientos:
1. Seleccionado tres veces Maestro Ejemplar de Vega Baja
2. Equipo de baloncesto masculino de Sabana
3. Centro Comunal-escuela Mrs. Kelly de Vega Baja, por la labor en la investigación científica.
4. Dedicatoria Graduación de Sexto Grado en la escuela Manuel Negrón Collazo de Sabana, Vega Baja.
5. Dedicación Graduación Cuarto Año, escuela Lino Padrón Rivera de Vega Baja.
6. 1979-Seleccionado para recorrido de la Antorcha Olímpica, con motivos celebración VIII Juegos Panamericanos, celebrados en San Juan, Puerto Rico.
7. Seleccionado para recorrido de la bandera de Puerto Rico, por motivo de la celebración de la creación de la misma.
8. Dedicatoria Edición Botas de Gallos en Sabana (exhibición de peleas).
9. 2001- Departamento de Recreación y Deportes de Vega Baja, le dedicó Torneo de Volibol.
10. Municipio de Vega Baja, por su labor en la Zona Histórica-V.B.
11. Museo Casa Alonso y la señora Nilda Quirindongo- trabajo sobre el "Mundo Indígena".
12. 2003- placa por labor efectuada en las Ferias Científicas-V. B.
13. nov. 2016- Semana de la Puertorriqueñidad, escuela de San Vicente en Vega Baja

Meléndez De León, Martín

N. el 30 de julio de 1963 en Hospital Regional de Arecibo.
Peso: 165 lbs.   Estatura: 5' 8"
Lado dominante: derecho

Martín es el sexto de ocho hermanos, producto del matrimonio de Julio Meléndez Camacho y Flor De León Sánchez, ambos naturales de Morovis. Está casado con María Isabel Ortiz Ramos, natural de Vega Baja, dando a luz a Martín Yadier y Sebastián. Reconoce la labor llevada a cabo por su esposa en el deporte, ayuda idónea durante muchos años.

En sus grados primarios, asistió a la escuela llamada "Vereda", hoy Fernando Rosado Vázquez, donde estudió de primero a quinto grado. El sexto grado lo aprobó en la escuela José G. Padilla en la que compitió en las actividades del Programa de Educación Física y en los tradicionales "Field Days", bajo la dirección del profesor José H. Rosado, fallecido. En el nivel intermedio asistió a la escuela Ángel Sandín Martínez, en la cual participó en los deportes de volibol, baloncesto y sóftbol modificado. En la escuela Lino Padrón Rivera, superior, bajo la dirección del profesor Carlos Pantoja, compitió en el torneo de baloncesto intramural y en el torneo de tiradas libres. Obtuvo el derecho de representar la escuela en competencias interescolares en este último evento.

Desde niño se destacó en el deporte de béisbol, en equipos de la comunidad de Río Abajo, e integró equipo de las Pequeñas Ligas (11-12 años) y tuvo de dirigente al señor Gilberto Soler. En este equipo se desempeñó en las posiciones de guardabosque central y lanzador. Luego participó con el equipo de Ojo de Agua, dirigido por Ramón "El Gato" Díaz Andino. Se destacó nuevamente en la posición de jardinero central y lanzador. Otro deporte que practicó fue el sóftbol, en el cual compitió en el 1991, en torneo municipal con el equipo "Los Primos," y logró el campeonato. Entre las personas que agradece la participación en los deportes, señala a Hiram Ortíz, Ramón Gaetán y a Ismael "Maelo" Fontánez.

En la comunidad de Río Abajo, Vega Baja, donde reside, perteneció durante muchos años a la organización deportiva de las Pequeñas Ligas. Dirigió varios equipos en diferentes categorías desde niños de 5 a 16 años. Además actuó como entrenador, dirigente y apoderado de 2002 al 2015. Uno de los equipos más destacado fue los "Blue Jays", con el cual obtuvo siete campeonatos y tres subcampeonatos. Con el equipo *Pampers* de 5-6 años en el 2005, logró un Campeonato Nacional. Martín actuó como entrenador en este equipo y lo dirigió Daniel Rosario de Sabana, Vega Baja. Actualmente es el co-apoderado del equipo de la Liga Palomino (16-19 años); el apoderado es Joel Fuentes. También el Sr. Alexis Marrero ayuda en la organización de este equipo.

Es fanático de los siguientes atletas: Reggie Jackson, Juan "Igor" González, Iván Rodríguez, Derek Jeter, Juan José Beníquez, Federico "Fico" López (fallecido); Giovani Colón e Iván Meléndez. Estos dos últimos jugadores del Baloncesto Superior, son naturales de Vega Baja. Iván Meléndez, es primo de Martín.

De todos los niños y jóvenes que han estado bajo la dirección de

Martín, señala a Roger Sosa y Orlando "Landy" Martínez, entre los dos atletas que se han destacado en béisbol y que estudiaron en colegios en Estados Unidos con becas atléticas.

Actualmente Martín labora como administrador del Supermercado Tavera de la urbanización Brasilia en Vega Baja.

Reconocimientos:

1. 2005- recibió premio del Voluntario del Año, reconocimiento efectuado por el Presidente de las Pequeñas Ligas de Vega Baja, el señor Alexis Marrero.
2. 20 de julio de 2015- los familiares de los jugadores del equipo *Blue Jays* de Río Abajo, entregaron placa por su labor en el equipo.

Martínez García, Rafael "Rafy"

N. el 25 de marzo de 1948 en Vega Baja
M. el 6 de octubre de 2012 en Vega Baja
Peso: 220 lbs.   Estatura: 6'
Lado dominante: derecho

Fueron sus padres Eulalio Martínez Otero y Juana Martínez, ambos naturales de Vega Baja. Ellos procrearon a Iris, Rosa, Juan, Carmen, Wanda y "Rafy".

Rafael contrajo matrimonio con Sylvia Santos Portalatín, natural de Vega Baja y con quien procreó a Sylvia Iris, Rafael Eulalio, Emmanuel y Xavier Arturo, todos naturales de Vega Baja. Son sus nietos Yeralis Enid, Xavier Omar e Ian Jared.

Los grados elementales, intermedios y superior los efectuó en las escuelas del pueblo de Vega Baja. Comenzó sus estudios universitarios en el Colegio de Mayagüez, Recinto Universitario de Mayagüez (RUM), los que tuvo que suspender por problemas de salud. Más tarde ingresó en la Universidad Interamericana de Arecibo donde se especializó en Pedagogía. Durante 30 años trabajó como maestro de matemáticas, ciencias y estudios sociales, en varias escuelas del sistema educativo en Vega Baja y Vega Alta, donde era muy querido por sus estudiantes. Laboró como líder destacado de los Niños Escuchas y de la Liga

Atlética Policiaca.

Su mayor pasión, además de su familia, fue el deporte de béisbol. En su tiempo libre, en terrenos de la escuela, practicó los niños que les gustaba el deporte de béisbol. Comenzó en las Ligas Infanties y Juveniles, hoy American Congress de Puerto Rico, en el 1979 cuando un grupo de líderes de la comunidad de La Playa en Vega Baja, se propusieron formar equipos en las categorías Roberto Clemente (7-8 años), Willie Mays (9-10), y Pee Wee Reesse (11-12). También organizó equipos en la comunidad de San Demetrio de Vega Baja y los inscribió en la liga de la playa. El Juez Víctor Toro y el señor Juan T. Almeyda, orientaron y reclutaron a "Rafy" de las ligas de Vega Baja para la *American Congress* de Puerto Rico.

"Rafy" tenía una cualidad distintiva como dirigente, pues seleccionaba todos aquellos jugadores que eran rechazados por no tener dominio de las destrezas del béisbol y capacitándolos para poder competir. Era un maestro de profesión y vocación, pues su pasión fue enseñar, tanto a nivel escolar y en el plano deportivo. De 1979 a 1982, formó equipos en las categorías Roberto Clemente, Willie Mays y Pee Wee Reese. Durante el año de 1982 organizó equipos en la "Pedrín" Zorrilla y en el 1985 en la liga Sandy Koufax (13-14); en el 1991 Mickey Mantle (15-16); y Connie Mack (17-18), de esta manera cubrió todas las categorías y dirigió varios equipos a la vez.

En el 2002 asumió la Presidencia de la Liga de Vega Baja, luego del señor Víctor Cano renunciar. Ocupó el cargo durante 10 años sin abandonar su equipo Connie Mack. En el 2005 fue nombrado dirigente del equipo de Puerto Rico en el Torneo Panamericano Pre Júnior, el cual se celebró en Aruba. También actuó como entrenador del equipo en la Serie Mundial, categoría Sandy Koufax y que tuvo como sede Arizona. En el 2007 laboró como Líder Recreativo en el Municipio de Vega Baja. En el 1997 su equipo Los Pescadores (13-14), resultó Campeón de la Región Norte. Durante 2004 asumió la dirección del Salón de la Fama del Deporte de Vega Baja.

En su actividad diaria en las escuelas organizó torneos deportivos y trabajó en la organización de los tradicionales *Field Days.* Fuera de la escuela, en las comunidades, organizó torneo de sóftbol para adultos mayores en la comunidad en que residió. Su lamentable muerte en el 2012 sorprendió al pueblo de Vega Baja, por haber perdido un extraordinario ser humano, querido tanto por los niños, compañeros de trabajo, familiares y amigos, ya que se sacrificó y tuvo gran éxito en todas las labores dentro y fuera del aula escolar. Han sido miles de estudiantes los que pasaron por las manos de "Rafy" y todavía mantienen gratos recuerdos de las experiencias deportivas transmitidas sabiamente y en forma desinteresada. ¡Todo el pueblo de Vega Baja vivirá eternamente agradecido!

Organizaciones fue miembro:
1. Liga Altlética Policiaca
2. Asociación de Maestros de Puerto Rico
3. Boys Scouts de Vega Baja
4. Salón de la Fama del Deporte de Vega Baja
5. Presidente de la Asociación Recreativa de Villa de los Pescadores, Vega Baja
6. Presidente de la Asociación Recreativa de San Demetrio, V. B.
7. American Congress de Puerto Rico

Reconocimientos:
1. 1995- dedicación Clase Graduada de Sexto Grado, escuela Ofelia Díaz de Vega Baja.
2. 2007- municipio de Vega Baja, por su labor como Líder Recreativo.
3. 2011- ACOPR-Torneo Estatal categoría Sandy Koufax.
4. agosto de 2013- Torneo Sóftbol Cocodrilo "Softball League".
5. Liga Connie Mack-por la dedicación de más de 25 años
6. Liga Raiders de Nueva York
7. 2013- homenaje póstumo por parte del Salón de la Fama del Deporte de Vega Baja.
8. 2014-exaltado póstumamente al Salón de la Fama del Béisbol Infantil y Juvenil de Puerto Rico- Juan T. Almeyda- 6ta. Exaltación
9. diciembre de 2016- exaltado póstumamente al Salón de la Fama del Deporte de Vega Baja.

Otero Lugo, Fermín Antonio

N. el 7 de septiembre de 1948 en Vega Baja.
M. el 26 de noviembre de 2015 en Vega Baja
Peso: 180 lbs.   Estatura: 6'
Lado dominante: izquierdo

Fermín es el segundo de siete hermanos. Sus padres, fallecidos, eran Fermín Otero Vázquez y María Magdalena Lugo Mendoza, ambos naturales de Vega Baja. Estuvo casado con Gladys Adorno Bonilla, con qujien procreó cuatro hijos: Yavel Antonio, Verónica Marlene, Patricia Linette y Mónica Enid. Estos a su vez le dieron fruto a tres nietos.

Mientras estudió en la escuela José G. Padilla de Vega Baja, no participó en deportes, sí compitió en el nivel intermedio en la escuela Ángel Sandín Martínez. Bajo la dirección del profesor Abraham Ramírez compitió en volibol, y pista y campo. En la escuela Lino Padrón Rivera (superior) lo dirigió el profesor José M. Sanabria Lugo, en volibol, baloncesto, pista y campo –eventos de fondo, relevos y tiro de la jabalina; y béisbol, en este último jugó en la primera base y lanzador. En la comunidad participó en el deporte de sóftbol.

Una vez se graduó del nivel superior, ingresó en el Ejército, donde se radicó en Fort Gordon, Virginia, Georgia y Alemania. Al licenciarse, regresó a Puerto Rico y decidió estudiar de noche y trabajar de día. Se matriculó en el Colegio Underwood de Vega Baja con especialización en contabilidad durante tres años. El señor Rafael Rodríguez fue uno de sus profesores. Nunca ejerció su profesión, sin embargo, trabajó luego en el Municipio de Vega Baja del 1971 al 2001, año en que se retiró. Ocupó cargos de Líder Recreativo, Defensa Civil, Administrador de la Cancha Moisés Navedo y Director de la Policía Municipal.

Además de ser atleta, laboró durante muchos años de forma voluntaria de salvavidas en la playa de Vega Baja, junto a "Che" Torres, Nicolás "Tilín" Pérez y otras personas. Fue cofundador de la primera organización deportiva de arbitraje en Vega Baja. Esta arbitraba torneos de baloncesto en diferentes categorías en Vega Baja y pueblos limítrofes. Miembros de esta organización fueron Alonso Rodríguez, Ángel Javier "Mayarí" Meléndez, Jorge López, Eliúd "Conde" Flores, Félix "Culebrilla" Sepúlveda, Víctor C. Otero, Raúl "Machito" González, Pablo López, Carlos Álvarez, Edgard Luis "Bambino" Otero (hermano), e Isidro Matos. (vea fotos históricas).

Se dedicó a la artesanía en madera de dominó, casas, joyas, cajas de limpiar botas, y trabajos hechos con coco. Entre sus pasatiempos favoritos fue el juego de dominó.

Dr. Otero Rosa, Norberto "Kiro"

N. el 9 de julio de 1934 en Vega Baja
M. el 9 de abril de 2017 en Hosp. Veterano en San Juan.
Peso: 142 lbs.　　　Estatura: 5' 3"
Lado dominante: derecho

Sus padres Evaristo Otero Pabón, natural de Vega Alta y Herminia Rosa Rosado, natural de Vega Baja, tuvieron en total siete hijos con Norberto, el cuarto.

Norberto estuvo casado con Nereida Hernández Lozano, con quien procreó a Norberto, Jr., Edgardo y a Jesús David. Ellos a su vez le han brindado ocho nietos.

Al igual que la gran mayoría de los residentes de Vega Baja, estudió en la escuela José G. Padilla, de primero a octavo y el nivel superior en la escuela Lino Padrón Rivera de Vega Baja, se graduó de cuarto año en Manatí. Como atleta practicó varios deportes, entre ellos, béisbol, baloncesto, pista y campo (eventos de velocidad) y levantamiento con pesas. El señor Nicolás «Tilín» Pérez fue la persona que le enseñó las técnicas de competencias en este último deporte.

Antes de estudiar en la universidad, trabajó en negocio fotográfico del señor "Jimmy" Rosario en Vega Baja durante los años 50-53. Luego ingresó en el Ejército, donde asistió a Tacoma, Washington, y estuvo activo hasta el año de 1955. Aquí compitió en béisbol (receptor) y en el deporte de baloncesto (armador). En el ejército se retiró con rango de Cabo.

En Puerto Rico compitió en levantamiento de peso en la categoría de 132 lbs. con un segundo lugar cuando representó a la Universidad Católica. Compitió en la organización Young Men Christian Association (YMCA) de San Juan, en la categoría de 132 lbs. en la década del 50.

De 1955-62 trabajó nuevamente en el estudio fotográfico del señor "Jimmy" Rosario. En el 1962 estudió en la Escuela Hotelera de Barranquitas durante un año. En el 1963 laboró en el Dorado Beach Hotel de "mozo", "head waiter", "assistant food and veberage manager" y "manager pro shop". Esta labor la efectuó hasta el 1974. En ese mismo año se matriculó en la Universidad Central del Este (UCE) de San Pedro de Macorís, República Dominicana, lugar en que inició estudios conducentes a la medicina. Se graduó en el 1988 de medicina general. Durante muchos años trabajó y estudió a la vez, viajando con frecuencia a República Dominicana.

Como médico trabajó de 1981-86 en la Clínica Nuestra Señora del Rosario en Vega Baja. Laboró desde el 1986 al 1996 con el Departamento de Servicios contra la Adicción en Río Piedras. En el año de 1996 se acogió al retiro. Ofreció charlas y conferencias gratuitamente a diferentes grupos profesionales y a padres e hijos, sobre el uso de las drogas legalizadas y no legalizadas. En una ocasión que ofreció conferencia a los maestros de Vega Baja, se le preguntó sobre su opinión respecto al uso de sustancias prohibidas y contestó: "no las usen, pues tienen tres caminos: hospital, cárcel y el cementerio". Sus compañeros de trabajo con frecuencia le solicitaron asesoramiento sobre el uso y abuso de las drogas, ya que estuvo bien preparado en este tema.

El doctor Otero, se destacó como árbitro de baloncesto, y organizador y propulsor deportivo en Vega Baja. Desarrolló torneos de baloncesto en las siguientes categorías: Mini, Biddy, Futuras Estrellas, Novicio, Primera, Segunda,Tercera Categoría y Superior. Laboró junto a un gran número de voluntarios en la rama femenina y en la masculina. Entre las personas que ayudaron en el desarrollo del baloncesto en Vega Baja se pueden señalar a Jorge "Bello" Otero Barreto, quien fue exaltado al Salón de la Fama del Deporte de Vega Baja; Francisco "Panchito" Jiménez, Gilbert Coello, "Pirulo" Otero, Hermes Hernández, José "Manolo" Sanabria, José Luis "Chigüi" Arraiza y muchas otras. Norberto, junto a "Panchito" Jiménez y Jorge Otero, crearon el primer equipo de baloncesto Superior Femenino en el 1976, aprox. "Kiro" dio clínicas en los pueblos de Dorado, Vega Alta, Arecibo y la zona central de Puerto Rico. En Vega Baja fue parte del desarrollo de muchos atletas que se destacaron a nivel nacional e internacional, entre ellos, Sophie Purcell y las hermanas Rodríguez - Yazmín y Nivea.

Según entrevista que se efectuó en su residencia, jugó en contra del olímpico Juan "Pachín" Vicens de Ciales, el que consideró sumamente difícil de defender por su gran velocidad. Además trajo a Vega Baja personas destacadas en el deporte que ofrecieron clínicas en el deporte de baloncesto, entre ellos: Flor Meléndez, Bill Mc Cadney, Ángel "Chito" Pérez, árbitro; Calvin Pacheco, árbitro; Iván Igartúa –dirigente y jugador y muchas otras.

Organizaciones perteneció:
1. Legión Americana-Vega Baja
2. Exmiembro de la Asociación Médica de Puerto Rico
3. Federación de baloncesto de Puerto Rico

Rivera Otero, Marcelo Antonio

N. el 10 de junio de 1946 en barrio Pesas de Ciales.
Peso: 200 lbs.   Estatura: 5' 5"
Lado dominante: derecho

Fueron sus padres Marcelo Rivera Ocasio (músico), de Morovis y María Otero Cruz de Ciales. En el 1960 su familia decidió mudarse para la comunidad Márquez, jurisdicción de Vega Baja. Estudió en la escuela intermedia Jesús T. Piñeiro, en la cual practicó el sóftbol. Anteriormente en la comunidad

Márquez había competido en sóftbol y baloncesto. En el nivel superior estudió en la escuela Fernando Callejo de Manatí, en la cual se graduó en el 1965 del curso Comercial.

En el 1966 ingresó en el Ejército de Estados Unidos, donde permaneció alrededor de año y medio. Regresó a la comunidad Márquez, en la cual ayudó a fundar la Asociación Recreativa, organizó equipos Clase B de béisbol y trabajó en la instalación de mejoras al parque de la comunidad y a otras instalaciones deportivas. Esta labor se hizo con la ayuda del alcalde de Vega Baja, Luis Meléndez Cano, según narra. También se construyó una cancha de baloncesto.

Para el año 1978 se trasladó a la urbanización El Rosario de Vega Baja. En esta urbanización, junto a la Asociación Recreativa y la cooperación nuevamente de Luis Meléndez Cano, se le proveyó de las siguientes instalaciones deportivas: parque de "pelota", cancha de tenis, de baloncesto , "handball" de pared, parque de pelota para impedidos, columpios y otras áreas recreativas para niños.

Junto al señor Jorge Ojeda y otros miembros de la comunidad, fundaron la Asociación Recreativa que organizó torneos de baloncesto, béisbol, sóftbol y volibol, deportes en los cuales lograron éxitos a nivel local y nacional. Marcelo organizó torneo máster de baloncesto en el cual participó y su equipo logró el campeonato.

Marcelo laboró de forma voluntaria como líder recreativo por más de 25 años, donde ocupó los cargos de presidente, apoderado, dirigente, entrenador y organizador deportivo.

A nivel universitario estudió en el Caribbean University, donde obtuvo un bachillerato en Administración Comercial con concentración en Administración de Negocios. Más tarde hizo una maestría en Consejería Pastoral de la Escuela Graduada de Consejería Pastoral de Bayamón.

Durante el pastorado llevó a cabo labores en Vega Baja, Ciales y Utuado. Estas labores, al igual que las deportivas, en muchas ocasiones fue llevada a cabo junto a su esposa Elizabeth Montalvo Maldonado, natural de Manatí. Como fruto de sus cinco hijos, le han dado 12 nietos y dos biznietos.

Reconocimientos:
1.Comunidad Márquez de Vega Baja
2.Urbanización El Rosario de Vega Baja
3.Club 4H de Vega Baja

Torres Del Río, José Ramón "Che"

N. el 11 de agosto de 1928 en Alto de Cuba, Vega Baja.
M. el 27 de marzo de 2017 en Hospital de Área en Manatí.
Peso: 210 lbs.   Estatura: 5' 9"
Lado dominante: derecho

Sus padres Eduardo Torres Quíles, pastor, y natural de Orocovis; y su madre Altagracia Del Río Nieves, natural de Morovis , tuvieron a "Che" y Haydee, únicos hijos.

"Che Torres", apodo con el cual fue conocido a nivel nacional e internacional, estudió en la escuela elemental José G. Padilla de primero a octavo grado. El nivel secundario lo aprobó en la escuela Lino Padrón Rivera. Desde el nivel elemental se destacó en los deportes de béisbol, baloncesto, sóftbol y pista y campo. Fue miembro de la Liga Atlética Policiaca (LAP), donde compitió en diferentes deportes. Según entrevista que se efectuó en su residencia, cuando niño, junto a sus compañeros de juego, se introducían en los montes, cortaban árboles de los cuales hacían los bates rústicos para jugar "pelota". Los guantes utilizados estaban construidos de hule y rellenos de papel. Durante su niñez participó de una gran cantidad de juegos tradicionales y otros creados, entre ellos, los siguientes: canicas (bolines), trompos, barajas, "pelota", en el cual se usó bolas de goma, papel, cabezas de muñecas, y corcho; brincar cuica, salto alto, tiro al palo, juego de esconder, chico, toco, rompe espaldas, y otros juegos desaparecidos.

Como dato interesante en la vida de "Che" y penosa a la vez, su madre falleció en el 1932 y a pesar de ello, se superó emocionalmente, para convertirse en un extraordinario ser humano.

En el 1951 decidió mudarse a Nueva York, por invitación de un amigo. Aquí se desarrolló en un excelente atleta. Un vecino lo entusiasmó en el deporte de levantamiento de pesas. En sus inicios utilizaron el sótano de un edificio localizado en la comunidad de Manhattan. En sus horas libres leía sobre diferentes deportes en revistas, libros y periódicos, especiamente sobre levantamiento de pesas. Según narró, "fueron un chino y un soldado veterano del ejército de Estados Unidos, (este último era boina verde), los que le enseñaron defensa personal". Desafortunadamente no recuerda sus nombres. Su gran condición física le facilitó el poder practicar con éxito los deportes antes mencionados.

Cuando residió en Nueva York, un vecino dominicano lo llevó a un restaurante de la parte baja de Manhattan, en la Calle 135 de Ámsterdan, lugar donde conoció al famoso luchador italo-argentino, Antonino Roca. Esta relación le ayudó a convertirse en luchador profesional, luchar en pareja con él y a entrenar en San Nicolás-arena de boxeo donde asistíeron luchadores latinoamericanos. En su primera pelea como luchador participó en un concurso de luchadores latinos en Nueva York y obtuvo su primera victoria. No recibió paga en este evento. Luego de su primer combate, luchó en pareja e individual en los siguientes estados de la nación americana: Florida, Texas, Alabama y Tennessee. Su nombre de lucha era "Chico Torres" y combatió cinco o seis veces a la semana. Se mantuvo en Nueva York hasta el año de 1961; en ese mismo año decidió regresar a Puerto Rico donde se mantuvo activo en la lucha libre hasta el año de 1968. En el 1964 obtuvo el Campeonato Nacional de lucha libre cuando derrotó a "Kid Kilan" (Cabeza de Piedra), en combate celebrado en el estadio de béisbol Hiram Bithorn de Hato Rey, ante una concurrencia de alrededor de seis mil fanáticos. En esta lucha recibió $800.00. En Puerto Rico efectuó combates individuales y en parejas, luchó en parejas con su antiguo amigo Antonino Roca. Además de Puerto Rico, luchó en los siguintes paises: Islas Vírgenes americanas, República Dominicana, Aruba, Curazao, Venezuela y otros países del Caribe. En total logró dos fajas de campeón en las 175 lbs. durante su carrera profesional.

En el 1968 se casó con María Marrero Camacho con quien procreó cuatro hijos: José Abel, Milagros, Altagracia y Marianela, quienes les han dado 10 nietos y tres biznietos.

"Che" hizo amistad en el 1961 con el señor Nicolás Pérez, quien era salvavidas en Vega Baja y fue la persona que lo entusiasmó en los estilos de natación y técnicas de salvamento a través de cursos ofrecidos por él. Más tarde laboraron juntos de salvavidas en la playa de Vega Baja. Nicolás "Tilín" y "Che", aprobaron cursos de salvavidas ofrecidos por la Cruz Roja, los cuales tuvieron lugar en la piscina del Escambrón en San Juan (desaparecida). Más tarde "Che" se certificó como instructor de natación para trabajar con niños. Creó un grupo en la playa de Vega Baja, lugar en el cual enseñó natación durante muchos años y creó campamentos de verano, labor que efectuó sin paga. Este campamento duraba un mes y se estableció una directiva de padres que ayudaron en diferentes actividades. Se uníeron personas voluntarias que ayudaron en la enseñanza de la natación y en los campamentos, entre ellos, Nicolás "Tilín" Pérez, Fermín Otero y otros.

"Che" Torres fue uno de los fundadores del grupo de natación

Los Marlins, el cual se estableció en Manatí, y utilizó la piscina de la urbanización Flamboyán. "Ché" fue quien le dió el nombre al equipo de natación. La Sra. Irma Ortíz, residente en Manatí, fue la persona que reclutó a "Ché" y tenía hijos que compitieron en el Programa de Aguacoop. Ambos trabajaron junto a "Charlie" Báez y padres de atletas en la formación del grupo de nadadores de Vega Baja, Manatí y pueblos circundantes. Este grupo se convirtió posteriormente en la Asociación de Nadadores del Norte, que logró grandes éxitos contra otros pueblos de Puerto Rico. Varios años más tarde el grupo se unió a la Federación de Natación de Puerto Rico, con excelente ejecutorias por parte de algunos de los atletas.

Los padres de los nadadores se estusiasmaron en la natación y tomaron cursos para aprender a nadar. Esto fue una grata experiencia donde se compartió en familia.

Académicamente "Che" estudió octavo grado antes de mudarse para Nueva York y al regresar a Puerto Rico, aprobó el grado de cuarto año en el 1971 en la escuela nocturna en Vega Baja. En la década del 70 estudió dos años en el Colegio Regional de Arecibo (CRA). Con la experiencia que adquirió como atleta y la preparación académica que alcanzó le ayudaron a trabajar de maestro de Educación Física en el Colegio Nuestra Señora del Rosario en Vega Baja, en el Departamento de Recreación y Deportes y en la Oficina de la Defensa Civil en Vega Baja. Laboró durante muchos años bajo la dirección de Luis Meléndez Cano, alcalde de Vega Baja.

A pesar de que "Che" padeció de una condición de la vista que le imposibilitó el dedicarse a la lectura y otros pasatiempos, mantuvo una excelente condición física y mental, tuvo buen humor, fue conversador, consejero y extraordinario ser humano. ¡Es un ejemplo a emular!

Reconocimientos:
1. Dedicatoria de la celebración de *Field Days* locales
2. Dedicación Clase Graduanda de Cuarto Año en Vega Baja
3. Ciudadano Distinguido del Club de Leones de Vega Baja
4. 1975- trofeo equipo Campeón Nacional de Rola Acción
5. 2014- exaltación al Salón de la Fama del Deporte de Vega Baja.

Anécdota: en varias ocasiones cuando laboró como salvavidas en Vega Baja, algunas personas borrachas abandonaron a sus hijos y amistades, lo que provocó rescates de emergencia para evitar ahogamientos; lamentablemente algunos perecieron. Acontecimiento que señaló "Che", que no debe ocurrir nunca.

Vega Canales, Manuel "Don Neco"

N. el 15 de septiembre de 1907 en Vega Baja.
M. el 19 de junio de 2016 en Hospital de Área de Manatí.
Peso: 110 lbs.   Estatura: 5' 2"
Lado dominante: derecho

Su papá Agapito Vega García y natural de Manatí, se casó con Andrea Canales Concepción de Vega Alta, con la que procreó 10 hijos. Don Manuel era el mayor de todos. Del primer matrimonio de don Agapito, hubo cuatro hijos y dos en un tercer matrimonio.

Don Manuel, tan solo estudió hasta quinto grado en la escuela José G. Padilla de Vega Baja y en el barrio Palmarejo de Manatí. Desde niño fue muy laborioso y activo, donde trabajó en la finca de su tía Dolores Vega y su esposo Baudilio Suárez en el barrio Pugnado Adentro de Vega Baja. En esta finca se sembró guineos, ñame, malanga, plátanos y otros productos. Tanto su papá, que era agricultor, y su abuela Monserrate, le enseñaron las técnicas de laborar en la agricultura. Tuvo experiencia laboral en la Central San Vicente de Vega Baja haciendo zanjas, abonando las cañas, de celador y otras funciones. La zafra en la Central San Vicente duraba únicamente tres meses y trabajó en calidad de capataz. Según indicó, tan solo recibía 30 centavos por la labor diaria.

Trabajó en la *Insular Construction,* compañía que se dedicó a la construcción de casas. Aquí laboró como auxiliar de carpintero en lugares distantes, para aquella época . Se retiró aproximadamente en el 1986.

Residió durante muchos años en el barrio Carmelita de Vega Alta y colindante con Vega Baja, llevó a cabo labor comunitaria y voluntaria en el campo del deporte. Frente al lugar que residió y que originalmente se le llamó las cuatro cuerdas, ayudó a construir el primer parque de "pelota". Junto a vecinos, dialogó con el ayudante del Director de Parques y Recreo de Puerto Rico, el señor Julio Enrique Monagas, con el propósito de solicitar un parque para la comunidad de Carmelita. Tuvo éxito, a pesar de tener momentos difíciles en sus gestiones, según narró su familia. El parque que se construyó incluía gradas y salón de actividades para uso recreativo y cultural, el cual está en uso constante. Don "Neco" trabajó durante décadas en el mantenimiento de este, el cual se utilizó para actividades locales, nacionales y competencias del Programa de Educación Física del Departamento de Instrucción Pública (hoy Departamento de Educación). Otra labor que efectuó fue la de apoderado de diferentes ligas de béisbol, tanto en Clase A, Rural y otras categorías. Los familiares de "Don Neco" señalaron que los atletas después de terminar los juegos se les daba meriendas y comida. Estos recibían un trato familiar, el cual ya no se ve con frecuencia.

"Don Neco", manifestó que cuando joven jugó "pelota" y conservó una excelente condición física hasta el día de su fallecimiento. Fue una persona conversadora, de gran ánimo y humorista con todas las personas que lo entrevistaron. Estuvo casado con Constancia Crespo López de Vega Baja, con quien procreó cuatro hijos: Luis Manuel "Güigüí", Ana Victoria, Rafael "Felito" (14-4-48 al 8-6-81) y Antonio " Toñito" (2-6-49 al 11-10-2015). Rafael y Antonio fueron compañeros de equipo en el béisbol Doble A con Vega Baja. "Felito" jugó en el campo corto y tercera base y "Toñito" en la segunda base. "Felito", también fue miembro de la Selección Nacional de Puerto Rico durante varios años. Lamentablemente "Felito" falleció, producto de la enfermedad del cáncer que padeció durante varios años; lo mismo ocurrió con "Toñito". Para honrar la memoria de "Felito", se estableció el premio "Felito" Vega, en el cual se otorga un trofeo al jugador que más cantidad de dobles conecte en una temporada en el Béisbol Doble A de Puerto Rico. El parque de Carmelita lleva el nombre de "Felito" Vega y continúa en uso con mucha frecuencia para actividades deportivas y sociales.

Probablemente "Don Neco" sea de las personas de mayor edad en ocupar un cargo deportivo en Puerto Rico. Sus hijos le han procreado 17 nietos, 27 biznietos y siete tataranietos . ¡Son una familia ejemplar!

Marrero Díaz, José Alberto "Alby"

N. el 26 de enero de 1960 en Chicago, Illinois.
M. el 31 de enero de 2013 en Vega Baja.
Peso: 190 lbs.   Estatura: 6' 2"
Lado dominante: derecho

Junto a su hermano menor Iván, son producto del matrimonio de sus padres José Marrero Rosado, natural de Morovis y Nilda Rosa Díaz Marrero, natural de Salinas; ambos fallecidos. A "Alby" le sobreviven los hijos Xavier José Marrero Martínez y Geisa Marie.

"Alby" tuvo su educación primaria en la escuela José G. Padilla de Vega Baja y participó en los deportes bajo la dirección del profesor

Manuel Vélez Ithier, fallecido en el 2018. Compitió en los siguientes deportes: béisbol y pista y campo, en los eventos de pista (carreras) y salto largo. Luego estudió en la intermedia urbana, Ángel Sandín Martínez, donde se destacó en tenis de mesa, volibol, baloncesto, béisbol , sóftbol y pista y campo. Se graduó del nivel superior de la escuela Lino Padrón Rivera de Vega Baja, con excelente promedio y una de las puntuaciones más altas en el "College Board".

Estuvo activo en diferentes actividades en la comunidad cuando era niño, entre ellas la organización de los Niños Escuchas, bajo la dirección del profesor Antonio "Toti" Adorno Coira, maestro de Artes Industriales en Vega Baja. Fue miembro de las Pequeñas Ligas y Futuras Estrellas, donde jugó en la posición de tercera base. En la comunidad practicó el volibol, baloncesto y "pelota". Su primer torneo organizado de baloncesto en Vega Baja fue en la categoría Mini, dirigido por el Dr. Norberto Otero y Francisco "Panchito" Jiménez. En béisbol participó bajo la dirección de Efraín "Piri' Valle con el equipo de Villa Real. El señor José Orlando "La O" De la Cruz, fallecido, fue otra de las personas que lo dirigió en béisbol. Se destacó en la posición de guardabosque e integró un equipo de béisbol del pueblo. En las Pequeñas Ligas, participó bajo los directores de esta organización José "Pepín" Collazo Sierra y Jaime "Camello" Collazo Bruno.

Inició estudios universitarios en el 1979 en la Universidad de Arecibo (CUTA), donde participó en los deportes intramurales de sóftbol, baloncesto y volibol, bajo la dirección del profesor Dante Pasquinucci, fallecido, y el profesor Luis Laracuente. Estudió también en la Interamericana de Cupey, en la cual aprobó varios cursos en psicología. Luego abandonó los estudios para iniciar labores en el Supermercado Pueblo de Levittown, Toa Baja. Posteriormente trabajó en las Tiendas Madison de Manatí, en el Municipio de Vega Baja y finalmente estableció una oficina en la urbanización Alturas de Vega Baja, la cual ayudó a personas con limitaciones físicas. Fue representante del PIP en Vega Baja y miembro activo de este partido. con el cual hizo varias manifestaciones en defensa de los derechos del país de Puerto Rico, como parte de sus creencias. Participó en una ocasión en procesión cristiana en Vega Baja, en la que representó el personaje de Jesucristo, actividad que se celebró durante la Semana Santa.

Un accidente que ocurrió en la playa de Puerto Nuevo en Vega Baja en el 1985, le causó daño en la columna vertebral. Fue atendido en el Centro Médico de Río Piedras, donde recibió tratamiento y rehabilitación física por alrededor de un año. Esta lesión lo mantuvo por el resto de su vida en un sillón de ruedas y posteriormente fue intervenido quirúrgicamente. A pesar de su situación, continuó trabajando y participó activamente en el deporte. Fue miembro de la Selección Nacional de Puerto Rico en el deporte de "Quat rugby", el cual asistió a competencias celebradas en New Orleans y San Petersburg, ciudades de Estados Unidos. En este deporte actuó de "quarter back", posición similar al armador en balocesto y se seleccionó como "el mejor anotador de Pueto Rico", según señaló. Participó en competencias de tenis de campo, con sede en Torrimar, de Guaynabo. En esta actividad obtuvo el título de campeón en parejas junto a Ramón Rodríguez de Río Piedras, el 11 de febrero de 1989. Este torneo fue organizado por el *Equipo de Pro Convalescencia* (EPC) y el *National Foundation of Wheelchair Tennis*. Viajó a otras ciudades norteamericanas para ver juegos de béisbol de Grandes Ligas y de "football" americano, del cual era fanático de los *Chicago Bears*. En el 2012, por invitación especial, se le dedicó el juego de "football" americano entre los "Jaguars" de Jacksonville y los *Chicago Bears,* celebrado en la ciudad de Jacksonville, Florida. Este desafío lo ganó Chicago. Una pantalla gigante en el estadio destacó el homenaje que se le hizo a "Alby" Marrero, uno de sus sueños...

Perteneció al grupo CAMPAR (Campamento Personas Adultas con Retardación), organización con sedes en San Juan y Mayagüez, con las cuales laboró durante dos años. Trabajó en la organización de actividades deportivas en torneos de voliplaya en Vega Baja, en el 1994 y dirigió el equipo de sóftbol de adultos con retardación. Efraín "Piri" Valle y David "Colo" Crespo trabajaron como adiestradores en el equipo de Vega Baja.

Reconocimientos:
1. 12 de marzo de 1989- se le dedicó torneo de sóftbol en la urbanización Alturas de Vega Baja, organizado por la Asociación Recreativa
2. 9 de julio de 1992- resolución en Vega Baja en actividad de la caminata de la organización de Olimpiadas Especiales
3. 27 de enero de 1995- Vega Baja le dedicó actividad de béisbol de la categoría Roberto Clemente (7-8 años)

Nota: el deporte de "Quat Rugby" forma parte de los Juegos Para-límpicos de Verano (jugado en silla de ruedas). Se creó en Canadá a finales de la década de 1970. Los atletas tienen diferentes grados de condiciones y cada equipo consta de cuatro jugadores. Se juegan cuatro periodos de ocho minutos. El objetivo es anotar un punto en área destinada al final de la cancha. El balón se carga en la silla y rebasa la línea final con una de las ruedas de la silla o través de un pase. Para mayor información vea las reglas del juego.

Rodríguez Olivo, Efraín "Porky"

N. el   24 de enero de 1948 en Vega Baja
M. el 11 de diciembre de 2018 en Hospital de Área en Manatí
Peso: 250 lbs.   Estatura: 5' 9"
Lado dominante: derecho

Sus padres fallecidos eran Efraín Rodríguez Tirado, quien nació en Nueva York y Trinidad "Surú" Olivo Rodríguez, natural de Vega Baja. Procrearon a Hipólita, fallecida y a Efraín.

Efraín se graduó de la escuela José G. Padilla en el 1959, de la escuela Ángel Sandín Martínez en el 1962 y de la escuela Lino Padrón Rivera en el 1965. A pesar de no haber participado en deportes escolares, sí participó en la comunidad en el deporte de béisbol, Liga Boricuitas y lo dirigió su cuñado Marcelino Licier. Este fue jugador Doble A con Vega Baja y profesional con Santurce y Arecibo. Efraín se desempeñó en la posición de guardabosque.

Cursó estudios universitarios en la Universidad de Puerto Rico de Río Piedras, donde logró un bachillerato en Administración Comercial y concentración en Gerencia. Obtuvo estudios en Pedagogía con concentración en inglés, contabilidad y finanzas. Se graduó en el 1969 e inició labores como maestro en el Departamento de Instrucción Pública (hoy Departamento de Educación), en la escuela Rafael Cordero, nivel intermedio. Aquí enseñó inglés y matemáticas. En su segundo año como maestro, trabajó en Almirante Sur II de Vega Baja, nuevamente enseñó inglés y matemáticas de tercero a quinto grado. Luego pasó a trabajar a Sabana, escuela Manuel Negrón Collazo II, donde enseñó inglés y español en grados del cuarto al sexto, durante 13 años. Se trasladó a la escuela elemental José de Diego, lugar donde instruyó en inglés durante nueve años. Finalmente trabajó en la escuela elemental Agapito Rosario de Vega Baja, en la cual enseñó inglés durante 17 años. Se jubiló y luego continuó labores en el programa de tutorías en la misma escuela en horario de 3:00 a 5:00 p. m. durante tres años.

Es importante señalar que además de haber impartido la educación en diferentes materias efectivamente durante tantos años, Efraín organizó grupo de niños en la escuela elemental de Sabana, en la cual participaron en un Festival de Arte del Distrito de Vega Baja con el galardón de un segundo lugar en la categoría de baile de plena. Esta actividad tuvo lugar en el Casino de Vega Baja. Sus estudiantes representaron la escuela en las competencias de "Spelling Bee" en la que varios niños conquistaron primeros lugares.

Como competidor, en la posición de defensa, fue integrante del primer equipo de Rola Acción de Vega Baja (vea fotos históricas). Este equipo lo dirigió el señor José " Che" Torres (fallecido), y se les llamó los "Guerreros". En el 1975, Vega Baja se proclamó Campeón Nacional cuando derrotó a Levittown. En esta competencia participaron equipos de *Villa Palmeras, Caguas, Río Piedras, Vega Alta* y *Manatí*. Varios integrantes de los *Guerreros* impartieron clínicas y exhibiciones en Vega Baja y otros pueblos En Vega Baja se usó la plaza de recreo público para los desafíos locales. Efraín ayudó en el diseño del uniforme color azul y amarillo del equipo campeón.

Originalmente se había creado el equipo *Dare Devil*, mayormente por estudiantes de la escuela superior de Vega Baja. Este fue organizado por Mildred Padilla, Nicolás Córdova, Fernando Vega, Jorge Meléndez, Martha y Lourdes Licier, y otros.

El equipo de los *Guerreros* duró alrededor de cuatro años y tuvo el honor de que la jugadora norteamericana y capitana del equipo *Warriors*, Judy Arnold, compartió con jugadores de Vega Baja.

Efraín fue miembro de otro equipo de Rola Acción llamado *Hawks*, de San Juan. Asistió a República Dominicana junto a otros atletas vegabajeños en la que ofrecieron una exhibición del deporte de Rola Acción.

Otro deporte que incursionó Efraín fue el *Bici Cross*, también llamado *Ciclo Cross*. Se creó un equipo por la familia Pantoja de Vega Baja-Carlos y Migdalia "Mini". Ellos construyeron una pista de competencias en su finca localizada en el barrio Río Abajo. Los entrenadores en "Ciclo Cross" fueron Jorge Meléndez y Efraín. En el 1985 varios atletas de Vega Baja compitieron en Medellín, Colombia. El equipo de Puerto Rico resultó ganador de esta competencia. Para el 27-30 de noviembre de 1986, se celebró la Primera Copa Panamericana en Bayamón y varios atletas de Vega Baja participaron en esta competencia.

Se retiró del magisterio en el 2004, se le dedicó la graduación de la escuela Agapito Rosario y se le obsequió una cena en un restaurante en Vega Baja.

Su apodo "Porky", se lo dieron los compañeros de equipo Los Guerreros, adquirido de un jugador norteamericano de Rola Acción con características físicas similares a Efraín-grueso y fuerte.

El viernes, 15 de diciembre se sepultó en Vega Baja.

Álvarez Rodríguez, Carmen Milagros
"Puchy"

N. el 29 de julio de 1962 en Hospital Regional de Arecibo.
M. el 18 de junio de 2017 en Salinas, Puerto Rico
Peso: 135 lbs.   Estatura: 5' 6"
Lado dominante: derecho

Carmen es hija de Antonio Álvarez Rodríguez, natural de Vega Baja y Milagros Rodríguez Figueroa, natural de Aguadilla.; ambos fallecidos. Estuvo casada con Ramón Luis Meléndez Padilla, natural de Vega Baja. Ellos tuvieron tres hijas: Lizmar, Lorimar y Beverley Ann. En el núcleo familiar tienen a los nietos Jean Meyer y Dylon Indio.

La escuela Eugenio María de Hostos, en el barrio Pugnado de Vega Baja, fue el lugar en que aprobó el nivel elemental escolar. Aquí se destacó en atletismo en los eventos de salto largo, carreras de velocidad y relevos, efectuados en los *Field Days*. El nivel intermedio lo cursó en la Segunda Unidad de Pugnado Afuera. Nuevamente participó en los tradicionales *Field Days* y en el deporte de sóftbol. En la comunidad donde vivió (barrio Pugnado), compitió en las Olimpiadas Municipales de la Llanura en el deporte de sóftbol y se destacó en la posición de lanzadora. Fue dirigida por el señor Edwin Vázquez, fallecido, y por el señor Ramón Meléndez, quien posteriormente se convirtió en su esposo. Las Bucaneras, era el nombre del equipo en que perteneció Carmen en la comunidad de Pugnado Adentro, lugar en el cual adquirió su primera experiencia en el sóftbol. En el nivel superior la dirigieron lo profesores de Educción Física Jorge Adrover y Carlos Pantoja. En este nivel Ramón y Carmen estudiaron en la Lino Padrón Rivera, participaron en deportes y donde dió inicio su romance. Ramón se destacó en el béisbol como receptor y Carmen en el sóftbol como lanzadora.

En el nivel universitario Carmen se matriculó en el "Caribbean University", donde estudió durante tres años enfermería. Debido a que tuvo que atender a sus hijas, no pudo continuar sus estudios.

Luego de tener éxitos en torneos locales, estatales e internacionales, se le cursó invitación para jugar Sóftbol Superior, liga con la cual firmó en el 1981, con Las Boricuas de Bayamón y bajo la dirección de José "Tuto" Agosto. El señor Agosto es uno de varios puertorriqueños exaltados al Salón de la Fama del Sóftbol Internacional.

Carmen usó el número dos en su uniforme, el cual fue entregado por Víctor Pellot, en actividad celebrada en la residencia de Wanda Maldonado, quien fue la primera jugadora de béisbol en Puerto Rico. En ese año Carmen fue seleccionada la Novata del Año y la Mejor Lanzadora, con nueve juegos ganados y tres perdidos. De esas victorias sobresalieron victorias de 4-2 sobre el equipo de Guaynabo de Alejandro "Junior" Cruz y su veterana Betty Segarra; y victoria 4-1 sobre Ivellise Echevarría, ambas lanzadoras de la Selección Nacional de Puerto Rico. Su desarrollo deportivo continuó en ascenso, con destaque en torneo celebrado en Michigan, donde fue seleccionada La Mejor Lanzadora. En el 1990 participó en Las Olimpiadas Municipales de Puerto Rico y para sorpresa de muchos, lanzó con siete meses de embarazo, y con la autorización del profesor Eugenio "Geño" Guerra, director de las competencias. Para completar la hazaña, conectó cuadrangular con las bases llenas en desafío contra Toa Baja y con victoria en el juego. A los 10 días de dar a luz a Lorimar, su segunda hija, participó en torneo de sóftbol con el equipo *Las Playeras* de la Barriada Sandín de Vega Baja. En este torneo resultó la Jugadora Más Valiosa, donde logró cuatro victorias y derrotó al equipo de Carmelita por el campeonato. Entre el 2007 al 2012, participó en Torneo Copa de Clubes Internacional y con gran éxito, cuando derrotó a Manatí 2-0 en juego sin "hits" ni carreras.

Desde el 2008 participó en Torneos Costa a Costa con récord de 64 juegos ganados y 14 perdidos en cinco campeonatos consecutivos. Esta Liga la dirige el señor Ramón Meléndez, con la participación de 62 pueblos y 40 equipos compitiendo en sóftbol modificado,10 de ellos masculino y 10 femeninos de 12 a 16 años. Ramón ha dado énfasis en el 2018 a la organización de equipos con jóvenes de 16-21 años en el sóftbol, estilo "fast pitch". Una vez Carmen se retiró como jugadora, se dedicó a ofrecer clínicas en diferentes comunidades especiales en pueblos del área norte de Puerto Rico y ayudar a su esposo en la organización de torneos de sóftbol hasta el momento de fallecer.

Además de haber vivido en Vega Baja, Carmen vivió un año en Nueva York y compitió en los estados de Nueva Jersey, Filadelfia, Delaware, Pensylvania y otros.

Carmen es una de varias atletas vegabajeñas que han jugado en el nivel Superior: María Elena Pérez Rivera, es la primera (1976), y y en la Selección Nacional de Puerto Rico (1978); Keila Santiago, Carmen "Charitín" Torres, fallecida; Teresa Licier y otras.

Reconocimientos:
1. 1986-recibió trofeo de Jugadora Más Valiosa, por la

241

Sra."Lalita" De León, directora Recreación y Deportes de Vega Baja.
2. 24 de mayo de 2002- el Gobierno Municipal de Manatí y la señora Deborah Maldonado, directora de Recreación y Deportes, la designaron Estrella del Torneo de Sóftbol José "Tabaco" Rodríguez.
3. 2014- se le dedicó Torneo de Sóftbol Costa a Costa
4. junio de 2017- Décimo Torneo Costa a Costa, celebrado en el pueblo de Barceloneta
5. Homenaje póstumo en escrito deportivo del periódico Diario Vegabajeño.

Arroyo Colón, Raúl " El Palancú"

N. el 23 de marzo de 1935 en Vega Baja.
Peso: 200 lbs.   Estatura: 6'
Lado dominante: derecho

Raúl es el mayor de siete hermanos que tuvieron Fundador Arroyo Ortíz, natural de Ciales y Brígida Colón Sostre, natural de Vega Baja.

Esta casado con María del Carmen Rosario Nieves de Vega Baja, con quien procreó cinco hijos: Raúl Manuel, Alberto "Toti", Javier, María Mercedes y María de Lourdes, todos profesionales y ex-atletas.

Estudió el nivel elemental e intermedio en la escuela José G. Padilla y el nivel superior en la antigua escuela Lino Padrón Rivera de Vega Baja. Se destacó en los equipos "varsity" de béisbol, baloncesto y lanzó la bala y el disco en pista y campo. Fue dirigido por el baloncelista Moisés Navedo y el maestro de Educación Física Juan Ramón Casanova, ambos fallecidos.

A la edad de 15 años se inició en el deporte de sóftbol, donde compitió en la liga del sector Barrio Chino, lugar en que actualmente están las instalaciones de la Autoridad de Energía Eléctrica de la calle Betances y la carretera #155. El señor César de la Noceda fue quien le enseñó las técnicas de lanzamiento en el sóftbol. Más tarde el señor Ismael Villafañe, tenedor de franquiacias de equipos de la Liga Superior, se enteró de la habilidad para lanzar de Raúl, vino a Vega Baja y le cursó invitación para jugar en la zona metropolitana. Raúl no aceptó debido a no tener transportación para viajar a San Juan.

En la década del 50 participó en el deporte de béisbol Clase A con Vega Baja, jugó como "infielder" y el 1953 compitió en la liga Doble A con Vega Baja. De 1956-57 participó con Arecibo en la Doble A. En el 1958 ingresó en el Ejército y residió en Hawaii. Aquí trabajó de ebanista, labor que había aprendido con su papá y un amigo de Vega Baja. Compitió en béisbol, con éxito en la posición de "infielder" y cuarto bate del equipo "Gimlets" (vea fotos históricas). Por su desempeño deportivo, según narra, recibió "pases" otorgados por un total de 33 días, pues no le entregaban trofeos ni placas a los atletas. Tan solo pudo usar varios de ellos. Fue el único jugador latino de su equipo en Hawaii, según indica. Regresó a Puerto Rico en el 1961, donde nuevamente jugó con Arecibo en la liga Doble A, obtuvo promedio de bateo de .399. De 1963-65 participó con el equipo de sóftbol (estilo modificado) de la International Shoe Company, con el equipo *Sundial* de Manatí, torneo industrial. Recibió los premios del Mejor lanzador y Campeón bate. Era el lanzador estrella y el cuarto bate de su equipo. Con el equipo *Sundial*, viajó a Nueva York en el 1963 y a Detroit en el 1964. En el torneo de Puerto Rico con esta compañía, celebrado en el 1964, fue el Campeón bate con .571 de promedio, líder en empujadas con 26, colíder en cuadrangulares con cuatro, y segundo, empatado con dos jugadores, en carreras anotadas con 17. En sus tres años como empleado y jugador de sóftbol, logró dos campeonatos y un subcampeonato. De 1966-68 jugó béisbol Doble A con Manatí; de 1972-74 participó del Torneo de Sóftbol Superior de Puerto Rico con el equipo de Ciales, nuevamente obtuvo el trofeo de Mejor lanzador. Más tarde participó con el equipo de Sóftbol Superior de *Vega Baja,* donde compartió con su hijo Alberto en el mismo equipo. Ambos se destacaron en la misma posición como lanzadores.

En el 1980 se retiró como jugador activo del nivel Superior, carrera deportiva en la cual logró dos temporadas con bateo sobre .400. Siempre compitió en la posición de "infielder" (jugador del cuadro), en el deporte de béisbol y señala que no se consideró un corredor rápido.

Estudió en el 1982 un semestre en el Colegio Tecnológico de la Universidad de Puerto Rico en Bayamón, con el cual formó parte del equipo "varsity" de sóftbol y participó junto a su hijo Alberto.

"El Palancú", no solo se destacó como jugador, sino que incursionó en la labor de dirigente en las Pequeñas Ligas en Vega Baja durante los años de 1972-84. Logró un Campeonato de Puerto Rico y un Subcampeonato de Latinoamérica en el 1973. Además alcanzó dos Subcampeonatos de Puerto Rico en el 1974 y 1975. Durante seis años corridos fue finalista de Puerto Rico en competencias de las Pequeñas Ligas. Raúl, en el 1986, creó el equipo de sóftbol llamado *Los Palancús* (vea fotos históricas). Este estuvo formado por familiares, amigos y vecinos de la comunidad donde residen, equipo que llevó a cabo intercambios con equipos de Chicago, Vega Baja y otros pueblos de Puerto Rico, durante muchos años.

Entre los atletas que admira o simpatiza están los siguientes: Roberto Clemente y José Antonio Pagán, ambos expeloteros de Grandes Ligas y de Puerto Rico.

Su apodo de "Palancú" se lo dio el señor Paulino "Palín" Concepción, apoderado del equipo Doble A del Béisbol Superior de Puerto Rico. "Palín" observó que Raúl poseía unos brazos largos que parecían las palancas de un juey. A su hermano Ismael, con quien participó en el béisbol Doble A, le decían "Palanquita".

Durante más de 60 años ha laborado como ebanista en Vega Baja y con su taller localizado en su residencia.

Reconocimientos:
1. 1963 - Circuito Superior de Béisbol hace reconocimiento por participar durante siete años y destacada actuación
2. 1976 - la Administración Municipal lo seleccionó el Atleta del Año. En el 1986- fue honrado al designarse uno de los tres parques de béisbol del complejo deportivo de Tortuguero con su nombre. Los otros dos parques llevan el nombre de Ramón Luis Nieves y Jaime "Camello" Collazo, ambos fallecidos.
3. 2000- instalado en el Salón de la Fama del Deporte de Vega Baja. Se seleccionó al premio "Ciudadano Vegabajeño del Año" en el Deporte y la Recreación en Vega Baja.
4. Las Pequeñas Ligas de Vega Baja en varias ocasiones le entregaron placas, por su labor deportiva.
5. La escuela elemental Eugenio María de Hostos del barrio Pugnado de Vega Baja, dedicó con su nombre uno de los salones.
6. Programa "Estrellas del Deporte", del señor José Carrasquillo en Manatí, y Radio Las VEGAS en Vega Baja, donde fue entrevistado sobre sus ejecutorias en el campo deportivo.

Fontánez Dávila, Ismael "Maelo"

N. el 3 de junio de 1947 en Vega Baja.
Peso: 160 lbs.   Estatura: 5' 4"
Lado dominante: derecho

Son sus padres Ismael Fontánez Hernández y Dolores Dávila Bonilla, ambos naturales de Vega Baja y quienes procrearon cuatro hijos: Blanca Eugenia, "Maelo", Carlos Manuel y Víctor Manuel. Es parte del núcleo familiar María Isabel, hermana de crianza.

"Maelo" estudió en el nivel elemental en la escuela José G. Padilla, nivel intermedio en la escuela Ángel Sandín Martínez y el nivel superior en las escuelas Lino Padrón Rivera de Vega Baja y la Miguel Cervantes Saavedra de Bayamón. En todos los niveles practicó los deportes de pista y campo y béisbol. Se destacó en atletismo en los eventos de velocidad- 100 m, 200 m y relevos cortos. El profesor José Manuel Sanabria lo dirigió en las competencias deportivas, además, de ser su maestro de Educación Física. En Bayamón estuvo bajo la dirección del profesor Héctor "Brinquito" Román Selva, quien fue atleta internacional. Entre los atletas destacados de Vega Baja con quienes compartió menciona a Joaquín Quintana, exjugador de las Grandes Ligas; Otilio Valle, pelotero Doble A y de Grandes Ligas; y Efraín "Piri" Valle, quien fue un destacado dirigente, entrenador de béisbol, y fue exaltado al Salón de la Fama del Deporte de Vega Baja.

Desde niño se destacó en el deporte de béisbol con el equipo de *Ojo de Agua*, durante varios años, bajo la dirección de Efraín "Piri" Valle. Participó en este deporte en el cuadro- segunda y tercera base, además jugó en los jardines. Cuando la familia se mudó a Bayamón en el 1964, participó en béisbol (Pequeñas Ligas), con los equipos *Farmacia Magda* y *La Caridad*. Estos equipos representaron a la urbanización Santa Juanita de la octava sección. El señor Molinari y el señor Cotto fueron los dirigentes de estos equipos. Dirigió equipos en las Pequeñas Ligas durante los años 1966-67. En Bayamón fue conocido por el apodo de "Ojito", ya que llevó de Vega Baja una camiseta que usó en un equipo de béisbol, la cual indicaba la procedencia del equipo *Ojo de Agua*.

En el 1969 la familia de "Maelo" regresó a Vega Baja. En la comunidad de La Trocha, lugar donde reside, inició el desarrollo del deporte de béisbol. Durante muchos años ha actuado como líder recreativo comunitario, donde ha organizado equipos de béisbol y sóftbol y ha desarrollado otras actividades recreativas y sociales. Junto al profesor José Rosado, fallecido, ayudó en la construcción de la cancha de baloncesto de la escuela José G. Padilla. Laboró en las mejoras de las instalaciones deportivas de la urbanización El Rosario en Vega Baja. "Maelo" fue el creador del equipo de Pequeñas Ligas los "Blue Jays" y el pionero en tener una franquicia del equipo de Sóftbol Superior en Vega Baja en el año 1986. Según narra, se creó primero el equipo de sóftbol llamado *Los Titanes*, en el 1981 y el cual participó en torneos durante varios años (vea fotos históricas). Luego en el 1985 Vega Baja participó de un torneo preparatorio para poder participar posteriormente en el 1986 en la Liga Superior. El 4 de octubre de 1986, Vega Baja hizo historia cuando compitió por primera vez en el torneo de la Liga Superior de Puerto Rico, desafio contra Mayagüez y el cual se celebró en el parque Isidoro "Cholo" García de esta ciudad.

Según indica "Maelo", cinco jugadores de Vega Baja han sido miembros de la Selección Nacional de Sóftbol de Puerto Rico: Wiso "Toyota" Torres, Rickie Otero, José "Cheo" García, Ricardo "Pepitón" Román y Jesús Santiago. Rickie Otero jugó béisbol y se convirtió en el sexto jugador vegabajeño que compitió en las Grandes Ligas con el equipo de los Mets de Nueva York en el 1995.

Entre sus pasatiempos, "Maelo" se ha dedicado al juego de dominó durante muchos años. Se inició en el 1968 y tuvo su primera competencia organizada en Caguas, en la que jugó en pareja con su papá y lograron la victoria en siete juegos (siete de siete). Aunque fue miembro del primer equipo Campeón Internacional y único Campeón, de Puerto Rico, hasta el presente, de la Federación de Dominó de Puerto Rico, no pudo asistir con el Club de Vega Baja que compitió en torneo que se celebró en Curazao en el 1987(vea fotos históricas). En el 1973 participó de la Primera Serie del Caribe de dominó, celebrada en República Dominacana y con la participación de los países de Curazao, Panamá, Aruba, República Dominacana y un grupo representativo de puertorriqueños de la ciudad de Nueva York. Estos últimos resultaron campeones y Vega Baja obtuvo el subcampeonato.

En varias ocasiones representó a Puerto Rico y tuvo la grata satisfacción de jugar con don Luis Hernández Román, "Maestro" del dominó y expresidente de la Federación; Domingo Hernández y Luis Guillermo "Guillo", hijo de Don Luis. También ha participado José Ramón, en torneos mundiales, hermano de "Guillo". Coincidentalmente todos ellos son familiares de "Maelo". A pesar de que "Maelo" jugó con un gran número de jugadores de dominó, opina que los mejores han sido Don Luis Hernández Román, Luis Guillermo, Domingo Hernández y Jesús "Chuíto" Matta. Estuvo activo como jugador de dominó hasta el 2002.

Es admirador de los siguientes atletas: Javier Culson, Carlos Ortíz, Félix "Tito" Trinidad, Rubén Rodríguez, Joe Hatton, Sr., Héctor "Picky" Soto, Ricardo Román, José "Cheo" García y Juan Pachot.

Ismael está casado con Edith Milagros Hernández Sánchez, natural de Vega Baja, con quien procreó a Ismael Domingo, María Milagros, Brenda Leticia y Delis Yazmín. Ellos a su vez le han brindado la herencia de seis nietos.

Actualmente "Maelo" labora como coapoderado y anotador, entre otras labores, de los equipos Doble A Juvenil y el "Big League" de Vega Baja, desde el 2014 hasta el presente.

Reconocimientos:
1977-78- Club de Dominó "Melao Melao" de Almirante y su presidente Héctor Vega
1984-85- clase Graduada de Sexto Grado, escuela José G. Padilla de Vega Baja
1986- clase Graduada de Noveno Grado de la escuela Ángel Sandín Martínez de Vega Baja
1988- primer Torneo Industrial de Sóftbol de la industria Harvey Hubbel de Vega Baja
26 de octubre de 1989- Sr. "Pucho" Otero, Bronx, Nueva York- por participar en intercambio de sóftbol
1992- Liga de Sóftbol Rubén Gómez- Chicago, Estados Unidos
1993- Liga de Sóftbol Monchile Concepción,-Chicago
Asociación Recreativa de Río Abajo-por su destacada actuación en la organización del Sóftbol Superior en Vega Baja
1999- Club de Dominó "Melao Melao" de Vega Baja
2015- integrantes del equipo *Blue Jays* de Vega Baja

El señor Martín Meléndez, es el actual dirigente del equipo "Blue Jays" de Vega Baja desde el 2017.

García Quiñones, José Antonio "Cheo"

N. el 29 de mayo de 1965 en Vega Baja.
Peso: 200 lbs.   Estatura: 6' 0"
Lado dominante: derecho

Sus padres son Águedo García García y Vicenta Quiñones Sostre, ambos naturales de Vega Baja. Estos tienen a sus hijos "Cheo', Madeline y Claribel.

José cursó estudios en la escuela elemental José G. Padilla y bajo la dirección del profesor José H. Rosado, integró los equipos "varsities" de sóftbol y béisbol. Se destacó defensivamente en la posición de primera y tercera base. En el nivel intermedio estudió en la escuela Ángel Sandín Martínez y nuevamente se destacó en los "varsities" de sóftbol y béisbol. En el nivel superior con el profesor Carlos Pantoja continuó su destaque deportivo en béisbol, sóftbol y en los torneos intramurales de baloncesto. En este último deporte sobresalió en la posición de delantero.

En el 1992 obtuvo un grado en Ingeniería Industrial de la Universidad Politécnica de Hato Rey. En el 1995 alcanzó el grado de maestría en Gerencia de la Universidad de Phoenix en Guaynabo.

Se inició en el deporte a la edad de siete años cuando compitió en las Pequeñas Ligas (Liga Major), con el equipo de Ojo de Agua en Vega Baja. Continuó su participación hasta la edad de 15 años y representó a Vega Baja en varias ocasiones, logró varios Campeonatos Seccionales. Posteriormente participó en la categoría Mickey Mantle en el pueblo de Dorado con el equipo de Corea. En el 1982 a la edad de 17 años formó parte del equipo de Maguayo de Dorado, en la categoría Connie Mack. Este equipo logró el Campeonato de Puerto Rico de forma invicta, el cual le brindó el derecho de representar a Puerto Rico en el "Amateur World Series", celebrado en Farmington, Nuevo México. A los 18 años jugó en la categoría Doble A (Liga de Béisbol Superior), con el equipo de Vega Baja, durante varios años. Se desempeñó en varias posiciones: receptor, primera y tercera base. En el 1984 logró el galardón del Novato del Año con Vega Baja. Participó con el equipo Doble A de Manatí y con los Arroceros de Vega Baja, en la Liga COLICEBA en el 1984, con el cual se destacó ofensivamente, cuando obtuvo el liderato de carreras empujadas de su equipo.

El baloncesto fue otro deporte en que se destacó en Vega Baja.

En el 1981 logró un Campeonato de Anotaciones en la categoría Novicios, torneo que fue organizado por el Departamento de Recreación y Deportes del Municipio de Vega Baja.

De 1987 al 1993 tuvo la gran experiencia de formar parte del equipo de Sóftbol Superior de Vega Baja. Defensivamente se destacó en la tercera base. Durante ese período en que jugó obtuvo varios reconocimientos: Jugador Más Valioso del Juego de Estrellas de Puerto Rico en el 1990; en el 1993 Jugador Más Valioso del equipo de Vega Baja, y su hazaña más importante-fue miembro de la Selección Nacional de sóftbol en el 1987. En este último año participó en el XII Campeonato Centroamericano y del Caribe de Sóftbol, el cual se celebró en Durango, México (vea fotos históricas). En su juventud participó en las Olimpiadas Municipales del Plata, en el equipo de béisbol de Vega Baja y jugó en la tercera base; en torneos interbarrios y en la la compañía General Electric de Arecibo, en esta última competencia participaron varios equipos de Puerto Rico.

Además de ser un destacado atleta, también tuvo éxito en la comunidad donde se crió-Ojo de Agua - y en Vega Baja en general. Ayudó a organizar equipos de las Pequeñas Ligas, trabajó como entrenador y árbitro en diferentes categorías de forma voluntaria, sin recibir remuneración. En el 2007 dirigió Selección Nacional de Béisbol Mini, la cual compitió en Sinaloa, México.

Los atletas que más ha admirado son los siguientes: Roberto Clemente, Lebrón James, Cassius Clay (Mohammed Ali) y Raymond Dalmau.

Como ingeniero trabajó en las compañías Westin House en Toa Baja, General Electric en Arecibo, Eaton en Arecibo y la Harvey Hubble en Vega Baja.

"Cheo" está casado con Nilda Cruz Quintero, natural de Yabucoa y quien dio a luz a Jonathan José y Paola Alexandra.

Reconocimientos:
1. Equipo *Rangers* de Ojo de Agua en Vega Baja.
2. Varios certificados recibidos por los cursos aprobados, relacio-con su trabajo y por eficiencia laboral.

Mercado Méndez, Rafael "Felo"

N. el 12 de agosto de 1945 en Río Piedras.
Peso: 226 lbs.   Estatura- 5' 11"
Lado dominante: derecho

Sus padres Catalino Mercado Rosado, de Fajardo y Esther Méndez Sosa, natural de Aguadilla, tuvieron seis hijos: Catalino, fallecido; Norma, Delia, Lydia, Rafael y María.

"Felo" estuvo casado con Cándida Marrrero Ramos, natural de Morovis, con quien procreó los siguientes hijos: Angie y Rafael Ángel. Angie se casó con Jorge Carrasquilo Cruz, dando fruto a Jean Carlos y Gabriela Alanis.

Aunque "Felo" no nació en Vega Baja, llegó a esta ciudad en el 1969 y aportó al deporte en varias facetas. Fue parte integrante de la Asociación Recreativa de la urbanización Alturas de Vega Baja. Milton Maldonado, amigo de "Felo" y compañero de equipos del sóftbol, lo nombró encargado del parque de la urbanización Alturas de Vega Baja, donde mantuvo este en excelentes condiciones. Organizó, dirigió y arbitró juegos de diferentes categorías en las Pequeñas Ligas, y en las Parcelas Amadeo. Compitió en la Liga Milton Maldonado de sóftbol modificado, con actuación en la primera base y bateador designado. Fue miembro del equipo *Júnior Amadeo,* para jugadores con 18 años o más, donde jugó y fue apoderado en la liga de sóftbol modificado.

En las Pequeñas Ligas fue dirigente del equipo Liga Major de 11-12 años, sénior de 15-16 años, y trabajó junto a Milton Maldonado como entrenador del equipo Clase A de béisbol de Cerro Gordo, en la década del 90, labor que desempeñó durante dos años.

Participó de una práctica de béisbol Clase A bajo la dirección de Julio Pabón, a los 21 años, con desempeño en la primera base.

Tuvo un accidente de auto en el 1974 en el pueblo de Orocovis, de regreso hacia Vega Baja, donde una llanta de su auto se salió, pecipitándose en un risco, accidente el cual le causó fractura en la mano derecha. Fue trasladado al hospital de Morovis y luego lo llevaron al Hospital Regional de Arecibo, donde se le amputó su mano lesionada. Esto lo mantuvo un tiempo prolongado en terapia y fuera del deporte hasta que se rehabilitó, pues tuvo lesiones en la columna vertebral a nivel lumbar. Por recomendación de sus amigos y de Oscar Rey, reinició las prácticas deportivas en el sóftbol. Participó en la primera base, en un juego celebrado en los terrenos de la Segunda

Unidad de Pugnado Afuera, entre jugadores de las Parcelas Amadeo y el barrio Campo Alegre de Manatí. En su primer turno al bate logró conectar de "hit" y trató de llegar a segunda base sin tener éxito ("out"), según narró. Continuó jugando como bateador designado en el desafío. Luego de esta actuación decidió participar en diferentes torneos de sóftbol modificado en las Parcelas Amadeo y la urbanización Alturas de Vega Baja. En una ocasión recibió invitación para integrar el equipo de los *One Arm Bandits*, equipo de atletas con limitaciones físicas y que llevarom a cabo intercambios con equipos en Puerto Rico y el exterior. Compromisos en su trabajo no le permitieron integrarse a este equipo. Los *One Arm Bandits* jugaron contra varios jugadores del equipo de la Alianza Cristiana y Misionera de Vega Baja y varios invitados. Este desafio tuvo lugar a fines de la década del 90 y se jugó en el parque de la urb. Alturas de Vega Baja. "Felo" fue uno de los participantes.

"Felo" organizó juego de sóftbol entre los confinados de Sabana Hoyos de Arecibo y un equipo de jugadores de Vega Baja. Este desafío tuvo lugar en el parque Milton Maldonado de la urbanización Alturas de Vega Baja. Se aprovechó la ocasión para celebrar el cumpleaños de uno de los confinados. Esta actividad terminó con un suculento almuerzo.

A pesar de tener limitaciones físicas, "Felo" se superó y efectuó diferentes labores en el campo deportivo: jugador, entrenador, dirigente y organizador deportivo, con la gran experiencia de haber llevado a competir un equipo de las Pequeñas Ligas en la categoría de 13-14 años en el país de Venezuela y otro equipo en la Liga Pre Major de 10-12 años, el cual compitió en República Dominicana.

Antes de tener el accidente de auto, "Felo" trabajó como ayudante de albañil y luego como albañil en Vega Baja durante cinco años. Posteriormente efectuó el mismo trabajó en Corozal.

Varias personas con limitaciones físicas llevaron a cabo la dirección y entrenamiento en varios deportes, entre ellos, el béisbol para niños y adolescentes en la urb. Alturas de Vega Baja y otros lugares. Entre esas personas se pueden mencionar a José R. Otero Galíndez, quien padece de la enfermedad de Guillain Barré y su hijo José R. Otero Hernández, quien perdió la pierna derecha en un accidente. Ambos organizaron equipos de 5 a 16 años de edad durante 10 años y dirigieron a Ainiemairey, hija de José R. Otero Hernández.

¡Todos los mencionados anteriormente son ejemplos de superación!

Román Maldonado, Ricardo "Pepitón"

N. el 8 de abril de 1963 en Vega Baja.
Peso: 140 lbs.   Estatura: 5' 9 I/2"
Lado dominante: tira a lo derecho y ambidextro
como bateador

Ricardo es el quinto de seis hijos de Tomás Román Pizarro y Áurea Esther Maldonado Figueroa, ambos naturales de Vega Baja. Está casado con Daisy Rivera Cruz, dando a luz tres hijos: Tomás, Miguel y Annette.

Sus estudios elementales de primero a sexto grado los cursó en el barrio Breñas de Vega Alta. El nivel intermedio lo aprobó en la escuela Ángel Sandín Martínez de Vega Baja, donde integró los equipos "varsities" de béisbol, baloncesto, sóftbol y pista y campo (eventos de velocidad). Desde niño desarrolló una gran velocidad, la cual le ayudaría en competencias futuras.

Participó en las Pequeñas Ligas de Vega Baja con el equipo de San Vicente, el cual fue dirigido por Roberto Gelpí (fallecido). Compitió en la liga sénior, Conney Mack, en esta última logró el Campeonato de Puerto Rico, además, integró la Selección Nacional de Sóftbol en la competencia celebrada en México; con destacada actuación en el campo corto.

En la COLICEBA participó con los equipos de *Corozal*, bajo la dirección de "Vitín" Meléndez, a tan solo 17 años de edad. Luego jugó con *Barceloneta,* varias veces Campeón de Puerto Rico; *Hatillo, Aguada* y *Manatí.* Se destacó en las posiciones de campo corto, segunda y tercera base. Fue miembro de los siguientes equipos en la Doble A : *Vega Baja, Vega Alta, Florida, Cataño, Comerío y Cayey.*

"Pepitón", además de ser un excelente beisbolista, fue un excelente softbolista. Participó en torneos interescolares, torneos locales en Vega Baja, en la Liga Superior, y también la Selección Nacional en el 1988. En el Sóftbol Superior, participó con los equipos de *Vega Baja, Toa Alta y Levittown,* donde logró Campeonatos Nacionales. Jugó con destacados atletas como Richie Otero, Tony Vallescorbo, "El Condominio" Genero Pagán, Jorge Aranzamendi y muchos otros jugadores, a nivel nacional e internacional. Adquirió gran cantidad de conocimientos de los siguientes atletas y dirigentes: Jorge Tanco, primer latino exaltado en el sóftbol internacional; "Vitín" Meléndez, "Cano" Toledo, Roberto López, entre otros. Fue seleccionado para competir en los Juegos de Estrellas, en el sóftbol y en el béisbol, durante varios años.

Ricardo, posiblemente es el primer atleta vegabajeño en ser miembro de ambas Selecciones Nacionales adultas, en los deportes de béisbol y sóftbol.

Actuación en el sóftbol:
1. 1990-participó en México en los XVI Juegos Centroamericanos y del Caribe
2. 1993-compitió en el Cuarto Campeonato Panamericano en México
3. 1993-asistió a los XVII Juegos Centroamericanos y del Caribe en Ponce
4. 1998-medalla de bronce en los XVIII Juegos Centroamericanos y del Caribe, celebrados en Venezuela.
5. Campeón bate de su equipo y entre los mejores en la Liga Superior de Sóftbol

"Pepitón" asistió a competencias internacionales en República Dominicana y Colombia.

Actuación en el béisbol:
En el 1986 asistió al Torneo Mundial con la Selección Nacional, celebrado en Taipei, Taiwan. Puerto Rico logró medalla de bronce.

Fue líder de su equipo en bases robadas, triples, dobles matanzas y Guante de Oro (vea fotos históricas), lo cual es indicativo de ser un excelente jugador ofensivo y defensivo, con gran velocidad.

Participó en torneos de "chapas" y de "bambú", en este último se usó bola de goma, donde ganó uno de los torneos. Ofreció clínicas deportivas a jóvenes atletas y dirigió equipos Clase A, en los barrios Sabana y Pueblo Nuevo de Vega Baja.

Su apodo de "Pepitón" se lo dio su papá, quien junto a Ricardo veían al pelotero de los Yankees de Nueva York, Joe Pepitone y exjugador de Santurce en el Béisbol Profesional de Puerto Rico. Pepitone tenía un estilo similar de jugar al de Ricardo, según su papá.

Reconocimientos:
1. 1994-Guante de Oro en el campo corto, con el equipo de Florida - Béisbol Superior de Puerto Rico (vea fotos históricas).
2. Recibió varios homenajes por su desempeño deportivo en las Selecciones Nacionales.

Dr. Pino Raimundí, Harry

N. el 17 de octubre de 1959 en Vega Baja.
Peso: 135 lbs.   Estatura: 5' 6"
Lado dominante: derecho

Sus padres, Israel Pino Meléndez, fallecido, y Ada Raimundí Ponce, ambos naturales de Vega Baja, tuvieron a sus queridos hijos Harry y María Ivette, naturales de Vega Baja.

Harry, está casado con Minerva Colón, natural de Guayama y con residencia en Nueva York. En su primer matrimonio Harry tuvo cuatro hijos: Charles "Charlie", David Israel, Zachary Harrison y Riley Quinn, todos profesionales en el campo laboral.

A temprana edad, su familia se trasladó a Nueva Jersey, donde estudió el nivel elemental en Hoboken. Luego su familia decidió regresar a Puerto Rico, donde residió en el barrio Carmelita de Vega Baja. Aquí se graduó de sexto grado. Se matriculó en el nivel intermedio en la escuela Ángel Sandín Martínez y compitió en eventos de velocidad y relevos en los *Field Days*. Estudió en la Lino Padrón Rivera y nuevamente participó en los tradicionales *Field Days,* en relevos 4 x 100 m y 4 x 400 m, bajo la dirección del profesor Carlos Pantoja. Se graduó del nivel superior en el año de 1978, año en que ingresó en el Colegio Regional de Arecibo (CRA).

Desde niño se destacó en el deporte de tenis, en el cual se inició a la edad de nueve años. Su papá Israel, era empleado del Dorado Beach Hotel, en Dorado, Puerto Rico, y fue quien habló con Nick Bollietieri, encargado de enseñar tenis en el hotel, para que matriculara a Harry en sus cursos. Por invitación de Bollietieri, Harry participó durante cinco años en los campamentos de tenis celebrados en Beaver Dam, Wisconsin, junto a otros atletas puertorriqueños. Tomó clases de tenis con el señor Sammy Avilés, de Breñas, Vega Alta, quien trabajó de "Head trainer" y asistente de Nick en el Hotel Dorado Beach. Luego que se convirtió en un jugador diestro, compitió con Charlie Rivera en torneos en parejas. Este tiene el récord de ganar en cinco años consecutivos el torneo nacional de Puerto Rico en forma invicta, según narró Harry. Como miembro de la *Puerto Rico Tennis Association* (PRTA), y más tarde de la *United State Tennis Association* (USTA), continuó su participación en torneos locales y en Estados Unidos.

En el 1978 ingresó en la universidad de Arecibo, bajo la dirección del profesor Luis Laracuente, Harry compitió en los torneos intercolegios regionales y de la Liga Atlética Intercolegios Regionales (LAICRE), en la que logró el título de Campeón Nacional en sencillos. Luego, por recomendación del profesor Agustín Flores, a quien había conocido anteriormente, decidió trasladarse a estudiar en la Universidad de Puerto Rico en Cayey, en el 1983. Aquí compitió en los torneos de la Liga Atlética Interuniversitaria (LAI), en esta logró un segundo lugar a nivel nacional en el tenis en sencillos. Se destacó por ayudar en el desarrollo del tenis en la unversidad y en el reclutamiento de atletas durante año y medio. Terminó en Cayey un bachillerato en Educación Física con concentración en biología. Trabajó con la atleta nacional Diana Rodríguez, con quien hizo gran amistad y destacada atleta-estudiante en Indiana, Estados Unidos. Por recomendación de Diana, Harry tomó la decisión de estudiar en Bloomington, Indiana. Aquí obtuvo una maestría en Ciencias Deportivas en el 1985. Tomó clases con el experimentado y controvertible dirigente de baloncesto Bobby Knight y uno de los asistentes de este. Su mayor experiencia como estudiante, fue con la Directora de Medicina Deportiva, la señora Nancy Fitzgerald del Hospital Metodista de Indiana. Luego se le recomendó que se matriculara en una de las universidades de California, para llevar a cabo la práctica de internado. En California (Pacific Western University), inició estudios doctorales en Ciencias Deportivas, con especialidad en "Clinical Exercise Physiology", en el año 2000. Trabajó con equipos deportivos de baloncesto, pista y campo y "lacrosse". Regresó a Indiana durante un año, lugar en que laboró en el *Methodist Hospital.* Por situaciones personales y familiares tomó la decisión de mudarse al estado de Florida para estar más cerca de sus padres. Laboró en Florida en el *Celebration Health Hospital* de Kissimmee, como Director del Departamento de Bienestar y Fisiología. Problemas de recortes presupuestarios provocaron el que se cerrara el lugar de trabajo, y por recomendación de amigos, tomó la decisión de trasladarse al estado de Massachusetts, donde trabajó en Tuft University. Obtuvo su post doctorado e internado en *Training Clinical Exercise Physiology and Bariatic Medicine.* Se estableció en Boston durante 13 años, lugar en el cual "más experiencias positivas alcanzó en el campo de la medicina deportiva".

Desde el 2010, se estableció en Nueva York, por recomendación del profesor Edward Saltzman, lugar donde estableció su propia clínica de Medicina Deportiva, laboró junto al polaco Jan Kaprowicz, especialista en la recuperación de los atletas después del entrenamiento. Harry se dedicó a la evaluación de pruebas fisiológicas, de los atletas de equipos de Estados Unidos que compitieron en el nivel profesional y aficionado. Tanto Kaprowicz como Pino, ofrecieron clínicas y conferencias en los Estados Unidos, Canadá, Europa, Centro y Sur América, entre otros países y otras regiones. Ambos laboraron con el Comité Olímpico de Aruba, para mejorar el rendimiento de los atletas. Desde abril de 2015 trabajó como "Senior Physiologist" en New York University (NYU), Langone Medical Center, Departamento de Medicina Deportiva. Desde el 1 de noviembre de 2017 inicio labores profesionales en Nueva York y Nueva Jersey. En septiembre de 2018, junto a varios doctores de Medicina Deportiva de Estados Unidos, asistieron a Alemania (Berlín y Munich) para trabajar con el desarrollo de los atletas.

Una vez retirado del tenis aficionado y profesional, decidió participar en los eventos de fondo, en los cuales está clasificado entre los mejores de su categoría (55-59 años, máster). Esta nueva disciplina la inició a mediados de la década de los 90 y gracias a la excelente condición física obtenida en el deporte de tenis y a su dedicación, ha podido hacer buenos tiempos. Ha participado del Maratón de "Twin Cities" en el estado de Minesota y cualificar para correr el Maratón de Boston en el 1996, con motivos de la celebración del centenario del primer maratón en Atenas, Grecia. Más tarde decidió hacerse miembro del "Boston Athletic Association", del equipo North Jersey Masters, entrenador asistente y entrenador del United State Track and Field, nivel I-II.

Participación en el tenis:
1983-84- campeón sencillos en la LAICRE
1985-subcampeón en sencillos Liga Atlética Interuniversitaria (LAI)
1984-86- ganador Torneo Tenis Interclub de Dorado Beach, P.R.
1986-87- participó en el Up Classic en Indiana (tenis)
1987- Copa Siboney, La Romana, República Dominicana-segundo lugar en sencillos y ganador en dobles con "Rocky" Rivera de Bayamón
1990- "Ray Ban Classic Tennis Pro Invitational"

Participación en eventos de fondo:
8 de octubre de 1995-Twin Cities Marathon-Minesota
10 de enero de 1999-Walt Disney World Marathon,
Medio Maratón de Nueva York- 1:24:51
10 k de Florida- 38:01:10 (segundo lugar)
8 de octubre de 2000-Disney's 10 k Classic-37:01 (primer lugar en categoría máster)
18 de marzo de 2007- New Bedford Half Marathon-1:21:01
BAA Half Marathon-1:21:30 (Boston)
13 de junio-2015- carrera 5.0 k, en Suffern, Nueva York,19: 42-primer lugar "overall" y en su categoría.
20 de marzo de 2016- participó en evento medio maratón (13.1 millas) de Nueva York. Logró tiempo de 1:29:15, entre los 20

mejores atletas en su categoría (55-59 años).

28-30 de julio de 2016- participó en carrera de fondo en el Head Water Relay (239 millas), en el estado de Montana. La carrera se inició a la altura de 7,800 pies en el pueblo de Three Fork y terminó a 10,500 pies de altura en el pueblo de Hell Roaring Creek. Su equipo (integrado por 10 atletas), terminó en la posición #15 de 30 participantes y tiempo de 32 hrs. 21 minutos y 28 segundos, en la categoría "open", donde también compitieron atletas jóvenes.

Publicaciones Profesionales:

Pino, H., Henteleff, N. "Changing from a Disease Care System to a Preventive Health Care Solution", Pacific Western University, Los Angeles, CA.

Pino H. "The Exercise Prescription for Obese Patients", Bariatic Times. 2005; (2) 2:1,20-22.

Pino H., "Exercise and the Bariatic Patient". Bariatic Times. 2005; (2) 4:8-10.

Pino, H. "Physical Activity in the Management of Obesity": How much and how Often? Nursing and Surgical Patient Care. 2006, 1 (1):39-45.

Pino, H. "The Role of Physical Activity in the Management of Childhood Obesity". Bariatric Times Journal. May, 2007.

Pino, H. "The role of the Clinical Exercise Physiologist in the Team Approach For the Treatment and Management of the Obese Patient". Clinical Exercise Physiologist Proposal". Tufts-New England Medical Center Obesity Consult Center, and Center for Minimally Invasive Surgery. 2003.

Pino, H. "Exercise/Activity Training Recommendations for the Obese/OverWeight Child, Adolescent and Adult. Clinical Exercise Physiologist Proposal". Boston Medical Center Nutrition and Weight Management Center, and Nutrition and Fitness for Life Pedriatic Weight Management Clinic. 2003.

Pino, H. "How to Quantify Exercise Intensity in Cardiac Patients". North Shore Medical Center, Cardiac Rehabilitation Department. 2002.

Pino, H., Hess SA. "Inpatient Ambulation Program". Orlando Regional Health-Care System. Orlando Regional Medical Center, Orlando, Florida. 2001.

Pino, H. "Designing a Fitness Program", Ford Motor Company. Indianapolis, Indiana. 1996.

Pino, H. "Gerontology Issues in Physical Education". Medical School of the University of Puerto Rico. Cayey, Puerto Rico, 1990.

Pino, H. "The Wheelchair Tennis Program in Puerto Rico". School of Health and Education, University of Puerto Rico. 1987.

Organizaciones de las cuales es miembro:

1. Editorial Advisory Board Member for the Bariatric Nursing and

257

Surgical Patient Care Journal
2. Editorial Advisory Board Member for the Bariatric Times Journal, Clinic Development
3. Board of Certification for the American Society of Exercise Physiologist
4. Advisory Board for the Greater Boston YMCA/Chinatown
5. American College of Sports Medicine New England Chapter
6. Miembro de la Federación de Mediciana Deportiva de Puerto Rico (COPUR), desde el 17 de mayo de 2016. En octubre de 2016 fue invitado como conferenciante del Comité Olímpico de Puerto Rico (COPUR). Ha ofrecido conferencias en la Organización de las Naciones Unidas en Nueva York, Vega Baja y otras ciudades de Puerto Rico. Su meta principal: asistir a los Juegos Olímpico de Japón en el 2020, con "staff" de medicina deportiva del Comité Olímpico de Estados Unidos.
7. Asociación de Atletismo Máster de Puerto Rico

Compite en baloncesto, en torneos (categoría 50-60 años),organizado por la iglesia United Grace de New City, Nueva York, de la cual es miembro su familia.

En su vida profesional y en su trayectoria deportiva, Harry señala a las siguientes personas que le han ayudado y a las cuales admira: Meb Keflezighi, fondista y amigo personal; Dr. Edward Saltzman, Director Médico en Boston; Dr. Hess, en Brown University; Li Lorig, "Head Coach" en Indiana University; Nick Bollietieri, Manuel Díaz, y Charlie Rivera (compañero de juego), en Dorado, Puerto Rico; Rafael "Felito" Vega, quien lo dirigió en el entrenamiento físico cuando niño. Especial reconocimiento a sus padres por su sacrificio incondicional, que lo guiaron desde su niñez en el deporte y académicamente.
Reconocimientos:
1. Ray Ban Classic (Tennis Tournament en Puerto Rico); en dos ocasiones declarado el Mejor Jugador con Condición Física.
2. Corredor del Año y Más Progreso del Track Shak, Orlando, Florida y en Indianapolis Brick to Brick Running Club.
3. Top 5 Best Age group runner Three Counties-Nueva York and Nueva Jersey en categoría máster.
4. 12 de diciembre de 2016- exaltado al Salón de la Fama del Deporte de Vega Baja.
5. Se ha recomendado darle el nombre de Harry Pino a una de las canchas del complejo de canchas en Tortuguero, Vega Baja.
Nota: en el 2013 se creó la fundación Dr. Harry Pino Foundation y se celebró el Primer Campamento de Tenis en las canchas de Tortuguero en Vega Baja. Participaron niños de 5-12 años (13 -15 julio/ 2017).
¡Excelente representante del deporte puertorriqueño!

Portela Berríos, Rocío Daniela

N. el 3 de abril de 1992 en San Juan.
Peso: 140 lbs.   Estatura: 5' 7"
Lado dominante: derecho

Es la hermana menor de José Emilio Portela Berríos, producto del matrimonio de José Manuel Portela Vales y Lesvia Berríos Antuña. Rocio residió durante muchos años en la playa en Vega Baja.

Al igual que su hermano, estudió en Dorado Academy, de primero a cuarto año. Aquí participó en el Programa de Educación Física, donde compitió en volibol, en los tradicionales *Field Days* y otras actividades como la carrera del pavo. Académicamente siempre sobresalió con promedio de excelencia.

Carrera Deportiva:
2000- Se inició en el deporte de tenis, donde logró el título de Campeona Puerto Rico "Caribbean Sectional- Little MO". Este torneo se llevó a cabo en honor a la tenista estadounidense Maurine O' Connoly.
2001-Subcampeona de Puerto Rico,Caribbean Section, Little MO
2002- Campeona Little MO- división de10 años
National and Caribbean Champ, Tennis USTA-división de 12 años
2003- campeona en dos categorías: St. Croix Fall Junior Tennis Tournament (USTA) , sub 12 años y sub 18 años
2004- Ocupó posición #1 en el escalafón de niñas de 12 años y posición #1 en dobles en el escalafón niñas 14 años-PRTA.
Clasificó entre las primeras 100 raquetas de su edad en la nación americana. Ocupó la posición 63 en la USTA.
Fue campeona ronda de consolación en torneo de la Federación Internacional de Tenis en 14 años y Cofederación Internacional de Tenis de Centro América y el Caribe (COTEC). Compitió en las semifinales categoría 16 años en dobles.
Reconocida por Beatriz "Gigi" Fernández para ser la próxima raqueta nacional de Puerto Rico.
2004-05- A los 12 años fue campeona durante dos años consecutivos en Juegos Nacionales, auspiciados por el Departamento de Recreación y Deportes en categoría 12-14 años.
Atleta del Año en Dorado Academy
2006- Se mantuvo número uno en el escalafón de 14 años-PRTA.
Southern Junior Open (USTA), Alabama- logró el subcampeonato
*Fue seleccionada par*a participar en el prestigioso torneo "Le Petit As", en Tarbes, Francia. Se mudó de Puerto Rico a la Performance

Tennis Academy (PTA), en Weston, Florida. Fue entrenada por Gustavo Granito, reconocido entrenador de la organización deportiva *International Tennis Federation* (ITF). Inició estudios en el nivel superior- *Home Schooling*, con la Brower School, Florida. Mantiene promedio de 4.3 (excelencia) durante sus estudios del nivel superior.

Fue seleccionada a los 14 años para formar parte del *P.R. World Junior Tennis Fed Cup*, categoría 16 años, celebrado en El Salvador 2007- El 25 de mayo, a los 15 años fue Campeona de *Puerto Rico Junior Sectional de la PRTA* en categoría 16 años.

2 de julio de 2007- Fue subcampeona en Dobles en Torneo Nacional de Puerto Rico. Ganadora de la beca del Banco Popular de P.R., con fines de desarrollar atletas para el próximo Ciclo Olímpico.

2008- Formó parte del Equipo Junior Fed Cup, celebrado en Honduras, junto a Mónica Puig y Gabriela Vázquez. Puerto Rico logró el subcampeoto, ITF, Subcampeona en Dobles en *First Caribbean Junior Champs* en Barbados y en XVII Copa Mundo Maya en Guatemala.

Cualificó en semi finales en dobles junto a Eugene Bouchard (primera raqueta de Canadá) en *Libertad Junior Open*, El Salvador.

2009- Equipo Zona I de las Américas-Integró el equipo Copa Federación en Montreal, Canadá. Este grupo estuvo compuesto por Mónica Puig, Jessica Roland, Gabriela Vázquez y Rocío Portela.

Fue subcampeona Dobles JITIC, Guatemala.

ITF- Subcampeona Dobles (18 años), Copa Mangú, Rep. Dom.

Aceptó estudiar en Seaton Hall University, Nueva Jersey. Recibió beca completa en el equipo de tenis y perteneció al Big East Conference NCAA, División I, SHU Pirates. En Seaton Hall estudió Relaciones Internacionales y Diplomacia.

2010- Se escogió para el equipo Copa Federación 2010 en Paraguay (grupo Zona II de las Américas).

Fue campeona en dobles en El Nacional de Puerto Rico, junto a Jessica Roland. Llegó a semi finales en sencillos (Torneo de adultos y colegiales). Formó parte de la Selección Nacional de Puerto Rico en los Juegos Centroamericanos y del Caribe de Mayagüez.

· Formó parte del equipo de Tenis de Seaton Hall, Nueva Jersey; se clasificó como la segunda raqueta.

2010-11- Se seleccionó al *Big East Academic Schollar Athlete* por la Asociación de Tenis Intercolegial.

2011-12- Hizo historia en Seaton Hall cuando logró, junto a su compañera de dobles Cloe Sher, romper el promedio de más de 11 victorias consecutivas en una sola temporada. Récord que no ha sido superado desde el 2001.

Se invitó para pertenecer a la CHI ALPHA SIGMA, la *National College Athlete Honor Society.*

2013- Apareció en *Dean List*, por su promedio de 3.8. Recibió honor de ser miembro de la Asociación Nacional de Estudiantes Atletas.

2014- Junto a Cloe Sher, compañera de dobles en Seaton Hall, cualificaron entre las 10 mejores parejas de dobles en la región colegial del noreste de Estados Unidos, por la Asociación Colegial de Tenis (ITA, sigla en inglés). En mayo-se graduó con un bachillerato de la escuela de Diplomacia y Relaciones Internacionales de Seaton Hall, con Magna Cum Laude. En junio recibió aceptación para estudiar Derecho en las prestigiosas universidades de Forham, Nueva York. y Georgetown University of Law en Washington, DC. En agosto aceptó estudiar en Georgetown University, donde se graduó en Derecho en el 2017 e inició labores en un bufete de Nueva York.

Sus entrenadores han sido los siguientes: Ricardo Quintero, Pedro "Golo" Laracuente, "Pepo" Valentín, Juan Ríos, Juan Oscar Ríos, Mickey Vélez, Carlos López, Gustavo Granito y Greg Wysykowski.

Se ha recomendado darle el nombre de Rocío a una de las canchas del complejo deportivo de Tortuguero.en Vega Baja.

Rodríguez Padilla, Manuel Ángel

N. el 4 de enero de 1904 en Vega Baja.
M. el 15 de enero de 1989 en San Juan.
Peso: 180 lbs. aprox. Estatura: 6' 0" aprox.
Lado dominante: derecho

Sus padres: Juan Rodríguez López Cepero natural de Fajardo y Carlota Padilla Dávila, natural de Vega Baja, procrearon siete hijos. Manuel era el mayor. Sus hermanos, David e Ismael fueron tenistas.

Manuel se casó con Lydia de la Rosa Suárez Cuevas, natural de Santurce, y procrearon dos hijas: Priscila de la Rosa y Lydia María.

La niñez y adolescencia de Manuel transcurrieron, en los pueblos de Ponce, Barceloneta, Vega Baja y San Juan, en esta última ciudad estudió en el nivel superior en la Central High. En Ponce estudió bajo la dirección de los profesores Miguel Caratini y Vicente Olmo.

En San Juan ingresó en la *Young Men Christian Association* (YMCA), organización deportiva en la cual sobresalió en varios competencias deportivas. Como dato histórico, en San Juan se hospedó en la residencia del pastor Ángel Villamil Ortíz, fundador de la primera Iglesia Alianza Cristiana y Misionera en Puerto Rico, en el pueblo de Barceloneta, en el 1900. Don Ángel y don Juan eran amigos y miembros de la misma iglesia.

En el 1923, Manuel trabajó en la YMCA en San Juan, donde ocupó los cargos de Director Téncnico y Secretario Asociado. Trabajó en actividades con fines de recaudar fondos para el desarrollo de las actividades de la YMCA, según lo señala foto de la directiva del 1966. Aquí pulió sus destrezas deportivas y desarrolló más sus habilidades deportivas innatas que poseía. Sobresalió en muchos deportes, principalmente en el deporte de tenis de campo ("lawn tennis"). A los 27 años ganó en el tenis su primer trofeo American Colony Bank Trophy. Según entrevista llevada a cabo cuando era competidor, se jugaba en una cancha de arcilla y la moda era usar pantalones largos. Los desafíos se celebraban en el San Juan Country Club. Durante los juegos, varios niños ayudaban en la labor de "ball boys", con paga tan solo de cinco centavos por "set".

El estilo de juego de Manuel consistía en un servicio potente, habilidad de cubrir la cancha y su resistencia física, características de un excelente jugador y las cuales le hacían al contrario una tarea difícil para poderlo derrotar. En Puerto Rico tuvo grandes contrincantes deportivos, entre ellos, los siguientes: Jorge Juliá, Roger Wall, Facundo Bueso, Nathaniel Passarell, y Alberto "Tito" Llabres.

Manuel obtuvo su segundo trofeo de Campeón Nacional en el 1935, celebrado en el desaparecido Anglo American Club , cerca de la escuela Robinson en San Juan. En el 1936, debido a un huracán que destruyó las canchas, no se pudo celebrar el torneo nacional, el cual se reanudó en el 1937, nuevamente lo ganó Manuel, al derrotar en tres "sets" a Alberto Llabres, compañero en dobles. En resumen, el título de Campeón Nacional lo ganó en siete ocasiones.

Una discusión amigable con un compañero de juego, lo entusiasmó para regresar a la competencia tenística, luego de un año de inactividad, cuando tenía alrededor de 45 años. Su amigo alegaba que los contrincantes con quienes había competido Manuel, no eran jugadores de gran calibre y por eso había ganado la competencia. El resultado final de la discusión fue el lograr nuevamente el título de Campeón Nacional de sencillos en el tenis.

Otro reconocimiento por la labor destacada en el tenis fue en el 1968, cuando recibió el trofeo Conrad Hilton, cuarto jugador en lograrlo en Puerto Rico. Se le hizo entrega de este trofeo en el XVI Torneo Internacional de Tenis del Caribe Hilton. Ese premio se instituyó en el 1954 y el primero en recibirlo fue Vicente Antonetti; lo recibieron en dos ocasiones Dora Pasarell y Carlos Pasarell, hijo.

Como tenista sénior, participó en torneos celebrados en el Caribe Hilton y el Racquet Club. Se mantuvo activo hasta los 70 años en que una lesión en un ojo le provocó su retiro.

Participación a nivel internacional:
1930- II Juegos Centroamericanos y del Caribe, Cuba-medalla de plata en tenis en sencillos
1935- III Juegos Centroamericanos y del Caribe, El Salvadormedalla de plata en volibol
1938- IV Juegos Centroamericanos y del Caribe, Panamá- medalla de bronce en polo acuático. También compitió en tiro.
1946- V Juegos Centroamericanos y del Caribe, Colombia- asistió como jugador y delegado en tiro y volibol

En su primera competencia internacional en el tenis, participó en pareja con Jorge Juliá en los II Juegos Centroamericanos y del Caribe. Aquí jugó contra los cubanos Humberto "Cuco" Uppman y Gustavo Vollmer, destacados tenistas. Vollmer derrotó a Manuel en tres "sets" para ganar medalla de oro. En los III Juegos actuó de rematador estrella en volibol, y en los IV Juegos compitió en tiro de pistola y fusil, y polo acuático, junto a los destacados atletas Rodrigo "Guigo" Otero Suro, Héctor Cordero, George Johnson, Gilberto González Juliá (destacado decalista máster a nivel internacional); Salvador Torrós, Michael Baker, Antonio del Valle y Luis Sánchez. En los IV Juegos se le recuerda por haber radicado una impugnación contra cuatro países que usaron rifles en forma ilegal, ganó la protesta.

Además, de ser un excelente tenista, impartió clínicas a jóvenes y adultos en diferentes deportes, enseñó en la YMCA, y entrenó a sus hijas que fueron tenistas y nadadoras de la Selección Nacional de Puerto Rico. Tuvo la gran satisfacción de entrenar a las destacadas tenistas internacionales Crissy González y Beatriz "Gigi" Fernández. Estableció gran amistad con "Teddy" Roosevelt, Presidente de Estados Unidos, con quien efectuó desafíos amistosos en tenis cuando venía a Puerto Rico y en los cuales se autorizó al público para que observaran los juegos.

Se le consideró un atleta completo, llamándosele "Mr. Versatility" (El Versátil), multidisciplinario por dominar gran cantidad de deportes y competir en ellos, además de enseñarlos. Uno de los deportes que compitió fue en tiro con armas-pistola calibre 45 y rifle calibre 22 y

263

38, en los cuales logró el Campeonato de Puerto Rico con un total de 13 títulos nacionales.   Manuel y Lydia (su esposa), eran miembros del Club Metropolitano de Tiro y en el 1941 Manuel ganó un torneo y Lydia logró el quinto lugar, quien fue entrenada por su esposo.   Todo esto ocurrió a pesar de que Lydia le tenía miedo a las armas. En este torneo participaron militares y civiles con aproximadamente 92 personas. En sóftbol, compitió en la Asociación de sóftbol de Puerto Rico con el equipo *Van Dutch*, con el cual obtuvo actuación sobresaliente, cuando lanzó un juego sin "hits" ni carreras.

Otro de los deportes, de los muchos que compitió, fue el polo acuático, como miembro del primer equipo de Puerto Rico en unos Juegos Centroamericanos y del Caribe, el cual logró la presea de bronce. También sabía jugar ajedrez y llevó el mismo a las cárceles de Puerto Rico, y mucha gente le consultó respecto a las reglas de juego cuando hubo dudas. Laboró en el Hipódromo Quintana y otros de Puerto Rico durante más de 15 años como jurado. Integró jurados hípicos en torneos de tenis en Estados Unidos, en los cuales aportó de su propio dinero. Por la gran cantidad de años que laboró en la YMCA, sus amigos le llamaron cariñosamente "Mr. Y."

Otros atletas de Vega Baja, destacados en los clubes de Bayamón y que por su edad se pueden clasificar másters, son Miguel Ayala Cruz, quien compite en la categoría 3.5 y en dobles, y el profesor Juan Vera Vera, categoría 4.0.

Reconocimientos:

1. Ganador permanente Copa American Colonial Bank-tres veces consecutivas, lo catalogó el mejor jugador de P.R. -sencillos.
2. La organización PRTA le dedicó varios torneos a Don Manuel
3. 1948-exaltado al Salón de la Fama de Sóftbol
4. 1953-exaltado al Salón de la Fama de Tenis
5. 1953-exaltado al Salón de la Fama de Tiro
6. 1953-exaltado al Pabellón del Deporte Puertorriqueño, el primer vegabajeño en alcanzar tal hazaña
7. 1966-exaltado al Salón de la Fama del Deporte de Vega Baja
8. Se creó trofeo que lleva su nombre, y que se otorgó en Torneos de la Federación de Tenis de Puerto Rico.
9. Se ha recomendado darle el nombre de Manuel A. Rodríguez al complejo de canchas de Tortuguero en Vega Baja.

Ha establecido varias marcas: ser el primer vegabajeño en representar a Puerto Rico en tenis, polo acuático, sóftbol, volibol, ser exaltado al Pabellón del Deporte Puertorriqueño, sin contar las marcas que hizo individualmente en los diferentes deportes en que compitió. ¡Difícil igualar sus hazañas!

Montes Claudio, Carlos David

N. el 8 de julio de 1962 en Vega Baja.
Peso: 220 lbs.   Estatura: 5' 8"
Lado dominante: derecho

Sus padres, fallecidos, José Antonio Montes González y Carmen Inés Claudio Silva, ambos naturales de Vega Baja, tuvieron seis hijos: Jaime Antonio "Tony", José Gualberto "Cheny", Iliana del Carmen, Carlos David, José Antonio "Pepito" y a María Inés. Todos son destacados profesionales.

Está casado con Nitza Ivette Soto Mercado, natural de Lares, quienes tienen tres hijos: Nicolle, David y Javier.

Carlos es un año más joven que su hermano "Pepito", quien fue compañero de estudios y miembro del equipo "varsity" de tenis de mesa en el nivel intermedio y superior de Vega Baja, en la década del 70. Se trasladó del Colegio Nuestra Señora del Rosario a la intermedia urbana, cuando terminó el séptimo grado en el 1976. Tanto Carlos y su hermano José tuvieron actuaciones destacadas en el tenis de mesa y fueron miembros de la Federación de Tenis de Mesa de Puerto Rico.

En el torneo final de las escuelas intermedias de Puerto Rico, terminó en un cuarto lugar en una competencia celebrada en Ponce en el 1976. Junto a su hermano, dieron clínicas en las escuelas superiores Lino Padrón Rivera y Juan Quirindongo Morell de Vega Baja. En sus ratos de ocio le enseñaron a jugar tenis de mesa a muchos de sus amigos y posteriormente compitieron juntos en diferentes torneos.

Como estudiante universitario, obtuvo un bachillerato en Administración de Empresas de la Universidad de Puerto Rico en el 1984. En el aspecto laboral, trabajó en el área de Rentas Internas del estado de California, con la compañía GA Life de Puerto Rico, como Corredor de Bienes Raíces ("Broker"), con sede en San Juan. Actualmente trabaja como Corredor de Bienes Raíces de Seguros en San Juan.

Posiblemente los hermamos Montes son los primeros atletas vegabajeños en participar en la Federación de Tenis de Mesa de Puerto Rico, junto a los atletas Carlos Rivera, Feliciano "Tato" Hernández y Pedro Velázquez, en la década del 70, bajo la presidencia de Lissete "Kiki" Gaetán Rivera. Como dato histórico deportivo, la señora Gaetán es la primera mujer en Puerto Rico en presidir una federación y la única en el tenis de mesa, quien ocupó cargos a nivel internacional. Carlos asistió con atletas federados y ofreció clínicas de tenis de mesa a estudiantes del nivel intermedio y maestros de Vega Baja en la década del 70.

Entre sus atletas favoritos están los siguientes: Moisés Chico, "Charlie" Rodríguez, Sandra Santos y los hermanos Lee-jugadores de su época. En béisbol admira a Juan "Igor" González, Carlos Baerga y George Herman Ruth ("Baby Ruth"); en balompié a Lionel Messi; en baloncesto a Michael Jordan; y en "football" americano a los hermanos Payton y Eli Manning, y Tom Brady.

Ambos hermanos sobresalieron por su excelente disciplina, respeto a amigos y maestros y éxitos en sus labores escolares.

Montes Claudio, José Antonio "Pepito"

N. el 25 de julio de 1963 en Vega Baja.
Peso: 205 lbs.   Estatura: 5' 11"
Lado dominante: derecho

Tiene dos hijos producto de su único matrimonio que son José Antonio y Rebecca Lee, ambos estudiantes universitarios.

"Pepito", estudió en el Colegio Nuestra Señora del Rosario de Vega Baja, de "Kinder" a octavo grado, donde participó en los tradicionales "Field Days" en los eventos de lanzamiento de la bola de sóftbol, salto alto y salto largo. Luego se trasladó a la escuela Ángel Sandín Martínez, en la cual obtuvo el certificado de noveno grado. Aquí participó en torneos intramurales e interescolares de tenis de mesa. En el torneo intramural logró el campeonato. A nivel interescolar participó en torneo para disputar el campeonato nacional de las escuelas públicas de Puerto Rico, como parte de las competencias del Programa Interescolar del Programa de Educación Física del Departamento de Educación. Esta actividad se celebró en Ponce en el 1976. "Pepito" obtuvo un segundo lugar cuando Moisés Chico lo derrotó en el juego decisivo.

Señala "Pepito" que la afición por el tenis de mesa surgió cuando su hermano mayor José Gualberto "Cheny", le recomendó a su papá que le comprara una mesa para entretenerse en la casa de veraneo localizada en la playa de Puerto Nuevo en Vega Baja. También tenían un billar con el que jugaron familiares y amigos. Esto ocurrió en el año de 1974 y en el 1975 Carlos y "Pepito" participaron en un campamento de verano de la Alianza Cristiana y Misionera en Guayama, en el que se organizó un torneo de tenis de mesa. Más tarde vieron un anuncio por televisión de la Federación de Tenis de Mesa, que invitaba al público a participar en un torneo a celebrarse en el primer piso de Plaza Las Américas en Hato Rey. Aquí compitieron por primera vez en un torneo organizado por la Federación. Tuvieron la gran experiencia de conocer a la presidenta de la federación, la Sra. Lissete "Kiki" Gaetán Rivera, y atletas de renombre, entre ellos, Joel Colón, Russell Latimer, Horacio Collazo, Iván Santos y Sara Rosario.

Como miembro de la Federación, creó amistad con la señora Gaetán, quien le daba transportación a los hermanos Montes desde la casa o en la carretera número dos (militar), cuando tenían que viajar a Mayagüez a competir. En algunas ocasiones viajaron en transporte público. Otros jugadores de Vega Baja que participaron en estos torneos federativos fueron Carlos Rivera, Pedro Velázquez y otros compedidores. Gracias a ella, (Sra. Gaetán), varios jugadores destacados en la Federación, ofrecieron clínicas de tenis de mesa a maestros y estudiantes en la escuela Ángel Sandín Martínez a mediados de la década de los 70.

En la escuela Lino Padrón Rivera, bajo la dirección del Prof. Carlos Pantoja, los hermanos Montes participaron en el tenis de mesa en forma destacada. Asistieron a competencias en los pueblos de Barceloneta, Orocovis y otros, donde representaron su escuela en actividades interescolares.

Cuando "Pepito" se graduó de la escuela superior, ingresó en el Colegio de Agricultura y Artes Mecánicas de Mayagüez para estudiar ingeniería. Obtuvo dos bachilleratos en ingeniería eléctrica e ingeniería de computadoras. Participó del equipo "varsity" de tenis de mesa y segunda raqueta durante seis años, quedando campeones el "Colegio" durante esos años. En esa época compitieron las siguientes universidades: Universidad de Puerto Rico, Universidad de Humacao, e Interamericana de Bayamón. La primera raqueta del "Colegio" fue Luis Ruíz, Campeón Clase A de Puerto Rico. El entrenador del "Colegio" fue el Prof. George Grigg. Montes compitió en dobles masculino con su compañero Robert Báez de Naguabo.

Luego que se graduó de Mayagüez, decidió trasladarse para el estado de Maryland con el objetivo de alcanzar el grado de Maestría en Ingeniería Eléctrica. Aprobó varios créditos doctorales de la *Mississipi State University*. Participó en el torneo intramural de baloncesto durante dos años y residió en Mississipi durante nueve años de 1986 al 95.

Regresó a Puerto Rico en el 1995. Trabajó con la compañia Motorola de 1995-98 y luego con la Honeywell de Consultor del Sistema de Información. Actualmente es el Gerente y especialista en sistema de navegación de naves espaciales- aviones, helicópteros y cohetes. En la Honeywell participó dos años (2013 y 2014) en el torneo intramural de baloncesto.

Es importante señalar que desde niño participó en torneos locales de baloncesto en la Liga Rodrigo "Guigo" Otero Suro. En la escuela superior representó su escuela junto a un grupo de estudiantes que asistieron a las competencias del programa televisivo para niños "Pacheco". En esta actividad logró el primer lugar en el deporte de tenis de mesa. Anteriormente su primer trofeo lo obtuvo en una competencia de tiros libres en el baloncesto, donde representó a Vega Baja a la edad de 10 años.

Por su destacada labor en la compañía Honeywell, recibió el premio de *Outstanding Engineer* en el 2014.

Martínez Figueroa, Adam Rafael

N. el 11 de marzo de 1999 en San Juan.
Peso: 122 lbs.   Estatura: 5' 11"
Lado dominante: derecho

Sus padres Adam Martínez Rivera y Limaris Figueroa Rivera, naturales de Bayamón, procrearon a Adriana María y Adam, ambos nacidos en Bayamón. Aunque Adam nació en Bayamón, su familia estaba radicada en Vega Baja antes de nacer ambos hermanos.

Adam estudió en la escuela Agapito Rosario de la urbanización Alturas de Vega Baja del 2005-08 y luego se transfirió al Colegio Nuestra Señora del Rosario de Vega Baja.

Desde niño practicó varios deportes, entre ellos, el béisbol en la Liga "Pampers" y el atletismo, en el cual compitó en los tradicionales *Field Days*, principalmente en eventos de semi fondo y fondo. Sin embargo, fue el deporte de tiro con arco el que más le llamó la atención a la edad de cinco años. Mientras observaba en el cine la película "Lord of the rings", junto a su familia, a Adam le surgió un interés natural por practicar el deporte de tiro con arco, comunicándoselo a sus padres. Estos tomaron posteriormente la decisión de averigüar dónde se practicaba este deporte y lo matricularon en el Centro de Formación Deportiva de Bayamón, bajo la tutela del entrenador Israel Vega y luego con el señor José Juan Reyes.

El desarrollo de Adam en el tiro con arco ha ido en aumento hasta llegar a representar su colegio, a Vega Baja y a Puerto Rico, en varias competencias nacionales e internacionales, a pesar de tan solo tener 20 años. A continuación las actividades más importantes en que ha competido:

1. 2008-13-Juegos Nacionales de Ponce-Salinas
2. 2009-al presente- Competencias por el Campeonato Nacional, celebradas en el Alberque Olímpico de Salinas,Puerto Rico
3. 2014-Copa Juan Enrique Barrios-Bayamón
4. 2014-15-Juegos Escolares en San Juan
5. 2014-15-Juegos Binacionales-Tijuana, México
6. 2015-Gator Cup en Newberey, Florida-2015
7. 2015-V Juegos Deportivos Escolares Centroamericanos y del Caribe de Mérida, México
8. mayo de 2016-*Archery World Cup* en Medellín Colombia

Adam fue miembro del Programa de Desarrollo de la Federación Internacional de Tiro con Arco ("World Archery"), en entrenamiento dirigido por el entrenador internacional, el señor Ivan Yotov, del 2014 al 2015. Es miembro del Centro de Desarrollo Arqueros de Barceloneta, desde el 2013; de Arqueros del Río Encantado de Florida y de la Selección Nacional de Cadetes desde el 2014. Actualmente es uno de los atletas integrantes de la Pre Selección Juvenil de Puerto Rico.

Adam posee el récord personal de 590 pts. En el 2017 logró la posición #285 a nivel mundial, según *World Archery. org.*

Inició estudios en la Universidad de Puerto Rico de Río Piedras en el 2016 con concentración en música. A pesar de haber cualificado para los Juegos Centroamericanos y del Caribe del 2018, el Comité Olímpico decidió no enviar representación en tiro con arco, por problemas económicos.

Entre los atletas que más admira están los siguientes: José Juan Reyes y María Cintrón, arqueros de Puerto Rico; Luis Álvarez de México y Marcus D'Almeida de Brasil, ambos arqueros con experiencia a nivel internacional.

Competencias más recientes:
8 al 13 de marzo de 2016- Copa Guatemala (Torneo de Clasificación Mundial).
Puntos en Ronda de clasificación: 288/277 = 565 en 70 metros .

Posición #17 categoría Recurvo "Open".

9 de abril de 2016- Copa Universitaria, Cabo Rojo. Puntos en Ronda de Clasificación: 276/279= 555 en 70 metros. Logró la primera posición en la categoría con arco recurvo (Prepa)-medalla de oro.

11 abril al 1 de mayo de 2016- participó del campamento auspiciado por World Archery Americas, para la categoría Cadetes con arco recurvo. La actividad se celebró en el Albergue Olímpico, Salinas y el Centro de Desarrollo Altos de Samán en Cabo Rojo. Su entrenador fue Ivan Yotov, de Bulgaria.

2 al 8 de mayo de 2016- participó del campamento intensivo auspiciado por World Archery Americas en Medellín, Colombia. Su entrenador fue José J. Reyes de Puerto Rico.

9 al 15 de mayo de 2016- *Archery World Cup, 2nd stage,* celebrado en Medellín, Colombia. Resultados obtuvo en ronda de clasificación: 301/289= 590 en 70 metros. Logró posición #57 en la categoría de arcos recurvos, adultos.

23-29 de mayo de 2016-compitió en el XIII Campeonato Panamericano en Costa Rica. Logró medalla de plata en equipo, junto a Adrián Muñoz y Javier Irizarry (vea fotos históricas).

3-4 de junio de 2016.-compitió en los III Juegos de Puerto Rico. Obtuvo medalla de oro en 60 m y puntuación de 607 pts. En competencia Ronda Olímpica a 60 m logró oro- récord de 6-2 en partidos.

Recomocimientos:

1. 2005 (desde)-miembro del Cuadro de Honor del Colegio
2. 2013 (desde)-miembro de la Sociedad de Honor del Colegio
3. 2013-Campeón Nacional Infantil- Juegos Nacionales, Salinas, Puerto Rico.
4. 2014-medalla de bronce individual y plata por equipo en categoría Cadete - Copa Juan Enrique Barrios, en Bayamón
5. Subcampeón Categoría Cadete, Juegos de Puerto Rico, San Juan.
6. 2015 (desde)-medallista en varios eventos federativos-arquero principiante.
7. Campeón Categoría Cadete, Juegos de Puerto Rico en el 2015 en San Juan.
8. 2015-Subcampeón Categoría Cadete, Copa Cabo Rojo
9. 2015- Mérida, México-medalla de plata por equipo en Categoría Cadete, en los V Juegos Deportivos Escolares

Centroamericanos y del Caribe.

10. Se han escrito varios artículos periodísticos destacando sus competencias deportivas en el deporte de tiro con arco.
11. 2016- en Costa Rica, Campeonato Panam.-oro en equipo.
12. marzo de 2017-*Grand Prix*, Guatemala (sexto lugar 70 m).
13. 30 de abril al 5 de mayo 2017 - competencia Juan E. Barrientos, Manatí, Puerto Rico - octavo lugar.
14. 28 de junio al 4 de julio -2018- logró cualificar en Clasificatoria de los Juegos Centroamericanos y del Caribe para competir en Barranquillas, Colombia. Su equipo de Puerto Rico no asistió.

Adam agradece a su familia por el respaldo en el deporte de tiro con arco y en especial su padre, expresidente de la Federación de Tiro con Arco de Puerto Rico y actualmente juez internacional.

Rodríguez Mejías, Alondra Rubí

N. el 12 de abril de 2006 en el Ashford Hospital en San Juan.

Peso: 95 lbs.   Estatura: 5' 1"

Lado dominante: derecho

Los padres Roberto Rodríguez González, natural de Dorado y Neysha Mejías Meléndez, natural de Vega Baja, procrearon a Alondra y a Kalel Aquiles.

A pesar de que Alondra nació en San Juan, ha vivido en Dorado y en el barrio Santa Rosa de Vega Alta, junto a sus padres. Los estudios elementales los ha llevado a cabo en la escuela Cristóbal Santana Melecio de Dorado, lugar donde cursa su sexto grado.

Su interés por el deporte de tiro con arco comenzó mientras observaba en televisión la película de "Disney Brave" en el 2012, en la cual el padre de la niña llamada Mérida, recibía lecciones de cómo tirar flechas con un arco. Alondra le comunicó a sus padres el interés de aprender este deporte, pero no fue hasta el mes de abril de 2014 en que encontraron el Centro de Desarrollo de Tiro con Arco, María Reyes Casellas, en el pueblo de Bayamón. Aquí se inició bajo el entrenamiento de la señora Szaritza Cruz y luego tuvo como entrenadora a la señorita Brenda Bruno, quien tiene 18 años de experiencia en el deporte de tiro con arco. Durante el mes de febrero de 2016, se matriculó en el club de tiro con arco en Vega Baja, el cual efectuó sus entrenamientos en la antigua pista de carreras de autos en Tortuguero. El señor Roberto Rivera Correa, junto a Roberto Rodríguez González, son los entrenadores del equipo *Arqueros de Vega Baja*. Las prácticas son martes y miércoles de 4:00-6:00 p. m. Luego se mudaron al parque de la urb. Villa Real en Vega Baja, y desde el 2018 entrena con el equipo de Barceloneta.

Carrera deportiva:

1. 31 de mayo de 2014- primer lugar en competencia celebrada en el Centro de Desarrollo de Tiro con Arco en Bayamón.
2. 2 de junio de 2014- medalla de plata en tiro a cinco metros en los Primeros Juegos de Puerto Rico del Departamento de Recreación y Deportes (DRD), celebrados en San Juan.
3. 3 de junio de 2014- medalla de bronce en tiro a 10 metros en evento llamado Noche bajo las Estrellas, edición especial de la Copa Juan Evangelista Venegas.
4. 7 de febrero de 2015-primer lugar en tiro a 10 metros en competencia interligas en Bayamón.
5. 28 de febrero de 2015-primer lugar con tiros ejecutados a 15 metros. La actividad tuvo lugar en Bayamón.
6. 7 de marzo de 2015- medalla de bronce a la distancia de 10 metros, Copa Femenina por el Comité Olímpico de Puerto Rico, actividad se celebró en el Alberque Olímpico de Salinas.
7. 28 de marzo de 2015-segundo lugar con lances a 15 metros, competencia interligas, celebrada en Barceloneta.
8. 25 de abril de 2015- primer lugar a la distancia de 15 metros con sede en el pueblo de Florida.
9. 23 de mayo de 2015 en Bayamón-segundo lugar a la distancia de 15 metros en competencia interligas, integradas por clubes de Cabo Rojo, Barceloneta, Florida, Canóvanas y Bayamón.
10. 30 de mayo de 2015- medalla de oro a la distancia de 15 m en los Segundos Juegos de Puerto Rico, con sede en San Juan.
11. 27 de junio de 2015- medalla de bronce, tiros a 20 metros. La competencia se efectuó en el Alberque Olímpico de Salinas.
12. 12 de septiembre de 2015- primer lugar en competencia de 20 m, celebrada en Cabo Rojo-competencia interligas.
13. 26 de septiembre de 2015-alcanzó medalla de oro a 20 m en competencias interligas celebrada en Barceloneta.
14. 10 de octubre de 2015- competencia a 20 metros-primer lugar en actividad interligas con sede en Florida, Puerto Rico.
15. 14 de noviembre de 2015- medalla de oro en categoría 9-11 años, compitió a la distancia de 20 metros. Acumuló un total de 533 pts. Bayamón fue la sede.
16. 13 de diciembre de 2015- medalla de oro en 20 metros en competencia interligas del DRD. La sede fue en Cabo Rojo.

17. 13 de febrero de 2016-primera en 20 metros-sede en Florida.
18. 5 de marzo de 2016-primer lugar en 20 metros en III Edición Festival Femenino de FETAPUR, en Salinas, Puerto Rico
19. 26 de marzo de 2016-primer lugar en 20 metros, competencia celebrada en Barceloneta. Rompió récord personal (617pts.).
20. 16 de abril de 2016-en competencia en Salinas, rompió su récord personal en 20 metros con un total de 631 pts.
21. 3-4 de junio de 2016 en Tortuguero, Vega Baja-III Juegos de Puerto Rico- medalla de oro en 20 metros y 595 pts. en categoría 10-12 años.
22. 11 de marzo de 2017-participó en IV Festival Olímpico Femenino, en el Alberque Olímpico de Salinas -oro en 30 metros.
23. 30 de abril al 5 de mayo de 2017-Compitió en I Copa Caribeña en Manatí. En ronda clasificatoria logró plata con 398 pts. y en competencia final obtuvo un segundo lugar en 30 metros.
24. 3-9 de junio de 2017- compitió en IV Juegos de Puerto Rico celebrados en Ponce con competencia de tiro con arco en Salinas. Compitió en 30 metros y carátula de 40 cm. Primera ronda, oro con 161 pts.; segunda ronda oro con 181 pts. y un total de 342 pts. Otros ganadores: Carlos Álvarez y Leonardo González, atletas de Vega Baja.
25. 3 de junio de 2018-V Juegos de Puerto Rico- en 10 metros logró medalla de oro con 669 pts. La sede fue en Bayamón en tiro con arco, aunque la sede de los Juegos fue Fajardo.

Se espera que en un futuro cercano Alondra, represente a Puerto Rico en competencias internacionales fuera de Puerto Rico, pues ya lo ha logrado en diferentes ciudades de nuestro país.

Reconocimientos:

1. Se han escrito varios artículos en periódicos regionales en los que se han exaltado sus ejecutorias en el campo deportivo. Se editó documentales en televisión de sus competencias, auspiciadas por el Comité Olímpico de Puerto Rico.
2. 26 de mayo de 2015- la escuela Cristóbal Santana, la facultad y su directora, la señora María Lugo, junto a la maestra de Educación Física, Linnette Rodríguez, durante la celebración del Día de Juegos, brindaron homenaje por su destaque en el deporte de tiro con arco.
3. 12 de febrero de 2016- homenaje por parte del Municipio de Dorado en actividad del Carnaval del Plata
4. mayo de 2017- la escuela Cristóbal Santana de Dorado, recibió certificado por excelencia académica.

Nota: otra competidora vegabajeña es Katiria Morales-Club de Florida

Pérez Segarra, Sandra Ivette

N. el 26 de mayo de 1970 en Vega Baja
Peso: 190 lbs.   Estatura: 6' 2"
Lado dominante: derecho

Es hija de Luis Antonio "Caco" Pérez Orama y Miriam Segarra Ortíz, ambos naturales de Vega Baja. Sus hijos Jason y Denise Marie completan el núcleo familiar.

Estudió en el Colegio Nuestra Señora del Rosario (CNSR) en Vega Baja, de "Kinder" a cuarto año. Desde pequeña se destacó en varios deportes, incluyendo volibol y pista y campo. En este último lanzó la bala, el disco y compitió en salto largo. En el nivel superior compitió en baloncesto. En la comunidad participó en natación bajo la dirección de Nicolás "Tilín" Pérez. Es en este deporte en el cual logró su primer trofeo como atleta, en el evento de velocidad, estilo libre, a la edad de 13 años. Los maestros de Educación Física, Gerardo Santiago y Quintín Valle, fueron las personas que le facilitaron el camino para conseguir una beca de atleta en la Universidad de Puerto Rico en Río Piedras. Cabe señalar que además de haber sido una atleta sobresaliente, se graduó con excelencia académica, razón por la cual logró el trofeo de la Atleta más Destacada del Programa de Educación Física.

En la Universidad de Puerto Rico fue miembro del equipo "varsity" de volibol durante los cuatro años de estudios. Viajó a Pensilvania, donde participó en torneo de volibol, en el cual representó a la Universidad de Puerto Rico, además de ganar el mismo en el 1990. Se graduó con un bachillerato en Psicología y se le concedió una beca de un año para estudiar la maestría en Consejería en Rehabilitación Vocacional, en el 1995, año en que terminó la misma con 4.00 puntos de promedio.

Trabajó en el Departamento de la Familia en el Programa de Asistencia Familiar con Necesidades en *Ser Jobs* en Bayamón durante 11 años. Laboró en la organización federal del Programa de *Head Star* durante diez años. Supervisó niños con necesidades especiales en el pueblo de Vega Alta.

Participación en el Volibol:
1. Equipos "varsities" en colegio y universidad
2. Liga Atlética Policiaca en Vega Baja
3. Primera Categoría y Segunda Categoría

4. Liga Metropolitana
5. Liga Puertorriqueña-fue dirigida por los profesores Gerardo Santiago, José De Jesús, Quintín Valle y José Gaetán
6. Participó en torneos interbarrios y en torneo máster- Manatí.
7. Actuó como entrenadora en la Academia Eden Montessori de Manatí y Vega Alta, nivel elemental, durante tres años. Impartió clínicas de volibol en campamentos de verano y diferentes comunidades de Vega Baja.

Sandra es una de las primeras vegabajeñas en participar en la Liga Superior en el 1987, cuando obtuvo el trofeo de la Novata del Año, como integrante del equipo "Pinkin" de Corozal.

Sus pasatiempos favoritos son: viajar: a Estados Unidos, Canadá, República Dominicana, Islas Vírgenes Americanas y El Caribe. Se dedica a la crianza de animales, entre ellos, un puerquito vietnamita, el cual es su mascota.

Anécdota: Julio "Buyín" Camacho Mattei, la bautizó "La Condominio", por su gran estatura, producto de su herencia paterna, quien mide 6'5".

Rivera Rivera, Rudy

N. el 5 de julio de 1961 en "New York City".
Peso: 200 lbs.   Estatura: 6'
Lado dominante: derecho

Sus padres Pedro Rivera Ortíz, natural de Ciales y Antonia Rivera Ayala, natural de Toa Alta, tuvieron cuatro hijos: Richard, Rudy, Roy y Marggie. Rudy tiene dos hijas: Nicole y Paola.

Rudy cursó sus estudios primarios en la escuela elemental José G. Padilla. El nivel intermedio lo aprobó en la escuela Ángel Sandín Martínez, en donde compitió en el deporte de volibol, en el cual fue parte del equipo "varsity". El nivel superior lo aprobó en la escuela Lino Padrón Rivera, lugar en que nuevamente se destacó en el volibol y el baloncesto.

Desde niño practicó varios deportes: volibol, baloncesto, béisbol y levantamiento de pesas. Compitió en equipos de béisbol en las Pequeñas Ligas y "Boricuitas". Fue miembro de la Selección de Puerto Rico en torneo invitacional con sede en República Dominicana. Más tarde dirigió varios equipos locales en torneos intramurales masculino y femenino de volibol, y de baloncesto en la comunidad, los cuales fueron organizados por el Departamento de Recreación y Deportes de Vega Baja.

A fines de la década del 80 compitió en la categoría Novicio en el deporte de levantamiento de pesas, en el cual logró un sexto lugar. Esta actividad se celebró en el Palacio de Recreación y Deportes de la ciudad de Mayagüez.

En el 1984 se convirtió en el primer jugador de Vega Baja en competir en la Liga Superior de Volibol Masculino de Puerto Rico. Su participación fue con los Gigantes de Adjuntas, con quien compitió solamente un año. Se destacó en diferentes posiciones en el equipo de Adjuntas. Participó con el equipo "varsity" del Colegio Universitario Tecnológico de Arecibo (CUTA), como acomodador y en la posición cuatro. En esta universidad obtuvo un grado académico con especialización en Programación en Ciencias de Computadoras y Comunicaciones. Fue reconocido por su labor fotográfica en la Universidad de Puerto Rico, junto al reportero de Telemundo Canal 2, Roberto Cortes. Perteneció al equipo "varsity" de tenis de campo y enseñó este deporte en la universidad. Posteriormente estudió en el Colegio Regional de la Universidad de Puerto Rico de Bayamón, alrededor de año y medio, en el cual interrumpió sus estudios para dedicarse a trabajar.

Se inició en el campo de la fotografía desde bien joven, cuando fue estudiante en la escuela superior de Vega Baja. Junto a su compañero de estudios, David Quiñones, fallecido, laboró en la redacción del anuario de la clase graduada de 1979, en el cual se incluyó fotos de sus compañeros de clase y maestros.

Trabajó en el Centro Médico de Arecibo (Hospital Regional), en el Centro de Cómputos. Aquí se le ofreció trabajo en fotografía por el señor Ángel Velasco de Arecibo, aceptó el mismo, y renunció al trabajo anterior. Su interés en la fotografía siguió creciendo hasta que aprobó cursos de fotografía y "Photo Plus" en ciudades de Estados Unidos, entre ellas, Orlando, Nueva York y Chicago, a las que asistió todos los años y participó en convenciones internacionacionales. Destacados fotógrafos a nivel internacional fueron sus maestros, entre ellos, los siguientes: Monte Sucker y Dean Collins. En Puerto Rico, señala a Ramón Feliciano, Carlos Torres Luna, entre los más destacados fotógrafos. Rudy fue miembro de la Professional Photographers of America (PPA). En Puerto

Rico, Rudy está catalogado entre los fotógrafos más cotizados y reconocidos durante los últimos 30 años. Su nombre es mencionado en escuelas, colegios, instituciones gubernamentales, con destaque en fotos tomadas en bodas, quinceañeros, y muchas otras actividades, incluyendo las deportivas.

Laboró de Asistente Administrativo del Departamento de Turismo y Desarrollo Económico en el Municipio de Vega Baja hasta principios del 2016. Luego trabajó de forma independiente, y en el 2017 en el Cuerpo de Ingenieros de FEMA (Inspector de "Quality Insurance & Safety").

Reconocimientos

1. 2014-el Colegio Nuestra Señora del Rosario de Vega Baja reconoció su labor de fotógrafo destacado.
2. 2015-se le dedicó Torneo de Volibol Playero en Vega Baja.
3. Historiadores de Vega Baja produjeron vídeo- labor fotográfica.
4. Varias escuelas de Vega Baja y de Puerto Rico le otorgaron placas por su labor fotográfica durante muchos años.

Rodríguez López, Marta Yazmín

N. el 8 de agosto de 1957 en Vega Baja.
Peso: 140 lbs.   Estatura: 5' 7 ½"
Lado dominante:derecho

Benjamín Rodríguez Fuentes, de Orocovis y Laura Esther López Mejías, natural de Vega Baja, tuvieron cuatro hijas: Idalis, Lourdes, Marta Yazmín y Nivea.

Yazmín cursó estudios en la escuela José Gualberto Padilla (elemental), y bajo la dirección del profesor Manuel Vélez Ithier, participó en el deporte de sóftbol. El nivel intermedio lo estudió en la escuela Ángel Sandín Martínez, donde se inició en el deporte del volibol e integró el equipo "varsity". Participó en este nivel de la clase de música, en la cual aprendió a tocar el saxofón tenor, y posteriormente formó parte de la Banda Municipal, bajo la dirección de los profesores Juan Cardona y Roberto Soler. El nivel superior lo estudió en el Colegio Inmaculada de Manatí, donde sobresalió en varios deportes: baloncesto, volibol, atletismo y sóftbol, bajo la tutoría del Prof. Santiago Maldonado. A pesar de sufrir una enfermedad en una pierna que le impidió jugar durante seis meses, a la edad de 15 años, mientras estudió en el Colegio Inmaculada, se sobrepuso a su condición e integró varios equipos "varsities." En atletismo, lanzó la jabalina; en sóftbol jugó en los jardines; en baloncesto se destacó en las posiciones de delantera y centro; y en volibol se desempeñó en la posición de atacante. En el nivel intermedio y en el superior obtuvo varias medallas y trofeos, incluyendo en el Colegio Inmaculada, en el cual logró el galardón de la Jugadora Más Destacada (trofeo MVP) en el deporte de volibol.

Una vez se graduó del nivel superior en el 1975, ingresó en el Colegio Regional de Arecibo (CRA), por recomendación del exatleta vegabajeño José "Che" Torres. Se le otorgó una beca de atleta y fue dirigida por los profesores Luis Laracuente y Lucy Molinari. Compitió en la LAICRE en su primer año, donde lanzó la jabalina, y en su segundo año recibió el trofeo MVP, en el deporte de volibol. En volibol la dirigió Víctor "Serrucho" Cruz. También compitió en el deporte de baloncesto y tenis de mesa.

En el 1978 se trasladó a la Universidad de Puerto Rico de Río Piedras con beca de atleta. Formó parte del equipo "varsity" de volibol bajo el entrenador Julio Morales y su equipo estableció varios récords: "sets" o parciales ganados, victorias y "chivas" en los "sets" (15 a 0). Este "trabuco" lo integraron Beba López, Odette Solla, Lizzette Gómez, Evelyn Figueroa, Patricia Marrero y otras destacadas jugadoras.

Mientras estudió en la universidad, participó en la Segunda Categoría con Caguas y Primera Categoría con Corozal ("Pinkin"). En el 1978 firmó Volibol Superior con las Chicas de San Juan, con quienes participó en dos temporadas bajo la dirección de Carlos Pizarro. De esta manera se convirtió en la primera vegabajeña en competir en el Nivel Superior y en lograr un campeonato en el 1980. El profesor Abraham Ramírez fue el dirigente de este equipo campeón. Yazmín participó con Corozal hasta el 1983, año en que se retiró debido a lesiones sufridas durante su vida de atleta y con el honor de haber integrado uno de los mejores equipos del Nivel Superior de todos los tiempos, pues su equipo estableció varios marcas de victorias y campeonatos logrados, (17, máximo en el Nivel Superior). Como jugadora se distinguió por la especialidad en la defensa y excelente servicio, fuerte, de flotadora, y por tener buena condición física.

En el 1983 se graduó de la universidad con bachillerato en Ciencias Sociales y especialidad en Temática de Puerto Rico y grado asociado en Relaciones Laborales.

Terminada su carrera como atleta, dirigió en un colegio privado el equipo "varsity" de volibol y trabajó como entrenadora durante dos años en la Universidad Central de Bayamón, durante los años de 1984-85.

Otros deportes que compitió a nivel nacional, son el remo, durante dos años y como compañera de equipo de Carmen Masso, Cecilia James, Mariluz Segarra, entre otras. Compitió en tríalos, en los cuales varios de ellos se organizaron por el Departamento de Recreación y Deportes de Vega Baja.

En el campo laboral trabajó en el Hotel Sands en Isla Verde, de Supervisora de House Keeping; Pueblo Extra de Manatí y Vega Baja (Gerente), y en la compañía Centra (nombre actual), de Manatí, durante los últimos 25 años. Se retiró en el mes de enero de 2018.

Reconocimientos:
1. 9 de septiembre de 1980-el municipio de Vega Baja, y el alcalde Luis Meléndez Cano
2. 1991-dedicatoria de la temporada de Volibol de Corozal
3. Cardinal Health de Manatí, por su participación deportiva
4. Departamento Recreación y Deportes de Vega Baja por su participación en los tríalos
5. Trofeo MVP en el Colegio Regional de Arecibo (CRA)
6. Trofeos Campeonas Liga Superior de Volibol-*Pinkin de Corozal*

Nota: Yazmín usó números 12 y 13 en camiseta-vea fotos históricas

Rosa Adorno, Yarimar

N. el 20 de junio de 1988 en el Hospital Presbiteriano del Condado, San Juan.
Peso: 140 lbs.   Estatura: 5' 10"
Lado dominante: derecho

Es la menor de dos hermanas. Coral del Mar es la mayor. Sus padres son Eduardo Rosa Vázquez, fallecido en el 2017, natural de Manatí e Ivonne Adorno González, natural de Vega Baja. Casada con Edgardo Goas en el 2016. Goas es el acomodador de la Selección Nacional de Volibol de Puerto Rico.

Su formación educativa la efectuó en el Colegio Marista de Manatí, desde el "kinder" al cuarto año. Aunque estudió en Manatí, se crió en la urbanización San Demetrio en la playa de Vega Baja.

Desde los cinco años se inició en el deporte de volibol, cuando observó a su hermana, quien fue jugadora del equipo "varsity" de volibol en el Colegio Marista de Manatí. A los siete años de edad comenzó a jugar volibol, y al poco tiempo fue seleccionada en el equipo "varsity" elemental del Colegio Marista y bajo la dirección de Edwin Crespo, Edwin Torres y Santiago Maldonado, quienes fueron sus entrenadores y maestros de Educación Física. Yarimar también incursionó en los deportes de baloncesto, balompié y pista y campo, pero fue el volibol el que más le apasionó. En el volibol obtuvo varios premios, en el que ganó varias medallas y trofeos, y logró el máximo galardón como jugadora - (MVP). A los nueve años se inició como jugadora en la Liga ARSEL (Asociación Recreativa de la Segunda Extensión de Levittown) en Toa Baja, donde compitió hasta la edad de 16 años. En esta liga la dirigieron Carmelo "Melito" Eleutiza y Ramón Esclusa.

Comenzó su carrera volibolística en la Liga de Volibol Superior Femenino con Caguas en el 2010 y participó hasta el 2012. Lesiones en los años 2009 y 2011 le hicieron meditar sobre el retiro del deporte del volibol, cuando estuvo año y medio fuera de competencia y regresó en el 2012. En el 2013 fue cambiada al equipo de *Mayagüez,* con el que ganó el título de Campeonas Nacionales en ese año. Yarimar fue la capitana del equipo. En el 2014 logró el Subcampeonato Nacional.

En la temporada de 2015 jugó con las Valencianas de Juncos, bajo la dirección de Enrique "Quique" Ruíz. En el nivel Superior la han dirigido Hugo Gotuzzo, José Luis "El Nitro" Díaz, Henry Collazo y Rigoberto Guilloty.

El nivel colegial lo estudió en *Florida International University* (FIU), donde hizo un bachillerato en Negocios Internacionales. En el deporte de volibol, participó en la *Sun Belt Conference* (SBC), conferencia en la que tuvo una destacada actuación en el equipo "varsity". En FIU la dirigió Danijela Tomic. Entre los logros alcanzados más importantes están los siguientes:

1. Cuatro veces seleccionada All American and All Region, por la American Volleyball College Association (AVCA). Primera atleta en ganar tal distinción.
2. AVCA South Region Freshman of the Year-2006
3. Sun Belt Conference Freshman of the Year-2006
4. Sun Belt Conference Player of the Year- 2008 y 2009
5. Líder en remates de la nación (USA)-2008
6. Sun Belt Conference Female Student-Athlete of the Year-2008
7. Tres veces seleccionada para el First Team All Sun Belt Conference
8. Dos veces seleccionada Sun Belt Conference Preseason Player of the Year
9. Tres veces seleccionada Stellar Spiker (Collegiate Volleyball Update)
10. Trece veces se escogió Sun Belt Conference Player of the Week, la atleta que mayor número de veces ha recibido tal distinción.

11. All Time Leader de FIU en remates
12. En el 2011 se retiró el número tres de su camiseta, como jugadora de la universidad, la única en recibir esa distinción.
Nota: estuvo entre las mejores jugadoras en diferentes estadísticas

Participación en la Selección Nacional (adolescente):
1. 2001-participa en AAU *Junior National Volleyball Championship* (Sub 13) y (Sub 14), en el 2002. Fue seleccionada All American en ambos torneos.
2.
3. En el 2003- participó Torneo NORCECA, celebrado en República Dominicana. Contaba tan solo 15 años de edad.
4. 2004-Selección Infantil Femenina Pto. Rico(Sub 18 -capitana)
5. Selección Nacional Sub 20, bronce. Anotó 12 pts. (segunda)

Dirigentes de Yarimar en la Selección Nacional: David Alemán, Carlos Nuñez, Carlos Cardona , José Mieles y Rafael " Epique" Olazagasti; nivel Juvenil y Pre Juvenil: Carlos Nuñez y Luis "Papo" García.
Competencias Internacionales- Más Importantes:
1. Torneos de la Confederación NORCECA-cuatro veces
2. Torneo Pre Olímpico de NORCECA
3. Torneo Juvenil Femenino de FIVB-tres selecciones
4. Torneo Grand Prix- Selección Mayor
5. Torneo Mundial de Volibol-Selección Nacional Juvenil y Mayor
6. XVII Juegos Panamericanos de México en 2011-quinto lugar
7. Juegos Centroamer. y del Caribe, Veracruz, México-2014, plata
8. XVIII Juegos Panamericanos de Toronto, Canadá-2015-4to.lugar
9. 19 al 21 de mayo de 2016- miembro de la Selección Nacional en Torneo de Repechaje para seleccionar la única plaza vacante para asistir en agosto de 2016 a los Juegos Olímpicos de Río de Janeiro, Brasil. En esta competencia, que se celebró en San Juan, participaron los países de Colombia, Kenya, y Argelia, el cual sustituyó a Egipto, y Puerto Rico. En fecha histórica para Puerto Rico y Yarimar, el domingo, 22 de mayo de 2016 y a las 7:30 p.m., concluyó el último desafío cuando Puerto Rico derrotó a Kenya en tres parciales ("sets") consecutivos: 25-8, 25-23 y 25-17. Esta hazaña marcó la primera vez que un equipo de volibol de sala logró la clasificación para asistir a unos *Juegos Olímpicos,* los cuales se celebraron en Río de Janeiro, Brasil, en agosto de 2016. En este juego clasificatorio, Yarimar participó en el segundo "set", hizo tres puntos, los que fueron claves para ganar el "set". En el tercer parcial ("set"), inició en la posición de esquina y como capitana. Aportó siete puntos en total.
10. Asistió con la Selección Nacional al 24 *World Grand Prix,* del 3 de junio al 10 de julio de 2016. Esta actividad tuvo lugar en

Wloclawek, Polonia y Varna, Bulgaria. Puerto Rico logró medalla de bronce en el grupo dos. Participaron 28 países en esta competencia Grand Prix.

11. Asistió a la XV Copa Panamericana NORCECA en República Dominicana, actividad que se celebró del 2-10 de julio de 2016 Puerto Rico logró medalla de plata al perder con República Dominicana en cinco parciales ("sets").

12. Asistió XXXI Juegos Olímpicos de Río de Janeiro, Brasil y capitana del equipo. Lamentablemente Puerto Rico terminó con marca de 0-5, a pesar de jugar bien.

¡Felicidades al equipo de Puerto Rico y al cuerpo directivo, cuando obtuvo el triunfo sobre Kenya y que celebró con el público en los terrenos del Coliseo Roberto Clemente, luego de concluido el juego, y posteriormente en el mes de junio la victoria sobre Bulgaria en el *Grand Prix!*

En competencias internacionales, Yarimar ha viajado a una gran cantidad de países, entre ellos: Cuba, México, Tailandia, Turquía,China, Japón, Polonia, Holanda, Bulgaria, Brasil, Argentina, República Dominicana, Perú, Canadá, Italia, y Brasil. Admira a Italia por su cultura y a Canadá por las excelentes instalaciones deportivas creadas para el desarrollo del deporte y la recreación.

Su jugadora favorita es la líbero de la Selección Nacional de la República Dominicana, la joven Brenda Castillo.

Nota: seleccionada capitana de la Selección Nacional como jugadora en la posición de esquina; y abanderada del equipo de Puerto Rico en el 2014 y 2016.

Yarimar fue contratada por las ligas de volibol a nivel interncional, donde compitió con el equipo *Soverato,* Liga A-2 de Italia en la temporada 2013-14. En Italia la dirigió Marco Bleviglieri. Durante el mes de agosto de 2015 participó en Italia en el Torneo Grand Prix. Su equipo logró la posición diecisiete. En el *Grand Prix* de 2014 terminó cuarto en su grupo de ocho. En ambos Grand Prix, Yarimar actuó como capitana. Para la temporada 2015 jugó en *Turquía* con el equipo *Besiktas,* el cual logró el campeonato en el grupo dos y posteriormente pasó al grupo uno.

Como vegabajeña estableció un sinnúmero de récords, entre ellos: la primera volibolista en pertenecer a la Selección Nacional Mayor, actuar como capitana del equipo y la primera en competir en los Juegos Olímpicos en el deporte de volibol. Esto sin contar con los marcas establecidos en la Liga de Volibol Femenino de Puerto Rico, a nivel colegial y las que faltan por establecer a nivel internacional, una vez concluya su carrera como atleta. El 2016 fue el último año en la Selección Nacional, pero continuó jugando en la Liga Superior en el 2017 con Juncos, Subcampeonas de Puerto Rico.

Reconocimientos:
1. Senado de Puerto Rico- al equipo femenino de la Selección Nacional de Volibol de Puerto Rico
2. Premiación a nivel colegial (descrita anteriormente)
3. 2013 y 2015- recibió premio MVP Liga Superior de Puerto Rico
4. domingo, 26 de junio de 2016- se le dedicó Torneo de Volibol de Playa, con sede en la playa de Vega Baja.
5. 23 de septiembre- 2016- gran recibimiento por parte del Gobierno y el pueblo de Puerto Rico, a la delegación de atletas que nos representó en los Juegos Olímpicos de Río de Janeiro
6. 16 de octubre de 2016-dedicatoria de la 63ra. Asamblea de Vegabajeña Coop
7. Escritos deportivos en periódicos y revistas a nivel nacional e internacional, destacando sus ejecutorias en el volibol
8. 2017- libro sobre la historia del volibol en P.R. -"Buyín" Camacho
9. Dedicación Torneo de Volibol Superior Femenino de 2017

Volibol Playero: María González Valentín (Vega Baja) y Alalis Navas (Manatí), lograron cuarto lugar en Centroamericanos y del Caribe-2018.

Serrano Puigdoller, Ramón Antonio "Papo"

N. el 29 de enero de 1967 en el Dr. Hospital en Santurce. Peso: 220 lbs. Estatura: 6' 3" Lado dominante: derecho

Ramón es el tercer hijo de un total de siete hermanos, procreados por Ramón Serrano Rivera, natural de Arecibo y Edith Puigdoller Juarbe, natural de Santurce. "Papo" tiene a sus hijos Antonio Manuel y Manuel Antonio, producto de su primer matrimonio.

A pesar de haber nacido en Santurce, se crió en la urbanización Jardines de Vega Baja. Estudió en el Colegio Nuestra Señora del Rosario de Vega Baja de "kinder" a cuarto año. Fue en el colegio, bajo la tutela de los profesores Gerardo Santiago y Quintín Valle que se inició y se destacó principalmente en el baloncesto y el volibol, en los torneos intramurales y en los equipos "varsities". Participó en los tradicionales *Field Days* en los siguientes eventos: relevo 4 x 400 m, tiro de la bala y el disco. Siempre estuvo entre los mejores anotadores en los deportes de volibol y baloncesto, así lo reseñan periódicos locales y regionales. Indiscutiblemente era uno de los mejores jugadores del Colegio, según indican sus profesores.

El béisbol fue el primer deporte que jugó, en las Peqeñas Ligas, donde se destacó en la tercera base. El Sr. "Vitín" Meléndez fue su dirigente. Participó en torneos interbarrios organizados por el Departamento de Recreación y Deportes, organización dirigida por "Lalita" De León. Fue miembro de los equipos de baloncesto en las siguientes categorías: Pre Novicio, Novicios, Juvenil y Primera Categoría, en las cuales representó a *Vega Baja,* además de *Manatí* en Primera Categoría. En el baloncesto se destacó en la posición de centro y delantero; en volibol de atacante o rematador. Otro de los dirigentes que tuvo Ramón, fue Antonio "Necky" Pantoja, (natural de Vega Baja), en las categorías menores.

Una vez se graduó de la escuela superior, se matriculó en el Colegio Regional de Arecibo en el 1985, donde recibió beca de atleta en el deporte de volibol. Aquí lo dirigió Víctor "Serrucho" Ortiz. En ese mismo año firmó Superior con el equipo de los Montañeses de Utuado, de esta manera se convirtió en el segundo vegabajeño en jugar Superior Masculino. El primer vegabajeño lo fue Rudy Rivera, quien le cursó invitación a Ramón para jugar Superior y también había sido compañero de equipo en Primera Categoría con *Utuado* en el 1984.

En el 1985 asistió a dos prácticas de la Pre Selección Nacional de Volibol, bajo la dirección de José Luis "Che" Torres (lareño). Estas se celebraron en Arecibo. Debido a la falta de transportación no pudo continuar. Compitió en los torneos máster de baloncesto e integró los equipos de *Vega Baja, Ciales, Manatí* y *Florida.* En el 1986 practicó volibol con Ciales en la Liga Puertorriqueña, pero desistió posteriormente debido a la sobrecarga de trabajo en la universidad.

En el 1991 se graduó del Colegio Universitario de Arecibo, con especialidad en Contabilidad. Su primer trabajo fue en "Popular Leasing" en Hato Rey, donde laboró durante tres meses. Posteriormente se trasladó a la compañía Sylvania en Cataño, en la cual laboró por espacio de 15 años. Desde el 2007 trabaja como Supervisor de Almacén en la compañía *Alcon* (Farmacéutica), en Cataño.
Miembro Selección Nacional Máster de Baloncesto categoría 50 años.

Reconocimientos:
1. Pergaminos ("Merit Awards") por labor hecha a los cinco, diez y quince años en Sylvania
2. Five Merit Award en Alcon

3. Medallas y trofeos por actuación en volibol y baloncesto
4. 1985- con Utuado fue nominado para Novato del Año
5. Premios logrados en la pesca en categoría júnior y máster.

Terminología Deportiva

A- Baloncesto

1. Asistencia- pase efectuado a un compañero del equipo ofensivo que le permite anotar un canasto (de campo).
2. Bloqueo- movimiento defensivo legal, en que se le impide a otro jugador ofensivo anotar un canasto, desviándole el balón con la mano. Se le conoce con el nombre de "tapón" en Puerto Rico.
3. Promedio de puntos por juego- se suman los puntos anotados (libres y de campo) y se dividen entre el total de juegos jugados.
4. Tiros de campo- ejecutados en cualquier área de la cancha fuera de la línea de tiro libre. Cada tiro tiene un valor de dos y tres puntos, dependiendo si se efectuan, por ejemplo, detrás de la línea en semicírculo (línea de tres pts.), el canasto vale tres puntos. Si se anota canasto antes de la línea de tres pts., el canasto vale dos puntos. En FIBA la línea de tres pts. está a 6.75 m del centro del aro; en la NBA está a 7.25 m. Un 60% de efectividad es considerado muy bueno. El puertorriqueño Eddie Rios Mellado fue el creador de la regla de tres puntos en el 1962.
5. Tiros libres- anotados en la línea de la cancha de frente al canasto y localizada a 15 pies del canasto. Se llaman libres porque no se puede interferir con el tiro o defender al ejecutante. Se considera 80% de efectividad o más como bueno.

B-Béisbol

1. Asistencia- cuando cualquier jugador de la defensa atrapa o toca la pelota previo a dar "out" al bateador, o corredor, incluso si el contacto no es intencional, pero que ayuda en el "out".
2. Base por bolas- existen dos tipos:
   A. intencional- usado como estrategia del dirigente, se le lanzan cuatro bolas malas o fuera de la zona de "strike" al bateador, llegando a primera base. Propósito: evitar lanzarle a un bateador con poder que pueda provocar un empate en el juego o decidirlo, para lanzarle a un bateador más débil; y para provocar una doble matanza o "double play". En Grandes Ligas desde el 2017 tan solo se hará señal por el dirigente para indicar que se embasará al bateador; se eliminan los cuatro lanzamientos.
   B. La que ocurre con mayor frecuencia, la más común o no

intencional- el bateador se le acredita la primera base al recibir cuatro lanzamientos fuera de la zona de "strike".

3. Carrera impulsada- se le otorga al bateador cuando mediante un "hit" o incogible (sencillo, doble, triple o cuadrangular), corredor o corredores anotan una carrera.

4. Efectividad o promedio de carreras limpias permitidas- carreras limpias permitidas en nueve entradas lanzadas (siete en sóftbol). Este promedio se obtiene mediante la multiplicación de carreras limpias permitidas, sin ocurrir errores, por nueve o siete entradas y dividida la cantidad resultante entre las entradas lanzadas. 3.00 o menos de efectividad es considerada buena. En inglés se llama "earned run average" (ERA, sigla en inglés).

Fórmula: Efect. = $\dfrac{CL \times 9 \ (7 \text{ en sóftbol})}{EL}$ ERA= $\dfrac{ERx9o(7)}{IP}$

5. Engaño ("balk")- movimiento ilegal del lanzador en la "goma, con el fin de darle "out" al corredor en base y permitiéndosele adelantar una base. Cuando es sin corredor en base, el "engaño" tiene una penalidad de otorgársele una bola al bateador en su "cuenta".

6. Extra bases- cualquier "hit" (jit) o batazo en el cual el corredor llega a segunda, tercera base o a "home plate" (plato), sin intervenir error o interferencia.

7. "Grand slam"- cuadrangular con las bases llenas, (con corredores en cada una de las tres bases o almohadillas).

8. Juegos completos- juego donde el lanzador inicial no es sustituído por otro lanzador, lanzando todo el juego (mínimo de nueve entradas en béisbol y siete en sóftbol).

9. Juegos salvados- lanzador sustituye al iniciador en un partido se le acredita juego salvado bajo las siguientes situaciones:
a. entra al juego con ventaja de su equipo no mayor de tres carreras.
b. con una carrera potencial de empate en base (corredor)
c. jugador bateando (potencial empate o victoria en el juego).
d. bateador en círculo de espera representa empate del juego.
"Passed ball" (pasbol)- lanzamiento hacia el plato (del lanzador) en el cual el receptor falla en recibirla, permitiendo al corredor o corredores adelantar una o más bases.

11. Porcentaje o promedio de bateo- número obtenido al dividir el total de "hits" entre turnos oficiales al bate. Por lo general se considera un buen bateador el que logra un promedio cercano a .300.

12. Porcentaje de embasado- (OBP)-medida usada para evaluar la frecuencia con que un bateador se embasa o llega a base, que no sea mediante error en el fildeo, jugada

de selección, obstrucción de la defensa, interferencia del receptor o por habérsele caído al receptor un tercer "strike". Apareció por primera vez en Grandes Ligas esta estadística en el 1984. Se une al "slugging" para formar la estadística "on base percentage plus slugging" (OPS). Un promedio de .400 de OBP es bueno.

Fórmula: OBP= $\dfrac{H + BB + HBP}{AB + BB + HBP}$ (Siglas en inglés)

13. Porcentaje de embasado más "slugging" (OPS, sigla en inglés)- estadística que mide cuán frecuente un bateador llega a base, sumándole el porcentaje de "slugging". Esta estadística mide con más precisión la eficiencia, productividad y valor de un jugador para su equipo, que las usadas para obtener promedio, carreras impulsadas y anotadas, entre otras. También indica que el jugador tiene buen promedio, se embasa con frecuencia y tiene buen poder al bate. Tanto OBP, "slugging" y OPS pertenecen a la ciencia de sabermetría ("sabermetrics"), que usa fórmulas no tradicionales para evaluar los jugadores ofensivamente; igualmente ocurre con los lanzadores. Un promedio aproximado de OPS de .900 es muy bueno.
Fórmula: OPS= OBP + Sl. % o Sl. Avg. (siglas en inglés)

14. Porcentaje de fildeo- demuestra la efectividad de un "fildeador". El resultado se logra sumando el número de "put outs" más las asistencias en una jugada para dar "out", pero sin darlo él mismo, dividida esta cantidad entre el número de "put outs", más las asistencias, más los errores cometidos. Un promedio de .900 es bueno.

15. Presentaciones al plato- cada vez que un bateador se para en el cajón del bateador. Es diferente al número de turnos oficiales para obtener el promedio de bateo.

16. "Put outs"- estadísticas del jugador defensivo en que ayuda a terminar una jugada (dando "out"), mediante el toque con la pelota a un corredor o pisando una base.

17. "Slugger"- bateador de gran poder que conecta con frecuencia extra bases (dobles, triples y cuadrangulares). Conocido por el nombre de "bateador de largo metraje".

18. "Slugging"- medida de poder del bateador. Se calcula en el total de bases alcanzadas (sencillos, dobles, triples y cuadrangulares), entre el total de turnos al bate. Un promedio sobre .500 es muy bueno. Fórmula: TB / AB (siglas en inglés) o "Sl. Av". = $\dfrac{(1B) +(2 \times 2B) + (3 \times 3B) + (4 \times HR)}{AB \text{ (VB sigla en español)}}$

19. * Turnos al bate- se obtienen estadísticas ofensivas (bateador). *No se consideran las bases por bolas ni las intencionales,

bombos y toques de sacrificio, interferencias y pelotazos- se conoce como turnos oficiales.

Siglas Deportivas:

Listado de varias siglas usadas en este trabajo, que pueden ser de utilidad para entender mejor las estadísticas de la ejecución deportiva y competitiva de los atletas, hoja de anotaciones, etc.

1. UPRHS- Escuela Superior de la Universidad de Puerto Rico.
2. COI- Comité Olímpico Internacional. En inglés *International Olympic Committee* (IOC)
3. COPUR- Comité Olímpico de Puerto Rico.
4. PUR- Puerto Rico. Sigla usada en competencias internacionales.
5. AIBA- Asociación Internacional de Béisbol Asociado.
6. ODECABE- Organización Deportiva Centroamericana y del Caribe.
7. ODEPA- Organización Deportiva Panamericana.
8. ODUCC- Organización Deportiva Universitaria Centroamericana y del Caribe.
9. YMCA- *Young Men Christian Association* o Asociación de Jóvenes Cristianos.
10. DRD- Departamento de Recreación y Deportes (de Puerto Rico)
11. LAI- Liga Atlética Interuniversitaria. Creada en el 1929.
12. COLICEBA- Confederación de la Liga Central de Béisbol Aficionado.
13. AAPHERD- *American Association of Physical Education, Health, Recreation and Dance.*
14. LAICRE- Liga Atlética Inter Colegios Regionales. Creada en 1967.
15. UPR- Universidad de Puerto Rico.
16. FBPR- Federación de Baloncesto de Puerto Rico.
17. BSN- Baloncesto Superior Nacional.
18. FIB- Federación Internacional de Baloncesto. En inglés *International Basquetball Federation* (IBF)
19. VB- Veces al Bate. En inglés *At Bat* (AB)
20. H- *Hits* , jits en español
21. 2B- Dobles
22. 3B- Triples
23. HR- *Home Runs*. En español cuadrangulares o jonrones
24. CI- Carreras Impulsadas. En inglés *Runs Batted In* (RBI)
25. CA- Carreras Anotadas. En inglés *Runs* (R)
26. BB-*Base on Ball*. Base por bolas, pasaporte o transferencias.
27. IBB- *Intentional base on balls.* Base por bolas intencional.
28. XB- *Extrabase Hits.* Extrabases: dobles, triples y jonrones
29. PB- Promedio de bateo. En inglés *Batting Average o Average* (BA o Avg.). Sobre .300 es muy bueno. Fórmula: Total de *hits* conectados / Turnos oficiales

30. HPB- *Hit by Pitch Ball* o "pelotazo" en español.
31. ERA- *Earned Run Average*. Efectividad del lanzador. Fórmula: CL permitidas / EL (entradas lanzadas) .300 o menos de ERA es muy bueno.
32. TB- *Total bases*. Total de bases alcanzadas: *hits,* dobles, triples y cuadrangulares.
33. BP-Bates de Plata. En inglés ("Silver Slugger-Award").
34. JE- Juegos de Estrellas o *All Star Games* (AS)
35. CG- *Complete Games* o Juegos Completos.
36. IP- *Innings Pitched*. En español Entradas Lanzadas (EL)
37. SV- *Saved* o Juegos Salvados.
38. G- *Games* o Juegos Jugados en español (JJ)
39. GS- *Games Started* o Juegos Iniciados.
40. ER- *Earned Runs*. Carreras Limpias permitidas (CL)
41. SHO- *Shut Outs* o "Blanqueadas" en español.
42. SO- *Strikes Outs* - "ponches", propinados o recibidos (K)
43. DP- *Double Play* o Doble Matanza.
44. TP-*Triple Play* o Triple Matanza.
45. PA- *Plate Appearences* o Plesentaciones al Plato
46. OBP- *On Base Percentage* o Porcentaje de Embasado. (Un OBP de .4000 es excelente). OBP= H + BB + HBP /AB + BB + HBP + SF
47. OPS- *On Base Percentage Plus Slugging* (OPS de .950 es muy bueno). OPS= AB + (H + BB + HBP) + TB/ AB + BB + SF + HBP
48. CS%- *Caught stealing percentage*. Por ciento de corredores atrapados en intento de robo de bases. (40 % es excelente).
49. Slg. o Slg Av.- *Slugging* o *Slugging Average*. (.550 o más es muy bueno). Slg.= TB / VB
50. K-Ponches propinados por el lanzador o recibidos por el bateador
51. SB- *Stolen bases*. En español bases robadas (BR).
52. SF- *Sacrifice fly*. Bombos de sacrificios.
53. SH- *Sacrifice hits*. Toques o planchas de sacrificio.
54. GDP- *Grounded into double play*. Batazos para doble matanza.
55. FC- *Fielders choice*. Jugada de selección
56. W- *Wins*. Juegos ganados
57. L- *Lost*. Derrotas o juegos perdidos
58. R- *Runs*. Carreras anotadas (CA)
59. LBPPR- Liga de Béisbol Profesional de Puerto Rico.
60. LBPRC-Liga de Béisbol Profesional Roberto Clemente
61. CSBA- Comisión Superior de Béisbol Aficionado.
62. CI- Canastos Intentados
63. CA- Canastos Anotados
64. C3- Canastos de tres (3) puntos
65. TLI- Tiros Libres Intentados
66. TLA-Tiros Libres Anotados
67. TP- Total de Puntos anotados

Estadísticas de los vegabajeños en Las Grandes Ligas

Nombre	T/V	Debut	Equipo	Pos	JJ	VB	PA	CA	H	2B	3B	HR	CI	Slg
Héctor Valle	T	1965	L. Ang. Nac.	R	9	13	15	1	4	0	0	0	2	.308
	V				9	13	15	1	4	0	0	0	2	.308
Luis Aguayo	T	1980	Fil. Nac.	Inf.	99	230	260	27	59	9	3	12	21	.518
	V				568	1104	1244	142	260	43	10	37	109	.393
Juan González	T	1989	Tex. Am.	G	155	606	669	114	193	50	4	47	157	.643
	V				1689	6556	7155	1061	1936	388	25	434	1404	.561
Iván Rodríguez	T	1991	Tex. Am.	R	153	639	685	116	199	47	5	35	113	.667
	V				2427	9592	10270	1354	2844	572	51	311	1332	.464
Ricky Otero	T	1995	N. Y. Nac.	G	104	411	449	54	112	11	7	2	32	.348
	V				189	613	678	79	157	19	9	2	36	.326
Ramón Castro	T	1999	Fl. Nac.	R	99	209	240	26	51	16	0	11	41	.604
	V				567	1426	1603	155	338	66	0	67	217	.424
Edwin Maysonet	T	2008	Houston Nac.	Inf.	39	69	79	9	20	2	0	1	7	.362
	V				76	136	152	16	36	3	1	2	11	.346

Leyenda:

T- Mejor Temporada (se usó estadísticas más sobresalientes en las diferentes temporadas)
V- Récord de por vida
Pos- Posición
JJ- Juegos jugados
VB- Veces al bate
PA- Apariciones al plato
CA- Carreras anotadas
H-"Hits"
2B- Dobles
3B- Triples
HR- Cuadrangulares
CI- Carreras impulsadas
Slg.- "Slugging"

Continuación Tabla I

Nombre	T/V	BB	K	BR	HBP	TB	OPS	OBP	SH	SF	IBB	GDP	FP%	CS%	BA
Héctor	T	2	3	0	0	4	.708	.400	0	0	0	0	.1000	20	.308
Valle	V	2	3	0	0	4	.708	.400	0	0	0	0	.1000	20	.308
Luis	T	22	56	2	6	90	.857	.400	4	3	5	7	.1000	N/A	.279
Aguayo	V	94	220	7	20	434	.697	.304	14	12	12	27	.960	N/A	.236
Juan	T	51	143	6	13	382	1,011	.378	2	16	74	20	.1000	N/A	.326
González	V	457	1273	26	62	3676	.904	.343	2	78	174	184	.983	N/A	.295
Iván	T	55	96	25	8	335	1,042	.383	7	8	7	31	.994	60.3	.347
Rodríguez	V	513	1474	127	58	4451	.798	.334	31	76	67	337	.991	46	.296
Ricky	T	34	30	16	2	143	.678	.339	3	2	0	3	.984	N/A	.273
Otero	V	56	55	18	3	200	.647	.320	4	2	0	6	.979	N/A	.256
Ramón	T	25	58	0	1	91	.140	.333	3	3	7	7	.993	47	.285
Castro	V	151	375	0	5	605	.91	.310	8	13	22	26	.992	30	.237
Edwin	T	5	19	1	1	25	.696	.333	4	1	0	1	.981	N/A	.290
Maysonet	V	8	30	1	1	47	.654	.308	6	1	0	2	.961	N/A	.265

Leyenda:

T- Mejor Temporada (se usó estadística más sobresaliente en las diferentes temporadas)
V- Récord de por vida
BB- Bases por bola
K- Ponche
BR- Bases robadas
HBP- Pelotazos
TB- Total de bases
OPS- Porcentaje de en base y "slugging"
SH- "Hits" de sacrificio
SF- Bombos de sacrificio
IBB- Bases por bolas intencionales
GDP- Bateo de doble matanza ("Double play")
FP%- Porcentaje de fildeo
CS%- Porcentaje de corredores atrapados en intento de robo
BA- Promedio de bateo
N/A- No aplica

Nota: refiérase a la lista de siglas deportivas para mayor información.

Colaboradores:

Las siguientes personas e instituciones han sido de gran ayuda en la redacción de este libro sobre el historial deportivo de atletas en Vega Baja:

1. Salón de la Fama del Deporte de Vega Baja
2. Departamento de Recreación y Deportes de Vega Baja
3. Centro de Investigación Histórica-Museo Casa Portela y su director el Sr. Wilhem Hernández
4. Colección Puertorriqueña- Universidad de Puerto Rico de Río Piedras -Sr. Javier Almeyda Loucil, Sra. María Ordoñez Mercado
5. Colegio de Abogados de Puerto Rico-Sra. Ana Toro, Sra. Milagros Torres, y Lcda. Carmen D. Irizarry
6. Sr. Pedro Juan "Yongo" Crespo Ferrer-Vega Baja
7. Sr. Nicolás "Tilín" Pérez Urbistondo-Vega Baja
8. Sr. Edgardo "Curita" Pérez Torres -Vega Baja
9. Sr. Rafael "Piro" Martínez Santos-hijo de Rafael Martínez-dirigente del béisbol de las Ligas Menores en Vega Baja
10. Sr. Carmelo Marrero Rolón-expelotero Clase A de Vega Baja
11. Sr. Miguel Ángel Rosario Marrero-Adm. Comercial en Vega Baja
12. Sr. Ángel M. Ortíz Ferrer-hijo de Luis Rosario
13. Sr. José Rivera López-Vegabajeña Coop
14. Sr. Jomar Gómez Martínez-exdirector Vegabajeña Coop
15. Sra. Mercedes Bravo Rodríguez-Administradora Cementerio Municipal de Vega Baja
16. Sra. María Teresa Ríos Rodríguez-Secretaria Cementerio Municipal de Vega Baja
17. Sr. Alfredo Oyola Colón-Vega Baja
18. Ing. César Hernández Hernández-apoderado equipo Lobas del Béisbol Superior Femenino de Arecibo y Capitanas del Sóftbol Superior de Arecibo
19. Sr. Robert Rivera Arocho-Salón de la Fama del Deporte de Vega Baja
20. Sra. Lourdes Navedo Marrero-hija de Moisés Navedo
21. Sra. Milagros "Millie" Navedo Marrero-hija de Moisés Navedo
22. Sra. Elba Catoni Cano-Sobrina de "Chantó" Catoni
23. Sr. Adrián Santos Tirado y esposa Carmen G. Camacho-V. B.
24. Sr. Noel Gonzaque-Impreso Digital de Vega Baja
25. Sra. Karen Ortíz-Oficial Comunicaciones de la YMCA, San Juan
26. Sr. Manuel Joy Puig-Vega Baja
27. Sr. Pedro Puig Brull-Vega Baja
28. Sr. Luis Mejías Astol-profesor Ciencias de Vega Baja
29. Sra. María Milagros Rosado Rosado-Gimnasio "Guigo" Otero Suro-Vega Baja
30. Sr. Alonso Rodríguez Quiñones-árbitro baloncesto, vegabajeño

31. Sra. Rosa "Betty" Rosario-sobrina de Luis Rosario-dirigente V.B.
32. Sr. Froilán "Cha Chá" Rosario Molina-hermano de Luis Rosario
33. Sr. José Luis Arraiza Reyes-primo de Pedro I. Prado Reyes
34. Sr. Melvin Vázquez Cancel-montaje, diseño portada, logo, fotos
35. Sra. Yaritza Gautier Marrero
36. Sr. Josué Cancel Torres
37. Sra. Mariel Gautier Marrero
38. Ldo. Jimmy Rosario Martínez–Escuela de la Historia Vegabajeña
39. Sra. Buenaventura Ferrer Pabón-esposa de Luis Rosario-dirigente del Béisbol Doble A de Vega Baja
40. Sr. Andrés Vargas Castro-presidente Federación Levantamiento de Pesas de Puerto Rico
41. Sra. María Martínez Olivo- Gimnasio "Guigo" Otero Suro-V.B.
42. Sra. Gloria Barreto Fret-ex Superintendente de Escuelas en Vega Baja y exsuegra de Joaquín Quintana
43. Sr. Virgilio "Viyillo" Miranda Dávila"-expelotero de Vega Baja
44. Sr. Jorge López Marrero-exatleta de Vega Baja
45. Sra. Ivonne Adorno González-madre de Yarimar Rosa
46. Sr. Eduardo Rosa Vázquez-padre de Yarimar Rosa
47. Sra. Iraida González-sobrina de Félix "Colorao" González
48. Sra. Marlene Serrano Vázquez-sec. Christian Military Academy
49. Sra. Limarie Martínez Mercado-sec. Christian Military Academy
50. Sra. Mayra Montoyo-sec. de la Oficina de Recreación y Deportes de Arecibo
51. Sra. Gloria María "Tati" Prado Reyes-hermana de Pedro I. Prado
52. Sr. Ángel Castillo Resto-Director Acuático, Piscina YMCA, S.J.
53. Sr. Frankie Abrams Quiñones-hermano de "Junior" Abrams
54. Sr. Carlos M. Rivera Figueroa-maestro retirado de Inglés-Morovis
55. Gloria González- hija de Félix "El Colorao" González
56. José A. Santos López-maestro retirado de Artes Industriales, V.B.
57. Sra. Sandra García Cruz-Servicios al Cliente, YMCA, San Juan
58. Javier "Mayarí" Meléndez-Líder Recreativo de Vega Baja
59. Prof. Germán Torres González- exbaloncelista de la Liga Superior, equipo de Morovis, Puerto Rico
60. Sr. Henry Valentín Marcano-exmiembro Vega Baja Judo Club
61. Sr. Abel "Puchito" Matos Rosario -Vega Baja
62. Sra. Arcadia Albarado Quiles-viuda de Miguel Ángel "Cabo Luis" Sánchez, Vega Baja
63. Prof. Luis Rivera Rodríguez- profesor de historia y teología sistemática, de Florida, Puerto Rico
64. Prof. Juan Matos Vélez-maestría en Estudios Hispánicos-Lares
65. Sra. Aída Calle-bibliotecaria Universidad de Puerto Rico
66. Sr. Carlos Uriarte González-Jefe Editorial Deportivo Caín
67. Sr. David Reyes-Colecciones Puertorriqueñas-UPR, Río Piedras
68. Pastor Rafy Candelaria-Alianza Cristiana y Misionera-Barceloneta

Campeón de P.R. - Clase A Rural - Puerto Nuevo, V.B. - 1973

Equipo Aguila Negra de V.B. - 1932

"Felito" Vega - V.B.

Si esta identificación se o
mación falsa, el responsabl
creción del Presidente.

Béisbol AA Campeón Manatí - 1971

Béisbol AA Vega Baja - 1968

294

Equipo Campeón P.R. - Liga Roberto Clemente 21 - V.B. 1973

Tortuguero, Vega Baja - 1943

J.Landrón, N.Pérez y C.Chapel

Equipo Clase A Rivera Vega, Vega Baja - 1963

Selección Nacional de Sóftbol P.R. - 1987

"Fall Classic," Florida - 1999

2da izq. a der. Yazmín Rodríguez - Remo -1978

A.Muñoz, A.Martínez y J.Irizarry

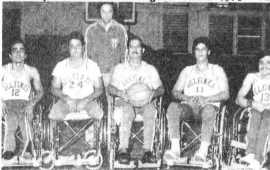

2do izq. a der.#24 Miguel Fonseca - V.B.

Entrenadores Tiro con Arco V.B.

Academia Olímpica de P.R. - 1994 - Al centro Dr. Portela

Asociación de Árbitros de Vega Baja - 1996

Equipo Campeón Béisbol P.R. - 1973 - Vega Baja

Campeón Internacional Dominó 1987 - V.B.   Árbitros Volibol - V.B.

Capitanas Sóftbol Superior, Arecibo - 2015 - Centro al frente K.Dávila

297

Guante de Oro a Ricardo "Pepitón" Román - V.B. 1994

"Gimlets" - Hawaii 1959

Primera Junta Salón de la Fama de V.B - 1996

Julio Pabón Rojas - V.B.

Ahmed y Pedro Narváez Brull

Lucha Olímpica - V.B.

1er Equipo Sóftbol ACM - V.B. - 1967

Equipo Los Palancú - V.B. Creado 1986

Lobas Arecibo Campeonas BB Femenino P.R. - 2015

Levantadores de Pesas (Derecha, "Wisín")   Equipo Baloncesto Telemundo

Liga Puertorriqueña - V.B. - 1999   V.B. - Campeón Liga Puertorriqueña -1998

Los Mandriles Softbol - V.B.

Manuel Ángel Rodríguez (Penúltimo de izquierda a derecha)

Baloncesto Superior 1976

V.B. Pequeñas Ligas Campeón P.R. - 1973

Piratas Quebradillas - 1981

300

Barones Santurce Supercola - 1947

Selección Baloncesto P.R. C.1940   **Santurce Liga Superior P.R.**

"Quat Rugby," P.R. - 1996

Panamericanos Sel. Nac. BB Fem. - 2015   **Sel. Nac. Ciclismo P.R. - 1998**

Quebradillas Superior #5 Sophie Purcell - C.1984

301

Selección Nacional - 1938

Selección Nacional Bal. Fem P.R. - 1982

Sel. Nac. Béisbol Fem. P.R. - 2010

Sel. Nacional Balonmano P.R. - C. 1993   Sel. Nac. Baloncesto Equipo Mini - 1988

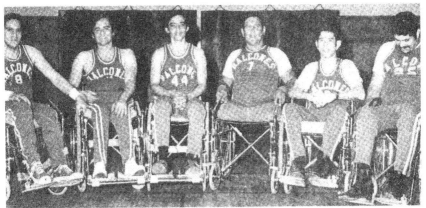

Yezzid Concepción #7

Vega Baja "Indians" 37-40

Comité Olímpico de P.R. - 1992

303

David Marrero (centro)"Racquetball" - 1999 | **Fam. Aponte - Ciclistas V.B.**

Equipo Doble A Vega Baja - 1950

Equipo Rola Acción, Campeón de Puerto Rico, V.B. - 1975

Equipo de Sóftbol - Iglesia Alianza Cristiana y Misionera V.B. - C. 1984

Equipo Campeón Baloncesto Nacional Arecibo - 1959

Equipo Balonmano - Selección Nacional P.R. - C. 1993

305

Equipo de P.R. al Clasificatorio Béisbol en Canadá - 2015

Levantadores de Pesas - V.B. - 1946

Equipo Volibol Pinkin - 1980

Equipo de Silla de Ruedas de P.R. - 1999

Equipo Sóftbol Superior, Vega Baja - 1986

Equipo Doble A - Vega Baja - Campeón de P.R. - 1959

Eq. J.Quirindongo V.B. en Rep. Dom. - 1998   **Eq. Volibol Sup. Caguas - 1978**

Equipo Pinkin Volibol Superior - 1982

Equipo Sóftbol (De izq. a der. 4ta - Carmen Álvarez) Lancaster, Pensilvania - 2000

Equipo Sóftbol - Vega Baja - Titanes - 1981

Equipo Sóftbol Superior, Las Boricuas - C. 1982

Equipo Sóftbol, Alianza Cristiana y Misionera Vega Baja - C.1987

Equipo Doble A - Vega Baja Campeón P.R. - 1959

Exaltados S. Fama V.B. - 2014   Selección Nacional Baloncesto P.R. - 1959

Equipo Rola Acción de Vega Baja - 1975   (Plaza de Recreo)

Equipo "Spartans" - 2011

309

Extrema izquierda Jaime Brull - 1928. Equipo "Hockey" sobre césped.

Centro, Ricardo Brull - Polo Acuático

Jaime Brull

Fuente: Historia del Water Polo Español. Juan A. Sierra

Al frente derecha R. Brull - 1931

Centro, R. Brull Sel. España 1935

Arriba 3ro. I. a D. Jaime Brull. "Hockey" sobre césped Club Barcelona - 1928

310

Bibliografía

"Abarcador el programa de clínicas en V.B". *Todo Norte*. 5 de noviembre de 1992. Pág. 30.

"Alacranes de V.B. Doble A, retiraron #18 uniforme." *El Vocero*. San Juan. 15 de febrero de 1985. Pág. 59.

Almeyda, Juan T. 2014 *"6ta. Exaltación Salón de la Fama del Béisbol Infantil y Juvenil de Puerto Rico".* American Congress de Puerto Rico-ACOPUR. Págs. 15-16.

"Arco recurvo-FITA. consultado 3 de junio de 2015. whttp:/eswikipedia. org/wiki/ Tiro con arco

Arecibo se impuso a Quebradillas. Ponce en San Juan hoy." *El Mundo*. 4 de julio de 1951. Pág. 15.

Arroyo, Víctor. "Aperitivo Baloncelístico". *El Mundo*. San Juan, P.R., 7 de mayo de 1953. Pág. 20.

Average All Time Leaders on Baseball Almanac 'Top 1000'. consultado 17 de julio de 2018. www.baseballalmanac.com

Ayala Gordián, José. "Cuadran la Selección". *Primera Hora*. 16 de septiembre de 2014. Pág. 53.

Bartolomei Torres, José E. " En la recta final". *El Vocero*. San Juan, P.R. 28 de diciembre de 2015. Pág. 28.

Betancourt Rosario, José & Melvin Fonseca. *De Sparta a Londres-historia de Éxitos y Superación.* Santo Domingo, República Dominicana. 2013, Págs. 11-22.

*Butler, W. Jr. "A Sportman for all Seasons". Págs. 11L-14L.

Camacho Mattei, Julio "Buyín". *Voleibol en Puerto Rico-116 años del deporte de la malla alta.* Publicaciones Gaviota, Colombia, 2017, Págs. 130, 154, 192, 196, 205-207; 211.

"Cambian uniformes Vidot y Giovanni Colón". *El Nuevo Día*. 23 de mayo de 1992. Pág. 149.

"Capital del ciclismo". *Primera Hora*.11 de septiembre de 2001. Pág. 53.

Cardiotek Time trial. consultado 21 de abril de 2016. http://www.ciclis-mopro.com/cpr2006/sep_a_dic2005

Cardona Soto, Nedgar. "Favorito Rey en Primer Duatlón Mayagüezano". *La Estrella de P.R.* 15-21 de agosto de 1996. Pág. 54 n

Career leaders and records for On Base %. consultado 16 de julio de 2018. baseball-reference.com

Caribbean Baseball Hall of Fame. consultado 12 de febrero de 2016. Whttps://en.wikipedia.org/wiki

Clásico Internacional Coquí Dorado. consutado 4 de febrero de 2016. http://www.ciclismopr.com

Clásico Ruedas Doradas. consultado10 de octubre de 2016. http://www.ciclismopr.com/clpr/fpc2006/

Clásico San Fernando. consultado 10 de octubre de 2016. http:www.ciclismopr.

Colón Delgado, Jorge. " Igor González tiene los números". *El Nuevo Día.* 24 de diciembre de 2010, Pág. 115.

Colón, Dinguí, Dávila, Rivera, Molina y Andújar. "Campeones". *El Mundo.* 28 de septiembre de 1953, Pág. 21.

Cómo calcular el OPS en béisbol. consultado 11 de junio de 2018. https://muyfitness.com.

Cómo calcular porcentaje de embase. consultado 1 de febrero de 2016. http://dondeevende.net/cómo calcular porcentaje de embasarse en béisbol.

Córdova, Lcdo. Pedro J. *Puerto Rico y el Movimiento Olímpico.* Academia Olímpica de Puerto Rico. Comité Olímpico de Puerto Rico. Pág. 51 y contraportada (fotos).

Chronicle of the Olympics 1896-1996. A D K Publishing Book Inc. New York, New York. 1996. Pág. 235.
*Cruz, Albert. " Handball coach puts faith in vets". *San Juan Star.* 1993.

Definición de ERA en béisbol. consultado 21 de junio de 2018. https://es.m.wikepedia.org

Definition of on base percentage. consultado 2 de febrero de 2016. whttps://en.wikipedia.org/wiki/List_of_Major_Baseball_career_on_ base_percentage_leaders. MLB

Definición de OPS en béisbol. consultado14 de junio de 2018. www.sabermetrico.com

Del Valle, Sara. "Ídolos Igor e Iván en Vega Baja". Deportes. *El Nuevo Día.* 28 de diciembre de 2013, Pág. 99.

Diccionario Escolar de Sinónimos y Antónimos. Lengua española, Vox. Larosse Editorial, S.L. Segunda edición, 2008.

Diccionario Panhispánico de dudas. Real Academia Española, Asociación de Academias de la Lengua Española. Impreso en Colombia, 2005, Págs. 140-141, 383, 420, 594.

Diferencia reglas FIBA y NBA. consultado 31 de enero de 2016. http://www.Biobiocheile.cl1012/07/08 basquetball. En los juegos olímpicos-que diferencias tienen las normas nba-fiba.

Documento Conmemorativo del 50 Aniversario de la Constitución de P.R. *Cincuenta Años de Historia Deportiva Puetorriqueña.* 1952-2002. (Juan "Igor" González e Iván Rodríguez). Págs. 51-52.

Doezis, Miguel. *Diccionario de sinónimos, antónimos y parónimos.* 7ma. edición. Editorial Libsa, Madrid, 1993.

Edwin Maysonet-MLB. consultado7 de noviembre de 2015. http//: Baseball-reference.com/players/m/mayso ed 01.shtml

Edwin Rey Méndez. consultado 21de marzo de 2017. http://www. Ironman.com/thriatlon/events/americas/ironman-70.3/sanjuan/ results.aspx?=24&ps=20#2.

Edwin Rey Méndez- Triatlon Melao-Melao. consultado 8 de enero de 2016. http://www.Allsportcentral. com/results/results.cfm? Event ID=46653.

*"Edwin Rey y Dharma París ganan duálo vegabajeño". *Todo Norte.* 4 de febrero de 1999.

El Expresso, Deportes. 20 al 26 de septiembre de 2018. Pág. 21.

Equipo de latino de todos los tiempos (béisbol): consultado 24 de febrero de 2016.Sánchez, Jesse/MLB.com. http://m.mlb.com/ news/article/39155874/

Estadísticas del Baloncesto Superior Nacional-P.R. consultado 3 de junio de 2017.http.//www.bsupr.com/estadísticas/líderesasp?anio= 1990-96&liga=1&serie=1&d=mes&dia=&1=&tabla=&grupo=BS26 &B1

Family search. org Víctor Luis Quiñones Flores. http://www.familly search.org

Federación Ciclismo de P.R. consultado 1 de febrero de 2016. http://www.federaciónciclismopr.com/2005/morovis/morovis05.htm.

Federación de Ciclismo de P.R. consultado 21 de abril de 2016. http://www.ciclismopro.com/cpr2006sep_a_dic2005.htm.

Federación de Ciclismo de P.R. consultado10 de octubre de 2016. http://www.ciclismopr.com/cpr/fpc2006/dorado/resultados_ dorado081306_archivos/shaet002.

Feliciano, Raúl "Tinajón". 2010. *Los efectos secundarios de la fama.* Mariana Editores, Primera Edición. noviembre de 2010, Págs. 82, 97.

Festival Olímpico de P.R. consultado 10 de octubre de 2016. http:// www.ciclismopr.com/cpr/fpc2016/ resultados_2006_fecipur.htm

García, Chu. Chuchazo. "El tiro de tres sigue imponiéndose". *El Nuevo Día.* 2 de abril de 2018, Pág. 44.

Gill Bosch, Osvaldo T. "Adiós Felito Vega, jugador y predicador". *Vega Baja AA-Edición 1990.* Imprenta San Rafael, Quebradillas, P.R. Pág. 7.

*"Giovanni defensa natural Guarico, Vega Baja". *Todo Norte.* 26 de abril de 1990.

Glosario de béisbol. consultado 30 de enero de 2016. https:/eswikipe dia.org/wiki anexo.glosario de béisbol.

"Gobernador recibe selección de voleibol". Deportes- *El Expresso.* 18 al 24 de septiembre de 2014, Pág. 28.

Gómez Font, Alberto, Castro Roig, Xosé, Martín Fernández, Antonio y De Buen, Jorge. *Palabras mayores-El libro-199 recetas infalibles para expresarse bien.* Primera edición. Larousse Editorial, S.L., Barcelona, 2015, Págs. 23-25, 67-126.

Héctor Valle-MLB.10 de noviembre de 2016. http://www.players/v/vallee01.shtml

google-Ricardo "Kalín" Brull, water polo legends. May 2007.

*Heydrich, Fernando. Ayer y hoy. 1 de enero de 2000, Págs. 20 y ?

Huyke, Emilio E. *Deportes en Puerto Rico.* Caribe Grolier Inc. Troutman Press, Sharon, Connecticut. 1986, Págs. 36-44; 58-74; 140, 430- 440.

Huyke, Emilio E. " Otro inmortal del baloncesto". *El Imparcial.* 3 de septiembre de 1951, Pág. 35.

"Igor formará un equipo competitivo". *Primera Hora.* 9 de diciembre de 2015, Pág. 59.

"Iván Rodríguez-jugador más valioso del año en la Liga Nacional, ¡y es vegabajeño!" *Fiestas Patronales-2000.* 6-15 de octubre. Pág. 108.

Iván Rodríguez-MLB. consultado 16 de marzo de 2015. www.base ball-reference.com/players/r/rodriv01.shtml

Iván Rodríguez-MLB. consultado 30 de junio de 2015. https://en.wikik pedia.org/wiki/Iván_rodríguez

Iván Rodríguez-MLB. consultado 30 de junio de 2015. http:www.base ball-reference.com/players/r/rodriv01.shtml

Jester, Scott, Ray Jennifer, Burges, Brian and Driscoll, Ryan. *Louisiana Downs Media Guide.* Bossier City, Louisiana, 1997, Págs. 11-13; 22- 23, 25.

"Julio Pabón blanquea al Manhattan". *El Imparcial.* 30 de julio de 1945, Págs. 29-30.

Juan González-MLB. consultado 28 de junio de 2015. httkps://enwikipedia.org/wiki/Juan_González_baseball

Juan González-MLB. consultado 28 de junio de 2015. www.baseball-reference.com/players/g/gonzaju03.shtm

La Libertad. martes, 11 de junio de 1935. Año XVII, Madrid. Pág. 9

Landrón, Violeta. "In Memorian-Rodrigo (Guigo) Otero Suro... alma gigante del Melao". *Fiestas Patronales 2001*, Pág. 104.

"Logra Igor dos MVP". 100 años *El Nuevo Día*: Edición Especial de Colección. 1 de enero de 2000, San Juan. Pág. 190.

Luis Aguayo-MLB. consultado 26 de septiembre de 2015. http:/www.baseball-reference.com/players/a/aguayo/uolshtm/.

Luis Aguayo-MLB. consultado 10 de noviembre de 2016. http:/www./aguayluo1.shtml

Lugo, Pedro Carlos. 2012. *Béisbol Doble A-esta es la historia*. Tomo I, 1939-53. Recinto Universitario, Mayagüez. Págs. 127-240.

Lugo, Pedro Carlos. 2013. *Béisbol Doble A-esta es la historia*-Tomo II, 1954-2013. Universidad de Puerto Rico, Mayagüez. Págs. 38-43; 109-112; 287-497.

Luis Quintana-MLB. consultado 9 de noviembre de 2015. htpp://www.the baseballcube.com/players/profile.asp?P=luisquintana.

Maldonado Ríos, Antolín. "Carlos Beltrán añade otro hito". *El Nuevo Día*. 3 de julio de 2015, Págs. 102-103.

Maldonado Ríos, Antolín. "El turno de "Pudge". *El Nuevo Día*. 8 de enero de 2016, Págs. 66-67 m.

Maldonado Ríos, Antolín. "Jonrón 11,000 al Salón de la Fama". *El Nuevo Día*. 3 de julio de 2015, Págs. 84-85.

Maldonado, Antolín. "Regresa Ruberté con una victoria". *El Nuevo Día*. 29 de enero de 2001, Pág. 127.

Medina Flores, F. de Jesús. "Pierde Selección Regional". *Super Deportivo*. 28 de mayo de 1993. Valencia, Venezuela. Pág. 6 D.

Muñiz Pérez, Yamaira. "Carlos Correa-El trabajo fuerte tenía que pagar". *Zona Sports*. San Juan, P.R. agosto de 2015, Pág. 63.

Muñíz Pérez, Yamaira. "Se enciende la llama". *Zona Sports.* San Juan, P.R. junio 2015, Págs. 16-21.

*Narváez Rosario, Carlos A. "Confía Edwin Rey en retener título en Vega Baja". *La Estrella.* enero de 1998.

National Baseball Hall of Fame and Museum -2017 Year Book. "Touch of class"; by Craig Muder. "Master of his craft" by T. R. Sullivan. Págs. 4-5; 32-37.

Nuestro Mundo. Rafael Vega. Edición junio-julio de 1987, City Printing, Manatí, P.R.

Otero Cancel, Lcdo. Ramón R. "Julio Pabón Leyenda del Deporte Vegabajeño". *Vega Baja AA- Edición 1990,* Imprenta San Rafael, Quebradillas, P.R. Págs. 4-5.

*"8vo. Duálo Vegabajeño". *Todo Norte.* 28 de enero de 1999.

Olivencia, Ricardo. "Trivias-Experimentados". *Zona Sports.* Mayo 2014, Pág. 40.

On base percentage career leaders in MLB. consultado 2 de febrero de 2016. whttps://en.wikipedia.org/wiki/List_of_Major_Baseball_career_on_base_percentage_leaders.

Pabellón de la Fama del Caribe. consultado el 20 de julio de 2018. https://es.m.wikepia.org

Pacheco Álvarez, Karla. "Oración por la salud de Rosa". *Primera Hora.* 5 de agosto de 2014, Pág. 48.

Pacheco Álvarez, Karla. "Trato de leyendas para Pudge y Edgar". *Primera Hora.* 12 de agosto de 2017, Pág. 36.

Pagán Rivera, Esteban. "Vanessa García Quiere dejar un legado". Veracruz 2014. *El Nuevo Día.* 13 de noviembre de 2014, Pág. 109.

Paizy, Gabriel. *Habla y redacta…en buen español.* Edición Talleres Progresa. San Juan, Puerto Rico. 2013.

"Pedro Ismael Prado aclamado en la Universidad de Marquette". *El Mundo.* 13 de diciembre de 1944, Pág. 8.

Pérez, Dr. Ibrahim. *Los héroes del tiempo*. I er. Tomo-1898-1950. Serigraf, S. A., República Dominicana, 2011? Págs. 15, 19, 28, 40, 70, 81-83; 95- 99,106, 119, 124, 128, 138, 141-157; 194-197.

Pérez, Dr. Ibrahim. *Los héroes del tiempo*. 2 do. Tomo-1951-1966. Editorial Deportiva CAIN- abril 2014, Págs. 15, 19, 28, 40,-41; 81.

Pesquera, Kiko. "Estrellas del Pasado y Presente en el baloncesto insular". *Alma Latina*. 22 de julio de 1950, Págs. 51-52.

Pesquera, Kiko. "Pedro Ismael Prado- El más completo de todos". *Alma Latina*. 22 de julio de 1950, Pág. 52.

Pesquera, Kiko. "Récord de anotaciones en el torneo de baloncesto categoría superior". *Alma Latina*. Editores Imprenta Venezuela, Inc. 1 de octubre de 1949, Págs. 44-45.

Pieve, Carlos. "Así lo hago yo...Luis Rolón". *El Nuevo Día-Domingo Deportivo*. 3 de agosto de 1986, Pág. 18.

Porter, David L. *Latino and African American Athletes Today-Biographical Dictionary*. Edited by Amazon. com

"Positiva la exposición del Grand Prix-2015". *El Nuevo Día*. 17 de julio de 2015, Pág. 98.

Primer clásico moroveño. consultado1 de febrero de 2016. http:// www.federaciónciclismopr.com/2005/ morovis/morovis05.htm

"Puerto Rico gran campeón". *El Mundo Deportivo*. Medellín, Colombia. 21 de agosto de 1985, Págs. 10-11

Quiñones Maldonado, Francisco. "Establecen marcas Lomba y Castello en Vega Baja". *La Estrella de P.R.* 17-23 de abril de 1997, Pág. 47 n.

*"Quat Rugby" de P.R. compite en Sarasota. *El Vocero*. San Juan. 24 de enero de 1996, Pág. 49.

5to. Clásico Ruedas Doradas de Ciclismo en Dorado. 20 de julio de 2018. https://www.allsportcentral.com>results.

Rafael Vega. *Nuestro Mundo*. Edición junio-julio de 1987. City Printing, Manatí, P.R. Pág. 14.

Ramón Castro-MLB. consultado 10 de noviembre de 2016. http://
www./players/c/catrra01.shtml.

Real Federación Española de Natación. Págs. 11, 13, 32, 34, 35.

Revista Homines. consultado 10 de noviembre de 2016. http://www.
revistahomines.com/fundación y obra UIPR.pdfx

*"Rey domina dúalo vegabajeño". Primera Hora. 1 de febrero de
1999.

Richie Otero-MLB. consultado 30 de junio de 2016.http://www.base
ball.reference.com/players/o/oterorio1.shtml. Slugging

Rieckehoff Sampayo, Germán. Informe y Recopilación de la Temporada
de Baloncesto Superior de 1949. Gobierno de Puerto Rico, Comisión de Parques y Recreos Públicos. Págs. 7, 69, 72, 76.

Ríos Viner, Jessica. "Vanessa García llegó séptima". El Nuevo Día.
5 de julio de 2015, Pág. 87.

Rivera Cruz, Sigfredo. Ínsports- "Listos los escolares". Índice. 15-
21 de octubre de 2015, Págs. 14-15.

Rivera, Robert & Jimmy Rosario. Diario Vegabajeño. 22 de julio de
2014.

Rodríguez, Chemón. Deportes- "Estoy dispuesto a defender mi faja
por la juventud de mi pueblo". Taíno. 31 de julio de 1973, Págs.
10-12.

Rodríguez Jiménez, Francisco. "Choque de estrellas". El Nuevo Día.
23 de junio de 1995, Págs. 20-21.

Rodríguez Mayoral, Luis. Juan González Igor de las Américas.
Sprint Press Inc./ Jim Hicks 205 N. Vacek, Ft. Worth, Texas.
2003.

Román, Olga. "La inmortalidad del lente". Primera Hora. 1 de
octubre de 2011, Pág. 4.

Romero Cuevas, Luis. "¿Dónde está ahora?" El Mundo. 3 de enero
de 1984, Pág. 4 C.

Romero Cuevas, Luis. "Manuel Ángel Rodríguez recibe trofeo Anual

Comrad Hilton". *El Mundo.* 8 de abril de 1968, Págs. 21 y 23.

Romero Cuevas, Luis. " Rodríguez es el 4to. Campeón; obtiene el Trofeo Hilton". *El Mundo.* 9 de abril de 1968, Págs. 29 y 32.

Romero Cuevas, Luis. "Rolón irá tras el oro olímpico". *El Mundo.* 27 de agosto de 1987, Pág. 29.

Rosario Molina, Luis. "Vega Baja pide sea admitido torneo doble A". *El Imparcial.* 10 de marzo de 1953, Pág. 35.

Sambolín Alcina, Luis F. *Anuario de Baloncesto.* Luis F. Sambolín Publications, San Germán, 1956-65.

Ruíz, Enrique. " 1935-1944 Ostracismo la comunidad del waterpolo". waterpolomadrid.com

*Santaularia, Juan, Pres. *Boletín Club de Natación de Barcelona.* julio de 1947.

Santiago Arce, Luis. "Una emotiva exaltación". *El Nuevo Día.* 5 de febrero de 2003, Pág. 151.

"Selección Nacional de "Softball"-Torneo Panamericano". *El Espectador-Deportes, Valencia.* 7 de agosto de 1998, Pág. 21.

75 anys de hockey al Barca. Memoria col. lectiva. Ed. ExAEquo Barcelona IS BN84-607-9442-3. (1998) Pág. 20.

"6ta. Edición del duálo El Caimán". *El Vocero.* 18 de noviembre de 1998, Pág. 62.

Talavera, Pepo. "Boricuas ganan serie de Baloncesto en Habana". *El Mundo.* 6 de agosto de 1958. Págs. 18 y 20.

Talavera, Pepo. "Cuchi Cestero y Pedro I. Prados estarán activos en la temporada". *El Mundo.* 15 de septiembre de 1959, Pág. 21.

Talavera, Pepo. "Dr. Pedro I. Prados Preside al Santurce". *El Mundo .* 1 de abril de 1959, Pág. 15.

Talavera, Pepo. "Otero Suro informado por carta". *El Mundo.* 3 de abril de 1957, Pág. 17.

Torres, Francisco "Paco". "Moisés Navedo católico, apostólico y romano". *Capitimes*. Editor José "Pachy" Rodríguez Vélez- Arecibo. 12 de septiembre de 2012, Pág. 15.

Torres, Francisco "Paco". "Moisés Navedo Navedo Gloria del Deporte Vegabajeño". *Fiestas de Pueblo 2013*. 9 al 13 de octubre. Vega Baja. Págs. 7; 10-11.

Tour of Somerville-ciclismo. consultado 6 de febrero de 2014. http://www.touofsorville.org/friday/results.htm.

Turabian, Kate L. 2007. *A manual for writers of research papers, thesis, and dissertations,* 8 th. Edition. University of Chicago Press. Chicago and London. 2013, Págs. 166-171; 178-79;182-87;190-91; 196-97.

Tutlle, Dennis R. *Hispanos notables-Juan González* (Traducción Francisca González Arias). Chelsea House Publishers, Philadelphia. 1997.

"Un palo el clásico de ciclismo en Cayey". *Primera Hora.* 31 de agosto de 2000. Pág. 10.

Uriarte González, Carlos. "Ya han llovido 7 temporadas". *El Nuevo Día.* 23 de mayo de 1999. Págs. 184-185.

United States Census Bureau- 1910, 1920, 1930 y 1940. Víctor Luis Quiñones Flores. www.familysearch.org

U. S. Bicycling Hall of Fame. consultado 15 de enero de 2016. http://www.usbhof.com/events/supersat2005_results.cfm

"Vence Soto en Carolina". *El Vocero, San Juan.* 30 de abril de 2001. Pág. 87.

"Vencen en duálo vegabajeño". *El Mundo.* 1 de febrero de 1999. Pág. 16.
Otros documentos usados:
Carta dirigida al Salón de la Fama del Deporte de Vega Baja: Historial deportivo del nadador Ricardo "Kalín" Brull Náter, por su hijo, Jaime Brull Jiménez, Barcelona, España. 1996.
*No se pudo conseguir toda la información bibliográfica.

Elmer Gautier Rodríguez (Autor)

Nació el 19 de abril de 1949 en el Residencial Dr. Francisco Seín, de Lares, P.R. Es el segundo de tres hermanos: Abraham "Paco", el mayor y fallecido; y a Melsa Yolanda, la menor. Melsa está casada con Orlando Ramos Ortíz, natural de Corozal. Sus padres son Abraham Gautier Avilés, natural de Moca y María Genoveva Rodríguez Colón, natural de Lares, ambos fallecidos.

El autor está casado con María Gregoria Marrero Rolón, natural de Morovis, quien ha procreado dos hijas: Mariel, casada con Josué Cancel Torres; y Yaritza, casada con Melvin Vázquez Cancel. Ambas le han dado fruto a tres nietos: Ambar Mariel, Danilo y Amelia.

El nivel elemental lo estudió en Lares, el nivel intermedio en Lares y Jayuya y el superior en Vega Baja. Los estudios universitarios: los llevó a cabo en el Colegio Regional de Arecibo (CRA) y en la Universidad de Río Piedras (UPR), donde obtuvo un bachillerato en Educación Física en el 1971. También aprobó 18 créditos ("minor") en ciencias. En el 1976 logró el grado de maestría en Educación Física de la Universidad Interamericana de San Juan. También ha aprobado varios cursos de diferentes disciplinas.

Desde niño practicó el deporte en forma recreativa, especialmente el béisbol y el sóftbol (jardinero, lanzador y primera base), y luego en forma organizada. Por jugar con personas mayores le permitíeron jugar en los jardines para evitar lesiones. También practicó carreras de velocidad, de larga distancia, salto con bambúas, juego con trompos y otros juegos de la época, entre los amigos. Más tarde practicó el lanzamiento del disco, participó en competencias interuniversitarias y torneos intramurales en béisbol, sóftbol, baloncesto y volibol. En una ocasión compitió en carrera de ciclismo de velocidad en la playa de Puerto Nuevo en Vega Baja, donde logró un quinto lugar y utilizó una bicicleta conocida como "burra". Esta actividad fue patrocinada por la Asociación de Maestros de Puerto Rico en conjunto con miembros de Vega Baja. Laboró como apoderado y dirigente de varios equipos en deportes en Vega Baja, entre ellos baloncesto, volibol y sóftbol. En calidad de árbitro y oficial participó en actividades interescolares y en la comunidad. Ha impartido charlas a jóvenes y adultos sobre temas relacionados a los ejercicios de acondicionamiento físico en escuelas, la comunidad y diferentes organizaciones: AARP (Asociación de Personas Retiradas), maestros, personas de la tercera edad e iglesias. Entre los ejercicios de acondicionamiento físico ha ejecutado exhibiciones de brincos con la cuica, uno de los ejercicios favoritos y en varias ocasiones participó en "talent shows" relacionados con ejercicios y otros temas. Trabajó en la organización de campamentos, torneos deportivos, Días de Juegos y Días Familiares, entre otras actividades.

En el deporte de sóftbol ("fast pitch"), uno de los favoritos, logró el Subcampeonato Intramural en la Universidad de Puerto Rico en Río Piedras, en el 1970, competencia en la cual bateó .300, y también obtuvo un Campeonato Intramural en béisbol. En ambos torneos intramurales jugó en la primera base y en el jardín izquierdo. En el 1983-84 logró un subcampeonato con la Universidad Interamericana de Arecibo con promedio de bateo sobre .300. En esta actividad participó como jardinero izquierdo. En este torneo participaron los empleados de los Colegios Regionales de la Universidad Interamericana de Puerto Rico, como parte de la desaparecida Asociación Deportiva Empleados Universidad Interamericana (ADEUI). Fue integrante del equipo de la Alianza Cristiana y Misionera de Vega Baja en la década del 80, con la cual participó en la liga de sóftbol modificado de Iglesias Cristianas de la zona norte. Compitió alrededor de cinco años, con su mejor desempeño en una de las temporadas, donde bateó sobre .400, en la cual terminó entre los 10 mejores bateadores de la liga. En varios años participó del Juego de Estrellas. Generalmente se desempeñó en los jardines y la primera base, aunque en los últimos años de intercambios con iglesias de diferentes pueblos, ocupó la posición de lanzador. Esta liga la presidieron el señor Antonio "Toñito" Hernández y Milton Maldonado, quienes trabajaron de forma voluntaria y fallecidos.

Compitió en los estilos de "fast pitch" y modificado en el sóftbol, además de practicar en dos ocasiones en el estilo "slow pitch" en el 1996 con un equipo máster de la ciudad de Kissimmee, Florida. Esto ocurrió gracias a la invitación de su primo Artemio "Nené" Gautier, miembro de este equipo. En Vega Baja organizó junto al Prof. Manuel Vélez Ithier, equipo de sóftbol de maestros de las diferentes escuelas del distrito, el cual efectuó intercambios durante varios años con equipos de béisbol y sóftbol de la comunidad de Vega Baja y pueblos limítrofes, incluyendo en una ocasión un equipo de Sóftbol Superior de Ciales.

En el deporte de baloncesto además de competir en el Colegio Regional de Arecibo y en el torneo de empleados de la Interamericana, resultó ganador del torneo de baloncesto máster 4 pa' 4 de doble cancha. Este torneo fue organizado por el señor Marcelo Rivera, presidente de la Asociación Recreativa de la urb. El Rosario de

Vega Baja. Participó con los estudiantes y maestros en intercambios deportivos en baloncesto, volibol y sóftbol.

Durante varios años trabajó como oficial de atletismo en competencias interescolares y en la comunidad. Su estusiasmo creció hasta el punto de matricularse en un curso de oficiales para trabajar en los VIII Juegos Panamericanos, celebrados en San Juan en el 1979. Durante varios años fue miembro de la AOAN (Asociación de Oficiales de Atletismo del Norte), en la cual trabajó como oficial en eventos de la LAI, LIDE, AAJI, Máster de Atletismo, y otras competencias interescolares. Fue seleccionado para trabajar en el 1983 en competencia mundial máster, celebrada en San Juan, Puerto Rico, pero por motivos de su trabajo en la Universidad Interamericana no pudo asistir. Sí laboró como oficial en competencia internacional de los *San Juan Annual Master Championship,* y los *Veteran Wheelchair Games* (1999), para veteranos discapacitados, celebrados en San Juan. En esta última actividad laboró de forma voluntaria junto a su esposa. Hasta el presente, ha sido la única vez que Puerto Rico es seleccionado como sede de la actividad antes mencionada.

Como maestro de Educación Física, se inició en el 1971 y se retiró en el 2001. Trabajó en todos los niveles y con experiencia durante un semestre en la desaparecida Academia Agmar de Vega Baja, y en el 1982 en la escuela vocacional para jóvenes de 16-21 años, Centro de Adiestramiento Vocacional Educativo (CAVE), de Vega Baja. Tuvo la grata experiencia de trabajar como Maestro Cooperador de 1989 al 2001, labor en la cual supervisó la práctica docente para estudiantes universitarios que estudiaron Educación Física. Trabajó como juez en varias actividades escolares de ciencia e inglés.

Entre los logros más importantes, junto a sus compañeros de trabajo, se pueden mencionar el haber obtenido varios títulos seccionales, regionales y nacionales en competencias deportivas del Programa de Educación Física del Departamento de Educación. También el haber logrado los primeros lugares en deportes y eventos individuales y en varios torneos invitacionales. Sin embargo, la mayor satisfacción fue el que una gran cantidad de estudiantes tuvieron la oportunidad de estudiar a nivel nacional y en Estados Unidos con becas atléticas y que se formaron en profesionales y personas de gran provecho en y fuera de Puerto Rico.

Ha pertenecido a las siguientes organizaciones: Liga Atlética Policiaca (LAP) de Jayuya, donde compitió en béisbol; Asociación de Maestros de Puerto Rico (Miembro de la Junta Local en Vega Baja) y tres años como presidente en la Junta Nacional de Personas

Jubiladas), expresidente de la Liga Sénior de las Pequeñas Ligas de Vega Baja de 1976-77; exmiembro de la Asociación de Salud Educación Física y Recreación de Puerto Rico, exmiembro de la Asociación Recreativa de Alturas de Vega Baja, la Asociación de Oficiales de Atletismo del Norte (AOAN), Primera Junta de Directores del Salón de la Fama del Deporte de Vega Baja, en la que trabajó de 1996 al 2005; exmiembro de la Asociación de Educadores Deportivos, en la que ocupó cargos de vocal y vicepresidente; y miembro de comités comunales. Es miembro de la Iglesia Alianza Cristiana y Misionera desde mediados de la década del 80, en la cual ha desempeñado diferentes labores de forma voluntaria.

Participó en dos cortometrajes: en enero de 2011 en "Oasis", producido en la Iglesia Alianza Cristiana y Misionera de Vega Baja, y en noviembre de 2014, "Valor". Este último obtuvo un segundo premio a nivel nacional en cortometraje de "48 Hours". Compartió actuación con su hija Yaritza. Ambos fueron dirigidos por su esposo, Melvin Vázquez Cancel, quien es fotógrafo profesional, técnico de Artes Gráficas y maestro de pantomimas.

Entre los pasatiempos favoritos están los siguientes: viajar a varios países, en los que ha adquirido conocimientos sobre cultura y deportes. Ha visitado y compartido con profesores y atletas en varias escuelas de Estados Unidos y Canadá (visitado cuatro veces). Ha visitado varios salones de la fama, entre ellos los siguientes: Salón de la Fama de "hockey" en Toronto, Salón de la Fama de Sarnia, Ontario, Canadá en el 1996. En este último intercambió experiencias con miembros de la Junta de Directores. En Estados Unidos visitó el Salón de la Fama de Natación en Fort Lauderdale, Florida en el 1996, y en verano de 2017 los museos de béisbol en Cooperstown, Nueva York, y los de volibol y baloncesto en Massachusetts. En el 1994 efectuó viaje misionero a República Dominicana con la Iglesia Alianza Cristiana y Misionera de Vega Baja, con la que se organizó actividades recreativas para niños. Viajó en dos ocasiones a República Dominicana (98-99) con los equipos de volibol de la escuela Juan Quirindongo Morell de Vega Baja para efectuar intercambio deportivo, (vea fotos históricas). En esta actividad asistieron el Prof. José Gaetán, el Prof. Carlos Pabón y varios compañeros maestros y padres. Otros países visitados por el Sr. Gautier son México, República Dominicana, Islas Vírgenes Americanas, Costa Rica, Panamá, Curazao y 13 países del continente de Europa. Entre otros pasatiempos están los siguientes: coleccionar tarjetas de béisbol, baloncesto y tenis; aficionado a la numismática, la genealogía, la lectura, escribir y ver programas sobre deportes, culturas, ciencia e historia; oir música, ejecutar ejercicios de acondicionamiento físico, ciclismo recreativo y varios más.

Agradece la enseñanza y

dedicación a sus padres y demás

miembros de su familia, maestros,

compañeros de trabajo, amigos y

sobre todo a Dios, quienes hicieron

posible el alcanzar los éxitos

como maestro.

Dad gracias en todo, porque esta es la voluntad de Dios para con vosotros en Cristo Jesús.
1 Tesalonicenses 5:18

58839821R00178

Made in the USA
Columbia, SC
25 May 2019